한일갈등과
일본의 극단적 우익 사상

이 덕 훈

Business & Management Books
비앤엠 북스

머리말

1980년도 초에 일본에 관심을 갖고 일본유학을 가게 되어 일본연구를 한 지도 어느덧 40여 년이 흘렀다. 초기에는 일본경제, 일본기업, 일본경영, 일본의 기업문화 등에 역점을 두어 연구를 하다가 일본의 기업가정신, 일본의 상인정신, 그리고 상인문화에도 관심을 갖게 되어 지금에 이르게 되었다.

필자가 게이오 대학에 제출한 박사논문은 「일본산업발전론-산업정책과 기업가의 역할」이었는데, 초기에는 산업정책에 관심을 갖다가 기업가정신에 대해 매력을 느끼면서 한층 더 관심을 갖게 되었다. 전후 일본산업의 발전을 이끈 철강산업을 토대로 신일본제철(新日本製鐵)의 탄생을 있게 한 이나야마 요시히로(稲山嘉寛), 자동차산업의 도요타 기이치로(豊田喜一郎)와 혼다자동차의 혼다 소이치로(本田宗一郎) 등은 국적을 떠나서 높이 평가받기에 충분한 사람들이다. 일본에서 경영의 신으로 부리는 마쓰시타 고노스케(松下幸之助)와 소니의 이부카 마사루(井深大), 모리타 아키오(盛田昭夫) 등과 교세라의 이나모리 가즈오(稲盛和夫), 일본 리쿠르트의 에조에 히로마사(江副浩正), 세븐일레븐의 스즈키 도시후미(鈴木敏文) 등은 일본산업계의 전설로 남아 있고 최근 소프트뱅크의 손정의(孫正義) 회장과 유니클로의 야나이 다다시(柳井 正) 회장은 새로운 전설을 쓰고 있다.

필자가 '앙트러프러너(entrepreneur)'란 단어를 처음 접한 것은 일본의 게이오 대학 대학원 석사과정에 재학 중인 1980년대 중반이었다. 물론 일본어로는 안토레프레나(アントレプレナー)란 일본식 발음으로 표현하여 처음에는 알아듣지 못했으나 일본에서는 우리보다 10년 전쯤 이를 키교카(起業家)로 해석해서 사용하여 한국에서는 이를 기업가(企業家)로 받아들였으며, 일

본이 키교(起業)로 받아들였을 때 우리는 창업(創業)으로 받아들여 미증유의 창업붐이 일어났다. 기업가를 논하다 보니 동양에서 유일하게 근대화에 성공한 일본의 근대화가 이루어진 시기에 사혼상재(士魂商才)를 주장한 후쿠자와 유키치(福澤諭吉)와 일본 최초의 주식회사인 오사카방적을 설립한 시부사와 에이치(渋沢栄一)를 빼놓을 수 없다.

후쿠자와 유키치는 메이지 유신 전후의 무사 출신들이 산업화사회로 가야 할 방향을 제시한 인물로, 그리고 시부사와 에이치는 실행자로서 유명하여 사상계에서는 후쿠자와 유키치, 실업계에서는 시부사와 에이치가 대표적인 인물로 손꼽힌다. 후쿠자와는 『실업론(實業論)』을 저술하여 실업계에 뿌리 깊게 잔존하고 있는 봉건적 기풍의 타파 불식을 위해, 식산(殖産)사회에 있어 실로 엄청나게 중요한 문제로서 실업가(實業家)의 주목을 촉구하고 있다. 1880년대 이후 그의 문하생, 소위 게이오 출신의 실업가로는 미츠비시(三菱) 그룹의 소다 헤이고로(莊田平五郞), 후수이 료헤이(豊川郞平), 미츠이(三井) 그룹의 나카미가와 히코지로(中上川彦次郞), 히비 오스케(日比翁助), 무토 산지(武藤山治), 고바야시 이치조(小林一森) 등을 꼽을 수 있으며, 이들은 근대 일본의 대표적인 실업가로서 성장하였다. 또한 시부사와는 1882년에 일본 최초의 주식회사인 오사카방적을 설립하였으며 금융, 철도, 해운, 광산, 방직, 철강, 조선, 기계, 전기 등 다양한 분야로 사업을 확장해 일생 동안 500여 개의 회사를 설립하여 일본 자본주의의 아버지(日本資本主義の父)로 일컬어진다.

이러한 일본의 기업가정신을 논하려면 근대에서 상인문화로 이어진 근세로 거슬러 가야 한다. 상인정신과 상인문화를 연구하다 보면 1724년에 오사카의 상인들이 설립한 학문소(학교)인 카이도쿠도(懷徳堂: 회덕당)가 등장한다. 이때 존왕사상의 대표적 학자이며 『세이켄이겐(靖献遺言)』의 저자인 아사미 케이사이(浅見絅斎)에게 배웠던 미야케 세키안(三宅石庵)이 초대교장

격인 학주를 맡았다. 그런데 미야케 세키안은 1687년 현재의 가가와현(香川県)에 해당하는 사누키노 구니(讃岐国)의 다도군 고토히라(多度郡琴平)의 호상이며 양조업을 했던 헤이야 기무라 슨모쿠(羽屋木村寸木)의 초청으로 고토히라 지역에서 유학을 가르쳤다고 한다.

이러한 가이도쿠도의 4대 학주이며 주자학자인 나카이 치구잔(中井竹山, 1730~1804)은 경세적 식견이 풍부해, 학문은 주자학을 주로 하면서 양명학도 배척하지 않는 융통성을 갖고, 경학 문장을 아울러 존중하여 존경을 받았던 학자이다. 그리고 1789년 도쿠가와 막부의 제11대 쇼군인 도쿠가와 이에나리(徳川家斉)의 보좌역과 로추(老中)인 마쓰다이라 사다노부(松平定信)의 자문에 대한 답변을 담은 『소보키겐(草茅危言: 초모위언)』을 저술하기도 하였다. 그런데 이 책에서 그는 조선통신사를 막부 자체의 통신보다는 대마빙례(対馬聘礼)를 주장한다. 내용인즉슨 신공황후(神功皇后)의 삼한정벌 이후 조공국이었던 조선과 도쿠가와 막부가 대등하게 외교하는 것은 고대 이래의 전통과는 다르다고 하며, 조공국인 조선은 대마도에 한정하여야 한다는 논리이다. 상인에게 학문(유학)을 가르치는 상인유학의 전당인 카이도쿠도(회덕당)의 유명한 학자인 치구잔이 상인들 자제에게까지 이런 사상을 주입하였다니 놀랄 만한 사실이다. 무사들은 말할 것도 없다.

한편 사토 노부히로(佐藤信淵)는 1827년 『게이자이 요로쿠(経済要録: 경제요록)』를 저술하였는데 이는 일본 최초의 경제 관련 교과서로 인정받고 있다. 사토 노부히로는 "경제(經濟)라는 것은 국토를 경영하고 물산을 개발하여 영지(領地) 내를 풍부하게 하고 만민을 구제하는 데 있다"고 주장하였다. 또한 그는 1823년 일본통치와 세계정복을 개진한 『콘도히사쿠(混同秘策: 혼동비책)』에서 현재의 시마네현에 해당하는 이즈모 마츠에(出雲松江)와 현재의 야마구치현에 해당하는 쵸슈하기(長州萩), 현재의 후쿠오카현에 해당하는 하카타(博多)에서 조선반도(朝鮮半島)를 공격한다는 구체적인 방안(전략)을 제시하고 있으며, "무력으로 만주, 중국, 대만, 필리핀을 공격하여 난징(南京)으로 황궁을 옮기고 전 세계를 모두 황국의 군현으로 만들어야 한다"는 방안으로 세계침략을 꿈꾸고 있음을 보여주고 있다. 이런 침략적인 사상으로 초기에는 상당히 충격을 받았다. 그러나 그는 에도시대 후기의 절대주의적 사상가이며, 경세가(경제학자)인 동시에 농학자, 병법학자였기에 이런 말이 나올 수 있었다고 생각한다.

일본의 근세와 근대의 경제와 상업을 연구하다 보면 일본 학자들 중 앞서 언급한 나카이 치구잔, 사토 노부히로, 후쿠자와 유키치, 시부사와 에이치 등은 조선과 연관된 정한론(征韓論)의 입장에서 평가되고 있으며 그 외의 많은 학자들도 관계가 있다는 점을 알 수 있다. 특히 후쿠자와 유키치의 근대사상은 김옥균과의 만남, 탈아론(脫亞論) 등으로 이어지면서 정신적 침략자로서 규정되기도 하며, 시부사와 에이치는 1916년에 『논어와 주판(論語と算盤)』을 저술하여 존경받기도 하지만 조선의 경제적 침략자로서의 면모를 보여준다. 그러나 일본에서 이들 학자들은 '세상을 다스려 나가는 사람'이라는 의미인 경세가(經世家)로 평가받는데, 이들은 조선과는 달리 과거제도가 없다 보니 무사 계급의 학자이며 경세가로 발전하면서 신도와 무사도를 혼합한 새로운 내셔널리즘의 선구자가 되었다고 할 수 있다. 필자가 항상 느꼈던 부분은 일본의 학자들은 유학자와 경세가로 유명하지만 나중에 보면 무사도와 신도사상으로 연관되면서 조선멸시와 조선침략 사상으로 이어진다는 점이다.

이 책이 나오기까지 도움을 주신 많은 분들께 감사드린다. 무엇보다도 필자를 동경으로 가도록 조언해 주신 은사인 게이오대학 명예교수 고(故) 후지모리 미츠오 교수(코로나19로 사망)와 동경 체류 중 필자와 많은 이야기를 나눈 대학원 동기인 게이오대학의 야나기마치 이사오 교수에게 깊은 감사를 드린다. 그리고 코로나19로 인해 일본 체류 중 많은 이야기를 나눈 (사)

한·일교류협회회 임상빈 이사장과 바쁜 일정에도 시간을 내주고 배려를 베풀어 준 (주)THE JOA 추광호 사장, 아이즈와카마츠(会津若松)의 백호대 무덤 방문 시 동행해 준 동경의 NKN 천경파 대표, 그리고 (사) 2·8회 홍래윤 회장에게도 깊은 감사를 보낸다.

게이오대학으로 연구년을 갔지만 코로나19로 인해 게이오대학을 갈 수가 없어 동경의 에비스(恵比寿)역 근처의 아자부 커피, 맥도널드 등에서 노트북으로 집필을 하였고 귀국해서는 대전의 한 파스쿠치에서 많은 시간을 보내며 집필에 전념하였다. 아무쪼록 필자의 조그마한 노력이 양국의 우호적 관계와 교류를 위한 보탬이 되기를 기대하며, 냉각된 한일관계가 한류의 인기처럼 해빙되기를 기대한다.

이 책은 필자가 오랜 시간 일본에 관해 연구하며 느꼈던 부분을 경영학자의 입장에서 저술하였다. 부족하지만 본 저서가 일본 우익 사상으로 이어지는 내셔널리즘(국수주의)을 평가하는 데 조금이나마 도움이 되길 바란다.

2022년 10월

대전의 한 파스쿠치에서

차례

제1장 한일갈등과 문화 비교

002 1절 _ 극복하기 어려운 최악의 갈등으로 이어진 한일관계 - 과거사를 넘어 경제갈등에서 안보갈등으로

1) 한국과 일본의 갈등 | 002

2) 강제징용 문제가 경제갈등, 안보갈등으로 | 004

006 2절 _ 문화적 지표로 바라본 한국과 일본

1) 홀의 문화적 빙산과 보이지 않는 문화 | 006

2) 국가유사성 지수 | 014

3) 호프스테더 지수와 한일 비교 | 017

023 3절 _ 유교문화권의 부상과 갈등

1) 일본의 경제발전과 유교문화의 등장 | 023

2) 세계 속의 일본 | 029

3) 30% 유교국가(일본)와 90% 유교국가(한국) 간의 갈등 | 033

4) 유교문화권에서 갈등을 일으키는 탕무방벌(湯武放伐)론 | 036

제2장 일본에서의 유학의 태동과 정착

041 1절 _ 일본의 유학 도입

1) 피로인 강항으로부터 발달된 일본 유교 | 042

2) 강항과 후지와라 세이카의 교류 | 046

3) 후지와라 세이카와 사이쇼 조타이의 논쟁 | 049

052 2절 _ 일본의 신유일치(神儒一致) 사상 - 신도와 유교의 융합
1) 기노시타 준안의 등장 | 053
2) 주자학의 일본화를 꾀한 아라이 하쿠세키 | 054
3) 아메노모리 호슈와 아라이 하쿠세키의 논쟁 | 058
4) 조선 피로인 이진영-이매계 부자의 등장 | 063
5) 아라이 하쿠세키의 활동 | 066

제3장 조선 선비의 주자학과 일본 무사의 양명학 및 난학

070 1절 _ 조선의 주자학과 학문적 대립
1) 한류(韓流)를 이끈 한국 드라마로 살펴본 조선의 논쟁 | 070
2) 회니시비(懷尼是非)와 북벌론 | 073
3) 삼전도의 치욕과 효종의 북벌론 | 075
4) 북벌론에서 사문난적(斯文亂賊) 으로 | 076
5) 송시열과 윤증의 불화 | 078
6) 예송논쟁(禮訟論爭) | 080

082 2절 _ 서양 문물에 대한 조선과 일본의 자세
1) 조선에 억류된 하멜 | 082
2) 리프데 호를 활용한 일본 | 083

087 3절 _ 일본 양명학의 시초 - 충(忠)보다는 효(孝)
1) 나카에 도주 | 087

091 4절 _ 일본 양명학의 중흥
1) 쿠마자와 반잔 | 091
2) 미와 싯사이 | 096

098 5절 _일본 양명학의 실천
1) 사토 잇사이 | 098
2) 사쿠마 쇼잔 |101

제4장 조선, 중국식 유교에서 벗어난 일본식 유교 - 주자학을 타파한 일본적인 유교

108 1절 _ 코가쿠(古学)로서의 성학(聖學)
1) 야마가 소코의 일생 | 108
2) 야마가 소코의 일본 중심 사상 | 112

115 2절 _ 코기가쿠(古義学) - 주자학에서 시작되어 반주자학으로
1) 이토 진사이의 일생 | 115
2) 이토 진사이의 학문과 사상 | 117
3) 진사이학과 조선 교류 | 121

122 3절 _ 코문지가쿠(古文辞学) - 주자학을 넘어서 고전을 읽고 해석하는 고문사학으로
1) 오규 소라이의 주자학 비판 | 122
2) 오규 소라이의 학문과 사상 | 126
3) 소라이학과 조선 교류 | 130

137 4절 _ 일본 고학파와 조선 사대부
1) 고학에서 시작된 일본 유학 | 137
2) 일본 유학에 대한 조선 사대부의 평가 | 145

제5장 신국 사상과 신주불멸

152 1절 _ 신국 사상의 등장
1) 도요토미 히데요시와 가톨릭의 등장 | 152
2) 신국과 신화로서의 진구황후 | 155
3) 신의 나라에 침입한 신라적(新羅賊) | 157

160 2절 _ 신국 사상을 주장한 일본 학자들
1) 키타바타케 치카후사의 『신황정통기(神皇正統記)』 | 160

2) 도쿠가와 막부에서의 신국 사상 | 164
3) 국체의 등장과 미토학 | 166
4) 비정통유학자들의 신국 사상 | 169

172 3절 _ 신국 사상과 존왕양이, 그리고 국수주의
1) 신의 섭리로서의 신국 사상 | 172

제6장 일본 우익 사상의 상징 - 신도와 유교, 국학의 융합

180 1절 _ 신도와 유교의 융합
1) 야마자키 안사이의 신도와 유교의 융합 | 180
2) 존왕과 존왕척패의 등장 | 185

190 2절 _ 일본 무사의 추신구라(忠臣藏)와 조선의 사육신(死六臣)
1) 일본의 추신구라 | 190
2) 조선의 계유정난(癸酉靖難)과 사육신 | 193

205 3절 _ 코쿠가쿠(国学) - 일본적 정서로 태어난 일본적인 국학의 등장
1) 승려 케이츄의 와카(和歌) | 206
2) 국학의 창립자, 카다노 아주마마로 | 210
3) 일본 본래의 정신을 찾은 카모노 마부치 | 214

217 4절 _ 국학을 국수주의로 변모시킨 모토오리 노리나가
1) 모토오리 노리나가의 학문 연구 | 217
2) 경제학자로서의 모토오리 노리나가 | 220
3) 『교쥬가이겐(馭戎慨言)』으로 살펴본 모토오리 노라나가의 사상 | 224

228 5절 _ 복고신도(復古神道)의 주자, 히라타 아츠타네

제7장 일본 우익 사상의 초기 사상 - 전기 미토학의 등장

236 1절 _ 전기 미토학의 등장과 일본 의식 강화
1) 도쿠가와 미쓰쿠니의 『대일본사(大日本史)』 편찬 사업 | 238
2) 전기 미토학의 대표 학자와 사상 | 240

246 2절 _ 영토확장적 사상과 국학
1) 일본 최초의 경제 관련 교과서 -『경제요록(経済要録)』 | 246
2) 일본의 세계정복을 주장한 사토 노부히로 | 249
3) 번교(藩校)를 기반으로 한 국학과 존왕양이의 발전 | 251
4) 국수주의적 일본의 국민성 | 255

제8장 근세, 근대에서의 존왕양이, 황국사관 - 후기 미토학의 등장

260 1절 _ 미토학의 등장 배경

262 2절 _ 후기 미토학과 존왕양이 운동
1) 후기 미토학의 대표 학자와 사상 | 262
2) 존왕양이 운동의 발전 과정 | 271
3) 요시다 쇼인과 쇼카손주쿠(松下村塾) | 280
4) 잊혀진 요시다 쇼인을 부활시킨 아베 신조 | 303

제9장 황국사관과 황민화 정책

308 1절 _ 황국사관의 등장

1) 메이지 유신과 국체론(国体論)의 확립 | 308
2) 정한론(征韓論)과 황국사관 | 310
3) 갑신정변과 탈아론(脫亞論)
- 김옥균과 후쿠자와 유키치 | 313
4) 국체명징 운동과 천황기관설(天皇機関説) 배격 | 322

325 2절 _ 황민화 정책의 등장

1) 군국주의와 내선일체(內鮮一體) | 325
2) 창씨 개명 | 327
3) 조선인의 황국신민화 | 328

제10장 일본의 우익 사상과 죽음의 미학

334 1절 _ 군가에 담긴 무사도 정신

1) 무사로 거듭난 일반인들 | 334
2) 천황을 위해 벚꽃처럼 사라진 병사들 | 336

341 2절 _ 죽음의 미학으로 이어진 무사도 정신

1) 오직 돌격의 반자이 공격 | 341
2) 오키나와 전투에서의 집단자결 강요 | 345
3) 집단자결과 오키나와 주민의 피해 | 347
4) 패자의 할복과 포로 학대 | 350

352 3절 _ 일본의 패전과 변질된 무사도 정신

1) 일본의 항복과 종전선언 | 352
2) 천황의 「인간선언(人間宣言)」 | 355
3) 끝나지 않은 무사도 정신
- 부끄럽게도 살아 돌아왔습니다 | 357

359 4절 _ 사라진 신의 나라
1) 무사도 정신의 본질과 한계 | 359
2) 과거에 얽매인 일본의 현실 | 361

363 5절 _ 아베 신조 전 총리의 피격 사망과 우경화
1) 아베의 사망과 우익 내셔널리즘 | 363
2) 경제정한론과 친중반일 | 366
3) 아름다운 나라에서 새로운 나라로 | 368
4) 역사수정주의와 방 안의 코끼리 | 373
5) 과거사를 풀지 못하는 문화(언어)적 갈등 | 378

제1장

한일갈등과 문화 비교

1절 극복하기 어려운 최악의 갈등으로 이어진 한일관계
- 과거사를 넘어 경제갈등에서 안보갈등으로

2절 문화적 지표로 바라본 한국과 일본

3절 유교문화권의 부상과 갈등

제1장 한일갈등과 문화 비교

| 1절 | 극복하기 어려운 최악의 갈등으로 이어진 한일관계 - 과거사를 넘어 경제갈등에서 안보갈등으로

1) 한국과 일본의 갈등

한일관계가 1965년 국교정상화 이후 최악의 갈등으로 이어지고 있다. 일부 학자들은 한일관계를 두고 좋았던 때보다 나쁜 때가 많았다고 하나 사실은 그렇지 않다. 그런데 최근의 한일관계는 이보다 더 나쁠 수 없을 정도로 최악의 상태를 보여주고 있다.

지금은 한일 양국의 국민들보다도 한일 정치인들의 행동으로 관계가 더욱 나빠진 것이 사실이다. 2014년 5월 23~25일 한국일보와 요미우리(讀賣)신문이 공동으로 시행해 2014년 6월 7일 보도한 여론조사 결과 상대국을 신뢰할 수 있느냐는 물음에 일본인은 73%가, 한국인은 83%가 상대국가를 믿지 못하겠다는 태도를 보였다.

한국을 신뢰하는 일본인의 비율은 그보다 1년 전인 2013년보다 13%포인트 하락해 1995년 조사 시행 이후 최저치를 기록했다. 한국과 일본 사이에는 역사인식차가 특히 큰 것으로 나타났다.

또한 아베 신조(安倍晋三) 일본 총리가 2013년 12월 야스쿠니(靖國) 신사를 참배한 것에 관해 한국인 응답자는 94%가 적절하지 않았다고 평가했으나 일본에서는 적절했다는 답변과 적절하지 않다는 반응이 각각

49%, 41%로 엇갈렸다. 이것을 보면 대다수의 한국인은 일본총리의 야스쿠니 신사참배를 적절하지 못한 것으로 판단하고 있으며 이것이 한일갈등을 증폭시켰다고 보고 있다.

한일수교 50년을 맞은 2015년에는 한국일보와 요미우리신문의 공동여론조사가 최악의 결과를 기록했다. 일본에 대한 한국국민의 신뢰수준이 1995년 첫 조사 후 20년 만에 최저치를 경신해 반일감정이 사상 최악인 것으로 나타났다. '일본을 신뢰할 수 없다'는 응답이 84.9%까지 올라간 데에 대한 반작용인 듯, 일본국민의 '한국을 신뢰할 수 없다'는 대답도 73%로 역대 최악이었다. 이 역시 야스쿠니 신사참배와 일본의 과거사에 대해 잘못한 것이 없다는 역사수정사관이 큰 몫을 한 것으로 나타났다.

2018년 대법원의 강제동원 배상 판결 이후 내리막을 걷고 있는 한일관계는 2019년 일본의 수출규제와 한일군사정보보호협정(GSOMIA: 지소미아)을 둘러싸고 충돌을 거듭했다. 2019년 8월 2일 일본은 한국을 화이트리스트(백색) 국가에서 제외한다고 발표했다. 화이트리스트란 "일본 정부가 물자나 기술, 소프트웨어 등의 전략물자를 외국에 수출할 때 절차를 간소하게 처리하도록 지정한 물품 목록"을 말한다. 일본은 신뢰할 수 있는 우방국을 '화이트리스트(백색) 국가'로 지정해 수출절차를 간소화해 주고 있다. 그런 일본이 한국을 화이트리스트 국가에서 제외한 것은 한국을 믿을 수 없기 때문이라고 주장했다. 2020년 들어서는 수출규제와 일본기업 자산 현금화를 두고 다시 먹구름이 짙어지고 있어 회복불능의 상태로 보고 있다. 이렇듯 한일 양국의 과거사가 과거사로 끝나지 않고 경제문제(수출규제)에서 안보문제(지소미아)로 이어져 쉽게 풀기 어려운 복합적 갈등을 빚고 있는 실정이다.

한국일보와 요미우리신문이 2021년 5월 22~23일(요미우리는 22~24일) 각각 자국 국민을 대상으로 실시한 공동여론조사에서 한국국민은 90.3%, 일본국민은 84%가 '한일관계가 나쁘다'고 답했다. 이는 2020년보다 각각 7.9%포인트, 1%포인트 상승한 수치다. '한일관계가 좋다'는 응답은 한국 6.1%, 일본 13%에 그쳐 지난해 대비 한국은 8.8%포인트 감소했고 일본은 동일했다. 같은 조사에서 한일 양국 국민에게 상대국의 문화 6개를 예로 들며 좋아하는 것을 질문한 결과, 일본국민의 68%는 한국요리가 좋다고 답변했다고 요미우리가 9일 보도했다. 한국영화·드라마, 음악이 좋다는 답변은 각각 40%였다. 한국국민 중에는 일본의 만화·애니메이션과 요리가 좋다는 답변이 각각 26%, 24%를 차지했다. 한일관계에 대해서는 일본국민의 81%, 한국국민의 89%가 '나쁘다'고 각각 답변했으며 한국국민 중 80%, 일본국민 중 69%는 상대국을 신뢰할 수 없다고 답변했다.

한일관계가 앞으로 '좋아질 것'이라는 응답은 양국에서 모두 2020년 조사 때보다 소폭 증가했다. 하지만 '변하지 않을 것'이라는 응답은 한국이 54.8%에 달했고, 일본은 무려 72%나 됐다. 특히 일본인들이 한국관계는 변하지 않을 것으로 보는 비율이 높게 나타난 것이다.

2) 강제징용 문제가 경제갈등, 안보갈등으로

일본 정부는 강제 징용자를 둘러싼 문제에 대해 1965년 한일청구권협정에서 해결되었고 대법원 판결은 국제법 위반이라는 입장을 내세우고 있다. 이 주장에 대해서 일본은 79%가 '납득할 수 있다'고 답했지만 한국은 '납득할 수 없다'가 81%로 큰 격차를 보였다. 이로 인한 한일관계에 대한 상호 인식은 앞으로도 계속될 것으로 보인다.

이처럼 한일갈등이 2018년 이후 관계 개선이 어렵다고 보거나 심지어 기대하지 않는다는 인식이 양국 모두에서 고착화하고 있는 점은 우려스러운 대목이다. 2020년 일본 수출규제와 한일군사정보보호협정(지소미아)이 부정적 여론에 영향을 미친 데 이어 일본군 위안부, 강제징용 배상 판결, 독도 문제가 크게 논란이 되면서 한일양국 관계에 대한 부정적 인식으로 이어졌다.

주지하다시피 한국과 일본은 순망치한(脣亡齒寒)의 관계다. 순망치한은 입술을 잃으면 이가 시리다는 뜻으로, 가까운 사이의 한쪽이 망하면 다른 한쪽도 그 영향을 받아 온전하기 어렵다는 뜻과 서로 도우며 떨어질 수 없는 밀접한 관계, 또는 서로 도움으로써 성립되는 관계 등을 비유하여 이르는 말이다. 그러고 보면 한일관계는 아무리 미워도 보지 않을 수 없으며 일본이 밉다고 해서 전쟁을 하거나 이사 갈 수도 없다. 고우나 싫으나 어쩔 수 없이 이해하고 화해하면서 지내야 한다. 일본 고대문명은 한반도로부터 전해졌다. 일본에서 가장 오래된 역사책으로 알려진 『고사기(古事記)』에서도 백제 도래인들이 일본문명을 일구는 데 핵심 역할을 했다고 기록하고 있다. 반대로 근대화 이후에는 많은 분야에서 우리가 일본으로부터 앞선 기술을 받아들였다. 한일 양국은 콤플렉스를 갖고 있다. 한국의 근대화 콤플렉스에 일본은 고대사 콤플렉스로 대치하고 있다.

앞서 언급한 한국일보와 요미우리신문의 공동여론조사를 보면 해를 거듭할수록 한국과 일본은 서로 상대국가를 신뢰할 수 없다는 태도를 보였다. 서로 믿지 못하는 이유는 무엇일까? 위안부를 포함한 과거사 문제 때문일까? 전반적으로 볼 때 역사 인식차가 특히 큰 것으로 나타났다. 이것은 문화적 차이에서 비롯된 것으로 보아야 한다.

| 2절 | 문화적 지표로 바라본 한국과 일본

1) 홀의 문화적 빙산과 보이지 않는 문화

『침묵의 언어(*The Silent Language*)』(1959)로 유명한 문화인류학자 에드워드 홀(Edward T. Hall) 교수는 저서인 『문화를 넘어서(*Beyond Culture*)』(1976)에서 의사소통에 있어서 문화 간 차이를 다루면서 고배경문화(High-context cultures)와 저배경문화(Low-context cultures)로 구분하여 설명한다. 여기에서 배경(context)은 의사소통에 참여한 구성원들 간에 상호 이해를 돕는 사회적, 문화적, 정치적 공유요소를 뜻한다. 고배경문화는 다른 사람과의 의사소통이나 인간관계에 있어서 상대방이 제시한 내용 자체보다는 행동이나 배경에 더 큰 비중을 두는 문화로 중국, 한국, 일본, 베트남 등이 여기에 해당된다. 반면 저배경문화는 배경이나 상황보다는 상대방이 제시한 내용이나 기록된 정보에 더 큰 비중을 두는 문화로 독일, 스위스, 스웨덴, 미국, 캐나다 등의 지역이 이에 해당된다. 이러한 분류에 아무도 이의를 제기하지 않고 받아들였으며 한국이나 일본을 비슷하게 생각하는 사람도 많다.

그러나 홀의 문화적 빙산 모델을 보면 이야기는 달라진다. 홀은 문화를 빙산과 유사하다고 주장하였다. 한 사회의 문화가 빙산이라면, 홀은 물 위에 보이는 부분보다 표면 아래에 숨겨진 더 큰 부분이 있다고 추론했다. 빙산은 약 10%만이 수면 위에 보이고 빙산의 대부분은 수면 아래에 숨겨져 있기 때문이다. 그래서 그는 '문화' 전체를 빙산에 비유하여 이를 '문화적 빙산(Cultural Iceberg)' 또는 '문화의 빙산'이라고 한다.

에드워드 홀은 다음 그림과 같이 빙산을 이용하여 문화를 설명하고,

문화는 두 가지로 분류될 수 있다고 주장했다. 첫 번째는 눈에 보이는 문화이다. 음식, 패션, 언어, 문학 등은 수면에 표출된 빙산의 일부에 비유되며, 외부적(External)이고 명시적(Concious)인 문화이다. 그리고 두 번째는 보이지 않는 문화이다. 구체적인 예로서 가치관, 신념, 규범, 기본적 전제, 사고패턴 등으로 이것은 내부적(Internal) 및 암시적(Unconscious)인 부분이다. 더욱이 보이지 않는 문화는 보이는 문화를 뒷받침하는 것으로 알려져 있다. 즉, 해수면 아래 눈에 보이지 않는 문화에 따라 산출된 것이 눈에 보이는 문화라고 할 수 있다.

그러나 필자는 이에 이의를 제기한다. 에드워드 홀이 주장하는 수면 위의 "보이는 문화"에는 사람의 언어와 태도가 등장하는데, 이는 곧 언어적 표현(Verbal expression)이고 태도(Attitude, 또는 Behavior)이다. 문제는 보이는 문화인 언어와 태도가 보이지 않는 문화인 가치관과 신념 등에 의해 뒷받침된다는 것이다. 즉, 수면 아래의 여러 요인에 따라 나타나는 것이 말이나 행동이다. 적어도 한국과 일본에서는 그렇다고 할 수 있다.

언어는 1차적인 의사소통 수단의 하나로서 암묵적인 문화적 환경을 내포하고 있기 때문에 외국의 문화를 이해하는 데 있어서 가장 기초적인 요소가 된다. 일반적으로 마찰이 일어나는 경우는 서로 다른 문화의 가치관에서 오는 의사소통의 문제(cross-cultual communication)가 제일 크게 작용한다고 볼 수 있다. 이러한 의사소통의 문제 중 제일 큰 것이 언어장벽(language barriers)인데, 우리가 객관적으로 사물을 인식하려 할 때 지각은 무의식 중에도 외부로부터 선택적으로 메시지를 전달받기 때문에 같은 언어권에서도 오해를 사는 경우가 많으며 문화적 배경이 다른 경우에는 지각장벽(perceptual barriers)이 심하다고 할 수 있다.

10여 년 전 일본 동경의 게이오대학 연구년(研究年)으로 왔던 2009년 당시, 일본 동경의 도의회 선거에서 자민당이 민주당에 제1당 자리를 내주면서 매스컴에서 나온 말은 필자를 놀라게 했다. '동경도 공락(功落), 함락(陷落)'이라는 용어까지는 나름대로 이해했지만 자민당의 선거대책 위원장을 패장(敗將)으로 취급하고 전투에서 진 패장으로서 할복하여야 한다고 했을 때에는 경악을 금치 못했다. 중의원 선거 전의 예비선거로 치러진 동경도의회 선거이기에 일부 학자들이 도쿠가와 이에야스가 1620년 오사카 나츠노 진(大坂夏の陣)에서 오사카성의 해자(垓字)를 없앤 것에 비유하여 배를 가르라(책임을 지라)고 외쳤던 것을 보면 섬뜩하다. 여기서 우리가 '해자'로 사용하는 표현을 일본에서는 '호리(堀)'라 한다. 일본에서는 물이 담겨져 있는 것을 미즈호리(水堀), 물이 없이 비어있는 해자를 가라보리(空堀)라고 한다. 미즈호리는 오사카성과 에도성(江戸城)이 유명하고, 지금은 천황이 살고 있는 황거(皇居)로 변했지만 가라보리는 구마모토성이 유명하다.

2020년 연구년을 갔을 때에는 7월에 행해지는 동경도지사 선거를 앞두고 4월경 '히부다오키루(火蓋を切る)'라는 단어가 등장했다. 히부다오키루의 의미는 경쟁이나 전투를 시작한다는 뜻인데, 여기서 히부다(火蓋: 화개)라는 단어는 조총(화승총)의 화약을 넣는 총구의 뚜껑을 말한다. 즉, 조총에 점화 준비를 하여 화개를 열어 총을 쏘려고 한다는 뜻을 지녔는데 전쟁이나 선거를 시작한다는 뜻으로 전이되었다. 그래서 우리나라에서 쓰이는 '○○시장 선거'라는 표현을 일본에서는 '선거전(選擧戰)'이라는 표현을 함께 사용하여 예를 들어 '도지사 선거가 시작되었다'라는 말은 일본에서는 히부다오키루를 사용하여 '선거전의 하부다오키루(選挙戦の火蓋を切る)'라고 표현한다.

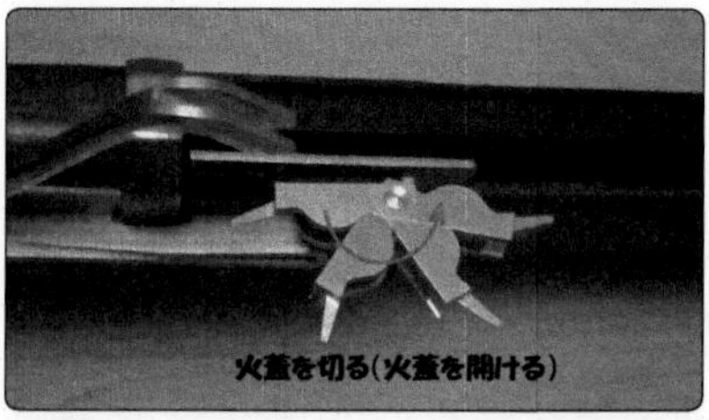

▲ 조총

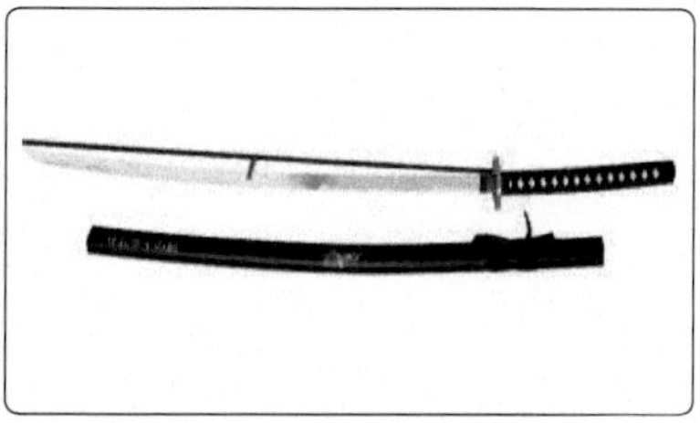

▲ 일본도

21세기 현재에도 무사(칼)의 윤리에서 파생한 관용어는 일본어에 그대로 사용하는데 이는 무사 사회에서 사용한 말로 우리가 알기가 쉽지 않다.

- 소리가 아와나이(反りが合わない): 일본에서는 칼을 칼집에 넣을 수 없다는 뜻에서 유래한다. 다시 말하자면 칼과 칼집이 맞지 않는다는 뜻으로 마음이 맞지 않음을 나타낸다.
- 사야바시루(鞘走る): 칼이 칼집에서 저절로 빠져나온다는 의미에서 유래한 관용어로 예리한 검을 지칭하는데, 일반적으로는 도를 지나친 행동이나 주제 넘는 언동을 지칭한다.
- 모토노 사야니 오사마루(元の鞘に収まる): 원래의 제자리에 다시 들어간다는 의미인데 뽑은 칼이 원래 칼집에 들어가는 동작에서 유래한 관용어로, 다시 말하면 갈라졌다가(헤어졌다가) 다시 합쳐지는 것을 표현한다.
- 시노기오게즈루(しのぎを削る): 시노기는 칼날 부분을 말하며 '칼날 부분이 깎여 나가도록 양측이 격렬히 싸우다'라는 어원에서 유래했다.
- 사야아테(さや当て): 무사가 길을 가다가 서로 칼집이 스친 것을 비

난하여 싸움으로 번진 것을 말하는데 사소한 일로 다투는 것을 말한다.

이런 것은 전부 칼과 칼집에서 유래된 언어로 한국 사회에서는 정말 이해하기 어렵다. 반대로 한국어의 관용구와 속담은 선비와 붓과 관련이 많다. 지인인 일본인이 나에게 "양반다리는 무어냐?" 질문을 하여 알려 준 적이 있다. 양반과 관련된 속담도 많은데 특히 다음과 같은 속담이 유명하다.

- 양반은 비가 와도 뛰지 않는다.
- 양반은 안 먹어도 긴 트림
- 수염이 석 자라도 먹어야 양반이다.
- 양반의 자식은 열둘(12살)이면 호패를 찬다.
- 양반은 죽을 먹어도 이를 쑤신다.
- 양반이 지게 진 것 같다.
- 샌님은 조선시대 당시 생원님의 준말로 생원(生員)을 비하하기 위한 비속어에 가까웠다. 또 다른 의미로는 '세상 물정도 모르고 융통성 없어 글공부만 하는 사람'을 비하하는 의미이다.

이외에도 비슷하게 붓과 관련된 속담과 관용구도 상당히 많다.

- 돈 모아 줄 생각하지 말고 자식 글 가르쳐라.

- 글 잘 못 쓰는 사람은 붓 타박을 한다: 자기의 재간이 모자라는 것은 생각하지 아니하고 객관적인 조건만 탓함을 비유적으로 이르는 말이다.
- 먹을 쥐면 병자처럼, 붓을 쥐면 장사(壯士): 먹을 갈 때는 병자처럼 힘을 주지 말고 슬슬 갈고 붓글씨를 쓸 때는 장사처럼 힘세게 글씨를 쓰라는 뜻이다.
- 글 잘하는 자식 낳지 말고 말 잘하는 자식 낳으랬다: 학문에 능한 사람보다는 언변 좋은 사람이 처세에 유리함을 비유적으로 이르는 말이다.
- 서당 개 삼 년이면 풍월을 읊는다: 붓(선비)의 윤리에서 등장한 의미이며 '당구삼년 폐풍월(堂狗三年 吠風月)'이다. 뜻은 아무리 무식쟁이라도 유식한 사람과 사귀면 견문이 넓어진다는 의미와 또는 잘 모르는 일이라도 삼 년 정도 오래 보고 듣고 하면 무엇이든 할 줄 알게 되더라는 의미이다.

▲ 붓과 벼루

이와 같은 흐름에서 보면 한국으로서는 같은 문화권으로 생각한 일본의 행동을 이해하기 어렵고 일본에서는 한국의 행동을 불쾌하게 생각할 수 있다. 칼과 칼집, 조총을 중심으로 한 언어와 붓과 벼루를 중심으로 한 언어의 충돌이 나타나기 때문이다.

요즘 한일관계에서 제일 많이 갈등 요인으로 등장하는 것이 과거사 문제와 위안부 문제, 강제 징용공 문제이다. 여기서 나타나는 것이 수면 아래의 "보이지 않는 문화"인데 에드워드 홀은 서양의 이웃국가인 영국과 프랑스, 독일과 프랑스, 영국과 독일 등의 문화를 비교하면서 이 논리를 주장하여 많은 갈채를 받았다. 그러나 필자는 한국과 일본에서는 유교 문화와 무사 문화 간 갈등의 대표적 요인이 언어적 차이라고 생각하여 에드워드 홀의 보이는 문화와 보이지 않는 문화 논리에 찬성하지 않는다. 한일 양국의 언어에서 등장하는 문화적 차이는 모든 것을 붓과 벼루, 그리고 양반적 사고로 시작되는 한국과 칼과 칼집, 그리고 무사적 사고와의 갈등과 부딪힘이기 때문이다.

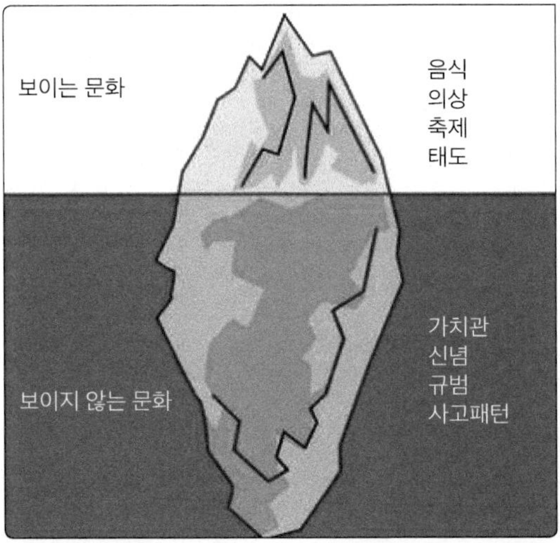

▲ 에드워드 홀의 문화적빙산

출처 : https://www.solutiontree.com/blog/moving-beyond-visible-culture/

또한 홀은 의식 문화와 무의식 문화 사이에는 큰 차이가 있다고 하여 구분하였다.

내부	외부
암시적으로 학습됨	명시적으로 학습됨
무의식	의식
변경하기 어려움	쉽게 변경됨
주관적인 지식	객관적인 지식

필자는 고배경문화에 해당되는 한일문화는 표면적 문화이며, 갈등을 느끼고 이해하기 어려운 한일갈등은 보이지 않는 문화인 내부적·암시적 문화(묵시적 문화)라는 것을 알았다. 겉으로는 한일 양국이 유교문화권이지만 내부로 들어가면 한국은 유교에서도 성리학 중심의 유교문화권이고 일본은 유교문화와 불교문화, 신도문화가 혼합된 문화이다. 그래서 한국과는 문화적 차이가 있고 갈등도 있지만 유교문화권으로서 서로가 통하는 부분이 많은 중국과 달리 일본은 유교문화권이라기보다는 무사도를 중심으로 한 신유(신도와 유교)문화권으로 볼 수 있기 때문에 더욱 이해하기 어려운 측면이 있다고 볼 수 있다.

사농공상(士農工商)은 유교적 신분계급의 하나인데 한일양국이 유교문화를 중시하지만 한국(조선)은 문무 중 문에 특화된 유교적 선비가 士를 대표하게 되었고, 일본은 무에 특화된 사무라이(侍)가 士를 대표하게 된 것이다.

조선시대 선비의 기본이 된 학문은 성리학이었다. 선비는 성리학은 수기치인(修己治人)의 사상이자 학문이다. 수기치인은 결국 먼저 자신을 닦은 후, 다른 사람을 위(爲)하여, 즉 세상(世上)을 다스리는 일을 위(爲)하여 공부하는 것을 의미한다. 모든 선비나 위정자들이 갖추어야 할 덕목으로 자신의 몸과 마음을 닦은 후에 남을 다스리는 것을 말한다.

일본의 사무라이 계급을 유지하는 무사도정신을 대표하는 것이 야마

모토 츠네토모(山本常朝)의 하가쿠레(葉隱)이다. 하가쿠레는 효(孝), 의(義), 명예, 극기 등의 유교적 내용도 있지만 '무사도는 죽는 것이라고 보았다(武士道と云ふは死ぬ事と見付けたり)'라는 것처럼 '죽음의 미학'을 내재하고 있다. 즉, 무사도는 죽음을 마주했을 때 실현된다. 즉, 삶과 죽음의 기로에서 죽음을 택한다는 뜻이다. 다른 생각의 여지 없이 죽는 것이 무사도를 대표한다.

2) 국가유사성 지수

우연히 인터넷에서 국가유사성 지수(country similarity index)를 접한 적이 있다. 그중 '어느 나라가 한국과 가장 유사한가?(Which Countries are Most Similar to Korea?)'라는 지수를 보았는데 가장 비슷한 국가는 일본(1등)이었고 타이완(2등), 북한(3등), 중국(4등)순이었다. 여기까지는 깊게 생각하지 않아도 납득할 만하다. 그러나 필자가 놀란 것은 5위가 독일, 6위가 프랑스(이 순위는 5위 프랑스, 6위 독일로 바뀌기도 한다), 7위 슬로베니아, 8위 불가리아, 9위 폴란드, 10위 베트남이었다는 사실이다.

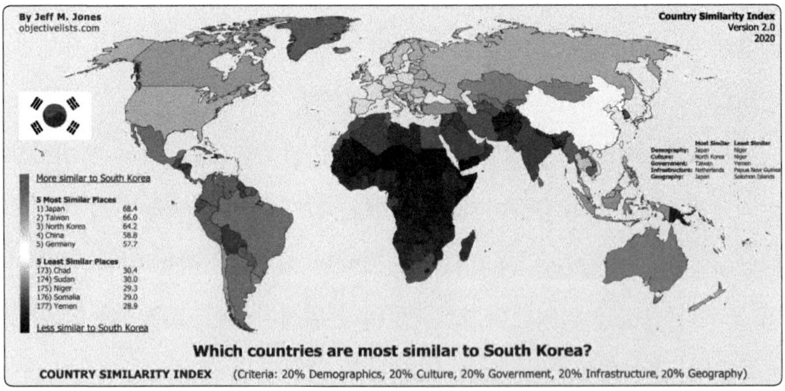

출처 : https://objectivelists.com/category/country-similarity-index/

5위가 독일인 것은 동서독일의 통일을 비롯하여 1960년대 서독파견 간호사와 광부들의 이미지와 1960년대 말 박정희 대통령의 고속도로 건설 시 아우토반 등이 연상되어 그런 것이 아닐까 생각되기도 한다. 그리고 프랑스는 프랑스혁명과 알퐁스 도데(Alphonse Daudet)의 『마지막 수업(*The Last Lesson*)』의 영향이 아닌가 생각한다. 작품 속 프랑스 선생님은 부드럽고 무거운 목소리로 오늘 수업이 프랑스어로 하는 마지막 수업이라고 말한다. 프랑스가 전쟁에 패하자 알자스 지방의 프랑스어 수업을 금지하고 대신 독일어를 가르치게 된 것이다. 선생님은 국어를 굳건히 지키면 감옥의 열쇠를 쥐고 있는 것이나 마찬가지라고 깨우쳐 준다. 필자의 어린 시절 교과서에까지 등장한 이 작품은 깊은 감동과 함께 동질감을 주기도 하였다. 일제강점기에 한국어(조선어)를 잃고 일본어를 배워야 했던 지난날을 떠올리게 하는 역사적 동질성은 프랑스를 친근감 있게 느껴지게 한다. 한편 10위의 베트남도 남북베트남의 통일과 베트남전쟁 때 한국군 파견을 떠올려 보면 그 이유를 짐작할 만하다. 그런데 순위권에 있는 슬로베니아, 불가리아, 폴란드는 우리나라와 비슷한 약소국의 역사를 지닌 나라인데도 쉽게 와 닿지 않는다. 이는 문화적 빙산을 보면 이해가 된다. 우리나라 사람들은 한국과 일본이 제일 비슷하다는 데 납득을 하면서도 일본과의 갈등은 역시 풀기 어려운 과제라고 생각한다. 한국인으로서 우리는 누구나 강제적 한일합방, 명성왕후 민씨 시해사건, 임진왜란 등의 치욕을 잊기 어렵다. 이를 문화적 빙산으로 표현하면 일본이 우리 역사와 국가의 아이덴티티에 깊은 상처를 주었기 때문이다.

'어느 나라가 가장 일본과 유사한가?(Which Countries are Most Similar to Japan?)'라는 지수에서는 가장 비슷한 국가로 한국(1등), 타이완(2등), 중국

(3등), 태국(4등), 이탈리아(5등)였고 그 뒤로 6위 슬로베니아, 7위 베트남, 8위 싱가포르, 9위 독일, 10위 영국 순이었다.

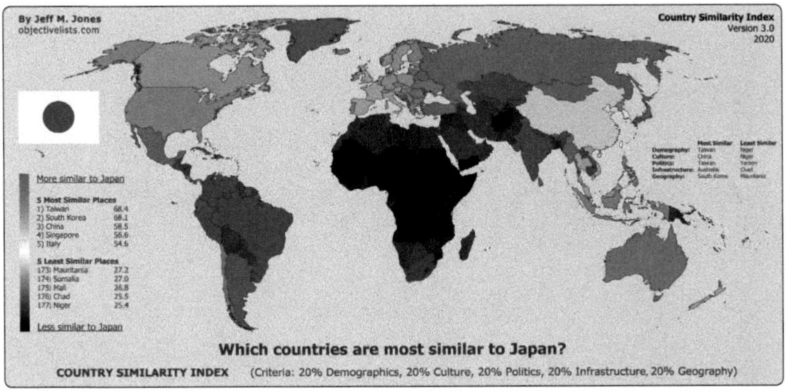

출처 : https://objectivelists.com/category/country-similarity-index/

여기에서 3위에 오른 중국은 일본에 대해 사실상 한국보다도 더 감정이 좋지 않은 것으로 드러났다. 한국이 제일 반일감정이 강하다고 여기지만 사실은 2013년 영국의 'BBC World Service' 설문조사에 따르면 중국인의 74%가 일본의 영향력을 부정적으로 보는 것으로 밝혀졌다. 67%가 부정적인 견해를 표명한 한국은 세계에서 일본에 대해 두 번째로 부정적인 감정을 가진 나라로 나와 있다. 양국에 이런 감정을 일으킨 사람은 고이즈미 준이치로(小泉 純一郎) 전 수상으로 그는 재임 중에 야스쿠니신사(靖國神社)를 5번 방문하여 한국과 중국에 반일감정을 일으켰다.

4위인 태국은 일본과 같이 불교 국가이며 입헌군주국이기 때문에 이해할 만한 결과였으나 여기에서는 이탈리아가 5위라는 것이 의외다. 단순히 이탈리아 음식 때문인 줄 알았는데 일본인 지인한테 물어보니 그는 제2차 세계대전 시의 삼국동맹을 예로 들었다. 이를 설명하자면

1940년 9월 27일에 독일과 일본, 이탈리아가 삼국동맹(Tripartite Pact)을 맺으면서 독일·이탈리아의 유럽 지배권과 일본의 아시아 패권을 서로 인정했다. 독일이 9위라는 점은 이를 증명한다. 영국의 경우에는 같은 섬나라이자 입헌군주국으로서 영일동맹을 맺고 러일전쟁에서 러시아를 이겨 일본인의 긍지를 높인 점에서 10위에 든 것으로 보인다.

그렇다면 한국과 일본이 이처럼 가장 친한 국가이면서도 갈등을 일으키는 요인은 무엇일까? 하야시 다께히끄(林建彦)의 『가까운 나라일수록 비뚤어져 보인다(近い国ほどゆがんで見える)』라는 저서를 보면 가까운 나라일수록 서로 너무나 많이 알기 때문에 비판이나 비난이 있을 수 있다고 설명한다. 이에는 필자도 어느 정도 동조하는 바이다.

국가유사성 지수를 보더라도 제일 가까운 한국과 일본의 갈등은 아시아에서뿐 아니라 세계적으로도 유명하다. 외국에 가면 한국인에게 일본인인지 묻는 백인들이 많다. 반대로 일본계 미국인은 한국계냐고 묻는 사람이 많다고 한다. 세계 어느 곳을 다녀 봐도 음식은 한국과 일본이 제일 비슷하게 느껴진다. 그리고 겉으로 보아도 표시가 나지 않는다. 그런데 왜 이렇게 갈등이 심하며 한일관계가 좋지 않은 것일까? 이에 대해서는 차차 설명해 보도록 하겠다.

3) 호프스테더 지수와 한일 비교

세계적인 문화인류학자인 헤이르트 호프스테더(Geert Hofstede)는 네덜란드 마스트리흐트 대학(Universiteit Maastricht)의 조직인류학 및 국제경영 명예교수이자 다문화 그룹 및 조직에 대한 선구적인 연구로 잘 알려져 있다. 호프스테더는 5가지 문화차원 이론(cultural dimensions theory)으로 설명하였는데 그 내용은 다음과 같다.

- 권력 거리 지수(power distance index; PDI): 권력 거리란 조직이나 단체(가족과 같은)에서 권력이 작은 구성원이 권력의 불평등한 분배를 수용하고 기대하는 정도
- 개인주의-집단주의(individualism; IDV vs. collectivism): 개인들이 단체에 통합되는 정도
- 남성성-여성성(masculinity; MAS vs. femininity): 성별 간 감정적 역할의 분화
- 불확실성 회피 지수(uncertainty avoidance index; UAI): 불확실성과 애매성에 대한 사회적 저항력
- 장기 지향성-단기 지향성(Long term orientation; LTO vs. short term orientation)

호프스테더의 문화차원 이론은 어느 사회의 문화가 그 사회구성원의

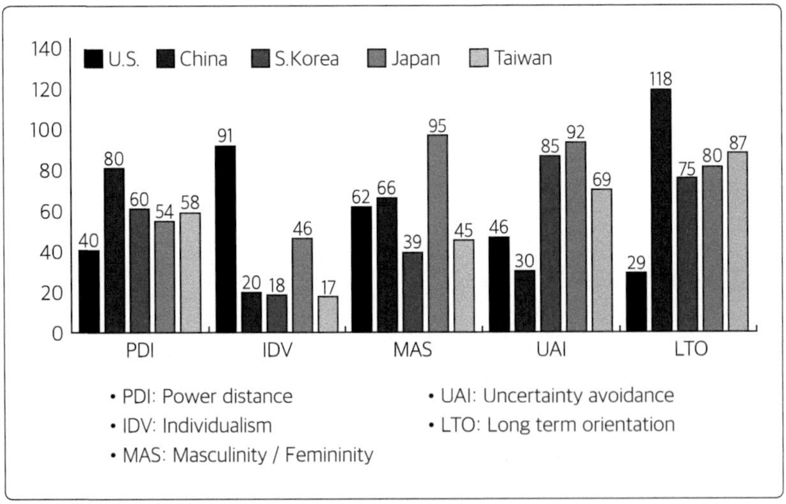

▲ 호프스테더 지수로 보는 한·미·중·일·대만 비교

출처 : http://geert-hofstede.com

가치관에 미치는 영향과, 그 가치관 및 행동의 연관성을 요인분석으로서 구조를 통하여 설명하는 이론이다. 이 이론은 비교문화심리학, 국제경영학, 문화 간 의사소통 등 여러 분야의 연구에서 실험 패러다임으로 널리 사용되고 있다.

호프스테더는 1960년대와 1970년대에 IBM이 수행한 세계고용인가치관조사 결과를 검토하기 위해 요인분석법을 사용하여 처음으로 이 모델을 만들었다. 이 이론은 관측되는 문화 간 차이점을 수치화하여 설명하려 한 최초의 시도에 속한다. 호프스테더 모델의 한계점을 주장하는 사람도 많지만 지금도 세계적으로 널리 활용되고 있는 지수이기도 하다.

필자가 제일 놀랐던 점은 남성다움(남성적, Masculinity)/여성다움(여성적, Femininity)의 호프스테더 지수로 일본(95), 중국(66), 미국(62), 대만(45), 한국(39) 순이라는 결과였다. 물론 이 지수가 한 나라의 남성적 문화와 여

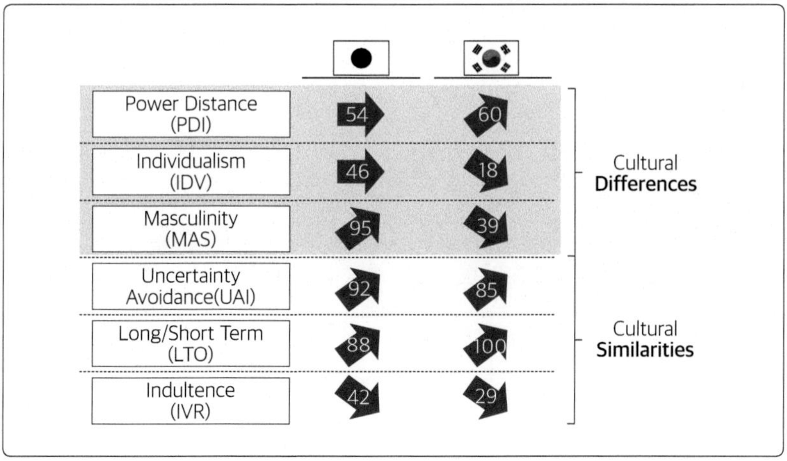

▲ **한일 호프스테더 지수의 남성적 지수, 권력간격, 개인주의**

출처 : https://hofstede.jp/iteawonclass_1-2/

성적 문화를 상징하는 것은 아니지만 세계적으로 일본이 남성다움(남성적 문화)에 강하며 한국이 여성다움(여성적 문화)에 강하다는 것에 놀라움을 금치 못했다.

호프스테더의 남성적 문화의 가치관은 경쟁력, 자기주장, 유물론, 야망, 권력 등을 중시하며, 여성적 문화에서는 대인관계나 삶의 질 등을 보다 높게 평가한다. 남성적인 문화에서는 성역할의 차이가 크고 유동성이 작다. 이에 비해 여성적인 문화에서는 남녀를 불문하고 정숙이나 헌신 같은 개념을 강조한다.

호프스테더(2001)의 조사 결과에 따라 세계 53개국을 남성적 문화가 높은 순서대로 살펴보면 다음 표와 같다.

순위	국가	순위	국가
1	일본	29	이스라엘
2	오스트리아	30	인도네시아·서아프리카
3	베네수엘라	32	터키·대만
4	이탈리아·스위스	34	파나마
6	멕시코	35	이란·프랑스
7	아일랜드·자메이카	37	스페인·페루
9	영국·독일	39	동아프리카
11	필리핀·콜롬비아	40	살바도르
13	남아프리카·에콰도르	41	한국
15	미국	42	우루과이
16	호주	43	과테말라
17	뉴질랜드	44	태국
18	그리스·홍콩	45	포르투갈
20	아르헨티나·인도	46	칠레

순위	국가	순위	국가
22	벨기에	47	핀란드
23	아랍권	48	유고·코스타리카
24	캐나다	50	덴마크
25	말레이시아·파키스탄	51	네덜란드
27	브라질	52	노르웨이
28	싱가포르	53	스웨덴

남성적 지수는 노르딕 문화권에서 극단적으로 낮은 수치를 나타낸다. 노르웨이가 8점이고 스웨덴은 5점에 불과하다. 이에 비해 일본과 헝가리, 오스트리아, 스위스 등 독일 문화권 유럽 국가들에서는 남성성 지수가 매우 높게 나타난다. 앵글로계인 영국은 66점으로 상대적으로 높은 편이다. 남성적인 가치가 뚜렷한 문화에서는 파시즘과 인종차별주의가 잘 자라난다. 독일, 이탈리아, 일본이 바로 그런 경우다. 역설적이게도 이런 특성은 이 세 나라들이 전쟁 후에 경제적 기적을 이룩하는 데에도 크게 기여했다.

호프스테더의 조사에서는 한국이 41위로 남성성이 약한 나라로 나타났지만, 많은 한국인들은 남녀공통으로 믿기 어려운 결과로 받아들이고 있다. 많은 한국인들은 가부장적 문화 때문에 한국을 남성중심사회로 알고 있는데 실은 여성적 문화가 강하다. 호프스테더는 남성적 문화를 지닌 국가는 성취지향사회를 추구하는 반면 여성적 국가는 복지사회를 지향한다고 말한다. 호프스테더가 말하는 남성다움이나 남성적 사회는 우리가 생각하는 남아선호사상의 남성우위 남성중심사회(남존여비사상)가 아닌 과업지향성을 말하는 것이므로 이에 입각해서 생각해 보면 수긍할 만한 결과라고 할 수 있다.

한국은 학문을 중시하는 선비사회인 만큼 무술보다는 학문을 높이 평가하였고, 유교문화를 중심으로 혈연중심사회이다 보니 후사 문제로 남성을 우대하였다. 한국이 남성우대문화가 강한 나라이기는 하지만 그렇다고 해서 여성을 보호해 주는 남성적 문화였느냐 하면 그건 아니라고 생각한다. 세계경제포럼(WEF)이 발표한 2021년 「세계 성격차 보고서(*Global Gender Gap Report*)」에 따르면 성격차 지수가 가장 적은 나라는 1위 아이슬란드, 2위 핀란드, 3위 노르웨이로 나타났다. 한국의 성격차 지수는 0.687(1에 가까울수록 평등)로 조사대상인 156개국 중 102위를 차지하여 하위권에 머물렀다. 108위였던 직전 조사(2019년 12월 발표)보다 6계단 상승했지만 조사를 시작한 2006년 92위(0.616)보다는 떨어졌다. 특히 국회의원 및 고위직·관리직 여성 비율은 15.7%로 세계 134위에 그쳤다. 이는 유교문화와 남존여비사상, 가부장제, 사회구조 속에서 만들어진 당연한 결과일지도 모른다.

특히 조선 시대에는 남성이 필요한 전쟁 시 양반들은 세금도 내지 않고 병역을 면제받았으므로 부와 권력, 명성은 사회에 대한 책임과 함께 해야 한다는 의미로 쓰이는 노블레스 오블리주에 약한 사회가 되었다고 생각한다.

지금도 우리나라에서 가장 문제가 되는 것이 교육 문제와 병역 문제이다. 일반적으로 한국 사회는 고위직들이 병역을 기피하는 성향이 강하다. 조선 시대의 양반들도 전쟁이 나면 노블리주 오블리주는 없었던 것은 아니지만 유럽이나 미국, 그리고 일본보다는 적게 나타난다.

노블레스 오블리주(noblesse oblige)는 프랑스어로 '고귀한 신분(귀족)'이라는 노블레스와 '책임이 있다'는 오블리주가 합해진 단어로 '높은 사회

적 신분에 상응하는 도덕적 의무'를 뜻한다. 시오노 나나미(しおのななみ)는 『로마인 이야기』에서 "로마제국 2,000년 역사를 지탱해준 힘은 노블레스 오블리주의 철학"이라고 말한다. 로마가 한니발의 카르타고와 16년간 제2차 포에니 전쟁을 치렀을 때, 최고 지도자인 콘술(집정관)만 13명이 전사했다.

560여 년 전통의 영국 최고의 사학명문 '이튼(Eton) 칼리지'의 교내 교회 건물에는 전사한 졸업생의 이름이 새겨져 있다. 제1차 세계대전 1,157명, 제2차 세계대전 748명이다. 제2차 세계대전에서는 고(故) 엘리자베스 2세 영국여왕이 영국 여자국방군(ATS)에 입대해 운전병으로 활약하기도 했으며 포클랜드 분쟁에도 앤드루 왕자 등이 영국해군으로 복역하기도 하였다.

▲ 제2차 세계대전 중 엘리자베스 여왕

▲ 앤드류 왕자

| 3절 | 유교문화권의 부상과 갈등

1) 일본의 경제발전과 유교문화의 등장

1960년대 말까지만 하더라도 미래의 경제대국으로 각광받던 남미의 브라질, 아르헨티나 등이 자유무역 질서의 쇠퇴와 석유파동의 여파를 극복하지 못해 좌초되었다. 그리고 이란의 근대화 실험이 이슬람 근본주의로 실패하고 아프리카나 동유럽 국가들이 국가체제의 변혁에 휘말리고 있을 때, 1970년대에 들어오면서 일본을 포함한 동아시아의 네 마리의 용으로 표현되는 한국, 대만, 홍콩, 싱가포르 등 신흥공업국이 새로운 발전 모델의 유형으로 등장하였다. 유교문화권과 유교가치 등의 단어가 등장한 것은 일본을 포함한 이러한 신흥공업국들이 모두 전통적으로 유교권(confucian sphere of influence)에 속하는 국가였기 때문이다.

그중에서도 일본의 경제적 성장에 있어서는 그 원인을 유교문화에서 찾는 주장들이 제기되었다. 산업혁명 이래 200여 년 동안 서양의 문명과 가치관이 세계를 지배하였다면 1970년대 이후에는 일본의 경제대국 부상과 한국, 대만, 중국의 발전으로 유교문화의 가치가 세계의 주목을 받았다.

1970년대 초 미래학자 허먼 칸(Herman Kahn)은 『초강대국 일본의 도전과 대응(*The Emerging Japanese Superstate Challenge & Response*)』이라는 저서에서 "21세기는 일본이 미국을 앞지르는 초강대국이 될 것이다"[1]라고 하여 당시로서는 충격적인 주장을 펼쳤다. 그의 이론은 유교적 교육체계, 가족연대의식 등을 긍정적으로 평가함으로써 그때까지 주의를 끌지 못한 유교문화권에 대한 새로운 관심을 불러일으켰다.

한편 파슨스(T. Parsons)는 유교의 강력한 전통주의가 자본주의의 발달을 저해하였다고 주장한다.[2] 그러나 최근에는 전통주의가 신중성과 검약의 정신, 희생의 정신을 강조함으로써 자본의 축적을 가능케 하였다

---

1) Hermann Kahn(1970). *The Emerging Japanese Superstate*, Englewood Cliffs, NJ: Prentice-Hall, Inc.

2) Talcott Parsons(1937). *The Structure of Social Action*, McGraw-Hill, p. 549.

고 한다.[3] 일본의 근대화 과정을 논할 경우 이러한 논제는 더할 나위 없이 정확하다고 하겠다. 특히 일본의 경우는 외국의 제도와 기술 아래에서 전통주의를 가미한 화혼양재(和魂洋才)형의 근대화였기 때문에 그 주장이 설득력을 갖는다고 하겠다.

또한 에즈라 보겔(Ezra F. Vogel)도 본인의 저서 『일등국으로서의 일본(*Japan as Number One: Lessons for America*)』에서[4] 미국 몬태나주 정도밖에 안 되는 일본이 독일만큼 좋은 차를 만들고 스위스만큼 좋은 시계를 만들며 미국만큼 좋은 철강을 생산하고 있다면서 일본경제의 성공에 찬사를 보내며 일본경제의 성공은 일본의 유교문화와 관계가 있음을 간접적으로 주장하였다.

▲ Japan as No.1

▲ 에즈라 보겔

경제협력개발기구(OECD, Organization for Economic Cooperation and Development)는 1979년 6월 보고서 「The Impact of Newly Industrialising Countries on Production and Trade in Manufacture」에서 1인당 GDP, 공업생산증가와 고용증가, 공업제품수출주도의 현저한 성장을 척도로 한국, 대만, 홍콩, 싱가포르, 브라질, 멕시코, 스페인, 포르투갈, 그리스, 유고슬라비아 등을 지칭하여 신흥공

3) Roy Hofheinz Jr. and Kent E Calder(1982). *The Eastasia Edge*, Basic Book.

4) Ezra F. Vogel(1979). *Japan as Number One: Lessons for America*, New York: Harper. Colophon.

업국(Newly Industrialising Countries)으로 규정하였다. 그러나 1980년대에 들어오면서 누적채무 문제로 브라질, 멕시코가 정치경제적 혼란에 빠지면서 유고슬라비아, 그리스, 포르투갈 등이 NICs에서 탈락하여 1990년대 이후 한국, 대만, 홍콩, 싱가포르의 아시아NIEs가 주목받게 되었다.[5)]

1970년대 후반과 1980년대 초의 유교문화에 대한 연구는 포괄적이고 추상적이었으나 1980년대 후반부터 1990년대에 들어오면서 일본과 아시아NIEs에 대한 유교문화로 접근한 연구가 가족적 윤리와 높은 교육률, 저축률 등 세분화된 논리를 내세우면서 유교문화권이라는 단어가 등장한 것으로 보고 있다. 이를 시간의 흐름에 따라 살펴보면 다음과 같다.

먼저 1980년대에 이르면서 일본 정부의 성공과 동아시아의 성공을 관료적 리더십과 정치제도의 장점인 산업정책으로 보는 견해가 등장하였다. 미국의 동아시아 전문가인 찰머스 존슨(Chalmers Johnson)은 『통산성과 일본의 기적(*MITI and Japanese Miracle*)』(1982)[6)]이라는 저서에서 일본 정부의 역할에 대해 통상산업성(通商産業省) 주도의 산업정책(産業政策)을 통한 철강산업, 자동차산업 등의 성공요인을 지적하여 '국가의 시장친화적 개입(market conforming intervention)'이라고 설명하였다.

1982년 로이 호프하인즈와 켄트 캘더(Roy Hofheinz Jr. and Kent E. Calder)의 공동 저작인 『동아시아의 도전(*The Eastasia Edge*)』[7)]에서는 발전요인으로 한국과 대만 등의 관료적 리더십과 일당통치체제 그리고 일본 경제

---

5) 1988년 토론토 서미트에서 대만과 홍콩의 외교적 지위를 배려하여 NIEs(Newly Industrialising Economies, 신흥공업경제군)로 바뀌었다.

6) Chalmers Johnson(1982). *MITI and the Japanese Miracle*, Berkeley: University of California Press.

7) Roy Hofheinz Jr. and Kent E. Calder(1982). *The Eastasia Edge*, New York: Basic Books.

의 견인력 등을 꼽고 있다. 적절한 구조가 전제되지 않으면 교육수준과 근면 등 문화적 배경은 바람직한 경제적 성과를 만들어낼 수 없다는 점에서, 동아시아 경제 발전의 일차적이며 직접적인 원인은 구조적인 정치제도의 장점에서 찾아야 한다고 주장하였다.

그리고 1986년 에이크먼(David Aikman)[8]은 일본과 한국, 대만, 홍콩, 싱가포르 등 네 마리의 용(龍)이 유교윤리와 자본주의를 결합한 동아시아 경제 모델을 만들어 성공했다고 평가하고, 효(孝)를 중심으로 한 가족중심주의, 노사협조를 통한 사회적 안정과 질서, 근면성, 가족과 국가를 위한 희생, 높은 교육률 등이 생산성 향상과 기업의 성장요소로 작동했다고 보았다.

1990년대에 들어오면서 보겔(Ezra F. Vogel)은 저서인 『아시아의 네 마리 용(*The Four Little Dragons*)』[9]를 통해 일본을 큰 용에 빗대고 홍콩, 싱가포르, 한국, 타이완을 4마리의 작은 용으로 비유하면서, 고도의 시장경제 및 발달된 경제를 분석하고 전통적 유교윤리가 접목된 동양식 자본주의 정신이 아시아 경제의 발전을 이룩하였다고 주장하였다.

1993년 세계은행(World Bank)이 「동아시아의 기적-경제성장과 정부의 역할(*EAST ASIA MIRACLE: Economic Growth and Public Policy, A World Bank Research Report*)」을 발표하였다.[10] '동아시아의 기적(EAST ASIA MIRACLE)'이란 1965년부터 1997년까지 동아시아(동남아 포함) 국가들이 급속한 경제성장을

---

8) David Aikman(1986). *Pacific Rim: Area of Change, Area of Opportunity*, Boston: Little, Brown and Company.

9) Ezra F. Vogel(1991). *The Four Little Dragons*, Harvard University Press.

10) Page, John(1994). *The East Asian Miracle: Four Lessons for Development Policy*. In Fischer, Stanley; Rotemberg, Julio J. (eds.). NBER Macroeconomics Annual, Volume 9, Cambridge, Massachusetts: MIT Press.

이룬 현상을 뜻한다. 세계은행은 일본과 아시아NIEs 4개국(한국, 대만, 홍콩, 싱가포르)과 ASEAN 중 3개국(인도네시아, 말레이시아, 태국)의 이상 8개국을 HPAEs(High-Performing Asia Economics)로 호칭, 그중 일본과 아시아NIEs 4개국을 고도성장과 불평등의 감소를 동시에 이룬 가장 공정한 국가라고 하고 있다.

▲ 동아시아의 기적(세계은행)

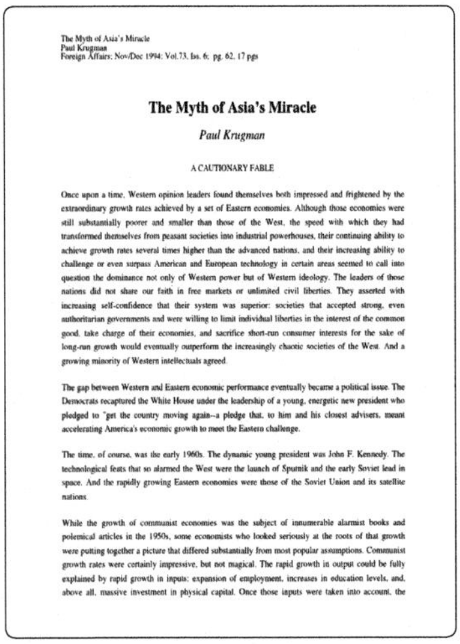
The Myth of Asia's Miracle
Paul Krugman
Foreign Affairs; Nov/Dec 1994; Vol.73, Iss. 6; pg. 62, 17 pgs

The Myth of Asia's Miracle

Paul Krugman

A CAUTIONARY FABLE

Once upon a time, Western opinion leaders found themselves both impressed and frightened by the extraordinary growth rates achieved by a set of Eastern economies. Although those economies were still substantially poorer and smaller than those of the West, the speed with which they had transformed themselves from peasant societies into industrial powerhouses, their continuing ability to achieve growth rates several times higher than the advanced nations, and their increasing ability to challenge or even surpass American and European technology in certain areas seemed to call into question the dominance not only of Western power but of Western ideology. The leaders of those nations did not share our faith in free markets or unlimited civil liberties. They asserted with increasing self-confidence that their system was superior: societies that accepted strong, even authoritarian governments and were willing to limit individual liberties in the interest of the common good, take charge of their economies, and sacrifice short-run consumer interests for the sake of long-run growth would eventually outperform the increasingly chaotic societies of the West. And a growing minority of Western intellectuals agreed.

The gap between Western and Eastern economic performance eventually became a political issue. The Democrats recaptured the White House under the leadership of a young, energetic new president who pledged to "get the country moving again--a pledge that, to him and his closest advisers, meant accelerating America's economic growth to meet the Eastern challenge.

The time, of course, was the early 1960s. The dynamic young president was John F. Kennedy. The technological feats that so alarmed the West were the launch of Sputnik and the early Soviet lead in space. And the rapidly growing Eastern economies were those of the Soviet Union and its satellite nations.

While the growth of communist economies was the subject of innumerable alarmist books and polemical articles in the 1950s, some economists who looked seriously at the roots of that growth were putting together a picture that differed substantially from most popular assumptions. Communist growth rates were certainly impressive, but not magical. The rapid growth in output could be fully explained by rapid growth in inputs: expansion of employment, increases in education levels, and, above all, massive investment in physical capital. Once those inputs were taken into account, the

▲「아시아 기적의 신화」(폴 크루그먼)

그러나 1990년대 후반에 들어서 일본의 경제가 정체되고 아시아 국가들도 부진을 면치 못하자 폴 크루그먼(Paul Krugman) 교수는 「아시아 기적의 신화(*The Myth of Asia's Miracle*)」라는 논문[11]에서 자본이나 노동의 양에 집중하는 요소투입형 경제성장 정부 주도의 고도성장을 지속하고 있던 일본을 중심으로 한 아시아 모델에 의문을 표시했다. 그리고 1999

11) Paul Krugman(1994). "The Myth of Asia's Miracle", *Foreign Affairs 73*(6), Nov/Dec, pp. 62-78.

년 「타임(*Time*)」지[12]에서도 '아시아 각국의 기업은 얼핏 보기에는 현대적 기업처럼 보이지만 실제로는 가족회사에 지나지 않는다'고 지적하면서 이러한 기업은 기업 소유주의 개인재산이나 은행자금을 융통할 수 있는 능력에 따라 그 성장이 좌우된다고 비판하고 있다. 여기서 등장한 것이 아시아적 가치(Asian Value)이며 아시아의 자본주의를 정실 자본주의(Crony Capitalism)로 일컬으면서 공동체 중심주의와 권위주의적 위계질서는 합리적인 자본주의 사회의 제도 마련을 방해한 유교적 요인과 관계가 있다고 주장했다.

상술한 여러 저서와 논문을 검토한 결과, 유교문화권과 아시아적 가치라는 단어가 등장한 것은 일본의 경제발전과 침체, 정체 등에서 나타나고 있으며 한국, 대만, 싱가포르 등 국가의 경제발전과 깊은 관련이 있다고 볼 수 있다.

2) 세계 속의 일본

(1) 독립문명으로서의 일본문명

새뮤얼 헌팅턴(Samuel Huntington)은 1996년 『문명의 충돌(*The Clash of Civilizations and the Remaking of World Order*)』이라는 저서에서 냉전 이후 시대는 서방과 라틴아메리카, 이슬람, 힌두교, 유교, 일본 등 9개의 문명들로 나뉘어 있으며 국가 간 무력 충돌이 발생하는 것은 이념의 차이가 아니라 전통, 문화, 종교적 차이 때문이라고 주장했다.

헌팅턴의 문명이론에서 주목해야 할 것은 종교에 주목해 세계 주요 문명을 8개로 구분하였다는 점이다. 중화, 일본, 힌두, 불교, 이슬람, 동

---

12) Paul Krugman(1999). "Why Asia's Economic Recovery Isn't What It Seems", *Times*, may 21.

방정교, 서구, 라틴아메리카, 아프리카 문명이 그것이다. 흥미로운 것은 초기에는 '유교 문명'을 나중에는 '중화(Sinic) 문명'으로 수정하고, 일본 문명을 독자적 문명으로 설정한다는 점이다. 여기서 중화 문명은 중국과 대만, 한국, 북한, 베트남, 싱가포르로 구별하였다.

일본을 중화 문명으로부터 독립한 하나의 문명으로 보고 있다는 것은 한 국가가 하나의 문명을 형성하는 독특한 존재임을 나타낸다. 스스로가 중핵 국가인 동시에 다른 층에 속하지 않는 단일 국가, 단일 민족에 의한 유일한 문명이 일본 문명이라는 것이다.

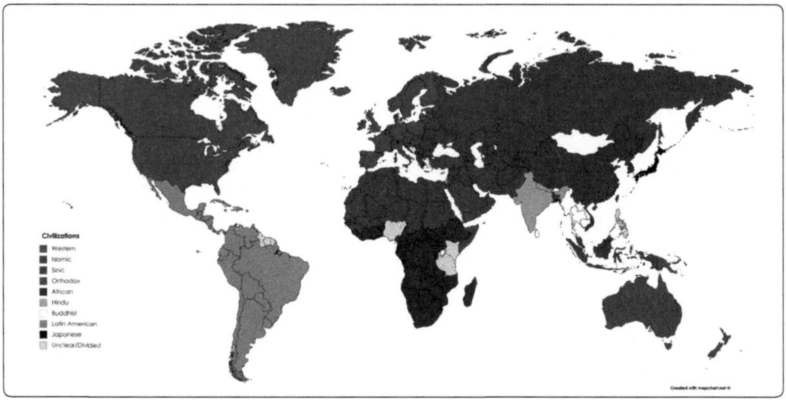

출처 : mapchart.net

(2) 탈냉전의 국제질서와 문명충돌

지역주의와 종교, 종교와 경제발전의 관계는 세계적으로 인정되는 현상이지만, 현저하게 두드러지는 곳이 아시아이다. 헌팅턴의 논리에 의하면 중화 문명, 일본 문명, 이슬람 문명 등으로 구분되는 각 문명권은 핵심국을 중심으로 문명의 이익을 위해 단합하고, 두 개 문명의 이익이 상치되었을 때 '문명의 충돌'이 불가피하며, 문명과 문명 사이의 충돌은 세계평화에 가장 큰 위협으로서 문명에 바탕을 둔 국제질서만이 세계대전을 막는 가장 확실한 방어수단이라는 것이다.

이에 문명에 기반을 둔 세계질서가 등장하며 국가들은 자기문명화의 주도국 혹은 핵심국(core state)을 중심으로 뭉친다. 보편성을 자처하는 서구의 자세는 다른 문명, 특히 이슬람, 중국과 갈등을 빚고 있다. 국지적 차원에서는 주로 이슬람권과 비이슬람권 사이의 단층선분쟁이 '형제국의 규합'을 통해 확전으로 치달을 가능성이 상존한다. 이때 분쟁을 저지하려는 핵심국의 노력도 두드러진다.

- 서구가 자신의 가치관을 주장하고 자신의 이익을 수호하기 위해 나설 때 비서구사회들은 선택의 기로에 놓인다. 어떤 나라들은 서구를 모방하여 서구에 합류하거나 '편승(bandwagon)'하려고 한다.
- 유교와 이슬람 국가들은 자신의 경제력과 군사력을 확대하여 서구에 맞서고 서구를 '견제(balance)'하려고 한다.
- 탈냉전 세계정치의 중심축은 힘과 문화의 차원에서 전개되는 서구문명과 비서구문명, 이슬람, 힌두, 중화, 라틴아메리카, 일본, 그리스정교, 아프리카의 상호작용이라는 다극화·다문명화의 양상으로 나타날 것이다.

(3) 한자(漢字)문화권

한자문화권(漢字文化圈)은 한자를 공통된 매개로 사용하여 문화를 발전시켜 온 동아시아 지역을 일컫는 명칭으로, 한자 발생국인 중국을 비롯하여 대만, 한국, 일본 등이 여기에 포함된다. 폭넓게 보면 베트남과 싱가포르까지 한자문화권에 속한다고 볼 수 있다. 물론 한국은 한글로, 일본은 히라가나로, 베트남은 알파벳으로 사용하지만 단어의 원뜻은 자세히 살펴보면 한자어를 차용한 것이 많다.[13] 따라서 한자문화권은 한자(漢字)를 수용하여, 자국어에 한문 어휘를 대량으로 차용(借用)한 동아시아 지역을 지칭한다.

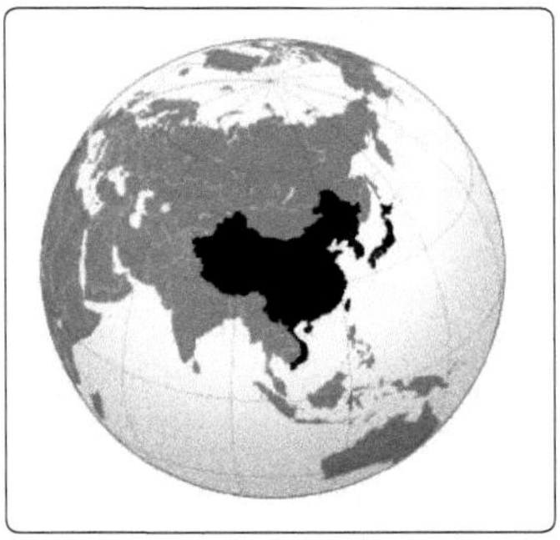

한국과 중국, 일본을 비교해보면 문화적으로 충(忠)과 효(孝), 예(禮) 등이 중국과 한국은 비슷하나 일본은 유교문화라기보다는 한자문화권으로 보는 것이 타당하다. 영국의 역사학자 아놀드 토인비(Arnold J. Toynbee)는 '극동 문명'을 그의 저서 『역사의 연구(*Study of History*)』에 설명된 주요 문명 중 하나로 꼽는다. 그는 일본과 한국을 극동 문명에 포함시켰고, 황하 유역에서 유래한 '신의 문명'에서 자라났다고 주장했다.[14] 미국의 역사가이며 주일대사를 역임했던 에드윈 라이샤워(Edwin O. Reischauer)도 중국, 일본, 한국, 베트남을 유교윤리 철학을 공유하는 중앙집중식 국가 그룹인 세계라고 불리는 문화 분야로 분류했다.[15] 라이샤워는 중국과 동아시아의 관계를 그레코-로마 문명과 유럽의 관계와 비교하면서 동아시아의 엘리트들은 라틴어가 유럽에서 활동했던 것처럼, 한자를 기반으로 한 공통의 언어를 통해 함께 묶여 있었다

13) Roy Lowe & Yoshihito Yasuhara(2016). "Higher learning in ancient Korea, Japan and Vietnam: The East Asian cultural sphere and the Imperial Chinese", *The Origins of Higher Learning*. Routledge.

14) Sun, Lung-kee(2002). *The Chinese National Character: From Nationalhood to Individuality*. M.E. Sharpe. p. 154.

15) Edwin O. Reischauer(1974). "The Sinic World in Perspective", *Foreign Affairs*, 52(2), pp. 341-348.

고 주장했다.

3) 30% 유교국가(일본)와 90% 유교국가(한국) 간의 갈등

모리시마 미치오(森嶋通夫)는 유교(儒教)가 자본주의적 발전을 저해한다는 마르크스주의자들의 가설에 반해 20세기 초 일본의 빠른 경제성장을 예로 들었다. 그는 나라에 충성하고 애국하는 일본적 유교(중국, 조선과는 다른)의 기풍에 의해 위로부터 자본주의(국가주도 자본주의)의 유교사회 전통이 자본주의 시장경제에 순기능으로 작용하는 측면이 있다고 주장했다.[16)]

그의 논리를 요약해서 종합해보면 20세기 초 아시아에서는 일본이 가장 먼저 고도의 경제성장을 이뤄, 일본의 특수성으로 해석하는 연구가 이루어졌다. 그러나 그 후 일본뿐 아니라 1980년대에 한국, 홍콩, 대만, 싱가포르를 넘어 2000년대에 이르러 중국, 말레이시아, 태국, 인도네시아에서도 경제성장을 보여 지금까지의 서구문명이 준 오리엔탈리즘에 반발하여 유교문화권과 한자(漢字)문화권 등 아시아 문화의 보편성이 인식되기에 이르렀다.

모리시마 미치오는 유교와 무사도 정신의 세속화가 일본이 근대화에 끼친 역할과 더불어 중국 유교와 일본 유교의 미묘한 차이가 양국의 경제발전 경로를 규정지었다고 주장하였다.[17)] 그는 인(仁)을 중시한 중국의 유교를 휴머니스틱, 인(仁)을 경시하고 충(忠)을 중시한 일본의 유교를 방어적(防禦的) 내셔널리스틱으로 규정하였다. 유교와 신도(神道), 그리고

---

16) 森嶋通夫(2004). "なぜ日本は行き詰まったか", 岩波書店.

17) Morishima, Michio(1982). 『Why Has Japan Succeeded? Western technology and the Japanese ethos』, Cambridge University Press.

불교(佛教)를 융합하여 일본 중심의 사고인 국학(國學)을 중심으로 나타난 무사적 사고는 유교문화권인 한국과 중국과는 사고적으로 다른 부분이 많다. 이에 필자는 일본을 비유교문화권으로는 보기는 어렵고 굳이 따지자면 1/3 유교문화권으로 보는 것이 적당하다고 생각한다.

이때 일본은 유교문화권인가 아닌가의 논리보다는 일본적 유교가 발달하면서 정식 유교로 보면 유교문화의 변방국가이며, 유교와 불교가 융합되고 이에 신도까지 융합된 하이브리드(Hybrid) 형태를 보여 후지모리 교수는 진화된 유교로서의 유교문화의 잡종으로 표현하였다.

김태영 교수[18]는 저서인 『유교문화의 돌연변이』를 통해 한국과 일본이 겉모습은 비슷하되 본질적으로는 분명한 차이가 있음을 설명하였다. 이를 표현하는 것이 '남귤북지(南橘北枳)'이다. 이는 남쪽 땅의 귤나무를 북쪽에 옮겨 심으면 탱자나무로 변한다는 뜻으로 귤화위지(橘化爲枳)라고도 한다. 즉, 유교가 한반도에 건너오면서 중국의 유교와 약간 다른 면을 보였지만 현해탄을 건너면서 중국 유교는 1/3 정도만 흡수된 것으로 보면 된다. 이에 필자는 유교에 관해서는 과거제도도 없고 가족제도, 그리고 군현제도 등과 다른 일본을 3할유교국 또는 1/3 유교국가라고 정의한다.

한국의 경우 역사적으로 보면 다른 것은 다 응용하여 발전시켰는데 조선 시대 때 학문만은 중국의 유교 중 오직 주자학(朱子學)만 인정하였다. 주자학은 성리학이라고도 하며 송나라 시대 유학이라는 뜻에서 송학(宋學), 송나라와 명나라에 걸친 학문이라고 해서 송명이학(宋明理學)이라고도 한다.

송나라 시대에 성리학이 탄생한 주된 이유는 형식화, 획일화된 훈고

---

18) 김태영(2002). 『유교문화의 돌연변이 일본』, 보고사.

학에 대한 반발과 불교의 내세, 환생 등을 인정하지 않는 불교 부정으로 이어진다. 조선은 불교를 억압하고 유교를 숭상하는 억불숭유(抑佛崇儒) 정책을 취함으로써 성리학을 통치이념으로 강력하게 받아들인 대표적인 나라이다. 조선 초 유학자들이 주희(朱熹)에 열광한 이유 중에는 주희가 불교를 배척했다는 점도 있다. 조선건국 공신이었으며 성리학자였던 정도전(鄭道傳)은 불교의 핵심교리인 윤회·인과·자비 등을 조목조목 비판하고, 불교를 민심을 현혹시키는 사교(邪交)라고 단정하면서 『불씨잡변(佛氏雜辨)』을 저술하였다. 그는 성리학의 핵심개념인 이(理)와 기(氣)를 활용하여 불교를 비판하였고 정도전을 중심으로 한 건국공신들에 의해 성리학은 조선의 중요한 사상적 학문이 되었다.

그러나 성리학은 유학의 도덕주의를 강조하는 학문이며 진리로서의 이치와 절대성을 강조하다 보니 인간의 감정을 도외시하는 경향이 있어 인간의 삶에 필요한 기술과 상업 등을 경시한 측면이 있다. 과거시험의 문제는 주로 사서삼경(四書三經)에서 출제되었고 문관이 무관보다 더 대접받는 사회이다 보니 과거시험에도 문관 중심의 유교문화가 이어졌다. 그리고 부르주아(bourgeois)로 불리는 자본가 계급, 즉 중산층이 등장하지 못했던 것은 성리학 중심의 유교문화와 관계가 깊다.

물론 조선 시대에도 기술관 등용을 위해 실시하였던 과거시험인 잡과(雜科)가 있었다. 외국어인 역과, 법률과인 율과, 의술과인 의과, 천문학 공부를 하는 음양과 등의 종류가 있었지만 무과와 문과와 달리 응시인원이 적어 식년시, 증광시 두 가지 시험만 존재하였으며 초시와 본시 두 단계만 존재했다. 보통 기술직이었기 때문에 세습되는 경우가 많았고 중인 계급으로 존재했었다.

이에 반해 일본은 유교를 도입하였으나 여기에 신도(神道)와 불교(佛敎)

를 융합하였고 일본 중심의 사고인 국학(國學)을 중심으로 나타난 사고는 순수한 유교문화와는 다른 부분이 많다. 또한 일본은 조선과는 달리 기술을 높이 평가하여 기술을 가진 사람은 무사 계급으로 진출할 수도 있었으며 상인이 대상인으로 성장하여 중산층이 등장하였다. 이런 점들로 미루어 볼 때 앞서 모리시마 미치오가 주장한 대로 중국, 조선과는 다른 일본적 유교의 기풍에 따른 자본주의(국가주도 자본주의)의 유교사회 전통이 자본주의 시장경제에 대응할 수 있었다는 논리는 일리가 있다고 할 수 있다.

4) 유교문화권에서 갈등을 일으키는 탕무방벌(湯武放伐)론

『맹자』에서는 천자가 무도한 폭군 또는 암군일 때 천하와 백성을 위해 유덕한 제후가 그 천자를 토멸하는 것을 방벌(放伐)이라 하고, 그것을 정당화하는 이론으로서 탕무방벌(湯武放伐)론을 제시했다. 고사에서 인용되는 실례는 중국 은(殷)나라의 탕(湯)왕이 하(夏)나라의 걸(桀)왕을 내치고, 주(周)나라의 무(武)왕이 은나라 주(紂)왕을 친 일을 말한다.

탕무방벌론을 주장한 맹자는 현실적으로 제왕인 걸(桀)·주(紂)의 정권을 탈취한 탕왕과 무왕의 행위를 걸·주 정권의 비도덕성에 근거하여 합리화하고 있으며, 그것이 비도덕적인 정권에 대한 찬탈을 용인하는 혁명사상으로 발전한 것이다. 이러한 맹자의 혁명사상은 사실 그의 위민의식(爲民意識)에 기초한 것이며, 또한 위민을 구현하기 위한 보완적 방법이었다.

즉, 백성이 나라의 근본이라고 하는 민본주의(民本主義)에 입각한 맹자의 위민의식은 백성의 온존을 위협할 수 있는 부도덕한 정권을 견제할 필요가 있었고, 그러한 필요로 말미암아 당연히 혁명론으로 전개되지 않을 수 없었던 것이다. 이러한 맹자의 이론은 '임금이 신하를 업신여기면 신하는 임금을 원수처럼 여긴다'라는 말이나 '반복해서 간(諫)해도 듣지 않으면 임금을 갈아치운다(易位)'라는 말에서도 잘 나타난다. 맹자는 명분론을 내세워 혁명의 가능성과 그 타당성을 배제하지는 않았던 것이다. 이는 '군주는 배요, 백성은 물이라. 물은 배를 띄울 수도 있고, 뒤집을 수도 있다'는 군주민수(君舟民水)의 사상에서 한 걸음 더 나아간 사상이다.

하지만 역성혁명(易姓革命)은 어떻게 보면 쿠데타라고 할 수 있다. 참고로 혁명이라는 말은 바로 이 역성혁명에서 나왔으니 역사적으로 보면 2,600년간 계속 이어져 내려오는 사상이고 흐름이다. 이러한 맥락에서 일본인들은 한국은 역성혁명이라는 정당성을 앞세워 전직 대통령을 전부 교도소로 보낸다고 생각한다. 그리고 심하게는 조센징(한국인을 무시하는 단어)은 전에 모셨던 사람을 어떻게 감옥으로 보내는지 정말로 신뢰하기 힘든 민족이라고 할 정도이다. 그리고 일부 일본인은 최근 등장하는 위안부 문제와 강제징용공 문제 역시 역성혁명의 하나라고 본다. 일본에서는 전 정권에서 국가 간 합의한 사항을 현 정권이 (자기들 마음에 안 든다고) 어떻게 파기할 수 있는지 이해하지 못하는 분위기이다.

많은 한국인들은 한일 위안부 합의 파기 건은 문제가 있다고 생각하지만 전직 대통령 건은 흐름상 인정하는 분위기가 많다. 이는 유교의 역성혁명과 관련이 있다고 보고 있다. 그래서인지 일본인들은 다음과 같은 의문을 표하곤 한다. "최초로 문민정권을 주장한 김영삼 대통령은 전두환, 노태우 전 대통령을 군사정권과 독재정권, 부패정권으로 간주하여 감옥으로 보냈고 이명박 대통령이 노무현 전 대통령의 부패를 조사하자 노무현 전 대통령은 자살하여 사망하였다. 그리고 문재인 대통령은 이명박, 박근혜 전 대통령을 감옥으로 보냈는데 이것도 탕무방벌론과 관계가 있는가?"

유교의 2가지 덕목은 충(忠)과 효(孝) 사상인데 이는 간단히 말하면 군주와 부모에 대한 도덕적 의무를 가리키는 개념이다. 그리고 본래 충과 효는 본질적으로 동일한 도덕규범이라는 '충효일치'의 사상이다. "충신은 효자의 가문에서 구한다", "효로써 군주를 섬기는 것이 곧 충이다", "부모에게 효도하기 때문에 군주에게 충을 옮길 수 있다", "충효는 2가지 도리가 아니다" 등에서 충과 효의 규범이 본질적으로 동일하다는 인식을 읽을 수 있다. 그런데 일본에서는 충은 효에 앞선다. 군주는 부모에 앞서고 국가는 가족보다 위에 있다.

일본은 유교문화를 받아들이면서도 유교는 제도로서 받아들였고 사상으로는 불교를 중심으로 받아들였다. 그러다 보니 천황(天皇)이라는 하나의 구심점으로 유지되는 일본 사회에서 역성혁명은 반역과 마찬가지였기 때문에 그들은 역성혁명론과 대비되는 만세일계(萬世一系)라는 문구를 만든다. 이는 일본 황실이 진무텐노(神武天皇) 이래 단 한 번도 단절되지 않고 2,600년이 넘는 기간 동안 지속되었다는 인식이며 관념이다.

제2장

일본에서의 유학의 태동과 정착

1절 일본의 유학 도입

2절 일본의 신유일치(神儒一致) 사상 - 신도와 유교의 융합

제2장 일본에서의 유학의 태동과 정착

주자학에 매몰된 조선과는 달리 에도 시대에는 유학을 비판하며 등장한 양명학과 국학, 난학, 심학 등이 균형을 이루면서 발전하였다. 일본의 유교, 유학은 막부체제 사상을 강화하는 주자학(朱子學) 중심의 하야시(林家)의 유학 계보가 있고, 거기에 이토 진사이(伊藤仁斎), 오규 소라이(荻生徂徠)가 유학의 일본화 흐름을 이어 갔다. 야마자키 안사이(山崎闇斎)의 수이카신도(垂加神道)를 상속하는 신도(神道)와 유교(儒教)의 융합사상과 민(民)을 중심으로 발전한 나카에 토주(中江藤樹)와 구마자와 반잔(熊沢蕃山) 등으로 이어지는 양명학(陽明學)은 오시오 헤이하치로(大塩平八郎)와 사이고 다카모리(西郷隆盛) 등으로 이어져 갔다. 한편, 난학(蘭學)이나 양학(洋學) 시도가 이루어지지만, 반대로 유교와 불교 이전 일본의 독자 사상과 문화 중심의 조류도 있고, 이것이 케이츄(契沖), 카모노 마부치(賀茂真淵), 모토오리 노리나가(本居宣長), 히라타 아츠타네(平田篤胤)에 이르는 국학의 태동과 『대일본사(大日本史)』 편찬을 계속하여 미토사상을 증폭시킨 존왕양이(尊王攘夷) 사상 등으로 이어졌다.

일본의 유학은 조선과 달리 주자학을 비판하고 심지어는 유교를 서국의 종교로 폄하하는 국학이 등장하면서 에도의 주류 학문이 되었다고 볼 수 있다. 이를 뒷받침한 것이 난학이며 일반 평민들에게도 유학을 공부하게 한 것은 심학과 상인이 중심이 된 주자학파, 상인이 중심이 된 유학파인 오사카의 카이도쿠도(懷德堂: 회덕당)였다.

| 1절 | 일본의 유학 도입

일본의 유교는 6세기에 백제 출신 오경박사(五経博士)가 513년에 전파했다고 전해지나 왕인박사(王仁博士)가 『논어』를 들고 왔다는 설도 있어 5세기에 들어왔을 가능성도 있다. 일본에서의 유교는 종교적 색채가 거의 없는 지배층을 위한 지배학, 제왕학에 가까웠다. 나라 시대와 헤이안 시대에 율령제가 쓰이자 관료를 양성하기 위해 유교 교육이 도입되었으나 일단 일본에는 중국과 조선처럼 과거 시험이 없었고 불교가 융성하면서 존재감을 상실했다.

1199년 가마쿠라 막부 시기에는 남송의 주자학이 전파되었으며 일본에서는 송학(宋學)이라고도 한다. 15세기에 이르면 오닌의 난(応仁の乱)이 일어나고 수도인 교토가 황폐화하면서 유학자들은 각 지방으로 들어갔다. 오닌의 난은 무로마치(室町) 시대의 오닌 원년(1467년)에 발생하여 1478년까지 약 11년간 계속된 내란이다.

무로마치 막부 쇼군 다음의 지위인 칸레이(管領)[1] 가문의 하타케 야마(畠山) 씨, 시바(斯波) 씨의 가독 다툼에서 호소카와 가쓰모토(細川勝元)와 야마나 소젠(山名宗全)의 세력 다툼으로 발전하고 무로마치 막부 8대 장군 아시카가 요시마사(足利義政)의 후계 다툼도 더해져 전국에 전쟁이 확대되었다. 이러다 보니 유학자들은 각 지방으로 귀향했으며 불교 선승의 승려(僧侶) 정도가 유교를 연구하였을 정도였다.

---

1) 쇼군을 보좌하며 막부의 정치를 통솔하는 역직으로 비서실장이나 총관에 해당된다.

1) 피로인 강항으로부터 발달된 일본 유교

일본 주자학의 역사는 한국의 고려 시대에 해당하는 가마쿠라(鎌倉時代)에 들어왔다고는 하지만 이 시기의 주자학은 줄곧 불교(선종)의 예속 아래에 있었다. 주자학이 진정 학문으로 전개된 것은 에도 시대부터였다. 이 시기의 대표 인물로는 후지와라 세이카(藤原惺窩, 1561~1619)와 그의 제자 하야시 라잔(林羅山, 1583~1657)이 있다. 세이카는 본래 승려였지만, 나중에 주자학으로 방향을 전환하였다. 그가 이렇게 불교계를 떠나게 된 것은 정유왜란 때 전리품으로 강탈한 한국의 유학 서적과 피로인 강항(姜沆)과의 접촉 때문이었다.

일본에서 유교는 에도 시대에 들어와 조선 선비인 강항(姜沆)의 영향을 받았다. 일본은 유교나 유학을 중국을 통해서 받아들인 것이 아니라 도요토미 히데요시의 조선 침략을 통해 정유재란 때 강항을 납치한 데서 유래되었기 때문이다. 이때 후지와라 세이카(藤原星窩)가 강항에게 성리학을 배움으로써 일본 유교가 시작된 것으로 볼 수 있다.

강항은 1567년 전라남도 영광에서 태어났다. 16세에 향시에 합격하고 21세에 진사시에 합격했으며 27세 때인 1593년 전주 별시문과(別試文科)에서 병과로 급제, 교서관(校書館) 정자(正字)가 되었다. 이듬해 가주서를 거쳐 1595년 교서관박사가 되었고, 1596년 공조좌랑과 이어 형조좌랑을 역임했다.

그러나 30세가 되던 해인 1597년 휴가로 고향에 머물던 중 정유재란(丁酉再亂)이 일어나 도도 다카토라(藤堂高虎)의 수군에 포위되고, 일본의 포로로 압송되어 피로인(被虜人, 전쟁 중에 일본군에 끌려간 민간인)이 된다. 강항의 가족들은 일본군에게 붙들려 일본으로 끌려가는 길에 목숨을 잃

▲ 강항(姜沆)

었다. 자신과 두 형의 자식까지 6명 가운데 살아남은 아이는 어린 딸 하나뿐이었다고 한다. 심지어 일본군은 강항의 8살 난 어린 조카가 갈증에 시달린 끝에 바닷물을 마시고 구토와 설사를 하자 "너 같은 것에 줄 약은 없다"면서 바다에 집어 던져 살해하기까지 했다. 강항은 이런 피눈물 나는 상황을 보고 물에 뛰어들어 자살을 시도했으나 일본군이 가로막아 실패했다.

강항은 10여 일 만에 지금의 일본 에히메현(愛媛県)의 오오즈(大洲) 성에 도착한다. 『간양록(看羊錄)』의 섭난사적(涉亂事迹)의 기록으로 미루어 볼 때, 강항 일가가 왜군에게 잡혀 이요의 오즈에서 억류 생활을 시작한 것은 1597년 10월 말경이라 생각된다. 해가 바뀌어 1598년, 강항은 탈출을 꾀하여 이타지마(板島)까지 도망가지만, 다시 잡혀 오오즈 성으로 재차 돌아오게 된다.[2)]

▲ 강항의 현창비

▲ 오오즈(大洲) 성

2) 김선희(2009).「일본 주자학연구에 대한 일 고찰–강항(姜沆)연구를 중심으로–」, 日本文化研究, 第30輯, 한국일본문화학회, p. 349.

강항은 오오즈 성에서 출석사(出石寺)의 승려 요시히토(好仁)와 교류하며 일본의 역사, 지리, 관제 등을 알아내 『적중견문록(賊中見聞錄)』이라는 책을 만들어 몰래 본국으로 보내기도 했다.

토도 다카토라(藤堂高虎)가 조선에서 돌아와 강항 일가를 교토의 후시미(伏見)로 보낼 것을 명하여, 강항 등은 오사카(大坂)를 거쳐 후시미에 정착하게 된다. 후시미에서는 후지와라 세이카(藤原惺窩), 아카마쓰 히로미치(赤松廣通) 등과 교류하며 성리학을 가르쳤고, 세이카는 일본 주자학의 시조가 된다. 강항이 일본 억류 생활에서 다수의 일본 지식인과 교제를 하게 된 것은 주로 이 후시미에서의 일이었다. 이 시기 후지와라 세이카를 비롯하여, 의사 이안(意安, 吉田宗恂), 사가원(嵯峨院)의 요이치(與一, 吉田素菴), 승려 가고(加古, 賀古宗隆), 의사 게이안(慶安) 등의 지식인들과 교류도 『간양록』에 상세하게 기록되어 있다.

▲ 간양록(看羊錄)

강항은 후지와라 세이카의 유학에 대한 관심과 천재성, 강직성을 높이 평가했다. 『적중견문록(賊中聞見錄)』에 그려진 후지와라 세이카는 다음과 같다.[3)]

> 묘수원(妙壽院)의 승려 순수좌(舜首座)는 본래 궁성 시종관의 이름난 집안의 자손으로 다지마(但馬)의 우두머리 아카마쓰 히로미쓰(赤松廣通)의 스승이었다. 그는 두뇌가 총명하여 고문(古文)을 익히 다룰 줄 아는

3) 김선희(2009).「일본 주자학연구에 대한 일 고찰—강항(姜沆)연구를 중심으로—」, 日本文化研究, 第30輯, 한국일본문화학회, p. 355.

> 사람으로 어느 책이나 모르는 것이 없고, 성품은 아주 꿋꿋해서 왜인들에게 그리 달갑게 여겨지지 못한다. 언젠가 내부(內府)의 이에야스가 그의 인물이 뛰어난 것을 알고 서울에 집을 지어 세급미를 이천 석으로 맞아들이려 하였으나, 순수좌는 집도 싫고 곡수도 싫다하고 그저 약주(若州)의 소장(小將) 가쓰도시(勝俊)과 히로미쓰 같은 이들과 놀기를 좋아하였다.[4)]

여기에서 다지마의 우두머리는 다지마의 수령, 즉 다지마 지역의 다이묘를 말한다. 또한 강항은 당시 세이카와의 만남에 대해 저서 『간양록』에서 '글을 팔아 은전을 마련하여 귀국할 배를 마련하고자' 했다고 적고 있다. 다시 말하자면 조선으로 귀국할 비용을 벌기 위해 그에게 글씨를 써주었는데, 주자학에 대한 세이카의 열의에 감탄해 그에게 성리학을 가르쳐주게 되었다고 한다. 이때 세이카와 강항이 필담으로 주고받았던 내용들과 강항이 세이카를 위해 암기하고 있던 주자학 이론들을 적은 글들은(총 21권) 현재 일본의 나라에 있는 텐리대학(天理大学)에 소장되어 있다고 한다.

『간양록(看羊錄)』은 초기에는 '건거록(巾車錄)'이라고 불렸는데, '건거(巾車)'는 죄인을 싣는 수레라는 뜻이다. 즉, 포로로 잡혔다는 의미와 죽지 않고 살아왔다는 의미에서 죄인(罪人)이라는 뜻으로 강항 본인이 이렇게 사용한 것으로 풀이된다. 이 책이 1656년(효종 7)에 간행될 때, 그의 제자들은 책명을 '간양록(看羊錄)'으로 고쳤다. 간양(看羊)은 한나라 무제 때 흉노에 사신으로 갔다가 억류되어 흉노 왕의 회유를 거부하고 양 치는 노

---

4) 妙壽院僧舜首座者 京極黃門定家之孫 而但馬守 赤松左兵廣通之師也 頗聰明解古文 於書無不通 性又剛峭 於倭無所容 內府家康聞 其之才賢 築室於倭京 歲給米二千石 舜首座者 捨室 不居 辭粟不受 獨與若州小將勝俊左兵廣通遊

역을 하다가 19년 만에 돌아온 소무(蘇武)의 충절을 뜻하는 것으로, 제자들이 강항의 애국 충절을 견주어 말한 것이다.

『간양록』에서는 남만인들의 상선 왕래도 적고 있어 당시 교토의 사정을 엿볼 수 있다.

> "왜인들은 호기심이 많으며 외국과 통교하는 것을 좋아하여 외국 상선이 와도 사신 행차라고 하니 교토에서는 남만(유럽) 사신이 왔다는 소리를 거의 매일 듣습니다. 먼 데서 온 외국인을 왜인이 해치기라도 하면 통교가 끊어질까 염려하여 '반드시 가해자 삼족을 멸한다' 하며 천축(인도) 같은 나라도 내왕이 끊임이 없습니다."

그는 후시미 성주에게 자신을 조선으로 돌려보내달라는 편지를 여러 번 썼고, 1600년에 이곳에서 두 제자인 후지와라 세이카와 아카마쓰 히로미치의 도움을 받아 가족과 함께 귀국길에 오른다. 일본에 억류된 지 2년 8개월 만의 일이었다.

2) 강항과 후지와라 세이카의 교류

▲ 후지와라 세이카(藤原惺窩)

후지와라 세이카(藤原惺窩)는 1561년 천황에게 봉사하는 궁정귀족 쿠게(公家: 공가)인 레이제이 타메즈미(冷泉為純)의 셋째 아들로 현재 효고현 미키시(兵庫県三木市)에 해당하는 하리마노쿠니(播磨国)에서 태어났다. 그는 적자가 아닌 서자였기 때문에 가문을 이을 수 없어 상경한 뒤, 교토의 임제종인

상국사(相国寺) 선종의 승려인 선승이 되어 선과 주자학을 배웠다. 세이카는 히데요시 시대인 1590년 조선통신사 일행 가운데 서장관인 허성(許筬)을 만나면서 유학에 대한 관심이 높아졌으며, 1596년경부터는 자신의 몸과 마음을 다스려 남을 다스리는 수기치인(修己治人)을 과제로 삼아 유학자로서 확실히 자각한 것으로 보인다. 그는 유학을 배우기 위해 명나라에 건너가려다 실패했는데, 이때 등장한 사람이 조선학자 강항이다.

세이카는 강항 등 조선에서 포로로 잡아 온 유학자들에게 『사서오경』의 정서(淨書)를 의뢰했고, 젊은 인재인 강항의 도움으로 『사서오경왜훈(四書五経倭訓)』을 저술했다.[5] 그리고 당시까지 승려들 사이에서 교양의 일부였던 유학을 체계화하고 경학파(京学派)로 독립시켰다. 이전까지 일본의 유학은 당나라까지의 훈고학 영역에 그쳤었다가 강항을 통해 주자와 정자의 『사서삼경』 주해가 일본에 전해졌고 이는 에도 막부에 성리학을 전하는 계기가 되었다. 일본에서 세이카는 근세 유학의 아버지라고 일컬어지며 문하생 중에서도 특히 하야시 라잔(林羅山), 나바 갓쇼(那波活所), 마쓰나가 샤쿠고(松永尺五), 호리 규안(堀杏庵)은 세이카 문파의 4천왕으로 불렸다.

세이카는 도요토미 히데요시, 도쿠가와 이에야스에게도 유학을 강의하였는데, 이에야스가 유학을 가르치는 스승 자격으로 그를 초빙하였으나 거절하였다. 강항의 『간양록』에는 이와 관련된 내용이 잘 나타나 있다.

> "나는 일본의 교토에 온 뒤로부터 왜국의 실정을 알기 위해 때때로 일본인 승려를 접했다.(중략) 또 묘수원(妙壽院)의 순수좌(舜首座)가 있었

5) 阿部吉雄(1965).『日本朱子学と朝鮮』, 東京大学出版会.

다. 그는 후지와라노 데이카(藤原定家)의 자손으로 타지마(但馬) 성주 아카마쓰 히로미치(赤松広通)의 스승이다. 매우 총명하고 고문을 해독하여 통달하지 않은 책이 없었다. 도쿠가와 이에야스가 그의 재주가 뛰어나다는 것을 듣고 교토에 집을 지어주고 해마다 쌀 2천 석을 주고자 했다. 순수좌는 그 집에 살지 않고 녹미(祿米)도 사양하고 받지 않았다. 다만 기노시타 가쓰토시(木下勝俊)나 아카마쓰 히로미치와 교류할 뿐이다."

여기에서 강항이 말하는 순수좌(蕣首座)가 바로 교토 상국사(相國寺) 묘수원(妙壽院)의 선승 후지와라 세이카이다. 세이카의 후원자였으며 학문을 좋아하는 다지마(但馬)의 다케다(竹田) 성주였던 다이묘인 아카마쓰 히로미치(赤松廣通)는 세키가하라 전투(関ヶ原の戦い)에서 서군으로 참전했다가 동군인 도쿠가와 이에야스와의 전투에서 패배하여 자결하였다. 이에 따라 조선 유학자에 정사되었던 『사서오경』에 세이카가 훈점(訓点)을 넣어 출판하려던 사업도 중단되었다. 당시 세이카가 도요토미 히데요시의 침략전쟁을 두고 "명과 조선이 거꾸로 일본을 점령하였으면 좋겠다"라고 한 말이 『간양록』에 기록되어 있다. 절대적 후원자였던 아카마쓰 히로미치의 할복으로 절망에 빠진 세이카의 푸념이자 전쟁포로로 잡혀 온 강항과의 국적을 떠난 선비들끼리의 위안이었으리라 짐작된다.

이렇게 세이카와 강항의 교류는 약 2년 8개월 동안 이어졌다. 강항이 남긴 『간양록』에 따르면, 이들이 깊은 교류를 할 수 있었던 이유는 전쟁을 통해 가족을 잃은 아픔과 전란의 참상을 목격하면서 공감하는 바가 컸기 때문이었다. 강항은 전란으로 가족을 잃고 전쟁포로로 끌려왔고 세이카도 18세에 전란으로 아버지와 동생을 잃는 슬픔을 겪은지라 서로를 이해했던 것 같다.

세이카는 강항에 보답하기 위해 정유재란 때 강항을 포로로 끌고 온 다이묘를 설득하여 훗날 강항의 조선 귀국 허락을 받아내는 데 경제적인 도움을 주기도 한다. 상호 학자로부터 시작된 붓의 윤리이다. 세이카의 초상화를 보더라도 조선이나 중국의 학자라고 해도 믿을 만큼 순수한 유학자였고 붓의 윤리로 시작된 두 학자의 교류는 우정으로 이어져 세이카의 도움이 없었다면 강항은 귀국하지 못했을 것으로 판단된다. 만약 세이카가 칼의 윤리를 부르짖는 무사 출신이었다면 절대로 귀국을 허락하지 않고 도움도 주지 않았을 것이다. 국적을 초월한 붓의 윤리의 결합이다.

정유재란 때 납치된 포로인 강항과 승려인 세이카의 교류는 국적과 신분을 뛰어넘어 주자학을 통한 순수한 지적 교류였다는 점에서 높이 평가되며, 이를 통해 일본 유학이 시작되었다는 점은 한국인으로서 미묘한 기분이 들기도 한다.

3) 후지와라 세이카와 사이쇼 조타이의 논쟁

세이카와 강항의 만남과 교류는 세이카 자신에게뿐 아니라 일본으로서도 엄청난 전환점을 맞이한다. 세이카는 강항에게 개인적으로 유학을 배우면서 감동받아 법의(法衣)를 벗고 승려직과 결별하였다. 그는 세키가하라 전투에서 승리하여 권력을 장악한 도쿠가와 이에야스로부터 1600년 교토의 니조성에 초청받아 주자학 강의를 하였으며, 당시에 조선식의 유교 복식인 심의도복(深衣道服)을 입었다고 한다. 동석했던 상국사(相国寺)의 선승인 사이쇼 조타이(西笑承兌)는 심의도복을 입은 세이카를 보고 세이카의 배불(排仏)을 격하게 비난했다고 한다. 조타이는 상국사 중흥의 시조로 일컬어지는 한편 히데요시와 이에야스의 외교고문이기

▲ 사이쇼 조타이(西笑承兌)

도 하였으며 당시의 법도와 외교문서의 기초, 학문장려책이나 불교의 행정과 운영에 중요한 역할을 한 거물이었다. 강항은 『간양록』에 조타이를 다음과 같이 기록하고 있다.

"조타이는 한문을 자유자재로 사용한다고 자부하고 있으며 히데요시에게 아첨하여 1만여 석의 땅을 받고 있지만 '조선 같은 나라는 의롭지 못하기 때문에 이를 정복하다'라고 적고 있어 정말로 가슴이 아프고 뼈가 깎이는 것 같아서 화를 내었다."

▲ 유교식의 복장의 후지와라 세이카(藤原惺窩)

이렇게 이에야스 앞에서 벌어진 세이카와 조타이의 유불(儒佛) 논쟁은 이에야스가 세이카의 손을 들어주면서 에도 막부에서는 관학으로서 주자학이 채용되었다. 세이카가 주자학의 가르침을 설파하러 간 자리에서 평상복인 유카타를 입고 나타난 이에야스를 보고 무례하다며 화를 내고 돌아가려고 했다는 일화에서 알 수 있듯 그는 주자학의 예를 중요시한 유학자였다. 이에 당황한 이에야스는 무례를 사과함으로써 무사히 강연이 끝났다고 한다.

강항도 인정하는 것처럼 세이카는 당시 일본의 내로라하는 학자였으나 관리나 벼슬을 거부하고 본인을 대신하여 제자인 하야시 라잔(林羅山)을 추천하였다. 세이카의 추천으로 라잔은 1605년 이에야스에게 발탁되어 슨푸성의 서고 관리 담당자로 임명되었고, 2대 쇼군 히데타다(秀忠, 1605년), 3대 쇼군 이에미쓰(家光, 1623년), 4대 쇼군 이에쓰나(家綱, 1651년)의 4대에 걸쳐 막부에서 유학을 담당하였다. 라잔의 아들인 하야시 가호(林鵞峰)는 제4대 쇼군 도쿠가와 이에쓰나에게 오경을 강의하고 홍문원 학사를 부여받아 소송 관계, 막부의 외교기밀을 담당하였다. 제5대 쇼군 도쿠가와 쓰나요시(徳川綱吉)는 문치 정치로 전환하여 유학을 중요시하고, 하야시 가호의 아들인 하야시 호코(林鳳岡)를 자주 초청하여 경서 토론을 하면서 사서와 주역을 가신들에게 강의하도록 했으며, 1690년 공자의 묘를 건립하였다. 또한 하야시의 개인 학교로 학문소(学問所)가 개설되어 주자학을 가르쳤다.

▲ 하야시 라잔(林羅山)

이렇듯 하야시(林家) 가문이 대대로 조선의 성균관 대사성에 해당하는 다이가쿠료(大学頭)에 임명되면서 막부의 문교 정책을 통제했다. 특히 라잔에 의해 설립된 '상하정분의 리(上下定分の理)'는 '사람은 태어날 때부터 차별이 있다'는 명분론이 되면서 무가(武家) 정치인 에도 막부의 기초 이념으로 채택되어 에도 막부의 정학이 되었다.

비록 초기에는 세이카가 자신의 도덕적인 마음인 명덕(明德)을 다스리고 스스로만 도덕적이면 좋다는 사고를 선호하여 주자학 중심으로 행동한 바 있지만, 변화에는 결연한 사고로 판단하고 주자학을 비판한 양명학까지 수용하면서 쌍방을 절충하여 인륜의 재구축을 이뤘다는 점에서 높이 평가할 만하다.

| 2절 | 일본의 신유일치(神儒一致) 사상 - 신도와 유교의 융합

우리가 인식하는 조선의 유교는 학문으로 인식되었을 뿐 일본 자체의 신도와는 양립하게 된다. 이것이 조선의 유교, 중국의 유교와는 다른 일본의 유교이다. 소위 일본이 주장하는 신도와 유교의 합치사상인 신유일치(神儒一致) 사상이기도 하다. 후지와라 세이카(藤原惺窩)도 신도와 유교는 본래 동일하다고 설명하고 있다.[6)]

하야시 라잔(林羅山)의 신유일치 사상은 그 스승인 세이카의 사상을 한층 더 신도화하여 발전시킨 것이다. 초기에 일본 유학은 조선의 유교와 마찬가지로 불교를 배척한 배불(排佛)에는 공통점이 있었으나 라잔은 스스로 이당심지신도(理当心地神道)라고 주장하였다. 그는 주자학을 근본으로 삼고, 신도는 이(理), 만사는 이의 밖에 있지 않다며 신유일치를 주장했다. 라잔이 들어서기 전에는 신도와 불교의 합치 사상인 신불합습(神佛習合) 사상이었으나 라잔이 등장하면서 신유일치 사상으로 변화된 것이다.

서기 552년 백제 성왕이 일본에 노리사치계 등을 보내 석가불금동상과 불경 몇 권 등을 전달했다고 『일본서기(日本書紀)』에도 기록되어 있는

6) 岸本芳雄(1968).「儒家神道」『神道辞典』, 堀書店, 374頁.

것처럼 일본 불교는 기본적으로 한반도에서 수입되었지만 불교에 신도를 융합시킨 신불합습으로 나타났다. 그러나 강항에 의해 전수받은 유교를 유학으로 인식한 일본은 신도와 유교의 융합 사상인 신유일치 사상으로 변화했으며 유가신도(儒家神道)라고도 한다. 신유일치 사상의 특징으로는 철저한 배불 사상이 기본에 있는 것을 들 수 있다.

원래 일본은 특이한 무사 중심의 봉건제였던 만큼 불교 대신 유교를 채택하였으나 과거제도와 환관제도를 도입하지 않았고, 유학과 신도를 병행한 유교가 발달했다. 조선 주자학의 최고봉인 퇴계 이황(李滉)의 저술이 대부분 일본에서도 출판되면서 조선 주자학의 영향을 크게 받았으나 일본 주자학은 과거제도가 없었던 관계로 유명한 신진관료가 등장하지 않았으며 정치당파도 나타나지 않았다. 그럼에도 일본 전국의 278개 번교에는 주자학이 중요한 학문이 되었다. 에도 시대에는 전국에 배출한 테라고야(寺小屋)에서 서민이 배우게 되었지만 충과 효에서 조선과 일본은 다르고 일본은 충에 기울어져 다른 길을 가게 되었다.

1) 기노시타 준안의 등장

▲ 기노시타 준안(木下順庵)

에도 시대에는 유학의 거물인 기노시타 준안(木下順庵)이 등장하였다. 준안은 1621년 교토에서 출생하고 4세 때 조부가 현재의 미에현(三重県)에 해당하는 이가국(伊賀国)에서 교토로 옮겨 기노시타(木下) 씨를 자칭했다. 13세의 작품 태평송(太平頌)은 고코묘(後光明) 천황에 헌상되어 칭찬을 받았다고 한다. 그 뒤 마츠나가 샤쿠고(松永尺五)의 제자로 입문하여, 신동(神童)으로 일컬어져 큰 인물(大器)이 될 것으로 예상됐다. 일시 에도에 머물렀지만, 뜻을 얻지 못하고 교토에 돌아와 히가시야마(東山)에 살면서 교육과 독서로 시간을 보냈다. 그 후 20여 년간 카가(加賀)번의 마에다씨(前田氏)에 초빙되어 교토-카가-에도를 왕래하면서 지냈다.

▲ 하야시 호코(林鳳岡)

62살 때 막부의 유관(儒官)이 되어 하야시 호코(林鳳岡) 등과 함께 막부에 의해 도쿠가와 이에야스의 막부의 정당성과 수립 과정을 묘사한 저서인 『부토쿠타이세이키(武德大成記: 무덕대성기)』의 편찬을 담당하며 에도로 와서 보쿠몬(木門)의 학파(学派)를 내걸면서 문하생을 모집, 인기와 학생수는 하야시 가문(林家)을 능가할 정도가 되었다. 아라이 하쿠세키(新井白石), 무로큐소(室鳩巣), 사카키바라 코슈(榊原篁洲), 아메노모리 호슈(雨森芳洲), 기온 난카이(祇園南海) 등 보쿠몬의 5선생(木門の五先生)이라 불리는 제자들을 양성했다. 준안은 주자학에 기본을 두었지만, 고학(古學)에도 심취하였다.

2) 주자학의 일본화를 꾀한 아라이 하쿠세키

도쿠가와 이에노부(徳川家宣)가 제6대 쇼군이 되고 기노시타 준안의 추천으로 아라이 하쿠세키(新井白石)가 막부의 소바요닌(側用人)이 되면서 유학은 더욱 꽃을 피우게 된다. 하쿠세키는 현재의 치바현에 해당하는 쿠루리번(久留里藩)의 하급무사인 아라이 마사노리(新井正済)의 아들로, 명력

▲ 아라이 하쿠세키(新井白石)

의 화재(明暦の大火) 다음 날인 1657년 2월 10일 화재로 피난 간 피난처에서 태어났다. 어릴 적부터 학예에 비범한 재능을 보여, 불과 3세에 아버지가 읽는 유학의 책을 그대로 옮겨 썼다는 전설이 있다.

그는 1674년 17세 때 나카에 도주(中江藤樹)가 1649년에 간행한 『오키나몬도(翁問答: 옹문답)』를 읽고 유학자를 지향했다. 쿠루리번의 영주인 츠치야 도시나오(土屋利直) 사후 뒤를 이은 영주 츠치야 나오키(土屋直樹)의 광기 어린 행동으로 번주(藩主)가 바뀌고 1683년 무사 계급에서 로닌(浪人)이 되어 독학으로 유학을 배웠다고 한다.

1686년이 되어 하쿠세키는 주자학자로 유명한 기노시타 준안에게 입문하게 되었다. 일반적으로 입문하면 속슈(束脩: 입학금)가 들지만 하쿠세키는 그것이 면제되어 준안도 제자보다는 손님으로 대접할 정도였다고 한다. 준안은 하쿠세키의 재능을 높게 사서 1693년, 지금의 야마나시현(山梨県)에 해당하는 고후번주(甲府藩主)인 고후 도쿠가와 가문(甲府徳川家)에 하쿠세키를 추천했다. 당시 하쿠세키의 나이 37살 때이다. 영주 도쿠가와 츠나도요(徳川綱豊)는 당초 하야시 제자의 추천을 의뢰했지만 당시 츠나도요는 쇼군 도쿠가와 쓰나 요시와는 소원한 관계로 하야시 가문에서 츠나도요에 장래성이 없다고 생각하여 거절했다. 그래서 어쩔 수 없이 준안에게 천거를 의뢰해 온 것이다. 1710년, 츠나도요는 이름을 이에노부(家宣)로 고쳐 제6대 쇼군이 되면서 하쿠세키는 쇼군의 정치고문격인 지코우(侍講, 시강)가 되었다.

지코우는 쇼군의 명을 가신들에게 전하는 위치에 있는 중요한 직책으로 유학을 통한 에도 막부의 중요한 정책을 정하게 되었다. 그러나 하쿠세키는 주자학을 일본화(日本化)하는 시도를 하였으며 대 조선과의 외교문서에서 쇼군가의 칭호를 일본국대군(日本國大君)에서 일본국왕(日本國王)으로 변경함으로써 후일 외교문제를 일으키는 계기를 만들었다. 즉 천황이 임명하는 쇼군과 중국황제에게 책봉(冊封)받는 조선국왕은 대등한 관계이므로 천황과 중국황제는 대등하다는 대등(對等) 논리를 내세운 것이다.

특히 하쿠세키는 쇼토쿠의 치(正徳の治)로 유명하다. 쇼토쿠의 치는 에도 시대의 쇼토쿠 연간(正徳年間)을 중심으로 진행된 정치개혁이다. 쇼토쿠(正徳)는 에도 막부의 6대 쇼군 도쿠가와 이에노부(徳川家宣), 7대 쇼군 이에츠구(家継)의 통치연대에서 주로 쇼군의 정치고문격인 지코우의 하쿠세키와 소바요닌(側用人)의 마나베 아키후사(間部詮房)들이 실권을 맡았다.

하쿠세키는 유학사상을 기초로 문치주의(文治主義)라는 여러 정책을 추진하였다. 그는 유교정신에 입각한 인애의 정치(仁愛の政治)를 목표로 했으며, 수입(무역액)을 제한하는 정책인 카이하쿠고시(海舶互市)의 신례를 발령하여 금은의 국외유출을 막는 등 대담한 경제정책을 실시했다.

正徳小判 (1714) 享保小判 (1715)

1714년 막부는 하쿠세키의 제안을 받아들여 이에야스 시대의 양질의 게이 쵸금은(慶長金銀)과 같은 품위에 올려놓는 좋은 질의 화폐라는 의미인 양주(良鑄)인 개주(改鑄) 정책을 실시했는데 이른바 쇼토쿠의 개주(正徳の改鋳)라 불린다. 다음 해인

1715년에는 금화의 품위를 한층 더 끌어올려 쿄보의 개주(享保の改鋳)를 실시하였다. 쇼토쿠·쿄보의 개주(正徳享, 享保の改鋳)는 에도 시대를 통해 금은의 품위를 올린 유일한 개주정책이었지만 이에 의해서 화폐의 양은 급격히 감소하고 경제활동의 침체와 물가하락을 초래했다.

에도 막부 시작 이래 나가사키 무역에서 대량의 금은이 해외로 유출된 결과 무역 자체가 어려워지면서 무역을 기반으로 했던 나가사키는 인구의 감소와 더불어 가난한 사람들이 부잣집을 때려 부수는 행위인 우치코와시(打ちこわし)라는 민중소요에 시달렸다. 하쿠세키는 1715년 나가사키의 고민을 해결하기 위해 무역 자체를 축소하는 정책인 카이하쿠고시신레이(海舶互市新例)를 실시하였다.

한편, 1716년 이에츠구가 사망하고 8대 쇼군인 도쿠가와 요시무네(徳川吉宗)의 등장으로 실각되면서 정치에서 멀어진 하쿠세키는 다시 학자의 생활로 돌아간다. 그리고 자신의 성장과정을 담은 『오리타쿠 시바노키(折たく柴の記)』 등의 책을 써서 학자로서도 일류로 인정받았다. 하쿠세키는 역사에 눈을 돌려 많은 역사서를 쓰기도 한다. 대표작으로는 무가정치의 역사를 정리한 『토쿠쇼론(読史余論)』과 번주의 역사를 정리한 『한칸후(藩翰譜: 번한부)』등이 있다. 또한 그는 저서 『코시추와쿠몬(古史通或問)』에서 고대사의 역사 중 최대의 수수께끼라고 할 수 있는 야마타이 코쿠(邪馬台国)의 위치를 야마토국(大和国)으로 주장하고 있으며, 일본에서 처음으로 야마타이 코쿠를 본격적으로 다룬 것으로 유명하다. 여기에서의 야마토국은 『삼국지(三國志)』의 '위지왜인전(魏志倭人伝)'에 등장하는 2세기 후반부터 3세기 전반경의 일본에 있었던 나라로서 현재의 나라현에 해당하는 키나이(畿内)에 설립된 국가로 여왕 히미코(卑弥呼)가 지배했다고 전해진다.

3) 아메노모리 호슈와 아라이 하쿠세키의 논쟁

▲ 아메노모리 호슈(雨森芳洲)

아메노모리 호슈(雨森芳洲)는 1668년 5월 17일 현재의 시가현(滋賀県) 나가하마시(長浜市)에 해당하는 오미노 쿠니(近江国, 오미국)에서 의사인 일반개업의(町医者) 집안에서 태어났다. 어린 시절부터 남달리 총명했던 호슈는 아버지로부터 한학을 배웠는데, 5세 때부터 시문을 배우고, 8세 무렵에는 한시를 지었다. 그는 12세경 가업을 이어받아 의사가 되고자 교토에 가서 의학을 공부했다. 그러나 유학에 관심을 가지면서 18세인 1685년 무렵 에도로 가서 기노시타 준안의 문하생으로 들어가 아라이 하쿠세키(新井白石), 무로소큐(室鳩巣), 기온 난카이(祇園南海) 등의 수재들과 함께 준안의 제자가 된다. 그리고 1689년 스승인 준안의 추천으로 호슈는 쓰시마번(対馬藩)의 유학(儒學) 담당 관리로 기용되었다.

이때 호슈가 쓰시마번으로 추천된 데에는 역사적 배경이 있었다. 1592년부터 7년간 지속된 도요토미 히데요시 군대의 조선 침략은 조선 사람들에게 막대한 피해를 주었고 이로서 조선과의 무역은 단절될 수밖에 없었다. 벼농사 등에 적합하지 않은 쓰시마(対馬)로서는 조선과의 무역이 무척 중요했기 때문에 국교 회복을 위해 사절을 보냈던 쓰시마번은 도쿠가와 이에야스로부터 조선과의 친선우호를 담당하라는 명을 받았다.

임진왜란 이후 일본과 조선의 중간에 위치한 쓰시마번은 지리적 조건으로 번의 경제를 조선과의 교역에 의존하고 있었기 때문에, 조선과의 국교회복을 위하여 조선 출병 때에 끌려온 포로의 송환을 비롯한 조선과 일본 간의 교섭을 중개하였다. 조선이 출병 때 왕릉을 망친 전범(戰犯)을 내놓으라고 요구하자 쓰시마번은 번내(藩內)의 조선 출병과는 무관한 죄인의 성대를 수은(水銀)으로 망가뜨려 목소리를 낼 수 없게 만든 후 조선 출병의 전범이라고 거짓말을 하여 조선에 내놓았다. 이러한 쓰시마번의 수단을 가리지 않는 공작활동에도 조선은 만주 여진족의 세력 확대로 북방지역을 방어해야 했기에 유화적으로 교섭에 응하였다.

1605년 조선 측이 도쿠가와 정권(德川政權)부터 먼저 국서를 보내도록 요구해온 것에 대해, 쓰시마번은 이번에도 국서를 위조하여 조선에 제출하였다. 서식에서부터 위서(偽書)라는 의심이 들어 조선이 회답사(回答使)를 파견하였지만 쓰시마번은 막부에 통신사(通信使)라고 속였다. 쓰시마 사절은 에도성에서 2대 쇼군인 히데타다(秀忠), 슨푸(駿府)에서 은퇴한 1대 쇼군 이에야스(家康)를 알현하였다. 쓰시마번은 회답사의 답신도 고의로 수정하고 1617년, 1624년을 포함한 총 3차에 걸친 교섭에서 모두 국서를 위조 및 수정하여 1609년에는 무역협정인 기유약조(己酉約条)를 체결시켰다. 기유약조가 맺어지면서 교역이 재개되고 쇄국정책이 채택된 후에도 조선과의 외교는 계속되어 그 실무는 쓰시마번이 맡았다. 경작지가 적던 쓰시마번은 조선 무역에 매달렸는데, 이때 통신사로 오는 조선 관리들과 대화하고 시문을 나누며 교류하려면 유학자를 기용할 필요가 있었다. 외교문서는 모두 한문으로 기록되지만 조선은 유교 국가이기 때문에 뛰어난 학자가 필요했다.

조선에서는 회답사로, 일본의 막부에서는 통신사로 불린 사신(使臣)행은 실무진의 협의와 합의가 있어야 가능한 일이었다. 그 실무를 담당한 사람들은 동래부(東萊府)와 쓰시마번의 관리와 역관들로서 그들 중 대표적인 인물이 현덕윤(玄德潤)과 호슈였다. 현덕윤은 왜학역관(倭學譯官)으로 이름을 남겼는데, 일본어뿐 아니라 시서(詩書)에도 능하여 1711년 왜학상통사(倭學上通事)로 일본을 방문해 사신들의 업무를 도왔다. 그는 1718년 문위행(問慰行) 도해(渡海)역관사로 대마도에 가 1719년 통신사행을 위한 사전작업을 했던 것으로 알려져 있다. 1729년에는 동래부 왜학훈도(倭學訓導)로 근무하면서 훈도청을 크게 보수하였다. 훈도청의 이름을 성신당(誠信堂)이라 했는데, 당시 현덕윤의 대마도 측 파트너가 호슈였다고 하니 호슈는 조선외교의 개척자라고 할 만한 대단한 인물임에 틀림없다.

1720년 호슈는 조선의 20대 임금인 경종의 즉위를 축하하는 쓰시마번의 사절단에 참가하여 부산으로 건너갔으나 인삼 밀수 등 번의 조선정책에 대한 불만으로 1721년에 조선방좌역(朝鮮方佐役)을 사임하고 가문을 장남인 아키윤(顯之允)에게 잇게 했다. 그리고 집에 사숙을 마련하고 저작과 교육의 나날을 보내다가 1729년 쓰시마번의 재판(전권 특사)으로 부산의 왜관으로 가서 조선으로부터 수입된 미곡인 공작미(公作米)의 연

▲ 코린테이세이(交隣提醒)

▲ 해유록(海游録)

한갱신 및 각종 수입품의 품질문제 등 과제에 대한 1년에 걸친 협상에 참여했다. 1734년에는 대마도 번주의 최측근인 소바요닌(側用人)에 취임, 번정에 대한 상신서인 『치요칸켄(治要管見)』과 조선 외교지침서인 『코린테이세이(交隣提醒)』를 저술하였다.

1719년 8대 쇼군인 도쿠가와 요시무네의 쇼군 취임을 축하하기 위해 신유한(申維翰)은 조선통신사(朝鮮通信使)의 제술관(製述官)으로서 일본을 방문했다. 그는 에도까지의 여정 및 일본의 풍속을 기록한 『해유록(海游録)』을 저술했다. 『해유록』에는 쓰시마번의 호슈와의 만남과 대화에 대해서도 기록되어 있는데 이를 소개하면 다음과 같다.

두 사람이 대화를 나누던 중 신유한이 일본인이라고 하지 않고 왜놈이라고 한 데 대해 호슈가 "외교를 하는 사람이 상대를 왜놈이라고 부르면 되겠느냐. 일본인으로 불러 달라"고 했다. 이에 대해 신유한은 "너희들이 조선에서 한 짓을 볼 때 왜놈으로 부르는 게 맞다"고 질책한 뒤 "외교에서 가장 중요한 것이 무엇이라고 생각하느냐"고 물었다. 이에 호슈가 "조선과 일본은 신의와 성실로 사귀어야 한다"며 성신교린(誠信交隣)을 얘기하자 신유한도 동감하며 "외교에 있어 중요한 것은 경(敬)"이라고 화답했다.

> "아메노모리 호슈(雨森芳洲)는 일본 문인 가운데 걸출한 인물로 한국어, 중국어, 일본어에 능하고, 제자백가에 대해 잘 이해하고 있다. 일본어로 번역할 때 다름과 같음, 문자의 쉬움과 어려움을 잘 알고 있다. 스스로 마음속에서 더러움과 깨끗함을 구별한다."

근세 일본의 '성신(誠信)외교'의 진력자로서 알려져 있는 호슈는 조선에 대한 성신(誠信)을 기본으로 하는 외교이념은 조선의 풍습, 관습, 역사, 인정에 정통한 지식 등이 있어야 비로소 진정한 의미에서 조선과 일본 사이에 우호관계가 만들어질 수 있다고 말한다.

그가 주장하는 성신외교를 기록한 대표적인 서적이 바로 『코린테이세이(交隣提醒: 교린제성)』이다. 호슈는 "'성신(誠信)'이라고 하는 것은 서로 속이지 않으며 싸우지 않고 진실로서 교제하는 것이며 조금이라도 상대국의 방법에 응하지 않으면 참된 성신이라고 말할 수 없다"라고 기록하고 있다. 한일 양국이 첨예하게 대립하고 있는 지금 이 시기야말로 한국과 일본 정치인들이 호슈의 성신(誠信)의 외교(교류)를 되새겨 보아야 할 때라고 생각한다.

한편 이렇게 조선의 입장을 고려한 호슈의 외교 방식은 막부의 외교 담당자였던 하쿠세키와의 충돌을 불러일으켰다. 하쿠세키는 일본의 이익을 대변하며 강경하게 조일 외교를 전개했기 때문이다. 대표적인 일로 하쿠세키가 외교문서에 쇼군의 칭호를 조선의 국왕과 동등한 일본국왕으로 기입했는데, 호슈가 이는 적절한 호칭이 아니라고 지적하면서 두 사람 사이의 갈등이 불거졌다. 천황은 국가적 상징이고, 실질적인 통치자는 쇼군이었던 일본의 통치체제와 전제왕정인 조선의 통치체제가 다른 데서 기인한 문제였다. 호슈는 쇼군을 일본 국왕으로 지칭하는 것은 천황과 황실의 존엄성을 침해하는 것이며, 조선의 국왕과는 동등하게 볼 수 없다고 여겼다. 그러나 하쿠세키는 천황은 중국의 황제와 동격이며, 왕은 현실의 정치권력을 가진 사람이라고 표현하면서 쇼군을 일본 국왕으로 지칭하는 데 문제가 없다고 주장했다. 특히 그는 쇼군을 지칭할 때 대군(大君)이란 표현을 쓰는 것 역시 쇼군의 권위와 어울리지 않는다고 여겼다. 그러나 호슈는 대군은 제후의 우두머리를 표현하는 것이며, 따라서 쇼군을 표현하기에 적합한 명칭이라고 주장했다. 호슈의 이런 입장은 천황가에 대한 존중의 의미도 있었으나 조선 측의 입장을 고려한 것이기도 했다.

4) 조선 피로인 이진영-이매계 부자의 등장

그런데 조선 피로인 유학자인 이진영(李真栄)-이매계(李梅渓) 부자의 등장으로 인해 유학을 무시하고 일본만 중시하며 조선을 멸시하는 사상으로 임했던 하쿠세키가 실각하게 된 것을 보면 인과응보 같으면서도 참으로 아이러니하다.

조선 피로인 중에는 앞서 언급한 강항처럼 이런 저런 경로를 통해 귀국한 사람도 있지만, 현재 와카야마현에 해당하는 기슈(紀州)의 이진영-이매계 부자처럼 일본에 강제로 정착하게 된 유학자도 있다. 이진영이 22세 되던 해에 임진왜란이 일어나 1592년 4월 1만 8,700명의 왜병이 대마도에서 병선을 타고 와 부산성을 급습했다. 그는 곽재우를 따라 의령, 합천, 창녕 등지에서 의병 활동을 하다가 1593년 23세 때 왜장 아사노 유키나가(淺野幸長)의 포로가 되어 규슈의 나고야로 보내졌고 오사카로 끌려갔다.

고금의 책을 폭넓게 읽어 학식이 풍부했던 그는 고된 농노생활을 하다 풀려나 오사카에서 9년간 글을 가르치며 생계를 이었는데, 1614년 오사카 전투가 일어나자 다시 기슈로 돌아간다. 테라고야(寺小屋)를 열어 오사카에서의 경험을 살려 아이들에게 글을 가르치기 시작했고, 이것

▲ 이진영-이매계의 묘

이 입소문이 나면서 테라고야는 유명해졌다. 꽤 많은 제자를 배출했다고 하니 경서와 사서에 조예가 깊은 그에 대한 평판이 매우 좋았으리라 판단된다.

▲ 이매계공 현창기념비와 부모장

1619년 도쿠가와 이에야스의 열 번째 아들 도쿠가와 요리노부(徳川頼宣)가 와카야마의 초대 번주로 와카야마성에 입성한다. 그때 이진영은 1천336자로 작성한 장문의 글을 다케다 케이안(竹田慶庵)을 통해 요리노부에게 보낸다. 그중에서 번주가 갖춰야 할 덕목에 대해 "번주는 천하의 누구보다도 걱정은 제일 먼저 하고 즐거움은 제일 나중에 느껴야 하며 시정에서는 마음을 넓게 쓰고 도량을 넓히라"고 했다.

이후로 이진영은 56세에 요리노부의 시강(侍講)이 되었는데 유학자로서 번의 무사 자제들 교육에 헌신하다 1633년 63세에 사망했다. 이진영의 아들 이매계는 부모장을 작성하였으며, 아버지 이진영에 이어서 번주 도쿠가와 요리노부의 아들로 세자였던 도쿠가와 미츠사다(徳川光貞)의 교육을 담당하는 시강의 대를 이어 맡았다.

부모장의 내용은 매계가 설파한 '부모 모시는 글(父母壯)'로 내용은 다음과 같다.[7]

---

7) 父母に孝行し、法を守り、質素に、家業に勤め、正直に暮らすことは、誰でも知っていることではあるけれども、しっかりと心得るように常々言い聞かせなければならない

> "어버이에게 효도하고 법도를 지키며, 염치와 겸손을 제일로 중시해야 하는 것, 정직을 근본으로 삼아야 하는 것은 누구나 알지만, 확실히 터득하도록 위해서는 항상 가르치고 타이르도록 해야 한다."

1655년 에도성에서 4대 쇼군 도쿠가와 이에쓰나의 습직을 축하하는 제6차 조선통신사 국서 전영식이 행해진 후 미토의 도쿠가와 미츠구니(徳川光圀) 등의 고산케(御三家)가 주최하는 향연이 열렸는데, 이 자리에 기슈 번주인 도쿠가와 요리노부가 젊은 시강인 이진영의 아들 이매계를 데리고 왔다고 한다. 이것만 보더라도 기슈현 와카야마에서 이 부자는 상당한 학문의 힘을 펼쳤음을 알 수 있다.

이때 이매계는 조선통신사 3사에 대해 아버지인 이진영 약력을 설명하며 고국과 선조의 일들을 알고 싶다며 눈물을 흘렸다고 한다. 일본 자료에 의하면 당시의 상황이 1655년 6차 통신사의 종사관이었던 남용익의 『부상일록(扶桑日錄)』에 나와 있다고 한다. 이 기록이 사실이라면 이매계는 요리노부와 상당히 친밀했던 것 같다.

신묘 통신사에 대한 빙례(聘禮)개혁을 시도한 하쿠세키로 인해 조선과의 불화가 계속되는 중에서도 이진영-이매계 부자가 독자적인 학풍으로 기슈의 주자학을 발전시켰으니 8대 쇼군인 도쿠가와 요시무네(徳川吉宗)는 조선에 대해 상당한 대접을 하였다고 본다. 요시무네는 이매계가 시강으로 교육했던 도쿠가와 미츠사다(徳川光貞)의 4남으로 태어났으며 이에야스의 증손에 해당된다. 1702년 큰형인 기슈의 3대 번주인 스나노리(綱教)가 사망하면서 셋째 형인 요리모토가 가독을 이어받아 4대 번주가 되었는데 요리모토가 3개월 뒤에 사망하면서 요시무네가 5대 번주가 된 것이다. 3대, 4대, 5대 번주들은 미츠사다의 아들로 전부 이매계의 교육을 받았다고 한다. 그래서인지 요시무네가 쇼군에 취임하자마자 하쿠세키는 쫓겨나고 조선통신사의 빙례는 원래대로 돌아간 것을 보면 이매계의 주자학 태도와 관련이 있지 않았을까 하는 의견도 있다.

5) 아라이 하쿠세키의 활동

조선통신사 측의 기록에는 원여(源興)라는 이름으로도 등장하는 사람이 아라이 하쿠세키(新井白石, 1657~1725)인데 일본 사회에서는 어렸을 때부터 학예에 뛰어난 재능을 보여 3세에 아버지가 읽는 유학(儒学) 서적을 베껴 썼다는 전설적인 천재 학자로 알려져 있다. 총명하지만 다혈질의 성격으로, 화가 나면 양 미간에 '화(火)' 자 비슷한 주름이 생겨 현재 치바현의 일부인 가즈사(上総国)의 번주인 쓰치야 도시나오(土屋利直)는 하쿠세키를 '불의 아이(火の子)'라 부르며 귀여워하였다고 한다.

1674년 16세의 나이에 하쿠세키는 나카에 도주(中江藤樹)의 『옹문답(翁問答)』을 읽고 유학에 뜻을 두게 되었다고 한다. 그러나 번주인 도시나오가 사망하자 아버지와 함께 번에서 쫓겨나면서 갈 데가 없던 하쿠세키는 1686년에 주자학자 기노시타 준안(木下順庵)의 문하로 들어갔다. 준안이 1682년 에도 막부의 학자관리인 유관(儒官)이 되고, 5대 장군 도쿠가와 쓰나요시(徳川綱吉)의 시강을 맡았기 때문에 당시에는 최고의 실력자였다. 일반적으로 당시에 입문하는 절차로 속수(束脩)라 불리는 입학금이 필요했지만, 하쿠세키에게는 그것이 면제되었고, 준안도 그를 제자라기보다는 손님으로서 대우하였다. 준안의 문하생들로는 하쿠세키 외에도 아메노모리 호슈(雨森芳洲), 무로 규소(室鳩巣), 기온 난카이(祇園南海) 등 훗날 이름 높은 학자가 된 자가 모여 있었기에, 준안의 문하에 들어간 것은 하쿠세키에게 있어서는 인생의 가장 큰 기회이자 행운이었다.

그리고 또 한 번의 기회가 찾아오는데 1693년에 37세로 고후 도쿠가와가(甲府德川家)가 다스리던 고후 번(甲府藩)에 자리가 생겨 천거되었다. 준안의 추천으로 당시의 고후 번주 도쿠가와 쓰나토요(德川綱豊)의 시강이 되는데, 쓰나토요는 후에 6대 쇼군인 도쿠가와 이에노부(德川家宣)가 되면서 막부의 정치에 관여하게 된다. 이에노부 시대에는 쇼도쿠노 치(正徳の治)를 경험하고 이에노부의 사망 이후 7대 쇼군을 도왔지만, 8대 쇼군이 도쿠가와 요시무네(德川吉宗)에게 미움을 사면서 실각해, 만년은 저술 활동에 근무했다.

하쿠세키가 관직에서 물러나자 쇼군의 권위를 높이고자 개정한 조선통신사의 응접 제도나 무가제법도는 8대 쇼군 요시무네에 의해 원상태로 복구되었다. 하쿠세키가 이에노부의 자문에 응하여 제출했던 많은 정책 자료도 폐기처분되고, 막부에 헌상했던 하쿠세키의 저서도 사라진다. 에도성 안에 주어졌던 저택도 몰수되고, 1717년에 막부로부터 받은 옛 토지에 은거했다. 2020년 5월 하쿠세키의 묘지가 있는 동경도 나카노구(中野区)의 고덕사(高德寺)를 일본인 지인과 함께 방문했다.

▲ 하쿠세키의 묘(왼쪽은 부인의 묘)

▲ 하쿠세키의 묘 안내문

하쿠세키의 자서전인 『오리다쿠 시바노기(折たく柴の記)』를 비롯해 아

이누를 쓴 『에조지(蝦夷志)』, 그리고 처음으로 오키나와(沖縄)의 문자를 사용한 서적 『난도지(南島志)』, 일본 국어사전 『토오가(東雅)』, 세계 지리에 대해 저술한 『사이란이겐(采覽異言)』, 이탈리아인 선교사 '시도티'와의 대화에 근거한 『세이요키분(西洋紀聞)』 등을 보면 당시 학자로서 북해도, 오키나와, 그리고 서양과 조선 등에 관심이 많았던 학자 및 정치가로 평가된다.

제3장

조선 선비의 주자학과 일본 무사의 양명학 및 난학

1절 조선의 주자학과 학문적 대립

2절 서양 문물에 대한 조선과 일본의 자세

3절 일본 양명학의 시초 - 충(忠)보다는 효(孝)

4절 일본 양명학의 중흥

5절 일본 양명학의 실천

제3장 조선 선비의 주자학과 일본 무사의 양명학 및 난학

| 1절 | 조선의 주자학과 학문적 대립

1) 한류(韓流)를 이끈 한국 드라마로 살펴본 조선의 논쟁

지난 2004년 일본에서는 국내 드라마 「겨울연가」가 큰 인기를 누렸다. 당시 중년여성들인 일본의 아줌마 부대가 등장하면서 크게 화제가 되었다. 이 같은 한류 열풍은 앞서 2001년 일본에 데뷔해 큰 인기를 얻은 가수 '보아(BoA)'를 시작으로 2004년에 NHK에서 「겨울연가」가 방영되고, 동방신기와 빅뱅, 소녀시대, 카라까지 속속 등장하면서 한류가 일본에서 하나의 장르로 자리를 잡아갔다고 할 수 있다.

그 이후 일본에서는 한동안 한류붐이 잠잠하다가 최근 몇 년간 전 세계적으로 케이팝(K-pop)이 대세가 되면서 한류 인기가 회복세를 타고 있다. 최근 화제를 불러일으킨 그룹 니쥬(NiziU)는 9명의 일본인 멤버로 구성되었다. 2020년 6월 30일 데뷔에 앞서 사전 발표한 4곡은 오리콘 데일리 디지털 싱글 랭킹에서 첫 등장하자마자 1위, 3위, 4위, 6위를 차지했다. 니쥬(NiziU)의 프로젝트를 담당하는 박진영 프로듀서도 방송에 출연해 후보자에 대한 정확한 의견과 자신의 철학을 보여주면서 시청자로부터 공감을 얻기도 했다.

그런데 갑작스러운 코로나19의 확산으로 일본정부로부터 외출자제가 요구되고 2020년 올림픽마저 개최할 수 없게 되면서 새로운 국면을 맞이하였다. 코로나19로 인해 2020년 4월 신작 일본 드라마들의 방송이 대부분 연장되면서 일본 공중파tv에서는 한국드라마를 재방송했다. 집에 머무는 시간이 길어지자 일본 내 한국 드라마 팬들의 OTT 서비스 이용도 증가하였다. OTT(over-the-top)란 개방된 인터넷을 통하여 방송 프로그램, 영화 등 미디어 콘텐츠를 제공하는 서비스로 일본에서는 특히 「사랑의 불시착」, 「이태원 클라쓰」 등 한국 드라마에 관심이 집중되었다. 필자의 경우에는 사실 「겨울연가」도 일본의 인기 때문에 나중에서야 보았는데 이제는 만나는 일본인마다 「사랑의 불시착」, 「이태원 클라쓰」 질문을 해서 일부만 일본에서 보기도 했다. 처음에는 신기했는데 이 또한 코로나19의 영향 때문이 아닐까 생각한다.

「사랑의 불시착」은 분단되어 있는 남북한의 남녀 간 사랑을 그렸다고 해서 일본에서는 대단한 인기를 모으고 있다. 이것을 주간문춘(週刊文春)은 3차 붐, 요미우리신문(讀賣新聞)에서는 4차 한류붐이라고 한단다. 심지어 일본의 혐한 소설가로 방송에 출연해 혐한 발언을 일삼는 것으로 잘 알려져 있는 햐쿠타 나오키(百田尚樹)[1]가 이 드라마에 빠졌다고 고백해서 일본이 시끄럽다. 그는 자신의 트위터에 "얼마 전에 친한 편집자가 「사랑의 불시착」이라는 한류드라마가 재미있다고 말해서 '나를 놀리지 마라! 쓰레기 같은 한류 드라마 따위 볼 이유가 없어'라고 소리를 질렀더니 그가 '속는 셈치고 한번 보시라'고 하더라. 뭐, 그렇게까지 말한다면 넷플릭스로 한번 볼까… 했다가 빠졌다"고 고백했다. 그는 이어 올

---

1) 특히 2019년 일본 화장품 기업 디에이치씨(DHC)가 운영하는 'DHC테레비'의 뉴스프로그램 '도라노몬뉴스'에 출연해 "강제징용이란 단어 자체가 잘못됐다. 본인들이 원해서 간 것"이라고 말하며 한국의 일본상품 불매운동을 조롱하기도 했다. 난징대학살이나 일본군 위안부는 없었다는 망언도 수시로 하여 일본에서 극우들한테는 상당히 인기가 있는 소설가이다.

린 트윗에서도 "한류에 빠지는 것은 바보 같은 아줌마뿐이라고 생각했지만 「사랑의 불시착」은 설정이 황당해서 1회 때는 이게 재미있나 싶었다가 어느새 빠져버렸다"고 썼다. 또 "작가의 눈으로 보면 '역시' 라고 감탄하는 곳이 여러 군데 있다. 그 부분은 전문적이어서 설명은 생략하지만, 하나만 말하자면 배우들의 연기가 대단하다! 일본 드라마처럼 아이돌이나 아마추어 학예회 같은 게 없다. 분하지만 그것만은 일본이 졌다"고 언급했다.

일본의 유명 작사가인 마츠모토 타카시(松本隆) 역시 "한국 최고의 드라마 「응답하라 시리즈」야말로 안 보면 인생에서 손해다"라고 격찬하면서 「응답하라 1988」, 「응답하라 1994」, 「응답하라 1997」의 3부작 시리즈를 최고로 들었다.

▲「사랑의 불시착」 일본 방송화면

▲「동이」 일본 방송화면

일본인들은 마니아가 존재해서 자기가 좋아하는 분야에 관해서는 거의 전문가 수준이다. 필자는 어느 날 한국을 좋아하는 일본인 마니아를 만났다가 집착을 넘어 대단하다는 생각을 한 적이 있었다. 지인의 소개로 만난 그 일본인은 나를 보자마자 대뜸 '통이'라는 드라마에 감동을 받았다면서 '후에니시비'를 아느냐고 했다. 통이도 모르고 후에니시비도 모른다고 하자 다시 설명해 주었는데 그의 입에서는 도통 알아들을 수 없는 단어들이 나왔다. 알고 보니 일본인 특유의 발음 때문이었는데 '통이'는 드라마 「동이」, '쇼인'은 서인(西人), '후에니시비'는 회니시비, '손시요루'는 송시열이었다. 사실 어쩌다 한두 번 보았을 뿐 드라마 내용을 잘 몰랐던 나는 그를 통해 대략적인 내용을 알게 되었다. 그가 「동이」라는 드라마를 통해 북벌론의 위대함과 그것이 실패하면서 한국이 주자학 일변으로 가게 된 상황까지 이야기했을 때에는 나도 자세히 모르는 한국 역사 이야기를 일본인에게 듣게 되는 상황에 머쓱해질 수밖에 없었다. 이때 필자는 학문적인 부족함과 이들의 마니아 정신을 다시 한번 높이 평가하게 되었다.

「동이」는 조선조 제21대 영조의 생모이자 19대 숙종의 후궁이었던 천민 출신 여인 숙빈최씨(淑嬪崔氏)의 일대기를 다룬 드라마이다. 숙빈최씨는 숙종 때 궁인(무수리)에서 빈으로까지 올라 아들 연잉군(延礽君)을 임금으로 만들고 영조를 성군으로 이끌었고, 서인이 분열된다. 이와 관련하여 여기에서는 회니시비와 서인이 분열된 내용을 더 자세히 살펴보고자 한다.

2) 회니시비(懷尼是非)와 북벌론

필자는 대학 때문에 대전에서 거주하지만 충남 공주 출생인 관계로 어렸을 때부터 우암(尤菴) 송시열과 명재(明齋) 윤증에 관한 이야기를 들어왔다. 은진송씨 송시열은 옥천에서 태어났지만 회덕에서 생활하기에 회덕송씨로, 파평윤씨 윤증은 노성윤씨로 불릴 정도로 지역색이 강한 논리로 서로의 주장이 나름대로 일리는 있다. 파평윤씨 중에서 노성윤씨로 알려진 장령공계는 충남 논산군 노성면(魯城面)을 집성촌으로 하고 있는 윤돈(尹暾)의 후손을 가리킨다. 이들 사이의 논쟁이 '회니시비(懷尼是非)'로 불리게 된 것은 송시열이 대전의 회덕(懷德)에 살았고 윤증이 논산의 이산(尼山)에 살았던 데서 비롯되었다. 그래서 공주 지역과 논산 지역은 윤증 편에서 이야기하고 대전 지역은 송시열 편에서 이야기하는 것이 일반적이다.

일본에서 주자학 중심의 관학과 양명학이 서서히 받아들여지고 있던 시기에 조선에서는 회니시비(懷尼是非) 사건이 일어났다. 이는 숙종 때 사제관계였던 송시열(宋時烈)과 윤증(尹拯)의 불화로 인해 그 제자들 사이에서 벌어진 일련의 분쟁으로, 서인(西人)을 노론(老論)과 소론(少論)으로 갈라지게 한 사건이다. 그 배경에는 조선왕조 500년 역사상 가장 굴욕적이었던 삼전도(三田渡)의 치욕이 자리하고 있다.

▲ 수항단에서 항복의 예를 하는 인조(부조비)

▲ 삼전도비

조선의 역사는 왜란과 호란을 경계로 전기와 후기로 구분된다. 양란 이후인 조선후기 역사는 전후 복구를 위한 노력으로 시작됐다. 임진왜란의 피해도 컸지만 병자호란은 국왕을 비롯한 백성들에게 심각한 정신적 상처를 남겼다. 1637년 1월 인조가 삼전도(三田渡)의 수항단(受降檀: 항복의식을 받아들이는 단)에서 청 태종 홍타이지(皇太極)에게 삼배구고두례(三

拜九叩頭禮)를 치러야 했기 때문이다. 세 번 절하고 아홉 번 머리를 조아리는 삼배구고두 의식은 여진족이 그들의 천자를 배례하는 의식 절차였다. 인조는 땅에 엎드려 감히 대국에 항거한 죄를 용서해 줄 것을 청하였고 청 태종은 신하들로 하여금 조선 국왕의 죄를 용서한다는 칙서를 내렸다. 이후 청 태종은 조선의 항복을 받은 이 사건을 영원히 기념하려는 뜻에서 비석을 세우게 하니 이것이 바로 삼전도비이다.

3) 삼전도의 치욕과 효종의 북벌론

우리는 삼전도의 굴욕(三田渡의 屈辱)이라고 했지만 당시 인조는 절대 항복을 인정하지 않고 자발적으로 성에서 나온다는 뜻인 하성(下城))이라고 표현하여 정축하성(丁丑下城)으로 기록되어 있다. 왜냐하면 야만인이라고 무시했던 여진족 오랑캐인 청에게 군신관계를 맹세하게 되어 임진왜란 때 원군을 보내준 명나라 만력제에게 '나라를 다시 만들어 준 은혜'에 감읍해 재조지은(再造之恩)의 관계를 끊는 것은 조선 지배 질서를 유지하던 성리학적 사고가 파괴되는 것으로서 조선의 가치질서가 흔들렸기 때문이다. 그러나 당시 조선에서는 청의 황제인 홍타이지의 명령을 거절하기가 쉽지 않았으므로 약 9개월 뒤인 1637년 11월 3일 비단이 완공되었다. 11월 25일에는 청나라 사신이 비석을 조사하고 만족감을 표시하였다. 삼전도비의 정식 명칭은 '대청황제공덕비(大清皇帝功德碑)'로서 전서(篆書)로 쓰여 있다. 높이 395센티미터, 너비 140센티미터이며 이수와 귀부를 갖춘 형태로 드물게 보는 대형 비석이라고 할 수 있다.

삼전도의 치욕 이후 송시열과 윤선거(尹宣擧)가 중심이 된 충청(호서)지역 사림은 청나라를 치려는 북벌(北伐)추진 방안을 활발하게 모색했다. 북벌(청나라 정벌)계획은 1649년 효종이 즉위하면서부터 시작되었다. 효종은 봉림대군 시절 8년여의 포로 같은 볼모 생활 동안 말로 표현하기 어려운 고통과 고생을 겪으며 청나라를 쳐들어가겠다는 반청(反淸) 사상을 정립시킨다. 봉림대군은 1645년 먼저 귀국한 소현세자가 죽었다는 소식을 듣고 들어와 그해 9월 세자에 책봉되고, 1649년 인조가 죽자 31세의 나이로 조선 제17대 왕으로 등극했다.

오랫동안 볼모 생활을 했던 효종은 왕으로 등극하자 척화론(斥和論)의 중심인물로 당시 낙향해 있던 김집(金集), 송시열(宋時烈), 송준길(宋浚吉) 등 기호사림을 등용하여 훈신세력이며 친청파였던 김자점(金自點) 일파를 제거한 후 북벌계획을 추진했다. 치욕적인 삼전도의 항복의 예를 끝낸 뒤에 왕위에 오르자마자 민족적 굴욕을 씻기 위해 북벌을 계획하게 된 것이다.

효종은 이완(李浣)을 훈련대장에 임명하여 비밀리에 군대를 훈련시키고 성지(城池)를 개수했다. 또한 제주도에 표착한 하멜 등에게 신무기를 만들게 하고 송시열, 송준길 등을 등용하여 군비를 확충하였다. 먼저 남한산성과 수어청을 정비하고, 중앙군 병력을 금군 1천 명, 어영청 2만 명, 훈련도감 1만 명으로 증강했다. 기병 강화를 위해 금군의 완전기병화를 추진했으며, 어영청에 기병대인 별마대와 포병대인 별파진을 신설하고 전국의 목장을 정비했다. 군기와 전술개량에도 힘을 기울여 네덜란드의 표류인 하멜을 시켜 조총을 개량하고, 효종 자신의 경험을 바탕으로 청군을 가상하여 군복·무기와 마상 전술을 개조했으며 10년 동안 10만 명을 계획하고 있었다.

4) 북벌론에서 사문난적(斯文亂賊) 으로

송시열 등 사림은 이러한 효종의 북벌론에 동반하기 위해 대동법과 균역법 등 제도개혁이 필요하다고 봤다. 양반과 지주의 양보가 불가피하다는 것을 인정한 것이다. 이때 윤휴(尹鑴)는 강렬한 반청 북벌론자로 제도개혁을 통해 양반제와 지주제의 모순을 제거해야만 북벌이 가능하다고 여겼다. 그런데 송시열은 북벌의 의리를 내세우면서도 양반과 지주의 기득권을 최대한 지킬 수 있는 방안을 마련하고자 골몰했다. 윤휴의 '북벌론'은 서인들의 말뿐인 '북벌' 당론과도 달랐다. 서인들의 '북벌'은 본인들이 유일하게 섬기던 '황제의 나라' 명나라를 다시 세우는 것이었던 반면, 윤휴의 '북벌'은 중국의 혼란을 이용하여 조선의 입지를 강화하자는 것이었다.[2)]

이 시기에 그가 제기한 것이 바로 윤휴에 대한 '사문난적(斯文亂賊)' 논란이었다. 사문(斯文)이란 성리학을 뜻하고 난적(亂賊)이란 성리학을 어지럽히는 적을 말한다. 윤휴는 같은 동료들에게 도움을 주려고 중용(中庸)의 편을 나누고 주제가 같은 것을 묶어 핵심 내용을 메모한 『중용독서기(中庸讀書記)』라는 책을 통해 중용을 다시 해설했다. 그는 "주희와 싸울 일도 아니고 주희가 중용을 해석했으면 나(윤휴)도 나 나름대로 해석이 가능하다"고 썼다. 교조적인 송시열은 주희와 다른 글을 썼다는 이유로 그를 사문난적으로 몰아 반역 사건으로 몰고 갔다.

윤휴는 진보주의적 사고의 유생으로서 경전, 『중용(中庸)』을 주희와 다르게 해석하였다. 옛 경전의 해석이 당시에는 옳았더라도 지금은 주희의 학설도 틀릴 수 있으니 새롭게 해석하여야 한다고 주장한 것이다. 그런데 당시 조선에서의 주자학은 종교이자 교리였고 학문이었다. 특히 송시열은 이를 종교로 받아들인 만큼 수정하거나 새로운 해석은 있을 수 없고 오직 그 언어로만 해석하여야 한다는 주자학 중심주의적 사고

2) 이덕일(2021). 『금기어가 된 조선 유학자, 윤휴』, 다산초당.

를 지니고 있었다.

즉, 송시열은 주자학대로 사고하고 행동했으므로 종교적 관념이었고 윤휴는 외국학문인 주자학을 조선에 맞게 새롭게 해석한 것이다. 선비들로서는 당연히 토론을 하거나 주장을 하는 논리일 수 있으나 주자학을 흔드는 것은 선비로서 잊을 수 없는 일로 받아들여져 사문난적이 되었다. 송시열은 윤휴의 제도개혁 주장을 잘 알면서도 그가 주자를 비판한 것만 강조하며 이단으로 공격했고, 양반과 지주의 기득권을 양보해 국가 위기를 극복하자는 일부 지배층의 주장을 사문난적 논란을 통해 무마하려 했다. 둘의 대립은 예송논쟁으로 극에 달했고, 윤휴는 숙종 6년 경신환국(庚申換局) 때 남인이 몰락하면서 허적의 서자 허견의 모반사건에 연루되어 사약을 받는다.

당시 윤선거는 송시열에게 요구하며 화해시키려 했으나 오히려 그의 불만을 샀다. 윤선거는 문묘에 종사된 김장생과 김집의 제자이며 윤증의 아버지이다. 병자호란 당시 강화도로 피난을 갔다가 강화산성이 함락되자 진원군(珍原君)의 종자(從者)가 되어 평민복을 입고 탈출했고 아내는 자결했다. 그는 이에 대한 자책감으로 충남 금산에서 은거하며 출사를 거부하고 학문에 정진했다. 송시열이 윤휴를 사문난적으로 규정하자 윤선거는 "윤휴의 경전주석은 작은 일이니 문제 삼을 일이 아니며 그의 제도개혁론을 수용하는 것이 더 중요하다"고 지적하고 윤휴를 지지한다. 그는 사망한 후에 영의정에 추증됐으나 노론의 공격으로 추탈됐다가 경종이 관작을 회복시켰고, 다시 정조가 추탈하였다가 복권했다.

5) 송시열과 윤증의 불화

윤선거가 죽자 1673년(현종 14) 그의 아들 윤증은 스승 송시열에게 아버지의 묘비명을 부탁한다. 그러나 송시열은 강도(江都)의 일(병자호란 때 윤선거 혼자 성을 탈출한 사실)과 윤휴와 절교하지 않은 일을 들먹이며, 묘지명을 짓는 데 자기는 선거에 대해 잘 모르고 오직 박세채의 행장에 의거해 말할 뿐이라는 식으로 소홀히 하였다.

송시열은 주자학의 이념을 좇아 대의명분을 중시하며 서인 중심으로 정국을 운영한 반면, 윤증은 양명학을 인정하는 절충적 태도로 탄력 있게 현실을 인식했다. 원래 사제지간이었던 송시열과 윤증은 이를 시초로 여러 가지 일로 불화를 빚다가 훗날 정적이 됐다. 실은 윤선거는 당시 남한산성에 있던 아버지와 함께 자결하고자 아들 윤증과 딸을 남겨둔 채 종실 진원군의 종자인 선복(宣卜)이라 속이고 어머니와 함께 강화도를 빠져 나온 것이었다. 이때의 일을 윤선거의 친구이자 사돈인 송시열이 경멸하자 윤증은 군사부일체에서 상당한 혼란스러웠을 것으로 보인다.

1680년(숙종 6) 남인의 처벌 문제로 서인 내부에서 분열이 일어나자 윤증이 송시열의 학문과 덕행상의 결함을 지적한 서간 『신유의서(辛酉擬書)』를 내면서 점차 갈등이 불거졌다. 윤증은 죽은 부친에 대한 정리(情理)가 아니라고 하여 고쳐주기를 청하였으나, 송시열은 자구만 수정하고 글의 내용은 고쳐주지 않았다. 그러자 윤증은 송시열이 '정의를 표방하면서 사리(私利)도 취한다'는 의리쌍행(義利雙行)과 '왕도의 이념을 주장하면서 권모술수를 부린다'는 왕패병용(王覇竝用)을 한다며 비난하는 글을 썼다. 그들의 사사로운 불화는 1684년(숙종 10) 4월에 송시열의 제자 최신(崔愼)이 조정에 윤증을 고발하고 처벌을 요구함으로써 국가 차원의 정치적 분쟁이 되었다. 양쪽 제자들은 저마다 스승을 변호하고 상대방을 비판하는 논쟁을 벌임으로써 조정이 시끄러워졌고 급기야 서인이

▲ 윤증(尹拯)

▲ 송시열(宋時烈)

▲ 명재(明齋) 윤증 고택

▲ 우암(尤庵) 송시열 고택

노론과 소론으로 갈라서는 상황으로까지 번졌다. 서인인 김석주가 남인에 대한 과격한 처벌을 주장하자 이를 지지한 송시열 편을 노론(老論)이라고 하고, 반대한 윤증 편을 소론(小論)이라 했다. 결국 이 일로 등진 저들은 후일 효종이 죽고 그의 장사를 어떻게 지낼 것인지의 문제로 서인과 남인이 대립하는 예송논쟁(禮訟論爭)으로 이어진다.

6) 예송논쟁(禮訟論爭)

예송논쟁(禮訟論爭)은 성리학의 예법을 어떻게 풀이할지를 두고 남인과 서인이 두 차례에 걸쳐 대립한 사건을 말한다. 효종은 본인보다 5살 어린 계모인 자의(慈懿)대비보다 먼저 죽었는데, 자의대비가 죽은 아들의 상복을 얼마 동안 입어야 하는지의 문제를 둘러싸고 논란이 벌어졌다. 『주자가례(朱子家禮)』에 따르면, 어머니보다 장남이 먼저 죽으면 어머니는 3년 상복을, 차남부터는 1년 상복을 입는 것으로 되어 있었다. 문제는 효종이 인조의 장남이 아닌 둘째 아들이라는 것에서 비롯되었다.

서인은 왕도 사대부와 같은 예를 적용해야 한다며 1년을 주장하였다. 반면 남인은 왕은 최고의 예로 대우해야 한다고 하면서 3년을 주장하였다. 이 대결에서 1차 예송논쟁인 1659년에서는 서인이 승리를 거두었다. 그 후 1674년 효종의 비인 인선대비 장씨(仁宣大妃張氏)가 죽으면서 자의대비의 상복 입는 기간을 놓고 2차 예송논쟁이 벌어졌다. 이 대결에서는 남인의 주장이 받아들여져 이후 남인이 정국을 주도하게 되었다.

송시열을 송자(宋子)라고 부르면서 거의 성인으로 떠받드는 사람들이 있지만, 노론에 의해 권력을 잃은 남인의 근거지인 경상도에서는 성인은 커녕 높은 평가를 받지 못했다. 한국마니아인 일본인 지인에 따르면 일본에서도 송시열은 높이 평가받지 못한다고 한다. 그 이유는 일본의 유교는 충(忠)이 우선이므로 서인과 남인이 합쳐서 북벌을 이루는 것이 우선인데 주자학에 너무 얽매여 이것을 이루지 못한 점과 본인이 속한 서인에서도 남인을 강력하게 처벌하자는 노론 중심의 논리만 주장하였기 때문이라고 한다. 나름대로 일리 있는 이야기이지만 필자의 좁은 소견으로는 양명학 등 다른 사상을 접할 수 없었기 때문이 아닌가 생각한다.

앞서 언급한 회니시비는 주자학 중심주의에 입각하여 정국을 운영하려 했던 노론계와 이의 경직성을 비판하고 현실적으로 정치를 운영하고자 했던 소론계의 대립이 송시열과 윤증 간의 감정과 얽혀 일어난 사건이었다. 이후로 노론과 소론은 경종-영조-정조 대로 이어지며 격렬히 대립했으나, 18세기 중반 이후에는 노론이 승리하면서 노론 일당의 전제정치 체제로 굳어졌다. 성리학은 조선조의 종교와 교조로서 등장하여 조선 말기에까지 이르러 대원군의 쇄국정치와 개화를 반대하는 사상으로 이어져 다시 일본에게 식민지를 겪는 아픔으로 이어진다.

| 2절 | 서양 문물에 대한 조선과 일본의 자세

1) 조선에 억류된 하멜

1653년 효종 4년 네덜란드 동인도회사 소속 상선 스페르베르 호가 제주도에 표착했다. 네덜란드 선원 64명 중 28명은 익사하고, 헨드릭 하멜(Hendrick Hamel)을 포함하여 36명이 조선에 13년 28일 동안 억류됐다. 하멜이 쓴 기록에는 1666년 탈출할 때까지 그들이 겪은 일들이 적혀 있는데, 조총의 개량도 있지만 초기에는 양반집 광대짓과 땔감하기, 풀 뽑기와 절집 누더기, 음식 구걸 등을 했다. 주자학 일변도의 조선은 서양을 오랑캐라 하여 기술을 무시했던 까닭이다. 당시로서는 대단한 인재들인데 대접을 하기는커녕 겨우 이런 일들을 시켰다니 안타까울 따름이다. 약 14년간 강제 무급(無給)으로 단순노동을 한 것이 억울했던 하멜은 밀린 월급을 받기 위해 네덜란드 동인도회사에 보고서를 제출했는데 그것이 바로 『하멜표류기』다.

1651년 동인도회사 선박의 포수(砲手)로 입사한 하멜은 2년 뒤 본사가 있는 자바 섬의 바타비아(Batavia, 현재의 자카르타)에 건너갔다. 하멜은 바타비아에서 근무하던 도중 보직이 서기(書記)로 바뀌면서 무역선에서 중요한 임무를 맡게 되었다. 17세기 서양의 무역선에는 반드시 서기가 동참했다. 지리상의 발견이 진행되고 있던 그 시기에 무역선은 교역선이자

▲ 하멜표류기

탐험선이었다. 그러므로 서기는 새로운 항로 개척과 함께 항해 종류, 해로의 흐름 등 중요한 정보를 기록하고 보고함으로써 유럽 각국의 해양개척과 무역정책에 실질적인 도움을 주었던 존재였다. 이런 그의 직무로 인해 훗날 조선에서의 억류 내용을 상세하게 적시한 『하멜표류기』를 쓰게 되었을 것이다.

하멜을 통해 조선은 당시 해운업과 대포, 총포 및 선박기술을 좀 더 발전시킬 수 있는 상황이었음에도 불구하고 예송 문제와 사문난적 논쟁 등 당파싸움으로 귀중한 기회를 놓쳤다고 할 수 있다. 하멜이라는 서양인을 조총 개량 이외의 다른 무역이나 큰 제도개편을 위해 사용할 생각은 없었을지 몇 번을 되짚어 봐도 너무나 아쉬운 일이다.

2) 리프데 호를 활용한 일본

이와 비슷한 상황이 50년 전에 일본에서도 등장한다. 1600년 4월 19일, 네덜란드 상선 리프데(De Liefde) 호[3)]가 현재의 오오이타현(大分県)에 해당하는 분고국(豊後国)에 표착했다. 당시 개신교 국가에서 신흥무역 국

---

3) 森 良和(2014). リーフデ号の人びと 忘れ去られた船員たち, 学文社.

가로 세력을 신장하고 네덜란드에게 적개심을 품고 있었던 가톨릭 국가 스페인(에스파냐)의 예수회는 도요토미 정권의 5대로(五大老)의 한 사람이었던 도쿠가와 이에야스(徳川家康)에게 리프데 호는 해적선이라고 진언했다. 이 진언을 받아 승무원 네덜란드인 얀 요스텐(Jan Joosten van Lodensteyn)과 영국인 윌리엄 애덤스(William Adams)는 배와 함께 오사카에 호송되어 심문을 받았다.

▲ 리프데 호

1600년 5월 12일 이에야스는 처음 그들을 접견한다. 예수회 선교사의 설명으로 리프데 호를 해적선이라고 믿고 있던 이에야스였지만, 노정(路程)과 항해의 목적과 네덜란드와 잉글랜드 등 개신교 국가와 포르투갈, 스페인 등 가톨릭 국가와의 분쟁을 주눅 들지 않고 설명하는 얀 요스텐과 애덤스를 신뢰하여 오해를 풀었다. 잠시 이들을 투옥했지만 집요하게 처형을 요구하는 예수회 선교사들을 묵살한 이에야스는 여러 차례에 걸쳐 이들을 접견한 후에 석방하였다. 그리고 석방된 얀 요스텐 일행을 본인의 지역인 에도에 초청하여 외교정책 고문으로 임명하였다.

선교사와 스페인인의 기록에 따르면 이에야스는 1600년 10월 21일 세키가하라 전투(関ヶ原の戦い) 때 리프데 호에 비치된 대포(大砲)와 서양인의 포대원을 활용하였다고 한다. 그는 이 전투에서 승리를 거둠으로써 주가(主家)인 도요토미 가를 멸하고 에도에 막부를 설치하였다. 세키

▲ 얀 요스텐(Jan Joosten)

▲ 윌리엄 애덤스(William Adams)

가하라 전투에서 승리하면서 얀 요스텐과 애덤스는 이에야스의 신뢰를 얻게 된다.

이에야스는 쇼군 정이대장군(征夷大将軍)에 취임하여 얀 요스텐에게는 에도성 주위에 저택을 지어주고 외교교섭을 담당시켰다. 에도 성의 우치 보리(内堀) 근처에 저택을 받고 일본인과 결혼한 얀 요스텐은 '야요스(耶楊子)'라는 일본식 통칭으로 불렸다. 그가 거주하던 곳을 야요스로 부르던 것이 야에스(八重洲)로 전화(轉化)되면서 1954년에 추오구 야에스(中央区八重洲)로 불리게 되었다.

한편 애덤스는 후에 일본인 다이묘격인 하타모토(旗本)로 250석의 봉록과 회도를 받았고, 현재 가나가와현(神奈川県)에 해당하는 사가미국(相模国) 미우라군(三浦郡)에 영지와 미우라 안진(三浦按針)이라는 이름을 부여받았다. 애덤스의 영지는 훗날 안진즈카(安針塚駅) 역으로 그 이름을 남기고 있다.

에도 막부는 당초 아즈치 모모야마(安土桃山) 시대부터 이어진 남만무역(南蛮貿易)에 대하여 그 독점과 관리에 중점을 두고 개국을 유지하는 정책을 채택했다. 남만과의 무역관계는 유지했지만 기독교에 대한 경계는 강해져, 특히 선교에 주력하는 스페인 등의 가톨릭 국가는 냉대하면서도 무역에 주력하는 네덜란드와 영국 등의 신교 국가는 환대하는 조치를 취했다.

1609년에 네덜란드, 1613년에 영국이 현재의 나가사키현(長崎県)에 해당하는 히젠국(肥前国) 히라도(平戸)에 상관을 두고 히라도무역(平戸貿易)이 시작되면서 그 경향은 현저하게 드러났다. 또한 스페인과 포르투갈을 남만인(南蛮人)이라고 하는 반면, 네덜란드는 홍모인(紅毛人)이라고 불렀으며 나중에는 일반적으로 서양인을 홍모인이라 칭했다. 1639년에는 포르투갈인의 내항을 금지하는 통지가 이루어져, 유럽에서는 네덜란드만이 일본과의 무역을 계속하게 되었다.

도쿠가와 막부는 쇄국정책을 유지했지만 무역을 허락한 네덜란드와 청나라만은 제외했다. 쇄국시대 일본 유일의 자유무역항이었던 데지마(出島)는 1634년 포르투갈 상인을 격리하기 위해 만든 세로 70미터, 가로 220미터 부채꼴의 3,969평 인공섬이다.

주자학의 논리로 일관한 조선의 사대부들 중에서는 하멜을 선비로 대우해주거나 그의 기술을 높이 평가할 만한 사람이 없어 하멜이 결국 탈출한 데 반해, 리프데 호의 승무원인 얀 요스텐과 애덤스는 그들의 기술과 대포를 높이 평가한 무사 이에야스의 도움으로 무사 대접을 받고 일본 이름으로 생활하여 일본에 큰 업적을 남겼다. 이는 조선의 유교사상인 선비윤리와 승리를 위해서는 누구와도 손을 잡는다는 일본의 무사윤리의 차이점이 아닌가 생각한다. 실로 아쉬운 부분이다.

| 3절 | 일본 양명학의 시초 - 충(忠)보다는 효(孝)

1) 나카에 도주

나카에 도주(中江藤樹)는 현재의 사가현(滋賀県)에 해당하는 오미(近江)에서 1608년 상층농부(農夫)인 나카에 키치지(中江吉次)의 장남으로 출생하였다. 9살 때 현재의 토토리현(鳥取県)에 해당하는 호키 요나고번(伯耆米子藩)의 150석 무사인 할아버지 요시나가(吉長)의 양자가 되어[4] 요나고(米子)로 간다. 약 1년 뒤인 1617년 요나고 영주 가토 사다야스(加藤貞泰)가 현재의 에히메현(愛媛県)에 해당하는 이요 오즈(伊予大洲)번으로 영지를 바꾸면서 조부모와 함께 이동하였고, 1622년 할아버지가 사망한 뒤 가독(家督) 100석을 상속받는다. 1624년에는 교토에서 온 승려에게 『논어』를 배운 것을 계기로 『사서대전(四書大全)』을 구입하여 정독하면서 효(孝)의 소중함을 접했다고 한다. 18세 때에는 아버지의 부고(訃報)를 접하고 격렬하게 통곡하며 돌아가신 부친을 제 손으로 묻고 싶어 하기까지 했다. 곧 당시 막부의 주자학을 접한 도주는 나카에 가문의 관습과 행동세칙으로서 격투(格套)를 지키려는 무사다움을 잊지 않으려 노력하고 학문에 힘썼다. 그러나 선천적으로 타고난 성실함과 무사답게 행동하려는 마음이 앞서 스스로는 물론 타인에게도 엄격하고 완고한 모습을 보이면서 정신적으로 궁지에 몰려 정신병을 경험하기도 한다.

이 같은 도주의 성정은 효심과 맞물려 더욱 극명히 드러난다. 9살 때 양자로 간 그는 평소 피부로 고생을 한 어머니를 생각하다 2년 뒤인 11살경 어머니를 그리워한 나머지 어머니에게 드릴 피부고약을 들고 오

4) 한국에서는 할아버지의 양자가 된다는 것을 이해하기 힘들지만 일본은 가능하다.

▲ 오즈에서 오미까지 배를 탄 도주

▲ 학문을 하라고 돌려보낸 어머니

즈에서 오미까지 배를 타고 간다. 그러나 어머니는 일단 집을 나간 자가 가볍게 돌아오면 안 된다며 꾸짖고 학문을 하라고 돌려보내는데 이것이 '아카기레 고약의 이야기(あかぎれこうやくの話)'이다. 이는 도주의 자비롭지만 엄격한 어머니 일화로 일본에서는 유명하다. 메이지 시기의 작가 무라이 겐사이(村井弦斎)가 저술한 『오미성인(近江聖人)』에 등장하는데 전쟁 전까지 일본의 국어와 우리의 도덕에 해당하는 수신의 교과서에 실렸던 내용이기도 하다.[5)]

도주가 25세 되는 해에 오미에서 혼자 사는 어머니를 염려해 다시 모시려 하지만, 어머니는 오즈에 오는 것을 거절한다. 이 시기에 요나고에서 시코쿠행 배를 탔던 도주는 선내에서 천식으로 발작을 일으켜 쓰러진다. 이는 신경성이었던 것으로 그의 심신이 오즈의 무사로서는 견디기 어려웠던 것으로 판단된다. 그 뒤 1634년에는 어머니에 대한 효도와 건강상의 이유로 이요 오즈번에 사직서를 제출했으나 거절된다. 도주는 당시로서는 사회적 매장이라 할 수 있는 탈번(脱藩, 번을 탈출하는 것)을

5) 村井弦斎(1914). 近江聖人, 東京 博文館.

결심하고 행동으로 옮겨 한동안 교토에 몰래 숨어 살다가 고향인 오미로 돌아온다. 그리고 어느 정도 심신이 안정되면서 지금까지와는 다른 새로운 삶을 살아가기로 결심한다. 오즈에서 쌓은 지위와 재산도 전부 던져버리고 목숨까지 담보로 탈번하여 어머니가 돌아가실 때까지 모신 이 삶은 지행합일(知行合一)의 중요성을 일깨우고 스스로 실천함으로써 많은 사람들에게 감명을 주면서 유명해진다.

▲ 나카에 도주(中江藤樹)

도주는 고향인 시가현(滋賀県)의 다카시마시(高島市)에서 개인학교(私塾: 사숙)를 개교한다. 이것이 도주서원(藤樹書院)이다. 이곳에서 그는 중국의 고전, 역사, 시작(詩作), 서예를 가르쳤다. 그는 평소 자신의 집에 있는 등나무 아래에서 강의하기를 즐겼는데, 이 때문에 학생들은 그를 도주(藤樹, 등나무) 선생이라고 불렀다. 동시에 스스로 의학을 배우고 마을의 학문의 선생님이자 의사라는 존재로 인정을 받는다. 그의 명성은 서서히 인근 지역에서 전국으로 퍼져나갔다.

▲ 오키나몬도(翁問答)

도주가 저술한 『오키나몬도(翁問答: 옹문답)』는 33세인 1640년부터 다음 해인 1641년에 걸쳐 완성되었다. 내용은 텐군(天君)이라는 스승과 타이쥬(躰充)라는 제자의 문답 형식으로 전된다. 여기에서 도주는 사람이 단순히 외적규범(外的規範)에 형식적으로 따르는 것을 좋아하지 않고 내면(心)의 도덕적 가능성을 신뢰하여 성인의 마음을 본받아 스스로의 마음을 제대로 하는 것이야말로 진정한 올바른 행위와 올바른 삶을 가져다준다고 주장하였다. 또한 조상에 대한 효뿐 아니라 모든 것을 포괄하는 도덕으로서의 효의 길을 주장하였다.

도주는 초기에는 주자학을 열심히 공부했으나 점차 형식적·외면적인 주자학에 회의를 느끼기 시작했다. 특히 주자학이 막부의 사농공상 신분구조를 정당화시키고, 그에 수반된 의무들을 규정짓는 수단으로 사용되던 것에 의문을 제기했다. 그는 어떠한 사상과 지식도 아는 것만으로는 의미가 없고 실천해서 처음으로 열매를 맺는다는 지행합일(知行合一)을 중시하는 왕양명(王陽明)의 사상에 점차 관심을 갖게 된다. 37세인 1641년에는 왕양명 전집(王陽明全集)을 통해 양명학(陽明學)으로 전환하고 본인의 독자적 해석을 가미하여 도주서원에서 그의 주장을 설파한다. 신분의 상하를 초월한 평등사상이라는 특징을 지닌 그의 가르침은 무사뿐만 아니라 농민, 상인, 직인(職人)까지 널리 침투하여 에도 중기 무렵부터 자연발생적으로 '오미성인(近江聖人)'으로 일컬어졌다. 이렇게 도주는 일본 양명학의 시조(始祖)가 되었다.[6)]

도주는 행동에 있어 중요한 것은 행위의 형식이 아니라 마음(心)이라고 생각하였다. 그에 따르면 주자학이 중시하는 경(敬)은 외면적인 규범을 나타내는 것이며, 그에 대한 효(孝)는 주자학의 경(敬)과는 다른 애경(愛敬)이라고 하였다. 효는 진실한 마음으로 친하게 하는 것으로서 외

6) 大橋健二(2000).『中江藤樹·異形の聖人 ある陽明学者の苦悩と回生』, 現代書館 ; 高柳俊哉(2004).『中江藤樹の生涯と思想 藤樹学の現代的意義』, 行人社.

면적이 아닌 내면적으로 기인하는 윤리(倫理)로 인정하여 무사만이 아닌 모든 사람에게 공통이 되는 도리(道理)로 인식하였다. 도주는 봉건사회의 신분질서를 부정하지는 않았지만 유학을 서민의 도덕으로 퍼지게 하여 그의 양명학은 무사를 포함한 서민의 사회로의 전환을 시작하였다고 할 수 있다.

돌아가신 필자의 스승인 게이오대학 후지모리 명예교수께서는 나카에 도주를 논할 때 오미성인이라며 존경심을 드러내고 높이 평가한 기억이 난다. 그래서 필자는 이퇴계나 이율곡 같은 학자로만 생각했다가 도주의 초상화를 보고 깜짝 놀랐다. 지인인 일본인에게 성인으로 불리는 대학자가 왜 칼을 차고 있는지 물어보니, 도주가 무사 출신이었고 후대에 양명학이 막부보다는 존왕양이 사상으로 발전하면서 이런 이미지를 그린 것일 뿐 도주는 무사의 자존심인 칼을 팔아서 책을 사거나 생활 밑천으로 삼았다고 한다. 그 소리를 들으니 오미성인이라 불리는 이유를 알 만했지만 '칼을 차고 있는 성인 학자' 모습에는 적응이 되지 않았다. 일본 내에서는 존경의 대상이 될지 몰라도 한국이나 중국, 그리고 서양의 다른 나라들의 시각도 나와 크게 다르지 않을 것이다. 칼은 타인이나 타국을 공격하기 위한 것인 만큼 성인으로 존경받을 만한 모습은 아니라는 것이 유교문화권에서 자란 필자의 소감이다.

| 4절 | 일본 양명학의 중흥

1) 쿠마자와 반잔

도주는 쿠마자와 반잔(熊澤蕃山)을 문하생으로 받아들인 것으로 더욱 유명하다. 어느 날 한 무사는 주군의 명으로 오미를 여행하던 도중, 수

백 냥의 돈이 든 돈주머니를 말 안장에 묶어 둔 것을 깜빡 잊고 마부와 말을 돌려보냈다. 그 사실을 깨닫고 안절부절못하고 있을 때 마부가 돈주머니를 들고 찾아왔다. 크게 감격한 무사는 사례를 하고자 했으나 마부는 받지 않았다. 무사가 그 연유를 묻자 마부는 자신의 스승으로부터 "인생의 목적은 이익을 추구하는 것이 아니라 올바른 길, 인간의 길을 따르는 것이다"라는 가르침을 받고 그를 따르며 살아갈 뿐이라고 대답했다. 무사는 망설이지 않고 마부의 스승의 제자가 되겠다고 찾아왔다. 그 스승이 바로 나카에 도주(中江藤樹)였다.

도주는 자신은 일개 시골 학당의 선생일 뿐이라며 겸손하게 거절했다. 자신의 명성이 부담스러웠던 도주는 한사코 거절했으나 청년은 사흘 동안 도주의 집 앞에 무릎을 꿇고 제자가 되길 청했다. 결국 보다 못한 도주의 어머니가 청년을 제자로 받아들일 것을 권했다. '효(孝)'의 가르침을 따르고 있던 도주는 자신의 실천적 원칙에 따라 그를 받아들였다. 이 청년이 훗날 오카야마의 관리가 되어 도주의 양명학을 대성시키는 쿠마자와 반잔이다.

반잔은 1619년 현재 교토부의 교토시(京都府京都市)에 해당하는 교토 나리(京都稲荷)의 무직이었던 아버지 노지리 토베이(野尻藤兵衛)의 6남매 중 장남으로 태어났다. 8살 때 외할아버지인 쿠마자와 모리히사(熊沢守久)의 양자가 되어 쿠마자와(熊沢) 성을 사용하게 되었다.[7] 15살인 1634 년에 이케다 테루마(池田輝政)의 손자인 이케다 미츠마사(池田光政)의 측근비서역으로 채용된다. 18살인 1637년에 시마 바라의 난(島原の乱)에 참전하는 청원서를 제출했지만 받아들여지지 않자 일단은 이케다 가문(池田家)

---

7) 우리로서는 할아버지도 아니고 외할아버지의 양자가 되는 것은 어머니, 외삼촌 등과의 촌수(寸數)로 말도 안 되는 소리이지만 일본은 가능하다. 도주와 마찬가지로 양자제도로서 가독을 이었다.

을 떠나 현 시가현 오미하치만(滋賀県近江八幡)시에 해당하는 오미국 키리하라(近江国桐原)의 할아버지 집으로 돌아온다. 그리고 1641년 전국 최초로 개교한 번교(藩校) 하나바타케 교죠(花畠教場)를 중심으로 활동하다가 1642년에 도주의 문하로 들어가 양명학을 배우게 된다. 양명학에 심취해 있던 번주 미츠마사가 1645년에 그를 기용하여 1647년에는 번주의 비서역인 소바야쿠(側役)로 봉록 3백 석을 받는다.

1649년 번주 미츠마사를 수행하여 에도로 간 반잔은 1650년에는 봉록 3천 석에 이르는 출세를 하여 학자이면서 상급무사로 승진한다. 학자로서는 대단한 출세이고 당시 이 정도 봉록이면 번에서는 최고의 대우였을 것이다. 1654년 번주인 미츠마사를 보좌하여 오카야마번(岡山藩)의 비젠 평야를 덮친 홍수와 대기근으로 힘든 백성들의 구제에 최선을 다한다. 또 오카야마번의 초기 번정 확립에 임하여 영세농민 구제, 치산·치수 등의 토목사업으로 토사재해를 경감하고, 농업정책을 충실히 했다. 그러나 대담한 번정개혁은 수구파 가로들과의 대립을 가져왔다. 또한 막부 중심으로 움직이는 주자학과 대립하는 양명학자인 반잔은 유학중심사상파인 호시나 마사유키(保科正之)와 하야시 라잔(林羅山) 등의 비판을 받아 1657년에 오카야마번을 떠난다.

반잔은 1658년 교토로 옮겨 개인학원을 연다. 1660년에는 분고(豊後国)의 지번인 오카번(岡藩)주 나카가와 히사기요(中川久清)의 초빙을 받아 다케다(竹田)에 가서 토목지도 등을 하였고, 1661년 교토에 거주지를 옮겨 다수의 무사, 상인들에게 선생으로서 존경받게 되었다. 반잔의 명성이 높아짐에 따라 다시 막부에게 감시받는 몸이 되어, 교토의 행정책임자인 교토소 시다이(京都所司代)의 마키노 치카시게(牧野親成)에 의해 추방된다.

1667년에는 현재의 나라현(奈良県) 요시노군(吉野郡)에 해당하는 야마토국(大和国) 요시노야마(吉野山)로 몸을 숨긴다. 1669년 51세에 막부의 명령에 의해 현재의 고베시에 해당하는 하리마(播磨国)의 번주인 마츠다이라 노부유키(松平 信之)가 감시역으로 되면서 반잔은 고베시의 타이산지(太山寺)에 유폐된다. 이후 저술에 전념하여 1672년에 『슈기와쇼(集義和書)』를 간행하고, 1679년에 『슈기가이쇼(集義外書)』를 저술했다.

『다이가쿠와쿠몬(大学或問)』은 반잔이 1687년에 저술한 경세제민론 책이다. 시대에 대한 강한 위기의식과 실천적인 타개책을 논하고 있으며, 무사, 특히 번주(藩主)의 책무에 대한 깊은 통찰력, 치산·치수론 등의 구체적인 제언과 더불어 농병(農兵)론의 전개와 무역진흥, 다이묘의 재정을 압박하고 있는 산킨코다이(参勤交代)의 완화 등을 주장했다. 반잔은 철학 저술에 널리 사용되어왔던 한자를 사용하지 않고 구어체의 일본어를 사용함으로써 본인의 자주성을 보여주었고 당시의 정부인 막부(幕府)를 비판했다. 즉, 관리의 승진은 세습이 아닌 개인의 능력에 따라야 하며, 경제발전에 있어 정부인 막부의 책임이 더 커져야 하고, 봉건영주에 대한 막부의 중앙집권적 통제를 약화시켜야 한다고 주장했다. 여기에

▲ 쿠마자와 반잔(熊澤蕃山)

▲ 다이가쿠와쿠몬(大学或問)

는 당연히 쇄국정책 등 당시 막번 사회의 근간에 관한 시책이 포함되어 막부에게 불리한 내용이 많았다.[8] 이러한 사상은 막부 정치를 비판했다고 인식되어 정부를 격노하게 하였고 결국 현재의 이바라기현에 해당하는 코가번(古河藩)에 유폐되었다. 당시 반잔은 69세의 고령임에도 불구하고 막명에 의해 유폐되었지만 치산치수의 기술은 코가번에도 도움이 되어 상급무사들을 지도하였다고 전해진다. 코가 시내의 세키도(関戸)에는 '덴반잔츠츠미(伝蕃山堤)'라고 불리는 저수지가 남아있다고 한다.

그는 여생을 정부의 감시 아래 정죄 받고 탄압, 유폐된 채 살다가 죽음을 당했지만 서민 생활의 향상 없이는 번영이 없고, 영민의 행복이야말로 번의 기본이라는 그 사상은 곧 후세의 라이 산요(頼山陽), 요코이 쇼난(横井小楠)에 이어졌다. 막부 말기 반잔의 사상은 다시 각광을 받게 되어 후지타 도코(藤田東湖), 야마다 호가쿠(山田方谷), 요시다 쇼인(吉田松陰) 등으로 이어지면서 막부 타도의 사상인 도막 및 왕정복고(倒幕·王政復古)의 원동력이 되었다. 카츠가이슈(勝海舟)도 히카와세이와(氷川清話)에서 반잔을 '유복(儒服)을 착용한 영웅'으로 칭했을 정도로 막부 말기의 지사들에게 평이 높았다고 한다.

> 사람들이 봐서 좋다고 하더라도,
> 신이 보고 좋지 않은 것은 하지 않는다.
> 사람이 봐서 나쁘다고 해도,
> 하늘이 보고 좋다는 것은 하여야 한다.[9]

---

8) 宮崎道生(1995).『熊沢蕃山 - 人物·事蹟·思想』, 新人物往来社, pp. 196-199.

9) 人が見てよいとしても、神が見てよくないことはしない。
人が見て悪いとしても、天が見てよいことは行わなければならない。

상술한 반잔의 명언을 읽으면, 양명학은 단순한 행동의 학문이 아니라 "행동할 것과 하지 말아야 할 것"의 인식을 갖고 있던 사상이라는 것을 알 수 있다. 인식의 기준은 사람의 눈이 아니라 하늘의 눈이라는 것이다. 이러한 마음의 순수함이 시대를 옮길 만한 기적을 불러 일으켜 메이지 유신(明治維新)이라는 시대적 사상의 변화를 주도한 것은 아닐까 생각한다. 사이고 다카모리(西郷隆盛), 요시다 쇼인(吉田松陰), 다카스기 신사쿠(高杉晋作), 사카모토 료마(坂本龍馬), 카츠가 이슈(勝海舟)도 나카에 도주와 쿠마자와 반잔의 사상에 자극을 받아 지행합일을 관철하고 일본의 근대화를 이룬 것으로 판단한다.

2) 미와 싯사이

나카에 도주(中江藤樹)의 양명학은 제자인 쿠마자와 반잔(熊澤蕃山) 등이 계승하여 미와 싯사이(三輪執齋), 사쿠마 쇼잔(佐久間象山) 등에 의해 발전된다.

미와 싯사이는 1669년 교토의 의사인 사와무라 치카시게(沢村親重)의 아들로 태어났다. 1679년에 어머니가 사망한 데 이어 1681년 아버지까지 사망하여 고아가 되면서 아버지의 사촌동생인 오무라 히코다로(大村彦太郎)에 거두어졌으며 성인이 된 후에는 마노(真野)씨의 양자로 입양된다. 앞서 언급한 도주나 반잔처럼 싯사이도 양자로 가서 그의 실력이 나타난 것을 보면, 칼의 윤리를 지닌 일본에서는 양자제도가 발달되어 있고 붓의 윤리를 지닌 한국과 중국의 양자제도는 핏줄 이외에는 개방되지 않아 서로 다른 형태를 보인다.

1686년 싯사이는 17세에 카와세 스가오(河瀬菅雄)에게 입문하여 와카

(和歌)를 배운 후 천여 수의 자작 와카를 수록한 『집제와카집(執斎和歌集)』을 간행하는 재주를 보였다. 19세 때 키문파(崎門派) 삼걸 중 하나인 사토 나오가타(佐藤直方)의 문하에 들어가 주자학의 연구에 최선을 다하여 스승의 신망을 받았다. 그는 항상 스승 나오가타의 대강(代講)을 맡아 사서편강(四書便講)을 교정하고 선정된 발문을 보냈다.

스승인 나오가타의 천거로 1692년 25세에 현재의 군마현(群馬県) 마에바시(前橋)에 해당하는 마에바시번의 번주인 사카이 타다다카(酒井忠挙)에게 유학을 가르치는 유관(儒官)이 되어 번에 강의를 한다. 그리고 3년째 되는 1695년에 직을 그만두고 현재의 동경(東京) 혼고3초메(本郷三丁目)에 해당하는 에도 혼고의 기쿠자카(菊坂)로 퇴거했다. 그 후 편안한 삶을 보내면서 유유자적한 삶으로 돌아가고자 했으나 10여 년 사이에 심각한 자기반성과 키쿠몬(崎門) 주자학에 대한 회의가 들어 교토로 이사를 간다. 그는 거처를 싯사이(執斎)라고 명명하고 주자학에서 양명학으로 전환하여 왕양명 전서(王陽明全書) 『전습록(伝習録)』을 숙독하기 시작했다.10)

▲ 미와 싯사이(三輪執齋)

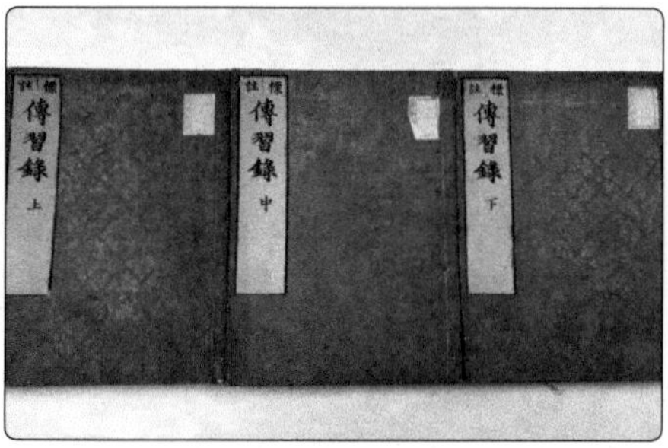

▲ 표주전습록(標註伝習録)

10) 정지욱(2017.04).「미와 싯사이(三輪執齋) 사상 초탐 - 양명학과의 관련을 중심으로」, 양명학 46권, 한국양명학회, pp. 281-307.

싯사이가 저술한 『표주전습록(標註伝習録)』은 상권/중권/하권/부록의 총 4권으로 구성되어 있다. 여기에는 왕양명의 약년보(略年譜)와 대학간(大学間)이 부가되어 어귀의 의미 및 출처를 밝히며 주자학과의 관계 등을 언급한 획기적인 책이었다.

강의에 깊은 인상을 받은 문하생 카와다 유킨(川田雄琴)은 이를 기록하여 『전습록필기(伝習録筆記)』를 저술했을 정도이다. 이 두 저서는 『전습록』의 문헌학적 연구자료로서 일본 최초로 양명학의 발전에 기여한 바가 이루 말할 수 없을 정도로 컸으며 대학간을 부가한 싯사이의 통찰력과 핵심을 찌르고 이를 평이하게 설명한 유킨도 존경의 대상이 되고 있다.

| 5절 | 일본 양명학의 실천

1) 사토 잇사이

양명학(陽明學)은 에도 초기에 일본에 전해져 처음에는 위험한 사상으로 인식되고 있었지만 나카에 도주, 쿠마자와 반잔, 미와 싯사이 등이 활약하여 지행합일(知行合一)의 실천을 촉구했다. 에도 막부 말기 유신 시대를 맞이하면서 사상운동으로 최고조에 이르러 사토 잇사이(佐藤一斎), 오오시오 헤이하치로(大塩平八郎)들이 활약했는데, 특히 사토 잇사이 문하에서는 메이지 유신 전후에 활약한 양명학자가 많이 배출되었다.

잇사이는 1772년 11월에 현재 동경(東京)의 니혼바시 하마마치(日本橋浜町)에 해당하는 에도 하마마치(浜町)의 이와무라(岩村藩) 영주의 저택의 별채에서 사토 노부요리(佐藤信由)의 차남으로 태어났다. 사토 가문은 대대로 번의 상급무사인 가로(家老)를 맡고 있는 집안이었다. 잇사이도 1790년부터 이와무라번(岩村藩)을 섬기고 12세 무렵에 이노우에 시로(井上四明)

▲ 사토 잇사이(佐藤一斎)

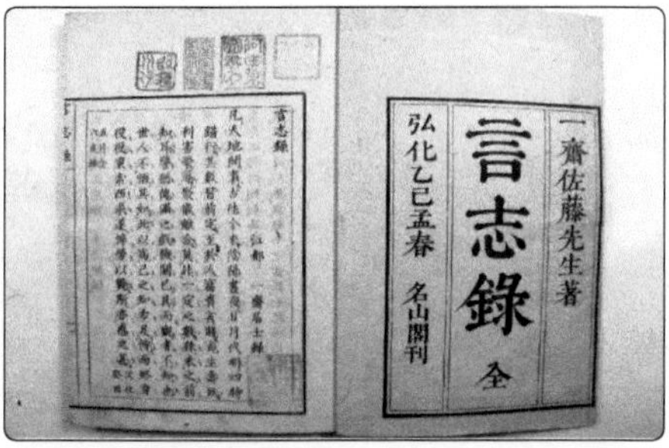

▲ 겐시시로쿠(言志四録)

에 입문하여 뛰어난 실력을 인정받았다. 19세 때 번주의 호위무사격인 킨지(近侍)로 발탁되지만, 20세에 면직당하고 무사의 사적(士籍)을 벗는다.[11] 21세에는 오사카에 유학하고 카이토쿠도(懐徳堂) 나카이 치구잔(中井竹山)의 문하생이 된다.

1793년에 번주 마츠다이라 노리모리(松平乗薀)의 셋째 아들 노리히라(乗衡)가 공의유관(公儀儒官)인 하야시 가문(林家)에 양자로 입양되어 다이가쿠노가미(大学頭)로 취임하면서 하야시 줏사이(林述斎)로 이름이 바뀌었다. 잇사이도 줏사이의 문제(門弟)로서 쇼헤이자카가쿠몬죠(昌平坂学問所: 창평판학문소)에 입문한다. 1805년인 34살에는 원장(塾長)에 취임하여 다이가쿠노가미인 줏사이와 함께 많은 문하생 지도에 임했다.

잇사이는 1841년에 줏사이가 사망한 후 70세의 나이에 유학의 대성자로서 막부에 공적으로 인정받는다. 쇼헤이코(昌平黌)의 총장(儒官)을 명령받아 처음으로 막부의 유신(儒臣)되면서, 쇼헤이코(昌平黌)의 관사로 이동한 후 쇼군을 비롯한 여러 다이묘에 초청받아 강의를 했다. 관학인 주

---

11) 일본인들은 스미다 뱃놀이 사고를 원인으로 추측하고 있다.

자학을 강의하면서도 견식은 양명학까지 이르러 학문적 동료로부터 존경을 받아 낮에는 주자, 밤에는 왕양명이라는 의미인 '양주음왕(陽朱陰王)'이라고 불렸다.

『겐시시로쿠(言志四録: 언지사록)』는 잇사이가 1813년부터 1853년까지 40여 년에 걸쳐 쓴 어록으로 사이고 다카모리(西郷隆盛)의 일생 애독서였다고 한다. 지도자를 위한 지침서로 알려질 만큼 일본에서는 오늘날까지 많은 사랑을 받고 있다. 『겐시시로쿠』는 『언지록(言志録)』, 『언지후록(言志後録)』, 『언지만록(言志晩録)』, 『언지철록(言志耋[てつ]録)』의 4서의 총칭을 말하며 전체는 1,133조이다. 다음은 사토 잇사이의 말로 유명한 '삼학계'로 『언지만록(言志晩録)』 제60조이다.[12)]

> 젊어서 배우면, 장년이 되어서 (일을) 성취하며
> 장년에 배우면 늙어서도 쇠퇴하지 않으며
> 늙어서 배우면 죽어서도 썩지 않는다.[13)]

그의 문하생은 3천 명 정도로 일컬어져 그의 슬하에서 자란 제자로는 야마다 호코구(山田方谷), 사쿠마 쇼잔(佐久間象山) 와타나베 카잔(渡辺崋山), 요코이 쇼난(横井小楠), 와카야마 부츠도(若山勿堂), 이케다 소안(池田草庵) 히가시타 쿠샤(東沢瀉) 등 막부 말기에 활약한 영재가 많이 있다. 잇사이가 없었다면 메이지 유신과 일본의 근대화는 없었을 것이라고 주장할 정도로 일본인들에게는 높은 평가를 받는 역사적 인물이다.

---

12) 川上 正光(佐藤 一斎, 1978). 言志四録(1), 言志録(講談社学術文庫).

13) 少くして学べば、則ち壮にして為すことあり / 壮にして学べば、則ち老いて衰えず / 老いて学べば、則ち死して朽ちず

2) 사쿠마 쇼잔

사토 잇사이(佐藤一斎)의 문하생이었던 사쿠마 쇼잔(佐久間象山)은 유용의 학문을 제창하여 새롭게 이어졌다. 쇼잔은 22살인 1833년 11월에 에도로 나와, 당시 유학의 일인자로 불렸던 잇사이에 입문하여 시문과 주자학을 배웠다. 31살인 1842년에는 쇼잔이 섬기는 현재의 나가노현 나가노시(長野県長野市)에 해당하는 마츠시로번(松代藩)의 영주 사나다 유키츠라(真田幸貫)가 노중(老中) 겸임으로 카이보카카리(海防掛)에 임명되면서 쇼잔은 고문으로 발탁되었다. 이때 청나라와 영국 간의 아편전쟁을 통해 혼돈스러운 해외 정세를 연구하게 되고, 해방팔책(海防八策)을 올렸다. 더욱이 이를 계기로 난학(蘭学) 습득(習得)의 필요성을 느껴 1844년 네덜란드어를 비롯하여 네덜란드의 자연과학서, 의서, 병서 등을 연구했다. 이에 주군 유키츠라(幸貫)로부터 양학연구의 담당자로 인식되어 에가와 히데타츠(江川英龍)로 부터 병학까지 배우게 된다.

쇼잔은 대포 주조에 성공하여 서양 포술가로 명성을 떨치는가 하면 난학을 배경으로 유리 제조 및 지진예지기(地震予知器)의 개발에 성공하

▲ 사쿠마 쇼잔(佐久間象山)

▲ 전기치료기

였으며, 심지어는 전기치료기와 우두종(牛痘種)의 도입도 도모하고 있었다고 한다.[14] 1851년에는 다시 에도로 이주해 오월숙(五月塾)을 열고 포술(砲術)과 병학(兵学)을 가르쳤다. 어느덧 쇼잔은 확고부동한 유학과 양학과 병학의 제1인자로서 높게 평가되어 요시다 쇼인(吉田松陰), 카츠 카이슈(勝海舟), 사카모토 료마(坂本龍馬), 코바야시 토라사부로(小林虎三郎), 하시모토 사나이(橋本左內), 카토 히로유키(加藤弘之) 등 메이지 유신의 준재(俊才)들이 속속 입문하여 문하생이 되었다.

쇼잔의 학원에서 강의를 받은 요시다 쇼인은 그의 형인 스기민지(杉民治)에게 보낸 편지에서 쇼잔을 '강개 기절이 있고 학문과 식견을 갖춘 당대의 호걸이며 에도에서의 제1인자'라면서, 야마가 소카(山鹿素水), 아사카 곤사이(安積艮斎)를 능가하며 에도에 그에 맞서는 자는 없다고 한 것을 보면 쇼잔을 높이 평가했음을 알 수 있다. 이렇게 쇼잔의 사상이 문하생이었던 쇼인에게 이어져 메이지 유신을 앞당기게 하는 결정적인 역할을 하였다고 하겠다.

1853년에 매튜 페리(Matthew Calbraith Perry) 제독이 현재의 일본 가나가와현 요코츠카시(横須賀市)에 해당하는 우라가(浦賀)에 내항했을 때, 당시 사쿠마 쇼잔은 우라가의 땅을 시찰 중이었다. 에도 막부의 원로가신에 해당하는 로쥬(老中) 아베 마사히로(阿部正弘)에게 급무십조(急務十条)를 보고했다. 그러나 1854년, 다시 내항한 페리의 함대와 밀항하려던 제자 요시다 쇼인(吉田松陰)의 계획이 실패하는 사건이 일어났고, 이 사건에 쇼잔이 연루되었다고 판단되면서, 한동안 감옥에 갇히는 신세가 되기도 했다. 그 후 1862년까지 마쓰시로에서의 칩거를 피할 수 없게 되었다. 이 시기

---

14) 日本大百科全書『佐久間象山』과 松本健一『評伝 佐久間象山』中央公論新社(2000)을 참고할 것.

독서와 양학 연구를 진행하여 화혼양재와 공무합체론을 발전시킨다.

공무합체(公武合体)는 일본의 에도 막부 말기에 조정(公)과 에도 막부(武)가 결합하여 막번 체제를 재편·강화하고자 했던 정책 혹은 정치 활동이다. 당시 에도 막부는 1858년 7월 29일 미국과 일본 사이의 미일수호통상조약(Treaty of Amity and Commerce, 日米修好通商条約) 조인을 둘러싸고 조정과 갈등을 빚고 있었는데 이는 당시까지의 막부-조정 관계에 비추어보면 막부의 권위를 심각하게 위협하는 것이었다. 이에 막부는 조정과의 관계를 회복하고 막부의 권위를 살리기 위해 공무합체를 추진하고자 했다. 구체적으로는 존왕(尊王)을 명분으로 삼아 막부를 비판하는 세력을 억제하고 대정위임론을 바탕으로 막부의 권력을 강화하기를 원했는데 그 과정에서 추진되었던 것이 쇼군 도쿠가와 이에모치(徳川家茂)와 황녀 가즈노미야 지카코 내친왕(和宮親子内親王)의 국혼이었다.

1862년에 칩거가 해제된 후 1864년 쇼잔은 도쿠가와 막부의 마지막 쇼군이었던 도쿠가와 요시노부(徳川慶喜)에게 초대되어 에도로 입성하면서 요시노부에게 공무합체론과 개국론을 전했다.[15] 그러나 당시 교토는 존왕양이파 지사의 잠복 거점이 되고 있어, 쇼군과 친하며 서양물이 들었다는 인상이 널리 알려져 있던 쇼잔을 존왕양이파들은 좋아할 리가 없었다.

특히 천황이 살고 있는 교토에서 대낮에 사람들 눈에 띄도록 서양식 안장을 한 말을 타고 돌아다니다가 1864년 7월 11일(양력 8월 12일)에 산조 기야마치에서 가와카미 겐사이(河上彦斎)의 손에 암살되었다고 전해진다.

---

15) 童門冬二(2008). 幕末の明星 佐久間象山, 講談社文庫.

칼을 든 유학자들

한국의 역사적인 학자들과는 달리 나카에 도주, 쿠마자와 반잔, 미와 싯사이, 사토 잇사이 등의 일본 학자들은 칼을 차고 있다는 점에서 일본인의 윤리는 무사도를 중심으로 한 칼의 윤리이다. 이러한 측면이 일본에서 메이지 유신을 일으키게 하였다고 할 수 있다.

제4장

조선, 중국식 유교에서 벗어난 일본식 유교 - 주자학을 타파한 일본적인 유교

1절 코가쿠(古学)로서의 성학(聖學)

2절 코기가쿠(古義学) - 주자학에서 시작되어 반주자학으로

3절 코문지가쿠(古文辞学)
- 주자학을 넘어서 고전을 읽고 해석하는 고문사학으로

4절 일본 고학파와 조선 사대부

제4장 조선, 중국식 유교에서 벗어난 일본식 유교 – 주자학을 타파한 일본적인 유교

도쿠가와 이에야스(徳川家康)가 주자학을 막부의 정학으로 정한 이후 하야시 라잔(林羅山)의 하야시 가문만이 유학의 최고 관직인 다이가쿠카미(大学頭)의 직책을 세습하여 하타모토(旗本)[1]의 자제들을 가르쳤다. 그런데 겐로쿠 시대(元禄時代, 1688~1707)[2]가 등장하면서 하야시 가문에는 재능 있는 인물이 등장하지 않아 주자학은 답보 상태에 빠졌다.

겐로쿠 시대는 호황기였고 상인문화가 발달함에 따라 현실적이고 실천적인 학문을 필요로 하면서 주자학의 매력이 약화되던 시기였다고 볼 수 있다. 현실을 떠난 철학적인 주자학보다는 실천적인 삶에 적합한 학파가 인기를 모아 하야시 가문이 독점했던 창평익(昌平黌: 쇼헤이코)은 점점 인기가 없어졌다.

조선 시대에도 임상옥이나 변승업 같은 거상(巨商)이 있었으나 겐로쿠 시대처럼 상인문화 등이 크게 확대되지 않은 것은 주자학의 신분중시 사상이 교조(教條)화되어 상인이 크게 발달하지 못하면서 상인집단의 거상과 상인문화가 크게 확대되지 않았기 때문이라고 할 수 있다. 오히려 조선의 상인들은 거상이 되면 틈만 나면 양반이 되려고 했다. 임상옥 같

---

1) 에도시대 쇼군가(将軍家)에 직속되어 있는 무사로서 봉록 1만 석 미만인 자를 하타모토라 한다.

2) 막번(幕藩: 막부+번) 체제가 확립된 시기로서, 전국시대 이래의 무단주의가 후퇴하고 문치주의의 유교, 주자학의 정치이념에 기초를 둔 교화주의적인 정치가 전개되었다. 산업이 발달하고 농촌의 상품생산과 결부된 신흥도시 상업자본이 도매상·중개상 등을 성장하게 하였으며, 신흥계층인 상공업자 조닌(町人)계층의 사회적 성장으로 조닌문화가 발달하였다.

은 거상조차도 양반으로의 신분상승에 대한 욕구에서는 자유롭지 못했을 것으로 보인다.

임상옥은 1833년(순조 33)에 곽산군수의 첩지를 받았다. 그는 약 1년 동안 곽산군수 자리에 있으면서 선정을 많이 베풀었다. 그다음 해인 1834년에 의주에 큰 홍수가 나자, 임상옥은 많은 재물을 내서 사람들을 구했다. 그러자 1835년(헌종 1) 그에게 구성부사의 직함이 내려졌다. 4품에서 3품으로 뛰어오르는 큰 승진이었다.

이와 같이 임상옥은 상인이자 중인 출신으로 많은 부를 쌓았고 벼슬까지 얻어 양반 행세도 했다. 안타까운 점이 있다면 그가 훌륭한 상인이었던 만큼 더 많은 부를 쌓아 폭넓은 무역이 가능했다면 조선은 한층 더 발전하고 윤택해질 수 있었다는 것이다. 그러나 당시 조선사회는 이런 상인을 키우고 상인이 더 크게 출세할 사다리도 없었으며 인정해 주지도 않았다. 그래서 임상옥은 상당한 부를 축적한 뒤에 남을 돕기도 하고 양반도 되려고 했을 것으로 판단된다. 이처럼 조선 시대에는 양반의 세습화는 인정했으나 상인의 세습화는 그다지 활발하게 이루어지지 않았다.

한편, 같은 시기 일본 에도 시대에는 정치적으로는 쇼군의 권력이 현저하게 강화되었고, 학문·문화에 있어서도 새로운 기풍이 조성되어 크게 발달하였다. 야마가 소코(山鹿素行)는 봉건적인 주자학보다는 공자와 맹자의 가르침에 돌아가야만 유학의 본의라는 입장을 취했다. 이후에 주자학이 고학(古學)의 유행에 따라 과거의 세력을 잃어가면서 이에 위기감을 느낀 막부의 노중(老中)인 마쓰다이라 사다노부(松平定信)는 1790년 관정의 개혁에서 주자학 이외의 학문은 이학(異學)이라고 하여 통제하기 시작하였다. 이를 '관정이학의 금(寛政異学の禁)'이라고 칭한다.

관정이학의 금은 주자학을 막부의 정통학문인 정학으로 하고 막부의 학문소인 창평익에서 주자학 이외의 학문을 가르치는 것을 금한 명령이다. 잘 알다시피 주자학은 유학으로서 신분제도를 중시하여 군신부자(君臣父子)의 상하관계를 중시하기 때문에 막부로서는 봉건지배를 정당화하기 위한 이론적 근거가 되었기 때문이다.

여기에서는 겐로쿠 시대 전후로 등장한 고학과 고의학, 고문사학을 통해서 일본 주자학의 흐름을 살펴보기로 한다.

| 1절 | 코가쿠(古学)로서의 성학(聖學)

1) 야마가 소코의 일생

에도 시대에 불교를 대신하여 막부의 중심적인 이데올로기로 성립된 주자학은 모든 일본인들의 사상을 좌우했지만 주자학을 보정하는 태도가 서서히 나타나기 시작하였다. 야마가 소코(山鹿素行)의 코가쿠(古学: 고학)는 주자학을 부정하는 에도 시대 유교의 일파로 세이가쿠(聖学: 성학) 이토 진사이(伊藤仁斎)의 코기가쿠(古義学: 고의학)와 오규 소라이(荻生徂徠)의 코분지가쿠(古文辞学: 고문사학)의 방법론에서 다대한 영향을 받고 있다.

코가쿠의 시조라 불리는 야마가 소코는 1622년 현재의 후쿠시마현(福島県) 아이즈 와카마츠(会津若松市)에 해당하는 아이즈(会津)에서 주군 없는 무사의 방랑인을 칭하는 료닌(浪人)인 야마가 사다모치(山鹿貞以)의 아들로 태어났다. 6세인 1628년에 에도로 나와 1630년인 9살 때 우리나라의 성균관 대사성과 비슷한 다이가쿠노가미(大学頭)를 맡고 있던 하야시 라잔(林羅山)의 문하에 들어가 주자학을 배웠다. 15세에는 오바타 카게노리(小幡景憲), 호조 우지나가(北条 氏長)에게 고슈 류(甲州流)의 군학(軍学), 히로타 탄사이(廣田坦斎)에게 신도(神道), 그 이외에 단가 등의 가학(歌学) 등 다양한 학문을 배웠다.

1642년 21세가 되어 군학(병학)의 인가를 받은 소코는 혁신적인 전술정보까지 포함한 야마가 류(山鹿流) 병법을 탄생시켰다. 야마가 류 병법의 특징은 단순히 전술에 중점을 둔 군학(軍学)이 아니라 전란의 세상이 끝나고 천하태평이 된 무가 사회에서 무사의 삶을 어떻게 살아야 할 것인가를 탐구하고 전략을 포함한 무사도 정신을 보여주었다는 점에 있다.

일찍이 수재로 알려진 소코는 폭넓은 학문을 수련하고, 25세에 각 다이묘(大名)·하타 모토(旗本)에 병법과 유학을 교수하는 정도에 이르렀다. 일개 낭인이면서 젊은 나이에도 불구하고 문하생 3천 명을 가르쳤다고 하니 당시로서는 대단한 인기였다고 하겠다.

31세인 1652년에는 아코번(赤穂藩) 번주 아사노 나가나오(浅野長直)에게 봉록 1천 석으로 봉사하게 되면서 아코번의 무사교관으로 초빙되는 영광을 얻는다. 로닌의 자식으로 1천 석의 상급무사 대우까지 받을 만큼 엄청나게 출세한 소코는 그 후 1660년까지 약 8년간 수교요록(修教要録), 치교요록(治教要録), 무가요록(武教要録) 등의 주요 책을 저술하였다.

당시 일본의 무사사회는 주자학으로서는 신분사회가 정착되었지만 조선 시대와는 다르게 기술과 학문이 뛰어난 사람에게는 출세 사다리가 있었다고 볼 수 있다. 물론, 우리나라도 세종 때에는 장영실(蔣英實) 같은 천민 출신이 과학자로서 대호군(大護軍, 종3품)까지 출세하여 혼천의(渾天儀), 자격루(自擊漏)를 발명했고 같은 시기 일본보다 더 발달했던 적도 있다. 그러나 임진왜란과 병자호란을 거치면서 조선은 일본의 실학과 서양의 난학보다 주자학에 역점을 두다 보니 과학기술의 발달에 한계가 있었다고 할 수 있다.

소코는 1662년부터 주자학에 의문을 갖게 되어 새로운 학문체계를 연구하고 학문적으로 성장해가는 가운데, 무사의 시각에서 한층 더 주자학의 가르침에 의구심을 가진다. 원래 주자학과 양명학은 각각 중국의 사상가 공자와 맹자의 가르침을 파생시킨 학문이므로 소코는 이를 비판하고, "공자와 맹자의 진정한 생각을 배워야 한다"는 고학파(古学派)를 주장한다. 그는 송나라 때의 주석에 의지하지 않고 경서의 직접연구에 의해 공자와 맹자의 진의를 탐구하려고 시도한다. 그리고 주자를 비판하며 무사는 공자의 군자(君子)와 같다고 생각하는 자신의 사상을 '성학(聖学)'이라고 부르게 되었다.

그 후 그는 에도로 돌아와 1666년 『세이쿄요로쿠(聖教要録: 성교요록)』를 출판하여 주자학을 비판하면서 막부의 노여움을 사 현재의 효고현(兵庫県)에 해당하는 하리마국 아코번(播磨国赤穂藩)에 다시 연금당하는 신세가 되었다. 『세이쿄요로쿠』에 등장하는 성인(聖人)이라 함은 지식이 높은 곳에 도달하여 사리가 통하고 마음이 반듯하여 모든 사물·사람이 있어야

▲ 야마가 소코(山鹿素行)

▲ 추초지지츠(中朝事実)

할 장소를 알아 모두를 살리는 사람이다. 군자(君子)는 성인이 되기 위하여 도(道)의 중반의 노력 도중의 사람이며 의(義)를 이(利)로 터득하고, 소인은 의(義)를 모르고 이(利)만을 살리려는 사람을 말한다. 즉 정상에 설 사람은 성인이 아니면 안 된다는 뜻으로 이는 현재의 리더학과 일맥상통한다고 할 수 있다.

에도 막부가 수립되어 전쟁 없는 평화로운 시대가 오면서 전투원이었던 무사가 정치와 행정을 다루는 행정가로 등장하여 무사의 관료화가 이루어졌다. 전쟁의 살상과 공로로 평가받는 전투원이었던 무사가 위정자로 자리매김하여 정치와 행정으로 평가받으면서 무사의 성격이 변화되었다. 이제는 칼과 총으로 평가받는 전투원으로서의 무사보다 지적교양을 갖춘 행정관료가 필요했던 것이다. 이 시기에 등장한 것이 소코의 사도론(士道論)이다.

사도론은 무사도에서 출발했지만 소코는 무사도의 무(武)를 하나 삭제한 의미의 사도론이다. 즉 전투원으로서의 무사가 아니고 사농공상 중 삼민의 사범으로서의 사(士)라는 의미를 포함한다. 소코의 사도론은 1665년 그의 제자들에게 필사된 야마가어류(山鹿語類)에 의해 체계적으로 성립된다. 그리고 쇼코는 주군이나 주인이 세상을 떠날 때 신하나 하인 등이 자결하는 순사(殉死)를 반대하였다. 이는 무사도에 반대하는 논리이기도 하다. 그는 대체로 군신 사이는 타인과 타인의 만남으로 하여 그것을 기초로 사랑하고 존경하여야 하기 때문에 '주군을 위해 죽는다'는 것은 바보짓이라며, 생명을 소중히 여기고 만용에 달리지 않고 제대로 살아가는 것이 '사도'의 천명이라고 주장했다.[3] 그리고 '군주가 떠나지 않으면 무사가 스스로 떠나야 한다'는 말을 소코 자신도 실행했다.

---

3) 『山鹿語類』, 卷十三, 君臣論.

소코는 1675년 사면될 때까지 9년간 아코에서 독서와 저술에 몰두하여 유배생활을 보냈다. 이 시기에 중조사실(中朝事実), 무가사기(武家事記) 등의 많은 저서를 비롯하여 자서전 형식의 유언장인 배소잔필(配所残筆)을 남겼다. 유배 중에 번주와 중신들의 대접을 많이 받았는데, 그의 사상정신인 야마가 류 병법은 문하생이었던 추신구라(忠臣藏) 47인의 대표 리더 오이시 요시오(大石良雄, 또는 오이시 구라노스케[大石內藏助]라고도 한다)를 비롯한 많은 아코 의사들에게 영향을 준 것으로 알려져 있다.[4)]

2) 야마가 소코의 일본 중심 사상

필자가 일본에서 석·박사과정 중에 '일본경제사상사'를 배울 때에는 이 부분까지만 공부하여 대단한 학자라고만 생각했다. 그런데 이번 연구년 중 『추초지지츠(中朝事実: 중조사실)』를 다시 연구하면서 그전까지의 학문의 폭이 좁았음을 새삼 깨닫고 한탄하였다. '경세제민(経世済民)'은 경제뿐 아니라 정치를 다루는 부분인데, 경제 사상만 공부하다 보니 경제 쪽에만 관심이 있었고 제민의 중요한 부분은 일본의 고어로 되어 있어 읽어볼 엄두를 내지 못했던 것이다. 이제 와 상세히 살펴보니 에도시대의 학자들은 유학을 공부하면서 무사도를 이어나가고 나중에는 신도까지 통합했기 때문인지 한국인의 입장에서 보면 부조리한 학설이 등장하기도 하였다. 대표적인 것이 소코의 『추초지지츠』이다.

1669년 『추초지지츠』의 간행은 시대적으로 동아시아의 변화와 함께한다. 1592~1598년 일본의 조선 정벌은 신화로 여겨졌던 삼한 정벌이 실현되어 내셔널리즘이 이루어지면서 일본은 이 전쟁(임진왜란)에서 명

---

4) 石岡久夫(1981). 『兵法者の生活』, 生活史叢書, pp. 173-190.

군과의 전투를 통해 자신감을 얻어 사회가 변해가고 있었다.

일본에서는 도쿠가와 막부의 성립(1603)과 도요토미 가문을 멸망시킨 오사카 전투(1614~1615)로 하극상의 정권교체가 있었으며 조선에서는 병자호란으로 인해 1637년 1월 청태종에게 항복하여 대충격을 받았다. 조선은 조선에게 조공하던 오랑캐로 여겼던 여진족에게 반대로 조공을 하여야 하는 사실에 엄청난 사회충격을 받았다. 17세기의 동아시아는 중국 대륙에 명국의 멸망(1644)과 청국의 성립(1636), 청의 중국 대륙통일(1662)이라는 명청 왕조교체가 일어났다. '중화(中華)'인 명이 오랑캐로 여긴 이적(夷狄)인 만주족(여진)의 청에 멸망되었기 때문이다.

소코는 『추초지지츠』에서 일본이 중화(中華)라는 사상을 주장하였다. 중국이 중조(中朝)와 중화(中華)를 자칭하고 있지만 일본이야말로 중화라는 것이다. 당시 일본에서는 유학이 유행하여 중국의 물건은 무엇이든 뛰어나고 일본 것은 안 좋다며 중국을 떠받드는 풍조가 있었다. 또한 유교적 세계관에서는 중국 제국(帝国)이 주변의 야만인의 나라보다 세력이 강하고 윤리적으로도 뛰어나다는 중화 사상(中華思想)을 근본으로 삼았다. 그러나 당시 중국은 한민족(漢民族)의 명나라를 대신하여 만리장성 북쪽의 야만인 만주족(満州族)에 의한 정복왕조 청나라가 있었다. 또한 역사를 보면 중국은 역성혁명(易姓革命)으로 왕조(王朝)가 여러 번 바뀌어 신하가 군주를 시역(弑逆)하는 경우가 수없이 이루어지고 있었다.

이에 소코는 중국에서는 군신(君臣)의 의가 지켜지지도 않은 반면 일본은 외국에 지배된 적이 없고, 만세일계(万世一系)의 천황이 지배하고 군신의 의가 지켜지고 있다고 하였다. 또한 진무천황(神武天皇)에 앞서 황통의 신대단계(神代段階)는 200만 년 계속되었다고 주장하면서 천황에 대한 존경과 숭배, 그리고 지지를 높이기 위해 황실의 오래된 역사와 불변성이라는 '만세일계(万世一系)'를 강조했다. 그뿐 아니라 문명 측면에서 중국과 일본의 우열을 논하고 고려와 원의 일본 정벌 시 원나라를 원구(元寇)라 칭하였다. 조선은 작아서 취하기 부족하다면서 고려(고구려를 말함), 신라, 백제 전부는 말할 것도 없이 본조(일본)의 신하라고 할 정도로 일본인의 조선멸시관에 역점을 두었다. 일본인의 조선멸시관은 신화 속에 존재하는 『고사기(古事記)』, 『일본서기(日本書紀)』 중 진무황후(神功皇后)의 삼한정벌과 임나(任那: 미마나)의 지배기술에 나타난다. 이러한 추상적, 관념적 일본지배를 현실화한 것이 도요토미 히데요시의 조선침략(임진왜란)인데 이에 소코가 가세하면서 조선멸시관은 메이지 시대까지 나타난다.

소코가 집필한 『추초지지츠』는 후일 요시다 쇼인(吉田松陰) 등에게 이어져 존왕양이 사상의 기초가 되었다.[5] 훗날에는 마지막 무사로 평가받는 학습원 원장 노기 마레스케(乃木希典)가 할복하기 하루 전날인 1912년 9월 12일에 당시 11살이었던 황태자 히로히토(裕仁親王, 후일 히로히토 쇼와천황)에게 열심히 읽어보라고 방점까지 찍어가면서 건넨 책으로 더욱 유명해졌다.

소코는 『성교요록(聖教要録)』에서 주자학을 비판하면서 고학을 주장했지만 고학은 유학에서 파생된 새로운 일파이다. 고학의 시조는 소코이지만 어디까지나 무사 중심의 리더십을 연구한 학문이고 학문 중심의 학파라기보다는 무사의 규범 등을 중심으로 하였으므로 이토 진사이가 주장한 고의학, 오규 소라이가 주장한 고문사학과 구별하기 위해 소코의 고학은 성학(聖学)으로 불린다.

---

5) 山鹿素行(2015). 『「中朝事実」を読む』, 致知出版社, 荒井桂現代語訳.

| 2절 | 코기가쿠(古義学)
- 주자학에서 시작되어 반주자학으로

1) 이토 진사이의 일생

에도 시대는 조선의 영향을 받아 주자학이 유학의 주류였다. 주자학은 보편적 원리로서의 '이(理)'를 중시하고 난해한 이론에서 인간수양과 금욕을 강조했다. 이에 이의를 제기하고 코기가쿠(古義学: 고의학)를 주창한 인물이 이토 진사이(伊藤仁斎)이다. 코기가쿠는 유학의 일파로 진사이 가쿠(仁斎学)라고도 한다.

진사이는 1627년 교토(京都)에서 상가(商家)의 장남으로 태어나, 11세인 1638년에 논어, 대학, 중용, 맹자 등의 사서(四書)를 배우고 19세인 1646년에 주희(熹編)의 이연평문답(李延平答問)을 읽고 주자학에 심취하여 성리대전(性理大全) 70권, 주자어류(朱子語類) 140권 등 주자학에 관련된 책을 정독했다. 주자학을 공부하면서 20대 후반에 이른 진사이는 인격적으로 주자(朱子)를 존경하고 숭배하였으며, 스스로 호(號)를 교사이(敬齋: 경재)라고 지었다. 이는 그가 주자학의 핵심이 경(敬)에 있다고 파악했다는 의미이기도 하다. 그러나 주자학에 대해 깊이 들어갈수록 진사이는 오히려 주자학에 대한 회의가 들었다.

진사이는 28세 때 병에 걸려 가업(家業)을 동생에게 양보하고 교토의 마쓰시타초(松下町)에 은거하면서 불교와 노자의 책을 탐독했다. 그리고 송대 유학자의 성리학으로서 주자학인 송학(宋学)에는 공자·맹자 본래의 가르침이 아닌 불교·도가 사상이 혼입(混入)되어 있는 것을 깨닫고 마침내 송학(宋学), 즉 주자학을 비판하게 된다. 다시 말하면 도덕과 존재가 생겨나는 본바탕이 되는 이치나 법칙으로서의 '이(理)'를 공자와 맹자도 일절 언급하지 않았는데, 예기(禮記)나 예기에서 독립하여 만들어진 대학(大學), 중용(中庸) 등에는 후대에 불교나 노장 사상이 혼합되었다고 평가하여 불순한 저서로 치부하고 공자와 맹자의 언행으로 가는 코기가쿠를 제창하고 견지하였다.

35세인 1662년 5월에는 교토에 지진이 일어나 은거하다가 교토 호리가와(堀河)의 자기 집에 현재의 개인학원 같은 사설학교인 고의당(古義堂)을 열었다. 그는 주자학과 양명학의 주석에 부족함을 느껴 직접 논어와 맹자의 원전을 찾아 명백히 인(仁)을 이상으로 하는 실천도의를 주장하였다. 그래서 공자·맹자의 시대로, 즉 옛것으로 돌아간다는 의미로 진사이의 학문을 '고학(古学)'이라 칭했으며, 저서에 '고의(古義)'라고 명명하고 개인학원을 고의당(古義堂)이라고 불렀다고 한다. 이를 호리가와 주쿠(堀川塾), 호리가와 학교(堀川学校)라고도 한다. 진사이는 이 사설학교에서 학생들을 가르치기로 하여 논어, 맹자, 중용의 독자적 해석의 초안을 만들었다. 동시에 친구들과 동지회(同志会)를 만들어 대등한 입장에서 토론하였는데 이러한 토론을 토대로 저술한 논어고의(論語古義), 맹자고의(孟子古義), 어맹자의(語孟字義), 동자문(童子問) 등에 그의 독자적 해석이 잘

▲ 이토 진사이(伊藤仁斎)

▲ 동자문(童子聞)

드러난다. 토론과 강의의 결과를 『논어고의』와 『맹자고의』에 담았기 때문에 그의 학문을 고의학이라 부른다.

한편 1673년 5월 교토에서의 대화재로 불이 옮겨가면서 진사이는 어머니를 잃고 2년 후에는 아버지도 사망하여 4년까지 복상(服喪)했다. 이것은 당시까지 일본에서 보지 못했던 유교식 장례예법이었다. 4년간의 애도(哀悼)기간 후 그는 다시 사설학원을 개강하여 논어, 맹자, 중용을 중심으로 대학, 근사록(近思錄) 등을 강의했다. 그의 강의는 좋은 평판을 받아 제자가 점점 늘어났는데 기록상으로는 3천여 명이 넘는다고 알려져 있다.

에도 시대 교토의 인구와 경제력, 학습력 등을 고려하면 당시 진사이의 인기는 가히 위세가 대단했음을 알 수 있다. 조선시대와 비교하자면 상인의 아들로서는 꿈도 못 꿀 일이다. 조선에서는 상인의 자식으로 태어나 글공부를 해서 논어, 맹자 등을 읽는 것도 쉽지 않았을 것이고, 하물며 일본의 테라고야(寺子屋)와 비슷한 서당을 차려 제자들을 가르치기도 어려웠을 것이다. 조선이 일본보다 사회적으로 신분제가 더 각인되었던 것은 주자학 일변도의 사회였기 때문이다.

2) 이토 진사이의 학문과 사상

진사이는 원래 자신의 호를 초기에는 '교사이(敬齋)'라고 지을 정도로 주자학, 특히 조선의 성리학에 심취했으나 공자의 인(仁)을 찾고 호를 '진사이(仁齋)'로 바꾼다. 여기에서 인(仁)은 『논어』의 핵심 사상이므로 이와 같이 호를 바꾼 데에는 성리학에 얽매이지 않고 논어로 대표되는 유학의 본령을 자기 식으로 추구하겠다는 의지가 담겨 있다. 그는 인(仁)의 덕(德)은 결국 사랑(愛)에 기초한 것이라고 생각했기 때문에 그의 학문은 또한 사랑의 인간학으로 불리기도 한다.[6] 다시 말하면 주자학을 사랑이 없는 비정한 사상으로 파악하여 진사이는 성인의 가르침을 직접 담고 있는 논어의 중요성을 강조하며, 논어의 핵심은 '인(仁)'이라고 짚는다. 그는 '인은 곧 사랑(愛)'이라는 인즉애(仁卽愛)를 주장한다. 진사이의 해석은 인을 '마음의 덕(心之德)'이며 '사랑의 이치(愛之理)'라고 봤던 주자의 시각과 비교되면서 그의 학문적 사상은 더욱 깊어지고 유명해진다.

그는 논어를 지상 최고의 책이며 우주 제일의 책(最上至極宇宙第一の書)으로 평가하고 맹자를 그 뒤를 잇는 책이라 칭송하였다. 그리고 공자와 맹자의 '고(古)'를 향한 본인만의 새로운 시선으로 '고학(古學)'이라는 새로운 사상의 지평을 열었다. 여기에 중용의 일부분을 추가하고 공자 다음의 유가 사상을 체계화하여 '혈맥(血脈)'이라 부르면서 그 체계에서 벗어난 불순한 요소를 포함하는 것은 대학 같은 것이라도 공자의 저서가 아닌 것으로 배척했다.

진사이는 중용(中庸)의 핵심 내용과 권위를 부정함으로써 성리학의 이론 체계에 균열을 가해서 더욱 유명해진다. 중용은 공자의 손자인 자사(子思: 성은 공[孔], 이름은 급[伋])가 저술한 책이다. 논어, 맹자, 대학과 더불어 사서에 속하며, 유교의 기초가 되는 책이기도 하다.

진사이는 문헌 비판을 통해 중용에 삽입된 이본(異本)을 밝혀내고, 기쁨과 노여움과 슬픔과 즐거움이 아직 일어나는 것을 알맹이라 하며 일어나면서 다 꼭 맞으면 좋다고 한다. 그 알맹이라는 것이 세상의 큰 바탕이다. 그 좋다는 것이 세상이 이뤄지는 길이다. 알맹이가 좋다 하니

---

6) 이기동(2000). 『이또오 진사이』, 성균관대출판부 ; 와타나베 히로시(2007). 『주자학과 근세일본사회』, 박홍규 역, 예문서원.

하늘도 땅도 자리 잡고 모든 것들이 키워진다.[7] 이 내용의 47자에 대해 중용에 잘못 들어 온 것으로 미발·이발설은 본래 육경과 공자, 맹자의 글에는 없는 것이라고 주장하였다.[8]

미나모토 료엔(源了圓)은 이 일은 당시 중국 학자들에게 알려져 중국 학계를 경탄시킨 일로, "주자학의 학문적 토대를 뒤집어 놓을 만한 업적"이라고 평가하였는데[9] 이토 진사이의 문헌 고증의 옳고 그름 여부를 떠나서 주자학의 학문적 패러다임을 뒤집을 만한 것이라는 평가를 내린 것은 진사이의 학문적 깊이와 노력을 평가한 것으로 보아야 한다.

그는 당시 관학이었던 주자학의 논리로 경전을 해석하지 않았다. 주자학은 학문으로서는 과거의 선진 유학보다 이론이나 이치에 매우 합당한 체계를 갖추고 있었지만, 그 과정에 유입된 불교의 선학(禪學)이나 노장 사상(老莊思想) 등 유교에 관계되지 않은 사상에 영향을 받았으므로 경서를 다소 편향되게 해석하는 경향이 있었기 때문이다. 진사이는 이런 요소를 유학의 불순함으로 간주하여 이른바 실증주의적인 방법을 사용하였다. 공자와 맹자는 근엄한 얼굴과 정숙한 모습으로 존재와 도덕이 생겨나는 본바탕이 되는 원리, 즉 이(理)를 찾아 이 세상 너머의 신비나 형이상학을 좇는 주자학을 가르치지 않았다며 주자학의 왜곡에서 탈피하여 공자와 맹자 사상의 순수화를 실현시키고자 노력하였다.

또한 진사이는 주자학 사상인 '도리(倒離)'를 버리고 인간의 감정인 '정

---

7) 喜怒哀樂之未發, 謂之中; 發而皆中節, 謂之和. 中也者, 天下之大本也; 和也者, 天下之達道也. 致中和, 天地位焉, 萬物育焉(희노애락지미발, 위지중; 발이개중절, 위지화. 중야자, 천하지대본야; 화야자, 천하지달도야. 치중화, 천지위언, 만물육언)

8) 금장태(1998). 「伊藤仁齋의 古學과 茶山의 實學」, 종교와 문화 4호, 서울대학교 종교문제연구소, p. 69.

9) 미나모토 료엔(2000). 『도쿠가와 시대의 철학사상』, 박규태·이용수 역, 예문서원, p. 73.

情)’에 극적인 가치를 부여하였다. 즉, 사람이 목표로 해야 할 도(道)는 관념적인 이론을 배우는 것이 아니라, 우리 주위 신변(身邊)의 실천과 일상의 행동에 있으며 그것이 공자의 가르침이라고 역설했다. 나아가 객관적이고 교묘한 논리보다 인간적이고 가슴 따뜻한 심정(心情)을 내세워 맹자의 사상인 사단(四端)의 마음(心)과 성선설(性善說)을 주장하기에 이른다. 진사이의 학문적 관심은 인간과 그 자체의 모습에 있었다. 그는 인간으로서의 도(道)는 일상적인 인간관계, 인륜적 세계 속에 있다고 생각했다.

이러한 그의 사상은 『동자문(童子問)』 3권과 『어맹자의(語孟字義)』 2권에 잘 드러나 있다. 후자는 남송의 진순(陳淳)이 저술한 『북계자의(北溪字義)』를 흉내 내어 유학의 술어를 해석하고 그 사상을 체계적으로 설명한 것으로, 오규 소라이의 변명(辮名)은 그 반발로 작성되었다고 한다. 『논어고의』 10권, 『맹자고의』 7권은 그 학문의 근거를 나타내는 주석으로 단순히 단어의 해석에 그치지 않고 사상적 설명이 추가되어 있다. 『중용발휘(中庸発揮)』 1권은 『중용』의 주석이지만, 그 전반과 후반은 다른 학파의 것이라는 문헌상의 비판이 있다.

이처럼 진사이의 고의학파는 진정한 가르침은 일상의 행동에 살아있고, 사용될 수 있어야 된다고 주장하였다. 이는 사무라이 계급의 주자학적 세계관에 대응하는 조닌(町人, 상공업에 종사하는 사람)계층의 사상으로 환영받았다. 만약 진사이가 교토가 아닌 에도에서 활동했더라면 그다지 환영을 받지 못했을 것이다. 그는 조닌이 발달했던 겐로쿠 시대에 활약하면서 본인이 상가 출신이었던 만큼 조닌에게 인기가 있었으며, 많은 조닌의 후원을 받아 조닌계층의 학자들을 대거 배출시키는 계기를 제공하였다.

이토 토가이(伊藤東涯, 1670~1736)는 진사이의 장남으로 원래 이름은 나가스구(長胤)이다. 온화한 성격의 소유자로 아버지의 사립학교인 고기도(古義堂)를 이어받아 발전의 기초를 쌓았으며 진사이의 학문을 크게 발전시켰다. 아버지 진사이가 남긴 저서의 편집·간행에 노력하여 스스로도 『군요우지키(訓幼字義)』, 『세이도추우(制度通)』, 『고킨가쿠헨(古今学変)』 등을 간행하였다. 또한 중국어·중국의 제도사·유교의 역사 등 기초적인 분야의 연구에도 힘을 쏟았으며 아라이 하쿠세키, 오규 소라이 등과도 친교가 깊었다고 한다.

3) 진사이학과 조선 교류

숙종 말년 1719년 8대 쇼군 도쿠가와 요시무네의 취임을 축하하기 위해 간 조선통신사(朝鮮通信使) 일행은 총 485명으로 꾸려져 정사는 홍치중(洪致中), 부사는 황선(黃璿), 종사관은 이명언(李明彦)이었다. 문화교류를 위한 책임자 역할을 맡기는 직임인 제술관(製述官)으로는 신유한(申維翰)이 뽑혔다. 당시 사대부들은 17세기 조선의 지배적인 이념으로 등장한 소중화 사상(小中華思想, 중국 중화 사상의 적자는 조선이라는 생각)의 영향으로 왜인(矮人)을 교화(教化)의 대상으로 보았다. 신유한의 『해유록(海游録)』 중 일본에 당도하기 전까지를 기록한 부분에서도 역시 그런 시각이 드러난다. 그러나 당시 일본에서는 나가사키의 데지마(出島)를 통한 난학과 주자학, 그리고 주자학을 비판하는 양명학을 합한 학문이 성행하여 주자학 일변도의 성리학자들인 조선의 유학자들을 당황시킨다.

이때 통신사의 접대역이었던 지금의 히로시마현의 일부인 후쿠야마번(福山藩)의 번주인 아베 마사요시(阿部正福)의 명으로 나온 진사이의 차남 이토 바이우(伊藤梅宇)는 정사서기인 성몽량(成夢良)에게 아버지 진사이의 저서인 동자문(童子問), 논어고의(論語古義), 중용발휘(中庸発揮), 대학정본

(大學定本), 고학지요(古学指要) 등을 기증하였다고 한다. 그리고 가는 곳마다 당시 일본의 주자학을 초월한 학자인 진사이를 소개하며 자랑스러워하는 일본인들을 만나게 되는데, 아마도 이 시기에 진사이학(仁斎学)이라 불리는 고의당(古義堂) 학파가 많이 확산된 것으로 보고 있다. 성몽량이 일본인 학자들에게 받은 시와 편지를 모아 엮은 『한원청상(翰苑淸賞)』을 보면 이를 느낄 수 있다.

17세기 후반부터 18세기 초반에 일본에서는 이미 해외무역과 상공업의 조닌문화(町人文化)가 발달하면서 상당한 국부를 축적하고 국력도 신장하는 소위 '겐로쿠 시대'를 맞이하였다. 반면 조선은 해외무역을 담당하는 상인은커녕 서양을 접할 수 있는 통로가 전무하여 양명학 등 타학문을 접할 수 없었기에 주자학 일변도의 조선 사대부들은 상당한 문화적 충격을 받았을 것이다.

이것이 바로 일본이 학문과 기술을 흡수하는 방법이다. 남의 것을 모방해서 자기 것으로 만드는 기술이야말로 오늘날 일본을 있게 한 그들만의 강점이라고 할 수 있다. 또한 문화적으로 본다면 무사사회와는 다소 어울리지 않는 주자학을 상인 출신 학자인 진사이가 현실적으로 풀이하여 상인들의 문화와 함께 학문으로 발전하게 하였으니 주자학과는 다른 새로운 학자로서의 진사이를 보게 된 것이다.

| 3절 | 코문지가쿠(古文辞学) - 주자학을 넘어서 고전을 읽고 해석하는 고문사학으로

1) 오규 소라이의 주자학 비판

코문지가쿠(古文辞学: 고문사학)를 주창한 오규 소라이(荻生徂徠)는 1666년

5대 쇼군 도쿠가와 쓰나요시(徳川綱吉)의 주치의 격인 시의(侍醫)였던 오규 가게아키(荻生景明)의 아들로 태어났으며, 어린 시절에 하야시 가호(林鵞峰), 하야시 호코(林鳳岡)로부터 학문을 배웠다.

그러나 1679년 아버지가 현재 군마현(群馬県)에 해당하는 타테바야시(館林)의 번주(藩主)였던 도쿠가와 쓰나요시(徳川綱吉)의 분노를 사 에도에서 추방되면서 그의 나이 14세에 어머니의 고향인 현재의 치바현(千葉県)에 해당하는 카즈사노 쿠니(上総国)로 거처를 옮긴다. 여기서 주요 중국 고전과 일본서적, 불경 등을 13여 년 독학하여 후의 학문의 기초를 닦은 것으로 알려져 있다.

1692년 아버지가 사면되면서 함께 에도로 돌아간 소라이는 여기에서도 학문에 전념했다. 에도의 조죠지(增上寺) 근처에 학원을 열었지만 처음에는 끼니도 걸러야 할 정도로 가난하여 인근 두부 가게에서 원조를 받았다고 한다. 이는 '소라이의 두부' 이야기로 유명하다. 일본의 만담(落語)이나 강담(講談), 류교쿠(浪曲) 같은 전통대중예술에서 자주 상연되는 목록의 하나인 소라이 두부(徂徠豆腐)는 쇼군의 어용학자가 된 소라이와 그가 가난했던 시절 은인이었던 두부장수가 추신구라를 표현하는 아코로닌(赤穂浪人) 사건[10]을 계기로 재회하는 이야기이다.[11]

17세기 초 5월 2일 두부장수 시치베(七兵衛)가 에도 시바(芝)의 조죠지 앞 가난한 사람들이 사는 칸막이 집에 두부를 팔러 왔다. 쓰러져 가는 집에 20대 젊은이가 아침부터 밤늦게까지 하루 종일 책을 읽고 있거나 붓을 들고 있었다. 두부 한 모를 주문해서 게걸스럽게 먹고는 지금 돈

---

10) 에도 시대 중엽 아코번의 낭인(浪人)들이 키라 요시나카(吉良義央)와 키라 가문을 대대로 섬기며 호위하는 무사들을 집단 살해한 사건이다.

11) 澤井啓一(1982).「人情不変──徂徠学の基底にあるもの」『寺子屋語学·文化研究所論叢』創刊号、寺小屋語学·文化研究所.

이 없으니 내일 오라고 하더니 다음 날도 두부 한 모를 먹고는 외상으로 해 달라고 한다. 연유를 듣자 하니 열심히 공부하여 세상을 좋게 만들고 싶다고 하여 시치베가 그렇다면 나중에 돈을 벌어서 갚으라고 하면서 히야야코(冷奴, 양념 친 찬 두부), 오가라(雪花菜, 비지) 등을 매일 갖다 주었다. 젊고 가난한 학자는 눈물을 흘리면서 먹었고 이 지역에서는 비지 선생으로 불렸다. 젊은 학자는 돈도 없이 두부를 주문해서는 돈도 지불하지 않고 먹었지만 두부장수는 그것을 용서해 주었을 뿐 아니라 그 자신도 가난한 처지이면서 젊은 학자에게 많은 지원을 해주었다. 이 젊은 학자가 바로 오규 소라이였다. 세월이 흘러 아코 로닌 사건이 벌어진 다음 날 공교롭게도 두부장수의 가게가 화재로 불타버렸는데, 이를 소라이가 알게 된다. 그는 두부장수에게 10냥의 금전과 새 가게를 주었지만 "주군을 위해 목숨을 바친 의로운 무사(義士)에게 할복을 시킨 소라이가 주는 도움 따위 에도 사람으로서 받을 수 없다"며 두부장수는 딱 잘라 거절했다.

소라이는 "두부장수 선생께서는 제가 두부를 돈 없이 먹은 것을 알면서도 관가에 넘기지 않고 출세 후에 갚으라며 정으로 제가 도둑이 되는 걸 막아주어 오늘날 학자가 될 수 있었습니다. 제가 무사들에게 할복하라고 한 것은 학자로서 저도 최대한의 정을 그들에게 베푼 것입니다. 그것은 두부장수 선생님이 제게 한 것과 다르지 않습니다"라고 법의 도리(道理)를 말한다. 그리고 "무사가 아름답게 피어난 이상 보기 좋게 지게 해주는 것도 인정을 베푸는 것이며, 무사의 큰 칼(大刀)은 적을 위해 존재하지만 작은 칼(小刀)은 자기 자신의 명예를 위해 존재하는 것입니다"[12)]

---

12) 「武士たる者が美しく咲いた以上は、見事に散らせるのも情けのうち。武士の大刀は敵の為に、小刀は自らのためにある。」

▲ 소라이와 두부장수 시치베

▲ 오규 소라이 묘(동경, 미나토구)

라며 무사의 도덕에 대해 주장했다. 두부장수도 이에 납득하고 소라이의 도움을 기꺼이 받았고, 로시(浪士, 낭인)들의 할복과 소라이로부터 받은 선물을 가리키며 "선생님께서는 나를 위해 자신의 돈을 내게 주셨다"라고 두부장수가 외치면서 끝난다.

소라이는 주자학을 "억측(臆測)에 근거한 허망한 설에 불과하다"며 주자학에 입각한 고전 해석을 비판하였다. 이기론(理氣論)이라는 틀로 세상을 보려 하여 일의 근본을 잊고 사소한 부분에만 사로잡힌 본말전도(本末顚倒)의 사상으로는 세상을 개혁할 수 없다고 주장하였다. 그리고 고대 중국의 고전을 읽고 해석하는 방법론으로서 고대의 언어, 제도 문물의 연구를 중시하는 고문사학(古文辞学: 코문지가쿠, 蘐園学派: 켄엔카구하)을 확립했다. 중국 취미를 갖고 문학과 음악을 좋아한 소라이는 중국 고전을 읽을 때도 훈독하지 않고 원래의 발음 그대로 읽어야만 본래의 의미를 살릴 수 있다고 생각했다.

그는 주자학에 대한 비판은 물론 주자학의 주희(朱熹)는 고대의 언어를 전혀 모른다며 비판하고, 나아가서는 고의학 중심의 진사이학(仁斎学)을 내세운 약 40년 연상의 선배 학자인 진사이까지도 비판하였다. 진사이가 주로 논어와 맹자 등 고전의 본래적 의미를 반복적으로 사색하여 탐구하는 방법을 취하였다면, 소라이는 주로 고대의 언어와 문장을 연구 습득하여 유학의 진리를 다시 밝힌다는 입장이다.

중국의 명나라 이반용(李攀龍, 1514~1570)이 주장하는 고문사파(古文辭派)를 지지한 소라이는 길(道)이란 주자학이 주장하는 천지자연에 제공되는 것이 아니라 요(堯), 순(舜) 등 중국 고대의 선왕이 정치적·사회적으로 천하를 평화롭게 한다는 안천하(安天下)의 길 즉, 선왕의 길(先王の道)이라고 역설했다. 그는 코문지가쿠를 통해 해명한 지식을 바탕으로 선왕의 길에 따라 제도를 세우고 정치를 하는 것이 중요하다고 했다.

주자학과 진사이학을 "오직 내면을 중시하여 외적인 것을 경시한다"고 비판한 소라이는 자신의 새로운 유학을 구성하였다. 여기서 그가 말하는 '효제인의(孝悌仁義)'는 인간의 사회생활을 영위하기 위한 하나의 형식과 제도에 불과한 것으로 효제인의 자체가 도덕이 아니라고 하였다. 이러한 그의 주장은 중국과 조선의 유학 사상을 정면에서 반대하는 것으로서 큰 의미를 가지며 이로서 일본적 유학이 등장했다고 보고 있다.

2) 오규 소라이의 학문과 사상

소라이의 사상적 특징은 유학의 근본을 천하를 평안하게 하는 것으로 간주하여 백성의 생활 향상을 목적으로 하는 경세제민(経世済民)의 학으로 파악하고 내면적 도덕보다 정치 사상에 중점을 두고 있다는 점이다. 그는 도덕 이론을 중심으로 한 지금까지의 유학에 대해 도덕적 수신(修身)은 사(私)의 세계로 하고 공(公) 질서를 목적으로 하는 정치의 독자성과 가치를 주장했다.[13)]

---

13) 尾藤正英(1979.07).「荻生徂徠の思想――その人間観を中心に」,『東方学』, 第58輯, 東方学会.

소라이는 관직에 있던 시절 주자학적 도덕보다는 막부의 정치적 상황을 먼저 고려하는 관점을 취했는데, 이는 1702년에 에도를 발칵 뒤집어 놓은 아코 로닌(赤穗浪人) 사건, 소위 '추신구라(忠臣蔵: 충신장)의 46인 사무라이' 사건[14]을 통해 잘 드러난다. 이 사건은 주군에 대한 가신의 충성이라는 봉건적 주종관계와 막부 통일정권의 정치적 지배가 충돌하는 파장이 큰 사건이었다. 이는 주군을 잃은 아코번의 낭인 46인이 주군의 원수인 키라 요시히사(吉良義央)의 목을 베어 참살한 사건으로, 막부 내에서는 이들의 처분을 쉽게 결정하지 못하고 있었다. 소라이의 스승인 하야시 호코(林鳳岡)를 비롯해 무로 큐소(室鳩巢), 아사미 케이사이(浅見絅斎) 등은 주자학적인 관점과 일본의 전통적인 정서를 감안해서 주군에 충성을 다한 이들을 처벌할 수 없다며 관대한 처분을 주장했다. 그러나 정치고문이었던 소라이는 이 사태에 대해 주군에의 충성이라는 사적인 도덕으로 판단해서는 안 되며 천하의 법도를 세운다는 정치적 관점을 앞세워야 한다고 주장했다. 그는 막부에 「소라이의 율서(徂徠擬律書)」라는 글을 올려 이 사건을 충성과 의리를 다했다는 이유로 처벌하지 않으

▲ 오규 소라이(荻生徂徠)

▲ 세이단(政談)

14) 소라이는 46인의 무사(武士)라 했는데 일반적으로는 47인의 낭인(浪人)이라고 한다.

면 천하의 법도는 서지 않게 된다며, 이들을 의사(義士)로서 인정은 하되 사사로이 복수를 한 만큼 천하의 법도를 생각하여 할복(割腹)시키지 않을 수 없다고 강력하게 주장했다. 결국 당시의 쇼군 도쿠가와 츠나요시(徳川綱吉)는 소라이의 주장에 따라 할복을 명령하게 된다.

또한 소라이는 농본주의(農本主義)를 설파하고 도시의 무사나 상인이 농촌으로 귀농하여 시장경제화에 적응하도록 하면 경제적으로 곤궁에 빠진 무사를 구할 수 있다고 생각했다. 그가 정치·경제·사회의 문제점과 대책을 설파한 의견서로서 8대 쇼군 요시무네(吉宗)의 요구에 헌상한 『세이단(政談: 정담)』에는 이러한 그의 정치 사상이 구체적으로 드러나 있다.[15)]

소라이에 의하면 본래 무사(武士)는 농공상의 계급을 지배하는 것인데, 에도 시대에 들어와서는 대다수의 무사들이 도시생활에 적응되어 상인이 주인이 되었기 때문에 주객전도(主客顚倒)의 경향이 이루어졌다고 주장하였다. 그는 이러한 불합리한 상태를 시정하기 위해서는 무사토착정책인 복고정책을 주장하고 이러한 주객전도의 무질서가 일어난 원인을 예법의 상실과 료슈큐노 쿄가이(旅宿の境界: 여숙의 경계)로 보았다. 즉, 여숙(旅宿)의 경계란 도시에서 상업화된 무사계급의 생활양식을 묘사한 말로 자기의 집이 아닌 여관에 머무르는 여행자 같은 상황을 묘사한 말이다.

조닌(町人)계층의 사회적 성장으로 나타난 조닌문화를 대표하는 겐로쿠 시대는 상업자본이 성장하고 에도, 오사카 등의 대도시가 나타나며 식량, 연료 등의 생활용품이 모두 대도시 외에서 공급되고 있었다. 즉, 여관에 머물고 있는 것과 마찬가지로 무사들은 돈이 없는데 쌀 한 가마,

---

15) 荻生徂徠著·辻達也校注(1987). 『政談』, 岩波文庫.

옷 한 벌조차 지을 수 없는 상황이 된 것이다. 소라이는 이것을 도시(都市)의 삶이라며 지적한 것이다.

물론, 현대의 사고와는 거리가 있지만 소라이의 『세이단』은 막번체제(幕藩体制)의 구체적인 문제들에 입각하여 경제론·정치론을 전개하여 무사의 계획적인 농촌 배치와 신분제도의 확립 등을 주장하고 있다. 『세이단』의 완성은 소라이가 쇼군 요시무네에게 알현을 허락받은 1727년 전후라고 생각된다. 인구문제의 기술이나 신분에 얽매이지 않는 인재등용론은 특히 유명하다.

『세이단』은 일본 사상사의 흐름 속에서 정치와 종교 및 도덕의 분리를 추진하는 획기적인 저작이며, 이후 경세 사상(経世論)이 본격적으로 태어나기 시작한다. 소라이의 호를 사용하여 켄엔학파(蘐園学派: 훤원학파)로 불렸고 『경제록(経済録)』을 남긴 제자인 다자이 슌다이(太宰春台)와 슌다이의 제자인 카이호 세이료(海保青陵)는 시장경제를 적극적으로 긍정하는 『경세론(経世論)』을 전개하였다.

한편, 소라이는 1727년 저술한 『캔로쿠(鈐録)』에서 전국시대의 전투로 다져진 백전백승의 도요토미 히데요시(豊臣秀吉) 수하 일본군이 임진왜란에서 명(明)과 조선에 패배한 원인을 다루고 있다. 즉 일본군은 각 부대장들이 현장의 지략을 이끌어 싸우는 군략(軍略, 전술)은 있었지만 일정의 대방침 아래에 전 군대를 명령대로 움직이는 군법(軍法, 전략)이 없었다고 지적한다.

이러한 사상을 토대로 일본의 유학은 주자학으로부터 탈피하기 시작한다. 이 시기에 일본은 서양의 기술로 조총(鳥銃)을 만들어 임진왜란으로 조선을 침략하고, 조선을 도와주러온 당시 세계 최강이라 여겼던 중국의 명(明)과도 전투를 벌인다. 중국을 이상국가(理想國家)로 삼아온 일본은 명과의 전투에서 승리하자 중국도 대단하지 않다며 중국의 사상인 유교(儒教)를 비판하게 된다. 이렇게 일본의 새로운 위대함을 발견하면서 일본식 유교가 등장했는데 그 근간을 이룬 것이 고문사학(古文辞学)이었다.

일본의 유명한 사상학자인 마루야마 마사오(丸山真男)는 『일본정치사상사』에서 에도 막부 초기에 주자학이 막부권력의 주목을 받았다가 18세기 무렵 소라이가 주자학을 버리고 고문사학으로 전환하면서 쇠퇴하게 되며, 일본의 국학이 그 뒤를 잇는다고 주장했다. 또한 소라이의 고문사학으로부터 근대적 사고방식이 자리 잡은 것이라며, 소라이를 근대성의 사상적 개척자이자 정치적 발견자라고 높이 평가하였다.[16]

3) 소라이학과 조선 교류

(1) 소라이학파 경제학자 다자이 슌다이

다자이 슌다이(太宰春台)는 에도 시대의 유학자로서 소라이 문하에서 공부를 하였으며 특히 경학에서 뛰어난 모습을 보였다. 그는 1680년 현재의 나가노현에 해당하는 이이다번(飯田藩)에서 히라테 토키타츠(平手言辰)의 아들로 태어났다. 그런데 아버지가 현재의 도츠기현(栃木県)에 해당하는 카라스야마번(烏山藩)의 무사인 다자이 겐오(太宰謙翁)의 양자가 되어 성을 히라테에서 다자이로 바꾸게 되었다. 당시 번주인 호리 치카마사(堀親昌)가 영지를 다른 곳으로 옮기는 전봉(転封)에 따라 이이다번(飯田藩)의 무사(武士)가 되었지만, 무사가 몰수되어 무직의 로닌(浪人)으로 에도에 나오게 되었다.

---

16) 丸山眞男(1999). 『日本政治思想史研究』, 新装版, 東京大学出版会.

슌다이는 고학(苦學)으로 학문을 계속하여 1694년 15세의 나이에 현재의 효고현(兵庫県)에 해당하는 이즈시번(出石藩)의 마쓰다이라(松平) 씨를 섬기고 1696년인 17세 때에는 유학자 나카노 기켄(中野撝謙)의 제자가 되어 주자학을 배운다. 1700년인 21세에 관직을 그만둔 그는 이후 10년 동안 기나(畿内) 지역에서 한시, 천문학, 지학, 주자학 등을 열심히 공부하였다. 그리고 1704년 후지산에 올라 교토에 들어가서 이토 진사이(伊藤仁斎)의 강의를 듣고 그의 인격에 반한다. 1711년에 다시 에도로 돌아온 뒤 1712년에 현재의 치바현 치바시(千葉県千葉市)에 해당하는 오유미번(生実藩)의 번주인 모리카와 토시타네(森川俊胤)에 의해 다시 관직에 오른다. 그리고 1713년 34세 때 지인의 소개로 소라이의 문하생으로 들어가 시문(詩文)부터 유학을 배워 고문사학(古文辞学)으로 전향하면서 1715년에 관직을 그만두고 이후로는 평생 관직에 나가지 않았다.

슌다이는 조선의 주자학을 변화한 유학 중심으로 일본 고유의 사상을 인정하지 않았다. 그는 『변도서(弁道書)』에서 "신도는 실로 성인의 길에 틀어 박혀 있으며 성인의 길 밖에서는 신도로서 하나의 길이라고 할 수 없다"고 발언하여 신도가(神道家)로부터 격렬한 비판을 받았다.

슌다이는 쇄국 시대의 에도 중기에 선견적인 날카로운 통찰력을 가진 주요한 경제학자였다. 그는 경세론(経世論)을 발전시켜 무사도 상업을 하고, 전매제도에 의해 이윤을 창출해야 한다고 주장했다. 저서로는 『경제록(経済録)』, 『경제록습유(経済禄拾遺)』, 『산어(産語)』 등이 있는데 일본에서 처음 '경제(経済)'라는 단어를 사용한 것이 슌다이라고 한다.[17] 특히 『경제록』의 경우 일본에서 처음으로 책 제목에 '경제'라는 말이 사용된 것으로 유명하다. 그러나 당시의 '경제'라는 말은 현재의 'economy' 의

---

17) 武部善人(1991). 『太宰春台 転換期の経済思想』, 御茶の水書房.

미가 아니라 오히려 '정치적' 의미로 사용되고 있었다고 해도 과언은 아니다. 오히려 슌다이가 사용한 '식화(食貨)'[18]라는 말이 현재의 economy 의미로 사용되고 있다고 보아야 한다.

이렇듯 다자이 슌다이는 에도 시대 전기의 경세론의 대학자이며 경제사상의 특필할 만한 업적을 남겼다. 슌다이는 소라이의 경세학의 후계자로 불리며, 사회현상에 대한 책임감과 위기의식에 의해, 스승과는 별도로 나름대로의 논리를 전개하였다.[19]

슌다이의 대표적 저서는 1729년에 간행한 『경제록』이라 할 수 있는데 여기에서는 세상을 다스리고 백성을 구한다(世ヲ経[おさ]メ、民ヲ済[すく]フ)는 뜻의 경세제민(經世濟民)을 주제로 하여 넓게는 정치, 식화(食貨, 경제), 사회, 교육, 군사에 대한 슌다이의 사상이 소개되고 있다. 따라서 그 지식과 프레임은 이세안민(理世安民), 즉, 난세를 다스리고 백성이 안심하고 살 수 있는 틀을 생각하고, 그를 위한 제도를 만들었다는 점에 대해 높게 평가받고 있다.

18세기 초의 에도 시대에는 농업을 중심으로 하는 자연경제에 중점을 둔 사회체제를 취하면서, 세상은 상업을 핵으로 하는 화폐경제로의 이전이 등장하는 사회경제의 격동기였던 당시의 뛰어난 저술로는 오규 소라이의 『정담(政談)』과 다자이 슌다이의 『경제록』을 들 수 있다. 슌다이는 중상주의적 사상의 선구자로 알려져 있지만, 그것은 『게이자

18) 고대 중국에서는 '먹고 쓰는' 의미를 가진 단어를 '식화(食貨)'라 했다. 이와 비슷한 단어로는 '화식(貨殖)'이 있는데, 먹고 쓰는 데 필요한 '재물을 늘린다'는 뜻과 재물을 늘린 부자들을 가리키는 단어가 되었다. 그래서 사마천은 『사기(史記)』에서 경제 문제와 함께 먹고 쓰는 데 필요한 물자로 치부한 부자들의 기록인 '화식열전'을 마련했고, 이후 역사서들도 '식화'나 '화식'이라는 단어를 사용하여 국가 재정과 인구 등 경제 문제를 전문적으로 다루었다.

19) 矢嶋道文(2003.02). 『近世日本の「重商主義」思想』究 貿易思想と農政』, 御茶の水書房.

이로쿠슈이(経済録拾遺)』에서 제시된 후이며, 그 이전의 『경제록』에서는 오히려 스승인 소라이와 같은 중농주의적 사상을 나타내고 있다고 할 수 있다.

그러나 그들의 『정담』과 『경제록』의 경세책에는 다른 것도 많았다. 그 이유는 슌다이의 중농주의를 벗어난 초기적 중상주의적 사고가 등장했기 때문이다. 슌다이가 사회 경제의 격동기 속에서 갈등하면서 기록한 『경제록』은 수많은 모순을 가지면서도 현대에서도 통용되는 뛰어난 경제 이론을 전개하고 있다고 높이 평가되고 있다. 예락(礼楽), 관직(官職), 천문(天文) 등은 경제론뿐만 아니라 넓은 분야에 걸쳐 논의된 『경제록』 전 10권 중 20% 정도를 차지하고 있다. 그리고 우리에게 알려진 주로 경제에 대해 언급된 제5권 「식화(食貨)」에서는 중상주의로 전환되어 가는 슌다이의 심오한 경제사상의 근본을 알 수 있다고 판단된다.

슌다이는 특히 "경제를 배우는 자는 학자(学者皆此事ヲ学ブ者也)"라고 하여 경세가다운 모습을 보였다. 지금도 경세정책의 대표로서 들 수 있는 것은 말할 필요도 없이 『경제록습유(経済禄拾遺)』의 「번전매론(藩専売論)」이다.[20] 슌다이는 에도 당시의 화폐경제와 상품경제의 불가피성을 인식하고 각 번의 경제를 발전시키기 위해서는 번이 금과 은을 손에 넣는, 즉 돈을 벌 수 있는 방법을 생각해야만 한다고 생각하며 가장 쉬운 방법은 물론 상품매매를 주장한다. 번전매제란, 에도 시대에 여러 번이 재정 곤궁을 해결하기 위한 수단으로서, 영내의 특정 상품, 혹은 영외로부터 이입되는 상품의 판매를 독점하는 제도를 말한다. 이미 에도 초기부터 실시되어, 여러 번의 재정 빈곤이 표면화하는 중기 이후에 많은 번에서 실시되고 있다.

---

20) 武部善人(1991).『太宰春台 換期の経済思想』, 御茶の水書房.

경세론은 17세기 후반인 1686년에 구마자와 반잔(熊沢蕃山)의 저서인 『다이가쿠와쿠몬(大学或問)』이 등장하여 하나의 사상 영역으로 등장했지만 이 시기의 사상은 사농공상의 정점에 위치한 무사가 신분의 자의식을 축으로 하고 유교적인 덕치론에 근거해 "봉건적인 소농 체제의 유지", "근검절약에 의한 영주 재정의 안정화"가 중심적 주장이었다.

무사귀농론을 주장한 구마자와 반잔에 이어, 18세기 전반에는 오규 소라이, 그리고 그의 제자인 다자이 슌다이가 등장했지만, 슌다이의 저작에서는 단순한 농업을 존중하고 상업을 억압하는 존농억상책(尊農抑商策)으로는 더 이상 위기상황에 대응할 수 없다는 인식으로 번전매론 등 막번체제 측에서 적극적으로 시장경제에 대응해야 한다고 주장했다는 점은 높게 평가할 만하다.

또한 그는 기존의 유학이 장려한 인(仁)을 소인(小仁)이라 비판하면서 눈앞의 상하관계에 묶여 큰 틀의 합리성을 간과한 것으로 보았다. 대신 거시적인 관점에서의 대인(大仁)을 바탕으로 행동규범을 모색했는데, 이 대인은 어느 선행에서든 반대로 반드시 악행을 동반한다는 것을 전제로 한 것이다. 경제적인 측면에서도 경쟁에 의해 한쪽이 득을 보면 다른

▲ 다자이 슌다이(太宰春台)

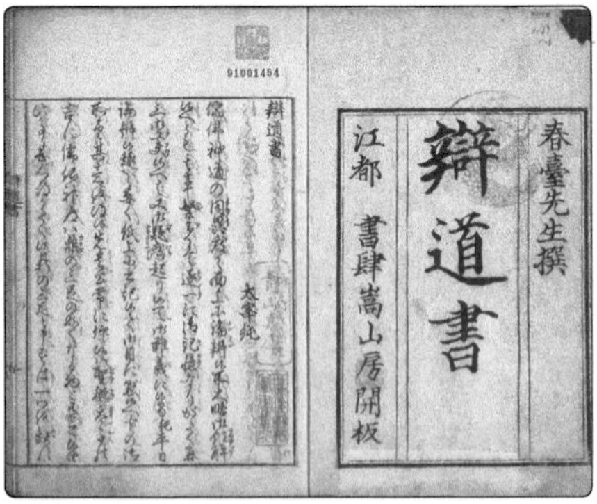

▲ 변도서(弁道書)

쪽이 손해를 보는 도식이 큰 틀에서는 전반적인 복지를 증진한다는 개념은 현대 경제학과 공통점을 보인다고 할 수 있다.

중상주의적 생각에 근거하여 번을 경영하고 부국책을 채택하도록 권장하고 있는 그의 사상은 당시에는 대단한 것이었고 이러한 그의 사상은 조슈번(長州藩)의 무라타 세이후(村田清風) 등에 큰 영향을 주었다.

(2) 소라이학의 조선 전래

현실주의적이고 정치적인 태도를 견지한 소라이의 사상은 '소라이학(徂徠學)'으로 불리며 조선에까지 전파되었다. 1763년 일본 통신사로 간 조엄(趙曮)이 소라이의 대표 저서인 『논어징(論語徵)』을 가지고 오면서 전래되었다.

1763년 8월 3일(영조 39) 10대 쇼군 도쿠가와 이에하루(德川家治)의 쇼군 습직을 축하하기 위해 1년의 여정이 예상되는 계미사행(계미년의 조선통신사)이 출발했다. 정사는 조엄(趙曮)이고 부사는 이인배(李仁培), 종사관은 김상익(金相翊)이었으며 조선통신사를 에도에서 영접한 마지막 쇼군이었다. 출발에 앞서 영조는 이릉송백(二陵松柏)[21]의 치욕을 잊지 말 것이며, 왜인들이 정주의 철학(程朱哲學, 정자와 주자의 철학)을 모르니 시문창화(詩文唱和, 일종의 필담)를 통해 참된 말과 돈독한 행동을 가르치라는 의미인 충신독경(忠信篤敬)을 하명하였다.

그러나 일본은 이미 1720년 막부의 그리스도교 관계 이외의 서방국가에 대한 서적의 수입을 해제하여 네덜란드(和蘭: 화란) 언어로 번역된 서양의 학술서가 나가사키 데지마(出島)의 네덜란드 상관을 통해 일본에

21) 임진왜란 때 왜인들이 조선의 성종릉(선릉)과 중종릉(정릉)을 파헤쳐 훼손한 일을 말한다.

▲ 정약용(丁若鏞)

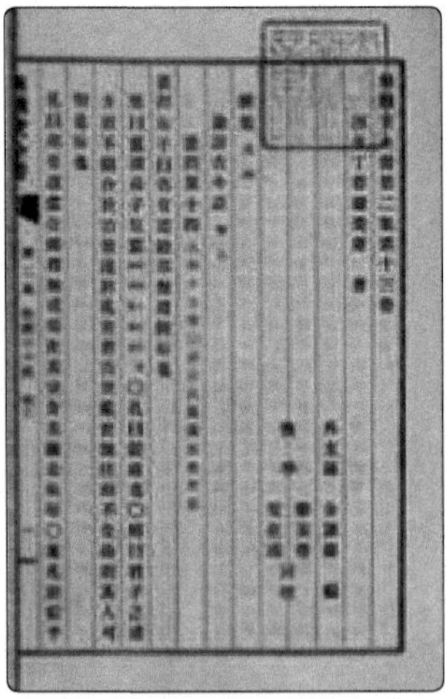

▲ 논어고금주(論語古今註)

수입되고 있었다. 이는 난학(蘭学)으로 이어져 일본은 주자학만을 존중하는 조선을 그다지 높게 평가하지 않았다. 이러한 상황을 알 리 없던 조선의 선비들은 주자학으로 일본을 교화하려고 생각했던 것이다.

1740년에 아오키 콘요(青木昆陽)와 노로 겐조(野呂元丈)는 쇼군 요시무네로부터 네덜란드어 학습(蘭語学習)을 명령받고 네덜란드어 습득에 노력했다. 단기간이지만 네덜란드인과 네덜란드어 통역사가 있는 데지마에 가기도 했다. 콘요는 화란문역(和蘭文訳), 화란문자약고(和蘭文字略考) 등의 입문서와 사전(辞書, 阿蘭陀文字大通辞答書)을 남겨 겐조와 함께 일본 난학의 선구자가 되었다. 제자로는 해체신서(解体新書)로 알려진 마에노 료타쿠(前野良沢)가 있다.

소라이학이 일본에서 저물어갈 무렵인 약 50년 뒤에 조선의 정약용(丁若鏞)은 소라이의 제자인 슌다이가 쓴 『논어고훈외전(論語古訓外伝)』을 통해 소라이학을 접했다. 정약용은 처음에는 소라이학을 괴이한 논설로 생각했지만 깊이 탐독한 후 소라이의 문체가 매우 찬란하다고 평가하면서 자신만의 논어 주석본 해설서인 『논어고금주(論語古今註)』에 소라이의 논어 해석 중 많은 부분을 수용했다. 그는 소라이를 평가하면서 이제 일본 유학자들의 글과 학문이 조선을 훨씬 초월했으니 심히 부끄러울 따름이라고 말했을 정도였다.

| 4절 | 일본 고학파와 조선 사대부

1) 고학에서 시작된 일본 유학

조선의 주자학을 고학으로 새롭게 변화시킨 야마가 소코는 사실 무사 출신으로서 일본에서는 유학자라기보다 오히려 야마가 류 병법을 주창한 병법학자로서 더 유명하다. 그래서 유학과 관련된 업적보다는 일본 무사도를 논할 때 그의 사도론이 먼저 거론되기도 한다. 따라서 에도 시대의 유학자로서 독창적이고 또한 사회에 큰 영향을 끼치고 새롭게 평가받는 학자는 이토 진사이(1627~1705)와 오규 소라이(1666~1728)라고 할 수 있다.

소코는 진사이와 5살 정도 차이로 소코가 선배에 해당하지만 진사이의 저서에 소코의 저술과 지도를 받았다는 흔적이 없으므로 직접적인 소코의 영향은 없었던 것으로 판단된다. 그러나 진사이는 고의학, 소라이는 고문사학으로 둘 다 고(古)로 돌아가기를 원했고 고에서 새로운 것을 얻고자 했으며 고에서 새로운 것을 추구했다. 당시 에도 시대에는 과거제도도 없었고 주자학이 과거시험의 과목이 아니었기 때문에 비교적

자유롭게 주자학을 받아들였으며 주자학의 형이상학적 측면에 대해서도 비판적인 입장을 취했다. 그리고 비판의 근거를 주자학 이전의 한(漢)·당(唐) 시대의 유학, 혹은 더 거슬러 올라가 공자의 요순(堯舜)에 대한 관계, 즉 원시유학에서 찾고자 하였다.

따라서 고(古)에서 새로운 것을 찾는 것은 옛것과 새로움이라는 반대 명제 속에서 복고(復古)라는 새로운 명제를 찾았으며 진사이의 주자학에서의 솎아낸 옛것(古義: 고의)은 새로움이 되었던 것이다. 그리고 이 새로움에서 소라이는 주로 고대의 언어와 문장을 연구 습득하여 고문사학으로서 유학의 진리를 새롭게 등장시켰다. 즉, 고문사학은 주자학을 반대하며 새로움을 고문으로 찾았던 것이다.

(1) 고학파에 가까운 본초학파 카이바라 에키켄

2020년 연구년으로 동경을 가서 진보쵸(神保町)의 헌책방거리를 거닐다가 우연히 앞표지가 없는 약 150년 정도 된 책인 『에혼조센군키(繪本朝鮮軍記)』 두 권을 구입하여 지인인 일본인 학자와 만나서 담화를 나눈 적이 있다. 지인은 이를 1891년(명치24) 것이라고 하며 원래는 열 권이라고 하였다. 그리고 류성룡(柳成龍)의 『징비록(懲毖錄)』을 이야기하며 일본에서 도입된 조선징비록을 이야기하여 새삼 놀랐다. 『징비록』은 우리가 알다시피 조선 선조 때 영의정을 지낸 서애(西厓) 류성룡이 1592년(선조 25)부터 1598년까지 7년에 걸친 전란의 원인, 전황 등을 기록한 책으로 유명하다. 류성룡은 서문에서 '징비(懲毖)'라는 말은 '뉘우치고 조심하다'라는 뜻으로 중국의 고전인 『시경』에 '지난날의 잘못을 거울 삼아 후일에 일어날 환란을 경계하다'라는 말이 있으니 이것이 곧 징비록을 저술한 까닭이라고 밝혔다.

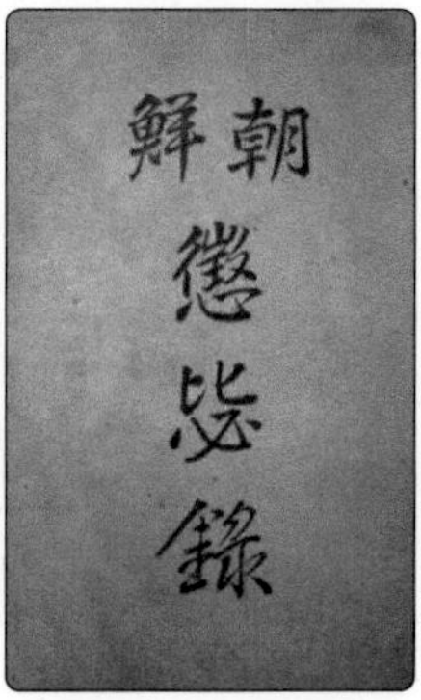

▲ 징비록(懲毖錄)

7년간 두 차례의 왜란이 끝나 류성룡은 관직에서 물러나 고향 안동으로 낙향하여 집필을 시작했고 선조 37년(1604)에 집필을 끝냈다. 그리고 인조 11년(1633) 류성룡의 아들 류진이 『서애집』과 합본한 형태로 『징비록』을 간행하였고, 1647년 다시 독립된 16권 7책으로 간행했다. 징비록의 내용은 왜란의 배경, 당시의 전투상황, 조선·일본과 명나라 간의 외교 관계, 주요 장군에 대한 묘사와 전투성과, 그리고 전쟁 이후 백성들의 생활상 등 임진왜란에 대한 총체적인 기록이다. 저자인 류성룡은 임진왜란 당시 주요 직책을 역임한 덕분에 당시 보고된 문서들을 확보할 수 있었고, 그 자료들을 바탕으로 징비록의 집필을 진행할 수 있었다. 당시 남인의 일원이었던 류성룡이지만, 징비록에서는 비교적 객관적인 시각을 견지한다.

그런데 우리가 상상하지 못할 일이 일어난다. 『징비록』은 초량 왜관을 통해 일본으로 유입되어 1683년의 쓰시마 번주 서적 재물 조사 목록에 이미 기록되었다고 하지만, 쓰시마에는 조선어를 하는 왜인들이 많았으나 간행할 능력은 없었을 것으로 판단된다. 그리고 일본 전국에는

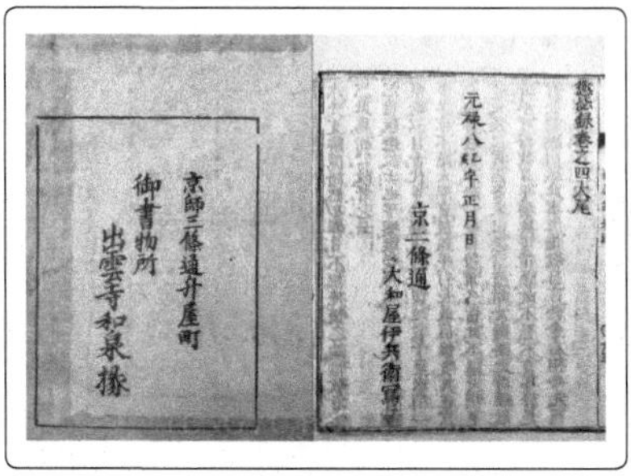

▲ 1695년(元禄8年) 조선징비록

▲ 조선의 지도까지 설명한 조선징비록

『징비록』이 간행된 지 약 50년 뒤인 1695년(元禄8年)에 야마토야 이헤에(大和屋伊兵衛)가 일본어 훈독을 달아 2권 본으로 간행한 『조선징비록(朝鮮懲毖錄)』으로 다시 등장하게 되었다.

이 『조선징비록』은 일본인들이 알기 쉽게 당대 일본의 유학자인 카이바라 에키켄(貝原益軒)이 서문과 조선 지도를 덧붙여서 설명하였다. 이로써 일본은 임진년, 정유년 왜란에서 도요토미 히데요시군의 침략 상황과 조선 측의 대응 상황을 알 수 있었다.

특히 류성룡의 『징비록』은 '왜적(倭敵)'이라는 표현보다는 '일본(日本)'이라는 국호를 사용함으로써 무분별한 적개심 표현을 자제했을 뿐만 아니라 전쟁 전의 배경에 대해서도 상세히 설명하였고, 또한 명군의 원조를 중시하면서도 김시민과 이순신, 그리고 조선 의병(義兵)의 공로를 특히 강조하였다는 점에서도 전쟁의 흐름에 전혀 몰랐던 일본 학자들 사이에 높게 평가되고 있었다.

에키켄은 조선의 재상(영의정)을 지낸 류성룡이 『징비록』을 쓴 것이 지당하다는 찬사와 함께 "이 책은 기사가 간결하고 말이 질박하니 과장이 많고 화려함을 다투는 세상의 다른 책들과는 다르다. 조선 정벌을 말하는 자는 이 책을 근거로 삼는 것이 좋다. 실록(實錄)과 견줄 만하다"고 적고 있을 정도로 『징비록』을 높이 평가하고 있다.

그리고 에키켄은 『징비록』의 서문에서 "히데요시가 조선을 친 것은 5가지 용병(의병[義兵], 응병[應兵], 탐병[貪兵], 교병[驕兵], 분병[忿兵]) 가운데 탐병이며, 교병과 분병을 겸한 것으로서 군자가 이용하는 의병이나 응병은 아니다. 이는 하늘의 법도(天道)가 싫어하는 일이며 패배할 수밖에 없다"고 주장하였다. 에키켄은 현재의 후쿠오카현(福岡県)에 해당하는 치쿠젠(筑前)의 주자학자로서 교토로 상경하여 당시의 최고 유학자인 기노시타 준안(木下順庵), 야마자키 안사이(山崎闇齋) 등 많은 학자와 교류하며 본초학(本草學)이나 주자학(朱子學)을 배운다. 그는 1664년 35세에 150석의 봉록을 받고 번의 주자학 강의와 조선통신사의 접대 및 대응을 맡기도 한다. 에키겐은 모든 계층의 사람들이 이해할 수 있도록 유교 사상을 쉽게 풀이해 일본 최초로 유교 윤리를 여성, 어린이, 하층 민중에게 심어준 인물인 만큼 그가 유교적 입장에서 히데요시의 조선침략을 냉정하게 비판하고 있다는 점이 흥미롭다.

한편 『통속징비록(通俗懲ヒ録)』은 히로시마 유학자 가네코 타다토미(金子忠禰)가 아키(安芸) 히로시마번(広島藩)의 번주인 아사노 시게아키라(浅野重晟)의 명령에 의해 1783년에 일본어로 완역한 것으로, '통속'은 당시 한문의 일본어 번역물에 곁들인 표현이었다. 이는 19세기 말 한글책 『광명번역 징비록』보다 100년 일찍 발간된 것이다. 『광명번역 징비록』(경기도 유형문화재 제234호)은 한글본 2권 2책을 19세기에 현재 광명시 오리동(梧里洞)의 전주 이씨인 이원익(李元翼, 1547~1634) 가문의 여성 후손들에게 읽히기 위하여 필사해 전해온 것으로 알려진다. 『징비록』의 한글본으로는 유일한 것으로서 문화사적 또는 국어학적으로도 가치 있는 문헌이라고 한다.

『조선징비록』이나 『통속징비록』을 보면 알 수 있듯이 일본은 본인들이 필요하다면 적의 것이건 원수의 것이건 배워서 모방하고 이긴다. 원자폭탄으로 제2차 세계대전이 끝나면서 미국의 막강함을 배운 일본은 전쟁이 끝나자마자 미국 배우기에 앞장서서 자동차, 철강, 조선업에서 미국을 흉내 내며 배우다가 결국 미국보다 앞선 것을 보면 『조선징비록』을 생각나게 한다.

▲ 통속징비록(通俗懲ヒ録)

▲ 광명번역 징비록

『통속징비록』이 한글로 쓰여진 조선의 『광명번역 징비록』보다 100년 일찍 일본어로 번역됐다는 것은 우리가 반성해야 할 점이지만 그만큼 일본 사회에서 『징비록』의 관심도가 컸다는 방증이다. 필자가 의아한 점은 『징비록』의 첫 간행(1647~1648)부터 해방(1945)까지 약 3백 년간 일본에서는 이런 저런 이름으로 수많은 『징비록』이 간행되었다는 것인데, 한문으로 쓰여진 『징비록』을 일본에서 한문과 가나를 섞어서 번역하였다는 점은 놀랄 만하다. 더구나 1695년 『조선징비록』이 발간되고 10년 뒤인 1705년에는 세이키(姓貴)가 집필한 『조선군기대전(朝鮮軍記大全)』과 바바 노부오키(馬場信意)가 쓴 『조선태평기(朝鮮太平記)』가 나타나면서 일본의 입장으로 보면 적군의 장군인 조선의 이순신을 아예 '영웅'으로 호

▲ 카이바라 에키켄(貝原詩軒)

▲ 타이기로쿠(大疑録)

칭하고 있을 정도이다.

카이바라 에키켄(貝原益軒)은 심신양면의 양생(養生)에 대해 저술한 『요죠쿤(養生訓: 양생훈)』으로 유명하지만, 에도 시대 초기에 85세의 장수(長壽)를 누린 인물로도 유명하다. 에키켄은 다양한 저서를 남겼는데 일본 식물학의 아버지로 불리는 그의 『야마토 본초(大和本草)』는 본초학상 개척자적 의미를 갖는다. 그가 유학자이자 서민교육자로서 85살 평생을 보낸 시기는 에도 시대 전기부터 중기의 도쿠가와 막부체제의 확립 안정기였다.

에키겐은 1630년 현재의 후쿠오카현(福岡県)에 해당하는 치쿠젠(筑前国)의 후쿠오카번(福岡藩)에서 문서와 기록을 맡았던 무사의 직위인 유히츠(祐筆: 우필)인 카이바라 칸사이(貝原寛斎)의 5남으로 후쿠오카 성내에서 태어났다. 어려서부터 민첩하고 수학을 좋아했으며, 일본의 국학서에 친밀하여 독학하였다. 1640년 18세에 후쿠오카번의 무사로서 녹을 받았지만 1650년인 20세에 후쿠오카번의 2대 번주인 쿠로다타 다유키(黒田忠之)의 노여움을 사서 해직당하여 7년간 로닌 생활을 하게 된다. 그러다 1656년에 3대 번주인 쿠로다 미츠유키(黒田光之)가 죄를 사하여 번의 의사인 번의(藩医)로 복귀한다. 이듬해인 1657년에는 번의 비용으로 교토로 유학하여 본초학(本草學)과 주자학 등을 배우는데 이 시기에 기노시타 준안(木下順庵), 야마자키 안사이(山崎闇斎), 마츠나가 샤쿠고(松永尺五) 등과 가까이 한다.

7년간의 교토 유학 후 1664년 35세 때 후쿠오카번으로 돌아온 그는 150석의 봉록을 얻고 번에서 주자학의 강의와 조선통신사 접대를 도맡았으며 사가번(佐賀藩)과의 경계 문제 해결에 분주하는 등 중책을 맡았다. 39세 무렵부터는 수학의 중요성에 대해서도 역설하면서 『화한명수(和漢名数)』를 편집하여 출판하였으며, 번의 명령으로 쿠로다 가문의 족보인 「쿠로다족보(黒田家譜)」를 편찬하고 71세까지 후쿠오카번의 무사로 보냈다.

에키켄의 저서로 유명한 『요조쿤』은 그가 83세에 그간의 경험을 바탕으로 건강법을 해설한 작품으로, 장수하기 위해서는 신체의 양생뿐만 아니라 정신양생도 중요하다고 주장하고 있다. 일반 대중을 위한 생활수칙 설명서인 만큼 누구나 쉽게 이해할 수 있도록 평이하게 작성되어 널리 사람들에게 애독되었다.

그 후, 84세에는 그의 풍부한 인생 경험을 바탕으로 작성한 『신시로쿠(慎思録)』가 출판되었다. 왜 사람은 배워야 하는가, 사람은 어떻게 살아야 하는가를 다룬 『신시로쿠』는 설득력이 풍부하고 인생의 깊은 맛을 느끼게 하는 책이다. 인생의 기로에 서게 되었을 때, 그리고 편안히 잘 살기 위해 사람은 무엇을 해야 하는지를 정중하게 주장한 책으로 유명하다. 『요조쿤』의 연장선상에서 읽어보면 양생도 인생관의 하나임을 알 수 있으며 에키켄의 사상과 인품을 연상케 한다.

그가 사망하기 1년 전인 인생 말년에 정리한 『타이기로쿠(大疑録)』는 주자학을 비판하는 책으로 1713년에 완성되었으며 2권으로 구성되었다. 이 책에서 그는 주자학의 이기이원론(理気二元論)을 비판하고 이기합일론(理気合一論)에서 나아가 기일원론(気一元論)의 입장을 취하여 고학파적(古学派的) 경향에 다가간다. 청년기에는 주자·양명 겸학(兼学)을 지향했지만 교토 유학 중이었던 36세 때 명나라 진정란(陳清瀾)의 양명학 비판서 『학부통변(学蔀通辨)』을 읽고 주자학 일변으로 결의를 표명했다. 그 후 진사이와의 만남과 자신의 박물학적 연구(博物学的研究)를 통해 주자학이 갖는 관념에 의문을 품게 되어 명나라의 수정주자학파(修正朱子学派)인 라정암(羅整庵)의 인지기(困知記), 오소원(呉蘇原)의 고제만록(吉斎漫録) 등으로 그것을 확인하고 『타이기로쿠』의 완성에 이르렀다. 『타이기로쿠』는 그의 사후 반세기를 지난 1767년에 소라이(徂徠)파에 의해 출판된다.

그는 무사뿐 아니라 서민 등 모든 계층의 사람들이 이해할 수 있도록 유교 사상을 쉽게 풀이하였으며 일본 최초로 유교윤리를 여성, 어린이, 하층민중에게 심어주었다. 『도지쿤(童子訓)』에서는 부모의 말이라면 옳든 그르든 맹목적으로 받아들이도록 아이들을 엄하게 가르치라고 부모들에게 권고하였다. 역시 그의 저서인 『온나다이가쿠(女大學)』는 여성들을 위한 윤리교재로서 오랫동안 높이 평가받았는데, 여기서 그는 여성들은 부모·시부모·남편을 따라야 하며 미망인일 경우에는 장남에게 복종해야 한다고 주장하였다.

2) 일본 유학에 대한 조선 사대부의 평가

조선의 유학자들도 진사이와 소라이의 저서를 접할 수 있었다. 이덕무(李德懋)는 직접 일본을 방문하지는 않았지만 통신사로 갔다 온 친구원중거(元重擧)가 갖고 온 일본 서적과 사행원들의 전문을 통하여 일본을 연구하였고 이러한 노력은 『청령국지(蜻蛉國志)』라는 일본 연구서로 정리되었다. 여기서 '청령(蜻蛉)'이란 잠자리를 말하는 것으로 일본이 잠자리처럼 길게 늘어져 있어서 그렇게 명명했다고 한다. 『청령국지』를 보면 "일본인은 총명하지만 식견이 편협하고, 예민하지만 기상이 작고, 겸손하지만 양보할 줄 모르고, 은혜를 베풀지만 포용할 줄 모른다"는 일본인론까지 나와 있다. 그는 평소 교류하던 북학파 학자들에게 일본의 유명한 학자를 거론하면서 이등유정(伊藤維楨, 세칭 이토 진사이)과 적생쌍송(荻生雙松, 세칭 오규 소라이)을 언급한 것을 보면 18세기 전반 일본 학계를 풍미했던 일본 고학(古學)의 양대 산맥이 조선 지성계에 포착되었음을 알 수 있다.

정약용은 일본 고학파에 속하는 진사이, 소라이, 슌다이와 같은 학자의 성과를 일부 인정하면서도 결국은 정학(正學)인 주자학을 어지럽히는 것이라 평가했다. 정약용은 주자학의 모든 성과를 그대로 수용하기보다는 그 한계를 지적하고 이를 넘어서려는 입장이었다. 그렇지만 그는 주자학의 의리론과 경세론이 지닌 장점을 인정하고 이를 적극 수용하였는데, 이는 조선의 주자학을 조선이 가진 중화 문물의 대표적 요소로 파악했던 동시대 지식인들의 인식과 궤를 같이 하는 것이었다. 그렇지만 정약용은 일본의 문장에 대해 칭찬을 아끼지 않았다.[22] 이와 관련하여 그의 문집인 『여유당 전서』 '일본론' 편에는 다음과 같이 언급되어 있다.

22) 김문식(2003.05.).「정약용의 대외 인식과 국방론」, 다산학 4권, 다산학술문화재단.

> 내가 이른바 고학선생(古學先生) 이등유정(伊藤維楨) 씨가 지은 글과 적선생(荻先生), 태재 순(太宰純) 등이 논한 경의(經義)를 읽어보니 모두 찬란한 문체가 있었다. 이 때문에 지금은 일본에 대해서 걱정할 것이 없음을 알겠다. 비록 그들의 논의 중에 더러는 물정에 어두운 점이 있기는 하나, 그 문체가 질(質)보다 나은 면은 대단한 바 있다.

이러한 태도는 강진의 유배지에서 두 아들에게 쓴 편지에서도 드러난다. 여기에서 물부쌍송(物部雙松)은 오규 소라이를 말한다.

> 일본에서는 근래에 유명한 학자들이 많이 배출되고 있다. 가령 호를 조래(徂徠)라고 하는 물부쌍송(物部雙松) 같은 사람은 해동의 공자라 불리며, 그 제자도 매우 많다. 지난번 조선통신사가 일본을 다녀오는 길에 소본렴(篠本廉)의 글 세 통을 가지고 왔는데 문장이 모두 정밀하고 날카로웠다.

그러나 이 과정에서 정약용은 소라이와 같은 일본 유학자들의 해석까지 참고하며 '일본이 이렇게 유학이 발달했으니 이제 일본은 조선을 공격하지 않을 것이다'라고 생각했다. 칼의 윤리를 내세운 무사정권 막부에서 이미 서양의 난학을 받아들여 기술과 과학이 발달한 일본의 문명은 천하의 정약용도 알 수 없었던 것이다. 이처럼 정약용은 어디까지나 선비적 사고, 즉 붓의 윤리로 일본을 보았음을 알 수 있다.

코가쿠(古學: 고학)는 일본 사상사에서 등장하는 주자학을 부정하는 에도 시대 유교의 일파를 말하며 야마가 소코(山鹿素行, 1622~1685)의 성학(聖學), 이토 진사이(伊藤仁斎, 1627~1705)의 고의학(古義學), 오규 소라이(荻生徂徠, 1666~1728)의 고문사학(古文辭學)의 총칭이다.

코가쿠는 주자학, 양명학 등의 성리학에 대해 송대의 주석과 관계없이 경서의 직접 연구에 의해 공자와 맹자의 진의를 탐구를 주요 방법론으로 삼아 17세기 에도 시대의 유학에서 성행하였다. 또한 송대의 주석보다는 한대·당대 등의 고대의 주석에 의해야 한다고 한 학문으로 공자와 맹자의 경전을 직접적으로 연구하여 공자, 맹자의 참뜻을 해명하려고 하였다는 점에서 높이 평가할 만하다. 일본 유학의 독자적 발전과 국학은 고학으로부터 출발한다고 해도 과언은 아니다.

이토 진사이의 고기가쿠(古義學)는 '고의(古義)'라는 말에서 알 수 있듯, 주자학은 유교의 사상을 얻는 것이었지만, 진사이는 주자학이 유교의 고전의 본래 의미와 차이가 있음을 지적하고 공자와 맹자의 사상을 배우는 것으로 고의학(古義學)을 주창했다. 그는 『논어』와 『맹자』의 옛 의미, 그 당시의 원래 의미를 탐구한다. 이토의 사상은 주자의 주석을 배제하고 직접 『논어』와 『맹자』의 본문을 해독해 성인의 원뜻을 구했다는 뜻에서 '고의학'으로 불린다.

오규 소라이는 고분지가쿠(古文辭學)를 통해서 실증주의적 사상을 전개하면서 이토 진사이의 사상이 다소 주관적이라 판단하고 "고전은 그것이 쓰인 당시 사람들의 눈으로 읽어야 한다"고 주장하였다. 고문사학의 방법론에서 『학칙(徂徠先生學則)』(1727년 간행)은 총 7칙으로 구성되어 있는데 소라이는 『학칙』에서 다음과 같이 주장하였다.

> 동해(일본)에는 성인이 나오지 않았다. 서해(중국)에도 성인은 나오지 않았다. 오직 (중국의) 시서예악만이 가르침(의 내용)으로 있는 것이다.[23)]

---

23) 東海不出聖人, 西海不出聖人, 是唯詩書禮樂之為教也

여기서 소라이가 강조하고자 한 점은 성인은 일본에도, 중국에도 존재하지 않고 성인은 오직 중국의 고대에만 존재했으며 성인이 존재하지 않는 현재는 고대 선왕이 남긴 시서예악(詩書禮樂, 육경)을 통해 성인의 도를 알 수 있다는 것이다.

게이오 대학 근처의 동경도 미나토구 4초메(東京都港区三田四丁目)의 쵸쇼지(長松寺)에 국가지정사적으로 오규 소라이의 묘가 있다. 필자는 2020년 연구년에는 6번 정도 방문하였으며 한국인 지인들에게도 안내하기도 했다.

제5장

신국 사상과 신주불멸

1절 신국 사상의 등장

2절 신국 사상을 주장한 일본 학자들

3절 신국 사상과 존왕양이, 그리고 국수주의

제5장 신국 사상과 신주불멸

| 1절 | 신국 사상의 등장

1) 도요토미 히데요시와 가톨릭의 등장

신국 사상(神国思想)을 서양인들에게 처음으로 공포한 사람은 도요토미 히데요시(豊臣秀吉)이다. 그는 천주교 신부인 바테렌(伴天連)들이 사교의 가르침을 전파한다고 생각하여 바테렌 추방령(伴天連追放令)을 실시한다. 바테렌 추방령이란 1587년 7월 24일에 히데요시가 현 후쿠오카현 후쿠오카시(福岡県福岡市)에 해당하는 치쿠젠 하코자키(筑前箱崎)에서 발령한 기독교 선교와 남만무역에 관한 금제 문서를 말한다. 여기서 '바테렌'은 포르투갈어로 '신부(神父)'라는 의미의 padre에서 유래하며 영어의 father와 함께, '아버지'를 의미하는 단어이다.

바테렌 추방령에서 히데요시는 "일본은 신들의 나라이다. 그리스도교 국가에서 신부들이 악마의 가르침을 설파하기 위해 온 것은 심히 악한 일이다"라고 주장한다.[1] 이를 통해 대외적으로는 처음으로 신국 사상을 공개한 것으로 보고 있다.[2]

---

1) 日本ハ神国たる処きりしたん国より邪法を授候儀　太以不可然候事。

2) 좀 더 자세한 부분은 윤재필(2013)의 '16세기 예수회의 일본선교 연구'(장로회신학대학교 세계선교대학원)를 참고할 것.

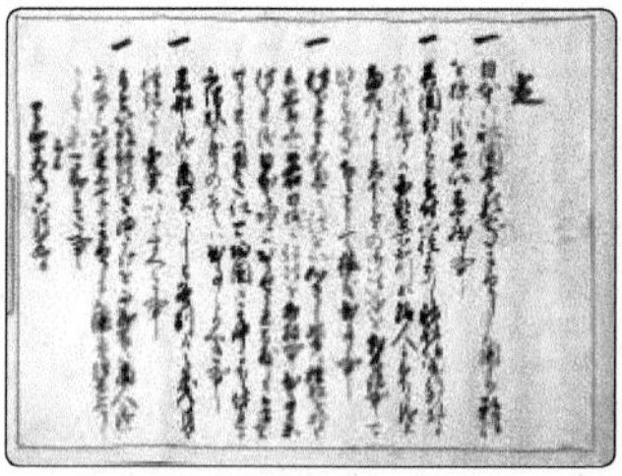

▲ 바테렌 추방령

▲ 16세기 일본의 선교사들

히데요시는 원래 오다 노부나가(織田信長)의 정책을 계승해, 기독교 포교를 용인하고 있었다. 1586년 3월 16일에는 오사카성(大坂城)에 예수회 선교사 가스파르 코엘료(Gaspar Coelho)를 알현하고, 같은 해 5월 4일에는 예수회에 대해 포교의 허가증을 발급하였다.

▲ 야쿠인 젠소(施薬院全宗)

▲ 도요토미 히데요시(豊臣秀吉)

그러나 규슈(九州) 평정 후 치쿠젠 하코자키에 체재하고 있던 히데요시는 1587년 7월 23일에 천태종의 승려인 야쿠인 젠소(施薬院全宗)로부터 나가사키(長崎)가 예수회의 영지로 요새화되어, 나가사키 항구에서 기독교신자 이외의 사람이 노예로 끌려가고 있다는 허위 내용의 밀고를 받았다고 한다. 이에 히데요시는 그다음 날인 7월 24일, 선교사의 퇴거와 무역의 자유를 선고하는 문서로서 기독교 선교의 한계를 표명했다.

이러한 젠소의 밀고를 바테렌 추방령이 시행된 요인으로 보고 있으며, 또 하나의 가장 큰 요인으로는 가신단 중에서도 강한 영향력이 있던 타카야마 우콘(高山右近)이 가톨릭 신앙을 포기하지 않고 무사도의 최고 상징이라 할 수 있는 복종을 거부했기 때문이라는 설이 검토되고 있다.

바테렌 추방령에서는 "신국(神国)인 일본 땅에서의 기독교 포교는 어떠한 조건이라도 곡사(曲事, 부정)이며, 이러한 신국에서 신사와 절을 부수고 신도를 빼앗는 것은 전대미문의 천하의 법도를 뒤엎는(불법에 반하는) 악한 사법(邪法)"이라고 단정하고 있다. 바테렌 추방령은 『가미카제(神風)』, 『신황정통기』 등을 중심으로 신국사상, 황국사관의 종교적인 상징과 그 원류로 여겨지고 있지만, 여기에서는 천황과 신사의 권위를 사용하지 않고 주로 불교 측의 입장에서 야쿠인 젠소(施薬院全宗)가 기초했다는 것을 판단할 수 있다.[3]

신국(神国)은 신의 나라를 의미하는 단어로, 일본에서는 "신(神)인 천황이 다스리는 나라", "신명에 가호(加護[4])를 받은 나라" 또는 "신들이 머무는 나라"라는 의미로 쓰이며 신주(神州)라고도 한다. 좀 더 자세히 논하자면 신국은 아마테라스 오미카미(天照大神)의 후예인 천황이 현인신(現人神)으로 군림하고 만세일계(万世一系)와 아마테라스의 신(神)의 계시인 신칙(神勅)하에 영원히 통치하고, 이를 뒷받침해온 황실과 이에 복종한 제신의 후예인 일본 국민과의 긴밀한 결합과 모든 정치와 신을 모시는 제사인 신사(神事)를 갖고 첫 번째로 하는 이념에 의해 신의 가호가 영원히 약속된 국가를 말한다.

---

3) 黒住真, 「天皇を中心とする日本の「神の国」形成と歴史的体験」(稲垣久和編, 『神の国と世界の回復 ―キリスト教の公共的使命―』, 教文館、2018年).

4) 신이 힘을 베풀어 도와준다는 뜻

고대 일본에서 '일본은 신국'이라는 관념이 존재한 것은 건국에 관한 신화(神話)가 남겨져 있기 때문에 알 수 있다. 또한 고대에는 제정일치(祭政一致)에 의해 나라를 다스리던 것도 신국 사상에서 나타난다. 신국 사상은 원래 민간에서 그리고 신화적으로 전승되어 온 것인데, 일본에서는 이를 사실로 평가한다.

2) 신국과 신화로서의 진구황후

일본이 신국이라는 것이 문헌상 가장 먼저 기록되어 있는 것은 『일본서기(日本書紀)』 9권 '진구황후의 조(神功皇后の条)'이다. 거기에는 "나는 들었다. 동쪽에 신국(神国)이 있다. 일본이라고 하며 또한 성왕(聖王) 있다. 천황이라고도 한다. 반드시 그 나라의 신병이 있다"라고 기록되어 있다. 또한 진구황후의 소위 삼한정벌(三韓征伐) 시 신라왕이 황후의 군대를 보고 "소리만 듣고도 일본 배를 인식하여 저것은 신국의 강자"라고 하며 저항하지도 않고 항복했다고 한다.

쉽게 설명하자면 일본 군대를 본 신라왕이 동쪽에 신국이 있다고 했으며 신국은 일본이라고 했다는 것이다. 형식은 신라왕의 입을 빌렸지만 그 신라왕이 누구인지, 어느 전투인지는 알려져 있지 않아 실제로는 일본인들의 희망적인 소망이 깃들어 있음을 알 수 있다.

▲ 진구황후(神功皇后) 삼한정벌 초상화

▲ 아카부치(赤淵) 신사

일본은 이러한 신화를 교과서에도 실어 초등학생들에게 가르쳤다. 그러다 보니 저절로 신국 사상은 실제 역사가 되어 삼한정벌과 아울러 후일 정벌할 국가가 되고 한일합방은 당연시되는 흐름으로 이어진 것이다. 1943년 일본 문부성(文部省) 국정교과서 『초등과 국사 상(初等科国史上)』을 보면 다음과 같이 실려 있다.

> …… 놀라고 당황한 것은 신라왕입니다. "소리를 듣고 일본 배, 신국의 용병에 틀림없다"라고 생각하고, 왕은 즉시 황후를 마중하여 아뢰기를 두 마음이 없는 표징으로 매년 반드시 조공을 올릴 것을 굳게 맹세했습니다. 기세에 오른 장병들 중에는 왕을 죽이자고 하는 자도 있었지만, 황후는 그것을 멈추고 항복을 허락하여, 왕이 진심을 담아 바친 금·은·비단을 80척의 배에 싣고 용감하게 순조롭게 돌아오시게 되었습니다.

646년 중대형 황자(中大兄皇子: 나카노오오에노 오지)가 개신의 조(改新の詔)[5]에 봉답(奉答)하면서 신국 사상은 만세일계(万世一系)의 사상에 이르게 된다. "하늘에 두 해가 없으며 국가에 두 왕이 없다. 그러므로 하늘 아래 함께 만민을 통치하는 것은 오직 천황만 할 수 있다"고 한 것은 천황의 신성에 대한 이해를 표명한 것으로 전해진다.

효고현 아사고시(朝来市)의 아카부치(赤淵) 신사에 전승하는 『신사약기(神社略記)』에 따르면, 645년에 효마이 추쿠네(表米宿禰命)가 단고(丹後)에 기습한 신라적(新羅賊)을 토벌했는데 거친 바람으로 침몰하려는 배를 바다 용왕(大海龍王)이 전복의 무리들을 이용하여 구했다고 전해진다.

---

5) 일본의 아스카(飛鳥) 시대 중기의 다이카 개신(大化の改新, 대화의 개신)에서 새로운 시정방침을 나타내기 위해 발표한 조서

3) 신의 나라에 침입한 신라적(新羅賊)

일반적으로 한국 내에서는 대개 신라가 자주 침입한 왜구(倭寇)들한테 시달렸다는 것과 고려 시대에도 왜구 때문에 힘들었다는 기록이 있다. 그런데 지인인 일본인 학자한테 들으니 반대로 신라가 일본을 침공했거나 우리의 왜구 같은 신라구(新羅寇)가 일본을 침공한 기록들도 상당히 많이 발견되는 편이라고 해서 놀라움을 금할 수 없었다.

다만 신라군들이 일본을 침공하였다는 일본 측의 기록들은 신라구의 사례와 마찬가지로 대부분이 한국 측 사서인 『삼국사기』 등에서는 확인이 되지 않고 한국 측 기록에서는 거의 조선 시대 이후 기록들에서부터 등장하는데 조선통신사처럼 일본을 방문한 후의 기록이 대부분이다. 따라서 일본이 주장하는 신라구의 사례처럼 한국 측에서는 해당 기록이 없지만 일본 측 사서들에서 계속 등장하는 사례들을 보면 앞으로 많은 연구가 필요한 부분이라 할 수 있겠다. 왜냐하면 『삼국사기』가 삼국통일로부터 500여 년이 지난 고려 시대 중기인 1145년에 편찬된 역사서이며, 그 이전의 신라의 공문서와 역사적인 사료들이 고려-거란 전쟁, 여몽전쟁 등을 거치면서 거의 대부분 사라졌기 때문에 새롭게 접근하여야 할 부분이고 이것이 진구황후(神功皇后)의 삼한정벌(三韓征伐)설, 임나일본부설 등 결국 신의 나라(신국)로 연결되는 길이기도 하기 때문이다. 이 삼한정벌은 도요토미 히데요시에 의한 임진왜란과 정유재란의 조선출병의 명분인 '조선은 진구황후의 삼한정벌 이래 일본의 속국이었기 때문에 지배할 권리가 있다'는 논리로 적극 활용되었다. 그리고 에도 시대 중반 발생한 국수주의적 학문인 고쿠가쿠(国学)에서 삼한정벌과 도요토미 히데요시의 조선침략(임진-정유재란)을 조선정벌이라고 해석하는 견해를 지닌 야마가 소코(山鹿素行)의 『무가사기(武家事紀)』, 『중조실록(中朝事実)』 등[6]이 읽히면서 신의 나라는 더욱 확산되며 내셔널리즘으로 변하게 된다.

신라와 일본의 외교관계와 신라의 침입을 통해 신국 사상이 형성되었다고 하는 견해가 일반적이다. 서기 811년 12월 신라 적도(賊徒), 그리고 869년의 신라적(新羅賊)이 하카다(博多)에 쳐들어 온 것을 계기로 일본 정부는 국방체제를 강화한다. 일본 정부는 죄수를 요소에 수비병으로 착출하여 연해 여러 군의 경비를 굳혔다. 이외에 내통하는 신라상인 윤청(潤清) 등 30명을 체포하고 추방하기로 결정하였고, 적도들에게 활을 쏜 해변의 백성들에게는 상을 내렸다.

서기 869년 12월 14일 신라의 배가 습격한 소식을 들은 이세신궁(伊勢神宮)에서 그 격퇴를 기도하며 신에게 고하는 고문(告文)에는 "일본은 신의 나라이며, 신의 수호(바람)에 의해 적국의 배는 쳐들어올 수 없도록" 하는 신의 바람인 신풍(神風)에 의한 비전(非戦)의 해결을 원했다고 적혀 있다.

신라는 큰 배를 건조하여 나팔을 불어 군사 연습에 힘쓰고 있어 무슨 일이냐고 물으면 "대마도를 정벌하러 간다(서기 870년 2월 12일)"고 대답했다고 한다. 또한 현지의 공문서 담당인 시쇼(史生)는 신라국의 서찰을 입수하여 차관급인 타자이노 쇼코(大宰少弐)인 후지와라노 겐리마로(藤原元利万侶)의 내통을 고발했다. 이에 서기 870년 2월 15일, 조정은 석궁사나 수비병의 무사 50명을 대마도에 배치한다. 또한 소재지에서 징발한 병사가 쓸모없다고 본 정부는 적군의 포로인 부수(俘囚), 즉 율령국가에 복

6) 前田 勉(2010). 山鹿素行『中朝事実』における華夷観念, 愛知教育大学研究報告. 人文·社会科学編 59, pp. 47-54.

속한 아이누족 등을 배치했다.

현재의 시마네현(島根県)의 오키(隠岐)에 있는 아마타케 카나카야(天健金草) 신사(神社)의 유래와 역사가 적혀 있는 샤텐(社伝)에는 906년 7월 13일 오키(隠岐) 지역에서 "신라의 도적선이 북해에 있어 우리가 도적을 몰아내도록 대풍(大風)을 불게, 그리고 돛대 등이 흘러서 표착, 신의 위엄을 지칭하는 신위(神威)의 크기를 알렸다"고 전해지고 있다. 동시에 이세신궁(伊勢神宮), 이와시미즈 하치만구(石清水八幡宮), 카시이(香椎) 진구코고료(神功皇后陵, 진구황후릉) 등에 신전에 폐백을 드리는 봉폐(奉幣) 및 신에게 아뢰는 글인 고문(告文)에는 "일본은 신의 나라이며, 신의 수호에 의해 적국의 배는 쳐들어 올 수 없다"라고 되어 있다.

신의 나라(神国)와 신국 사상을 일본인들이 믿게 된 결정적 사건으로는 1274년의 제1차 일본정벌 에이노 에키(文永の役, 문영의 역)와 1281년의 제2차 일본정벌 코안노 에키(弘安の役, 홍안의 역)을 들 수 있다. 이를 우리는 '여몽연합군의 침입'이라 하고 일본에서는 '몽고 내습'이라고 부르는데, 몽골제국(원나라)과 고려가 두 차례에 걸쳐 실시한 일본 침공(日本侵攻)이 모두 태풍(颱風) 때문에 중단된 것이었다. 이때 일본인들은 이 태풍을 '신이 보호해준 바람'이라는 뜻의 신풍(新風, 가미카제)이라고 부르고 자신들의 나라를 신의 가호를 받는 나라이며 신국(神国)이라고 믿었다.

위의 상황을 종합해보면 신국(神国)과 신풍(新風)은 거의 신라와의 관계에서 등장한 개념으로 파악된다. 신라를 적대시하는 사고가 신국 사상의 발전으로 이어졌는데, 특히 몽고의 침입 이후 일본 국방상(国防上)의 위기감이 높아지면서 그 후로 신국 사상이 강조되었다.

| 2절 | 신국 사상을 주장한 일본 학자들

1) 키타바타케 치카후사의 『신황정통기(神皇正統記)』

일본의 남북조 시대, 남조(南朝)의 귀족인 공가(公家) 키타바타케 치카후사(北畠親房)는 『신황정통기(神皇正統記)』를 저술하면서 책의 서문에 "일본은 신국(神国)"이라는 표현을 처음 사용했다고 한다. 그 내용은 다음과 같다.

> 대일본(大日本, 오야마토노쿠니)은 신국이다. 천조(天祖, 아마쓰미오야)가 처음으로 기초를 열었고 태양신(日神, 히노카미)으로부터의 계통(統)을 이어받았다. 우리나라만이 이러한 일이 있고, 외국(異朝)에는 이러한 일이 없으니, 따라서 '신국'이라 일컬어진다.[7]

키타바타케 치카후사는 가마쿠라 시대(鎌倉時代) 후기부터 남북조 시대의 공경(公卿)으로 역사가이며 저서의 『신황정통기』로 유명하다. 고다이고(後醍醐) 천황(1288~1339)의 측근으로도 유명한 그의 『신황정통기』는 이른바 신대(神代)라 불리는 시대부터 엔겐(延元) 4년/랴쿠오(暦応) 2년(1339년 9월 18일)의 고무라카미 천황(後村上天皇)이 남조의 천황이 되기까지를 다루었다.

『신황정통기』의 저술 이유로는 여러 가지 설이 있으나 가장 유력한 설은 당시 나이 어렸던 고무라카미 천황을 가르치기 위한 학습용으로

---

7) 大日本者神国 (おほやまとはかみのくに) 也、天祖 (あまつみおや) ハジメテ基 (もとゐ) ヲヒラキ、日神 (ひのかみ) ナガク統 (とう) ヲ伝給フ。(我国ノミ此事アリ。異朝 (いてう) ニハ其タグヒナシ。此故ニ神国ト云也)

써 제왕학의 교재였다는 설이다.[8] 이 경우 주로 『역경』(주역) 및 『맹자』의 영향이 보인다는 점이 거론된다. 그것은 남조의 정통성을 주장하는 소박한 국수주의가 아니라 '덕이 없는 군주의 왕통은 단절될 것이요 다른 계통의 왕통으로 그 정통성이 옮겨갈 것이다'라는 엄혹한 유교적 이론을 고무라카미 천황에게 강조하기 위한 것으로 역성혁명론(易姓革命論)이 아닌 "역계혁명"론(易系革命論)이라고도 할 수 있다. 그리고 자신의 왕통이 정통으로써 이어지기 위해서는 자기 수양을 소홀히 해서는 안 되며, 욕심을 버리고 백성을 위해 힘을 쏟아야 한다고 훈계하고 있다고 보고 있다.[9]

여기서 역성혁명은 성씨가 바꾸어 천명을 혁신한다는 의미로 나라를 바꿀 때 쓰는 용어이지만 역계혁명은 나라와 천황의 혈통을 유지하면서 천황의 혈통하에 바뀌는 혁명을 말하므로 일본식의 제왕학의 교재였다고 보는 것이 타당하다.

『신황정통기』가 저술된 전후의 시대적 배경은 일본에서는 가장 중요한 시기 중의 하나이다. 1333년(겐코[元弘] 3)에 고다이고 천황이 스스로 가마쿠라 막부(鎌倉幕府)를 타도하기 위한 토막(討幕) 운동으로 겐코의 난(元弘の乱)이 일어났고, 쇼니 사다쓰네(少弐貞経)가 오토모 씨(大友氏) 등과 함께 가마쿠라 막부(鎌倉幕府)를 멸망시킨다. 일본사에서 천황이 스스로 무기를 들고 전투를 하는 경우는 거의 없기 때문에 일본에서는 높게 평가하기도 하지만 일부에서는 낮게 평가한다. 일본의 사상인 무사 중심의 사회를 거역했다고 보기도 한다.

---

8) 岡野友彦(2009).『北畠親房 大日本は神国なり』, ミネルヴァ書房, pp. 176-189.

9) 窪田高明(2002).「『神皇正統記』の執筆意図：北畠親房研究ノート 1」,『神田外語大学日本研究所紀要』, 第3巻, pp. 4-11.

고다이고 천황은 1333년 6월 5일 천황이 스스로 실시하는 정치의 의미인 친정(親政)을 실시하면서 성립한 겐무(建武) 정권의 신정책을 펼치는데 이것을 겐무의 신정(新政), 또는 겐무의 중흥(建武の中興)이라고도 한다. 일본에서 겐무의 친정은 상당한 의미를 갖는다. 무사들의 정권인 막부를 천황이 공격하고 천황 스스로의 친정을 했다는 의미를 부여하여 에도 말기의 도쿠가와 막부 타도 운동으로 이어지는 하나의 계기가 되며 메이지 유신의 상징적 의미를 갖게 한다.

그러나 3년이 지난 1336년(겐무 3) 10월에 고다이고 천황은 아시카가 타카우지(足利尊氏)와의 싸움인 겐무의 난(建武の乱)에서 패배하여 야마토(大和)의 요시노(吉野)로 들어가 남조 정권(요시노 조정)을 수립하고, 타카우지의 무로마치 막부가 옹립한 북조와의 사이에 남북조(南北朝)를 이루며 내란이 발발하였다.

겐무의 난 이후 무로마치 막부(室町幕府, 1336~1573)가 성립되어 북조가 정통으로 등장하면서 치카후사의 논리를 부정하는 미부 하레도키(壬生晴富)의 『속신황정통기』가 등장하기도 했었다. 그러나 에도 막부의 초대 쇼군인 도쿠가와 이에야스(徳川家康)의 손자이며 미토번의 제2대 번주인 도쿠가와 미츠구니(徳川光圀)는 『대일본사』에서 치카후사의 주장을 높이 평가해, 에도 막부 안에도 호조 야스도키(北条泰時)의 고세이바이 시키모쿠(御成敗式目) 등을 인용하여 '무가에 의한 덕치 정치'의 정당성을 이끌어 내는 의견이 등장하게 되었다. 도쿠가와 미츠구니의 미토학에서 높게 평가받는 『신황정통기』는 후의 황국사관에도 영향을 주었다. 고세이바이 시키모쿠(御成敗式目)는 '도리'(무사 사회의 건전한 상식)를 기준으로 여기에 '선례'를 가미한 통일적인 무사 사회의 기본이 되는 일본 역사상 최초의 무가법전(武家法典)이었다. 그 이전까지는 고대의 율령이나, 메이지

(明治) 이후의 각종 법령(法令)이 기본적으로 외국의 법령을 모범으로 제정한 계승법이었던 것에 비해 시키모쿠는 일본 고유의 독자적인 법령이라는 점[10]에서 오늘날까지 일본 법제 사상 획기적인 것으로 평가되고 있다.

『신황정통기』에 따르면 천조(天祖)인 국상입존(国常立尊, 쿠니노 토코타치노 미코토)이 처음으로 일본의 기초를 열고, 일신(日神)인 아마테라스 오오카미(天照大神)가 길게 그 전통을 전해 주었다. 이것은 일본만의 특징이며 이조(異朝, 중국·조선·인도)에는 그 유례가 없기 때문에 일본을 신국이라고 한다는 것이다.

▲ 신황정통기(神皇正統記)

▲ 키타바타케 치카후사(北畠親房)

10) 長又高夫(2017). 『御成敗式目編纂の基礎的研究』汲古書院, pp. 183-184.

2) 도쿠가와 막부에서의 신국 사상

학자들이 신국 사상이나 자국우월(自国優越) 사상에 대하여 상세하게 논의하게 된 것은 도쿠가와 막부가 시작된 이후부터이다. 학문이 발달하여 일본 고대의 건국체제(建国の体制)가 밝혀진 것이 일반적 이유이지만, 또한 중국을 존중하고 일본을 비하하는 유학(儒學)에 대한 반발과 에도 막부의 번영과는 대조적으로 교토의 조정이 쇠퇴하고 있었기 때문에 감정적으로 존왕(尊王)의 사조가 솟아난 점 등이 이유가 되었다. 특히 교토에 거주하는 학자들 사이에 그 경향이 있었다.

하야시 라잔(林羅山) 밑에서 수학한 야마가 소코(山鹿素行, 1622~1685)는 병법가(兵法家)로 알려졌지만 본인은 유학자를 자처했다. 막부의 금기를 어겨 아코(赤穗)에 유배 중이던 그는 1669년에 『중조사실(中朝事実)』을 저술하였다. 그는 이 책에서 일본 정교(政教)의 연원을 주장하여, 아마테라스 오오미카미(天照大神)의 천손강림(天孫降臨) 신칙(神勅)에 의해 황통(皇統)

▲ 미와모노 카타리(三輪物語)

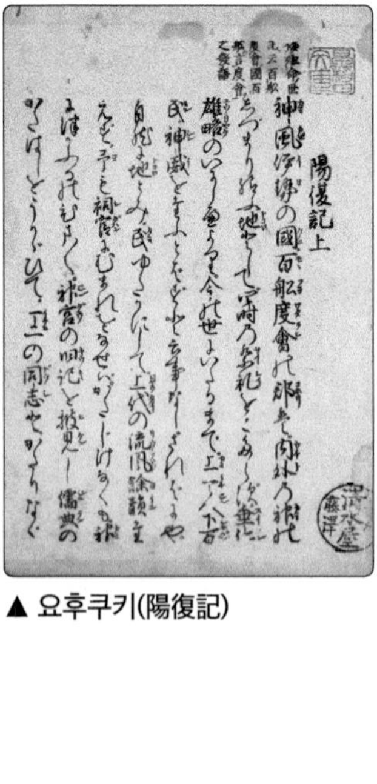
陽復記上

▲ 요후쿠키(陽復記)

의 무궁함이 영구적으로 정해진 것을 언급하며 일본이 신국인 이유를 논했다. 일본을 중조(中朝), 중화(中華)로 칭한 것은 이 책이 처음이었다.

구마자와 반잔(熊沢蕃山, 1619~1691)은 양명학자(陽明学者)로서 일본의 역사를 보면서 황국(皇國)의 존엄성을 크게 주장했다. 그는 저서인 『집의외서(集義外書)』에서 "일본은 멀리 떨어진 변토(辺土)이지만 태양(太陽)이 뜨는 나라로서 사람의 기질도 가장 영적이다"라고 말하며, 저서 『집의화서(集義和書)』에서는 "인의예지신(仁義礼知信)과 지인용(智仁勇)의 이론이 일본에는 없는 것 같지만, 일본에서는 삼종(三種)의 신기(神器)를 불언(不言)의 경전으로 간주하여 이들 제덕(諸德)의 가르침은 모든 이 신기에 의해 표상되는 것이다"라고 주장했다. 또한 그의 『미와모노 카타리(三輪物語)』에는 다음과 같이 기록되어 있다.

> 본조(本朝)는 삼계를 근원으로 하여 신명을 가지고 원조로 한다. 신명은 우주의 종묘(宗廟)이다. 일본의 개벽(開闢)의 초기 천지와 함께 신명 나타난다. 그러므로 나라를 신국(神国)이라고 하고 그 길을 신도(神道)로 한다.

와타라이 노부요시(度会延佳, 1615~1690)는 이세신도(伊勢神道)의 부흥을 꾀하여 『요후쿠키(陽復記: 양복기)』를 저술하고, 주로 신도와 유교의 융합을 말하는 신유습합(神儒習合)의 신도설(神道說)을 전개했다. 이는 중국의 역(易), 음양(陰陽), 이기(理気)의 학을 일본의 신도와 합친 것이다. 와타라이 노부츠네(度会延経)는 아버지인 데구치 노부요시(度会延佳)의 와타라이 신도(度会神道)를 이어 가업을 일으켰고, 그의 제자 키소 키요아리(喜早清在)는 『양복기연의(陽復記衍義)』를 저술하여 일본이 천지개벽과 함께 나타난 국상입존(国常立尊, 쿠니노토고타치노미코토)과 아마테라스 오오미카미(天照

大神)로 시작하여 진무천황(神武天皇) 166대의 오늘에 이르기까지 타성(他姓)을 섞지 않고 신기(神器)를 전했다는 것은 세상에 그 예가 없다고 주장했다.

3) 국체의 등장과 미토학

야마자키 안사이(山崎闇斎, 1619~1682)는 승려를 그만두고 주자학에 입문하여 신도를 연구하였다. 특히 황국(皇国)을 위해 열심히 연구했다고 하는데 그와 관련된 유명한 일화가 있다. 어느 날 안사이가 제자들을 향해 "공자(孔子)와 맹자(孟子)가 일본을 공격해 온다면, 공맹(孔孟)을 배우는 사람은 어떻게 해야 하는가"라는 문제를 냈다. 제자 중 누구도 대답하지 못하자 그는 "공맹과 싸워서 그들을 포로로 삼아 국가의 은혜에 보답하여야 한다. 이것이 공맹의 가르침이다"라고 답해주었다고 한다. 이는 안사이의 사람됨을 잘 나타낸 일화이며, 그의 학문은 여기에 입각한다. 안사이는 유학과 신도를 연구했지만, 전부 국체(國體)의 존엄을 고창했다는 공통점이 있다. 그는 일본이 신국인 이유와 황통(皇統)이 신성한 이유를 들어 국학(國學)과 국체의 존엄성을 논하여 미토학(水戸学)의 기원이 되었다.

아사미 케이사이(浅見絅斎, 1652~1712)는 안사이 문하의 유명인사이며, 『세이켄이곤(靖献遺言: 정헌유언)』을 저술하여 존왕(尊王) 사상을 고취했다. 관동의 땅을 밟지 않으며 제후에게 봉사하지 않음을 맹세하고 만약 시기가 적절하면 의병을 들어 왕실(王室)을 돕는 것이라며 이 책을 저술했다고 한다. 이를 스스로 강의식으로 펴낸 정헌유언 강의(靖献遺言講義)는 당시의 유생들이 중국을 존중하고 일본을 비하하는 것을 공격하고 황국을 존중해야 하는 이유를 설파했다. 또한 그는 『중국변(中国弁)』이라는 책에서 중국과 이적(夷狄)이라는 호칭은 중국에서 말하는 것과 일본에서 말하는 것과는 주객이 바뀌어, 어디든 자국을 중국, 상대를 이적(夷狄)이라고 불러야 한다고 주장했다.

▲ 호켄타이키(保建大記)

타니진잔(谷秦山, 1663~1718)은 아사미 케이사이(浅見絅斎)에게 배우고 별도로 안사이의 수이카신도(垂加神道)를 따라했다. 그는 쿠리야마 센보(栗山潜鋒)의 『호켄타이키(保建大記: 보건대기)』를 토대로 공맹(孔孟)은 신도를 보좌해주는 명분상의 좋은 책으로 간주하고 알기 쉽게 설명하였다. 문인들이 이를 기록하여 '보건대기 타개(保建大記打聞)'라고 칭했는데, 그중에서 삼종의 신기(三種の神器)와 황위(皇位)의 관계가 불가분임을 논하고, 겐페이 합전(源平合戦) 때 헤이케(平家)가 안토쿠 천황(安徳天皇)을 데리고 서쪽 지방에 떨어진 뒤 고토바 천황(後鳥羽天皇)이 신기 없는 상태에서 즉위한 것을 있어서는 안 될 일이라고 공격했다. 이 이론은 이후 메이지 말년 남북조 황통의 정통(正閏) 문제에서 중시된 신기론(神器論)에 통하기도 하였다.

『호켄타이키』의 저자인 쿠리야마 센보는 1671년에 현재의 교토의 후시미구(伏見)에 해당하는 야마시로노 쿠니(山城国)에서 태어났다. 그는 14세인 1684년에 교토에 나와 안사이의 문하생이었던 쿠와나 소운(桑名松雲)에게 배웠으며, 18세에 『호켄타이키』의 초고인 『호헤이코시(保平綱史)』를 저술하였다. 그는 1692년 미토번주 도쿠가와 미쓰쿠니(徳川光圀)에 초대받아 학관이 되었고, 5년 뒤인 1697년 28세 나이에 300석의 봉록을 받고 쇼코칸(彰考館)의 총재가 되어 『대일본사』의 편집에 종사하였다.

『호켄타이키』는 1689년 완성되었으며 전 2권으로 구성되어 있다. 센보는 1123년부터 1192년까지의 일본 상황을 다루면서 황실(皇室)이 쇠퇴하고 무가(武家)가 융성한 것은 황실의 부덕(不德)의 결과라며 당시의 상황(上皇)과 천황을 맹비난했다. 존왕(尊王) 이론인데, 과거 상황(上皇)이나 천황을 이름을 대면서 비난한 것은 표면적으로는 이상하다고 할 수 있다. 그러나 황실이 부덕했기 때문에 무가로 권력이 이동했다고 강조함으로써 도쿠가와 막부가 일본을 지배하는 것을 모두가 당연시하던 시절에 원래는 천황이 나라를 통치해야 한다는 사상을 비밀리에 전파한 것이었다. 막부체제에서 무가가 권력을 가지는 것은 부당하다고 공개적으로 언급하는 경우 엄벌에 처해질 것은 당연하기 때문에 본래의 취지를 숨기고 있었다고 볼 수 있다. 그 후 이 사상이 발전하여 황실이 미덕(美德)이 있는 경우에는 막부로부터 권력을 되찾아야 한다는 막부의 존왕도막(尊王倒幕)론의 기초가 되었다.

미야케 칸란(三宅観瀾, 1674~1718)은 아사이 케이사이(浅見絅斎)의 제자이며, 도쿠가와 미쓰쿠니에 초빙되어 국사편수(国史篇修)의 총재가 되었다. 그의 저서 『츄코칸겐(中興鑑言: 중흥감언)』은 유일하게 일본 국체의 유래를

▲ 미야케 칸란(三宅観瀾)

▲ 츄코칸겐(中興鑑言)

논한 것이고, 그중 '논덕장(論徳の章)'에서 삼종의 신기와 함께 국가와 황도(皇道)의 관계에 대한 자세한 내용을 저술하였다. 그는 순수한 고도(古道)가 황도의 본령(皇道の本領)이라고 하여 불교와 유교 모두 배척했다.

4) 비정통유학자들의 신국 사상

니시카와 죠켄(西川如見, 1648~1724)은 난학(蘭学)으로 지리학을 공부하고 『일본수토고(日本水土考)』를 저술하여 일본 열도의 지리학적 우위와 일본이 신국인 이유를 논했다. 난학자가 서양을 숭배하여 일본을 비하하는 경향 속에서 죠켄만은 자국을 존중하는 마음을 잃지 않았다. 그 이론은 후에 히라다 국학(平田国学)에 영향을 미쳤다. 죠켄은 『일본수토고』에서 다음과 같이 주장하였다.

> 일본은 만국의 제일 동쪽에 있고 아침 해가 제일 먼저 비추는 땅이다. 일본(日本)이라는 국호는 맞다고 생각한다. 일본이 신국(神國)인 것은 수토(水土) 자연의 이치일 것이다. 일본은 청양중정(清陽中正)의 수토이다. 따라서 신명(神明)이 여기에 모인다. 일본의 사계절은 모자라지도 않고 넘치지도 않은 중정(中正)이다. 만국은 광대이지만 일본처럼 사계절이 똑바른 국가는 많지 않다.

이시다 바이간(石田梅岩, 1685~1744)은 심학(心学)의 사도이며, 『도히몬도(都鄙問答: 도비문답)』에서 일본의 황통(皇統)이 신손(神孫)이며 중국과 존비(尊卑)가 다른 것을 논하고 있다. 그는 "텐쇼코타이진구(天照皇大神宮)를 종묘(宗廟)로 받들어 모시고 한 하늘의 주군의 선조로서 만민에 이르기까지 참배(參拜)하면서 모두가 참배하게 된다. 중국에는 이런 례가 없다"고 주장했다.

▲ 이시다 바이간(石田梅岩)

히라가 겐나이(平賀源内, 1728~1780)는 통속소설 작가인 희작자(戱作者)이지만, 유학자의 중국 숭배에 반발하여 근세 후기에 유행하는 자국존중론(自国尊重論)을 선점하고 통속소설 『후류시도켄텐(風流志道軒伝: 풍류지도헌전)』을 저술했다. 『후류시도켄텐』은 1763년 간행되었으며 당시 실존했던 평판의 후카이시도켄(深井志道軒)의 전기 형태로 일본 전국·대인국·소인국·여호도(女護島) 등을 순회하는 내용에 해학을 섞어 풍속과 인심을 풍자한 책이다. 여기에서 그는 “당나라의 풍속은 일본과 달리 황제가 떠돌이처럼 다니면서 마음에 들지 않으면 교체하며, 천하(天下)는 한 사람의 천하에 있지 않고 천하의 천하”라고 주장했다.

▲ 히라가 겐나이(平賀源内)

▲ 후류시도켄텐(風流志道軒伝)

나카이 치구잔(中井竹山, 1730~1804)은 오사카에 거주한 주자학자이지만, 세상의 유학자들이 중국(漢土)을 존중하고 일본을 비하하는 것을 비판했다. 특히 오규 소라이(荻生徂徠)를 공격했는데, 그의 저서 『비징(非徵: 히쵸)』은 소라이의 『논어징(論語徵)』을 반박할 목적으로 작성된 것이다. 또한 마쓰다이라 사다 노부(松平定信)의 자문에 대한 답변 『소보키겐(草茅危言: 초모위언)』을 저술하였고 제1권에 '왕실(王室)'의 장을 마련하여, 백왕불역(百王不易)은 사해만국(四海万国)에 초월하는 미담(美談)이지만, 조정이 쇠퇴한 것은 신을 숭배하고 부처를 존경하고 공양(供養)에 낭비한 것이 원인이라고 주장하였다.

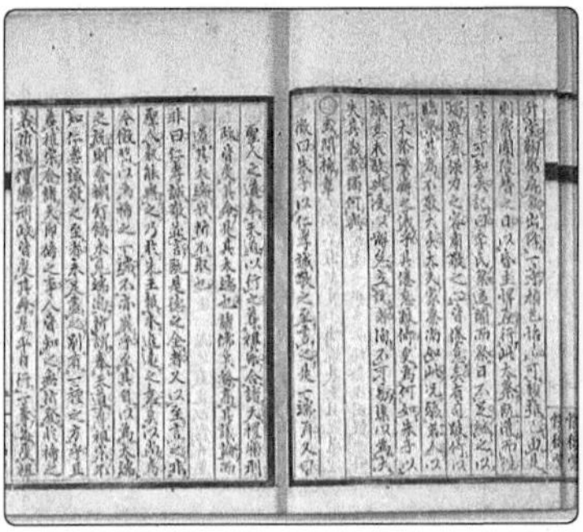

▲ 히쵸(非徵)

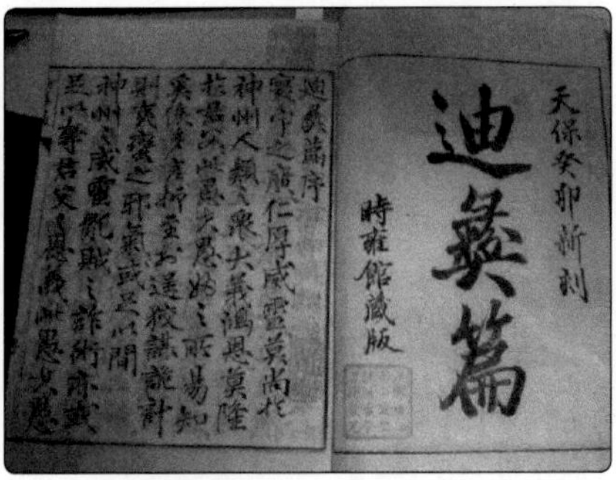

▲ 테키이헨(迪彝篇)

아이자와 세이시사이(会沢正志斎)의 『테키이헨(迪彝篇: 적이편)』은 『신론(新論)』 다음으로 널리 읽힌 저서이다. 일본이 소중한 첫 번째 이유는 만국(萬國) 중에서 일본만이 역성혁명(易姓革命) 없이 황통연면(皇統連綿)으로서 신세(神世)에서 지금에 이르기 때문이라고 논한다. 세계 모든 나라 즉, 만국은 각각 자국의 군주(君主)를 높이 우러러 존경한다. 어느 나라든 자국을 존경하고 외국을 비하(卑下)하기 마련이라 자기를 존중하고 다른 나라를 동이(東夷)·남만(南蠻)·서융(西戎)·북적(北狄)의 말인 '이만융적(夷蛮戎狄)'이라고 부르는 것은 자주 있는 관습이다. 그러나 만국 어디서든 역성혁명이 일어나는데, 국가가 흐트러지는 경우 군주를 살해하거나 어느 때는 추방하고 어느 때는 선양(禪讓)시키고, 또는 후세가 끊어질 때는 타성(他姓)의 사람에게 잇게 한다. 그 하늘이라고 하는 것이 종종 바뀌는 것이기 때문에, 그 천지(天地)라는 것도 소천지(小天地)이며, 그 군주도 소조정(小朝廷)이다.

다시 말하면 세이시사이는 만국에서 단지 신주(神州, 일본)만은 천지개벽하고부터 하늘(天)의 후계자가 끝없이 전해지면서 한 성(一姓)으로 이어지고 있는데, 서민들이 하늘을 우러러 보는 황통(皇統)은 변하지 않고, 그 하늘이라는 곳의 위대함은 전 세계에 비교할 수 없다고 주장한다. 즉, 신성한 혈통을 내세워 만세일계를 강조하면서 이것을 신의 나라로 표현하고 있음을 알 수 있다.

| 3절 | 신국 사상과 존왕양이, 그리고 국수주의

1) 신의 섭리로서의 신국 사상

모토오리 오히라(本居大平)는 모토오리 노리나가(本居宣長)의 양자이며, 노리나가 학문의 정통을 계승했다. 그는 1827년에 『코가쿠요(古学要: 고학요)』를 저술하여 일본은 타국보다 상위에 있고 서로 배척하는 것이 아니라고 논하며 다음과 같이 주장했다.

> 즉, 일본은 만국의 조국(祖国)이며 군주이다. 타국은 신하(臣)이다. 이를 사람의 신체로 말하자면 일본은 머리이며 타국은 손발이며, 인간관계에 비유하면 일본은 조상이며 타국은 인종집단이다. 음식으로 하자면 일본은 오곡(주식)이며 타국은 야채와 생선(반찬)과 같은 것이다.

즉, 일본은 혈통과 만세일계(万世一系)를 중심으로 세계 모든 나라의 조상이며 머리임을 강조한 것이다. 히라타 아츠타네(平田篤胤)는 저서인 『타이도와쿠몬(大道或門)』에서 황국(皇国)의 존귀성을 다음과 같이 주장했다.

> 천황(天皇)의 혈통은 아마테라스 오오가미(天照大神)보다 더 이어졌으며, 신대(神代)보다 천만 년의 지금까지 천하의 대군(大君)이다. 군신(君臣)의 차별은 분명하게 정해져 있다. 천황(天皇)부터 5대까지는 왕(王)을 칭하는 것을 허용하고 신하(臣下)의 열은 아니다. 황국을 신국(神國)과 군자 나라(君子国)라고 칭하는 것은 황국의 자칭이 아닌 다른 나라가 그렇게 칭하는 것이다.

천하를 다스리는 것을 마쯔리고토(政, まつりごと)라고 주장하는 것은 신국의 작법이다. 신의 섭리로 세상을 다스려 신의 제사(神祭)를 모시고 함께 제일로 하기 위해 정사(政事)라는 문자를 마쯔리고토라고 한다. 제사와 정사는 원래 하나이다. 이것이 신국이라고 칭하는 까닭이다.

후지타 토코(藤田東湖)는 '신국은 누가 군림하는가, 만고 영원히 천황을 우러른다(받든다)'는 의미인 "신주수군림(神州誰君臨) 만고앙천황(万古仰天皇)"을 설파하여 중국은 역성혁명을 주체로 하는 국가로 왕조 교체가 있기 때문에 정기관념(正気観念)에도 변동이 있지만, 일본은 만세일계의 황실을 모시고 영원히 변하지 않기 때문에 정기관념에 변동이 없고, 거기에 일본 민족의 특징이 있다고 주장했다. 또한 정기(正気)라는 것은 일반적으로는 도의(道意), 특수적으로는 충의(忠義)이며 나아가서 정기의 정수를 모은 신국 일본(神国日本)의 그 황풍(皇風)이 세계에 퍼져, 황실의 성덕(聖德)은 태양과 같다고 하였다.

진심으로 황실을 존경하고 있으며
부모를 섬기듯, 천신(천황)을 모시고 있고
학문을 수양하면서 무도에 분발하고 있으며
맹세하여 이민족의 침입을 진압하여 깨끗이 한다.[11]

이러한 토코의 「정기가(正気歌)」는 요시다 쇼인(吉田松陰)의 존왕양이(尊王攘夷) 사상과 메이지 시대 러일전쟁의 영웅이며 일본 최초의 군신(軍神)이 된 히로세 다케오(広瀬武夫) 중령에게도 영향을 미쳤다. 히라타 아츠타네의 사상과 미토가쿠(水戸学: 미토학)의 존왕(尊王) 사상이 섞여 막부에는 신주불멸(神州不滅) 사상이 일어났다.

이러한 신국 사상과 신주불멸 사상은 에도 시대의 유교 사상과 결합한 미토가쿠와 근세 초기의 유학자 야마자키 안사이가 제창한 기몬가쿠(崎門学: 기몬학)가 국수주의(國粹主義) 사상을 만들어 유교의 지배 이데올로기에 전통적인 일본 고유의 가치를 최고로 하는 신국 사상 중심의 국학(國學)으로 활성화된다.

막부 말기에는 신국 사상에 기초하여 황실을 정치권위의 원천으로서 존경하고 숭배해야 한다고 주장하는 존왕론이 등장하여 존왕양이 운동에 정신적인 기반을 제공하면서 막부타도(幕府打倒) 운동의 사상적인 기초가 되었다. 또한 미토학이나 국학에서는 단순히 통치자의 황제뿐만 아니라 신민(臣民) 자체도 신들의 후예(後裔)라는 생각이 나타나 신국 사상은 민속으로 조상숭배와 결합되어, 메이지 유신 이후의 신을 존경하고 조상을 숭배하는 경신숭조(敬神崇祖)와 충효(忠孝)일치라는 가제도(家制度) 국가를 지탱하는 도덕 사상으로 등장하게 된다.

---

11) 忠誠尊皇室，孝敬事天神。修文兼奮武，誓欲清胡塵。

정치적 독립과 국민 통합을 강하게 의식되게 되었던 막부 말기의 메이지 유신기에는 국학과 신도(神道)가 그 사상적 배경을 이루고, 제2차 세계대전의 파시즘체제하에서는 천황가를 종조(宗朝)로 하는 가족국가론(家族国家論)과 팔굉일우론(八紘一宇論)이 그 기초가 되어 대동아 공영권 건설을 향한 국민정신 통합의 핵심으로 큰 역할을 했다. 이처럼 중세부터 근현대에 걸쳐 대외관계의 긴장이 고조되거나 위기를 맞이했을 때 신국 사상은 한층 강조되어 왔으며 신주불멸 사상으로 나타났다.

쇼와(昭和) 및 태평양 전쟁 종결 시까지는 군부에 의해 신국 일본, 신주불멸 등 민족주의 및 정신주의, 종교 등의 경향을 가진 구호가 널리 사용되었다. 또한 신주불멸의 이유로서 일본은 신국이기 때문에 국가 위기 시에는 원구(元寇) 때처럼 신풍(神風)이 분다고 설명하면서 가미카제(神風) 특별공격대도 조직되었다. 여기에서의 원구(元寇)는 몽골제국(원나라)과 고려가 두 차례에 걸쳐 일본을 공격한 분에이노 에키(文永の役)와 코안노 에키(弘安の役)를 뜻한다.

하기노 사다키(萩野貞樹)는 본인의 저서인 『왜곡된 일본신화』에서 타다요시토시(多田南嶺)가 『일본서기』를 인용한 일본의 신도학자에 대해 우리 일본만이 신국이지는 않다고 비판했다고 소개하였다. 일본 우익(右翼)은 일본만이 신주(神州)라 하고 좌익(左翼)은 일본은 신주라고 하지 않는다고 하는데, 각 민족에는 그들만의 신화가 있으므로 각각의 나라가 신국이라고 기술하였다.[12]

12) 萩野貞樹(2004). 『歪められた日本神話』, PHP研究所, pp. 94-96.

제6장

일본 우익 사상의 상징 - 신도와 유교, 국학의 융합

1절 신도와 유교의 융합

2절 일본 무사의 추신구라(忠臣藏)와 조선의 사육신(死六臣)

3절 코쿠가쿠(国学) - 일본적 정서로 태어난 일본적인 국학의 등장

4절 국학을 국수주의로 변모시킨 모토오리 노리나가

5절 복고신도(復古神道)의 주자, 히라타 아츠타네

제6장 일본 우익 사상의 상징 – 신도와 유교, 국학의 융합

> 우리 조선 사람은 매양 이해 이외에서 진리를 찾으려 하므로
> 석가가 들어오면 조선의 석가가 되지 않고 석가의 조선이 되고
> 공자가 들어오면 조선의 공자가 아니라 공자의 조선이 되고
> 무슨 주의가 들어와도 조선의 주의가 되지 않고 주의의 조선이 되려고 한다.
> 그리하여 도덕과 주의를 위하는 조선은 있고, 조선을 위하는 도덕과 주의는 없다.
> 아! 이것이 조선의 특색이냐, 특색이라면 특색이나 노예의 특색이다.
> 나는 조선의 도덕과 주의를 위하여 곡하려 한다.
>
> – 신채호, 「낭객의 신년만필」 (동아일보, 1925년 1월 2일)

단재 신채호(申采浩, 1880~1936) 선생은 1925년 1월 초에 이 글을 통해 아(我)를 찾고, 민족을 일깨우려 했다. 그가 말한 대로 중국의 석가와 일본의 석가는 다르며 중국의 공자와 일본의 공자도 달랐으며 중국의 맹자는 일본에서는 탕무방벌(湯武放伐)을 논했다 하여 높이 평가받지 못한다. 중국인들은 '공자를 한국인으로 생각한다며 공자를 빼앗아가려고 한다'는 말이 중국에서 나온다고 하는데 이 말은 우리가 오히려 중국보다도 더 공자를 높이 생각하거나 우리 생활에 더 깊이 들어온 것이 아닌가 생각한다.

단재는 한 해 전인 1924년에 집필한 『조선상고사(朝鮮上古史)』에서 민족을 역사의 주체로 삼는 '주체성의 문제'를 사관의 기본전제로 삼아 단군 시대로부터 백제의 멸망과 그 부흥운동까지 서술하였다.

김부식(金富軾)이 1145년에 저술한 『삼국사기(三國史記)』나 그 뒤에 나온

대부분의 역사책들이 한국사의 본격적인 전개시기를 삼국시대 이후로 보았기 때문에 그 무대도 한반도와 만주 일부에 국한되었다. 한국사의 타율성론(他律性論)을 강조했던 식민주의사관론자들도 한국사의 전개 무대를 한반도 내로 축소시켰다.

신채호는 이와 같은 한반도 내의 주장들에 반대하고 한국사의 본격적인 전개시기가 삼국 이전이요, 활동무대도 북으로 북만주, 서남쪽으로 랴오시·발해만 유역·직예성·산둥·산시·화이허(淮河)·양쯔강 유역까지 미쳤다고 주장한다. 이와 함께 종래 한사군의 반도내존재설에 반대하고, 한사군이 실재하지 않았거나 요하(遼河) 지역에 존치(存置)되었을 것이라고 주장하였다.

백제는 부여·고구려를 계승한 나라로서, 고구려와 같이 대외경략에서 뚜렷한 업적을 남겼다고 하였다. 즉, 근구수왕과 동성왕 때 중국의 랴오시·산둥 지방과 일본 전역을 식민지로 삼았다는 것이다. 『조선상고사』에서 백제의 부흥운동이 자세하게 기록된 것은 이 때문이라고 생각된다.

민족주의 의식이 지나치게 투영되어 역사서술과 그 가치평가의 공정성을 감소시킨다는 평도 있지만 고구려·백제에 비해서 신라는 대외투쟁을 거의 경험하지 않았을 뿐만 아니라, 삼국통일의 경우 당(唐) 세력을 끌어들였고 그 결과 고구려의 옛 영토를 상실하게 되었다. 따라서 단재는 통설로서의 삼국통일은 민족사에 긍정적 의미가 있는 것이 아니라 오히려 부정적이라는 평가를 내리고, '김유신(金庾信)의 음모'라고 단정한다.

그는 역사는 '아(我)와 비아(非我)의 투쟁이 시간부터 발전하며, 공간부터 확대하는 심적 활동 상태의 기록'이라고 정의했다. 그는 "무엇을 '아'라 하고 무엇을 '비아'라 하는가? 깊이 파고들 것 없이 쉽게 말하면, 주관적 입장에 선 쪽이 '아'이고 그 이외는 '비아'이다"라고 말한다. 민족끼리의 전투에 비민족을 끌어들인 신라를 낮게 평가한 점은 민족주의라고도 하지만 의외로 많은 부분에서 수긍되는 점이기도 하다. 이것이 한국의 내셔널리즘의 기초적 정서라고 생각하기 때문이다.

일본 유학(儒學)은 에도 시대의 주도적 학문이자 사상이었던 주자학에 대항해서 양명학(陽明學)과 유학의 고학(古學)을 연구하며 발전하였다. 이 장에서는 일본 고전의 연구에 입각하여 일본 고대정신의 부흥을 목표로 등장한 국학(國學) 및 그 국수주의적 학풍이 나타난 배경을 살펴본다.

| 1절 | 신도와 유교의 융합

1) 야마자키 안사이의 신도와 유교의 융합

(1) 퇴계 이황과의 만남으로 시작된 일본 유학의 주자화

야마자키 안사이(山崎闇斎)는 1619년 교토(京都)에서 태어났다. 아버지 야마자키 죠인(山崎浄因)은 당시 무사계급에서 죄를 지은 로닌(浪人)이 되어, 직업은 침술을 놓는 침의(鍼医)였다. 이에 안사이는 어려서 히에이산(比叡山)에 들어가 후일에는 묘신지(妙心寺)로 옮겨 승려가 된다. 원래 선(禅)의 승려가 되려고 수련을 쌓고 있었지만, 19세에 토사(土佐)의 규코지(吸江寺)에서 현재의 고치현에 해당하는 토사(土佐)번의 최고정무관 부교직(奉行職)의 집정(執政)으로서 주자학자이기도 했던 노나카 켄잔(野中兼山)과의 만남으로 인해 불교에서 주자학으로 전향했다. 25세 때인 1642년에는 완전히 환속하여 유학자가 되었다.[1]

---

1) 田尻祐一郎(2006).『야마자키 안사이』, 엄석인 역, 성균관대학교출판부.

안사이의 독서기록이라고도 말할 수 있는 『분카이 히츠로쿠(文会筆録: 문회필록)』에는 퇴계집(退溪集)을 시작으로 자성록(自省録), 주자서절요(朱子書節要) 등에서의 인용과 해설이 기록되어 있어, 그가 유학을 형성할 때에 퇴계 이황(退溪 李滉)의 저작을 열심히 읽고 외우며 공부했던 것을 알 수 있다. 명나라 후기에 순수한 유교가 일반화되어 혼합된 일본 유학을 주자(朱子, 주희[朱熹])의 사상체계로 돌려놓는 일본 유학의 주자화(朱子化)를 꾀했던 그에게 퇴계 이황의 저작은 학문의 중요한 지표가 되었다고 생각할 수 있다.

안사이는 1650년에 주자의 『백롱동학규(白鹿洞學規)』를 해설하여 『하쿠로쿠도갓키슈츄(白鹿洞學規集註: 백록동학규집주)』라는 책을 저술했는데 그 서문에서 다음과 같이 말하고 있다.

> 요즈음 이퇴계의 자성록(自省録)을 읽고 있는데 백록동학규(白鹿洞學規)에 대해 논한 것이 매우 상세하다. 그 주장을 되풀이하여 열심히 읽었더니, 그 학규의 참된 가치를 알 수 있었다. (중략) 퇴계 같은 사람은 조선에서 몇백 년 뒤에 태어났는데도 주자의 훌륭한 제자와 다름없으니, 나 또한 분발하지 않으면 안 될 것이다.

그는 퇴계의 저술 때문에 학문 및 교육의 목적과 방법에 대해 깊이 깨우칠 수 있었다고 하며 이황이 1558년에 저술한 『주자서절요』를 통독하고 이황을 존경하였다. 그러나 당시 일본에서 주자가례(朱子家禮) 등은 받아들이기 어려웠으므로 안사이는 주자학의 새로운 접근방법을 연구하였다.

▲ 퇴계 이황(退溪 李滉)

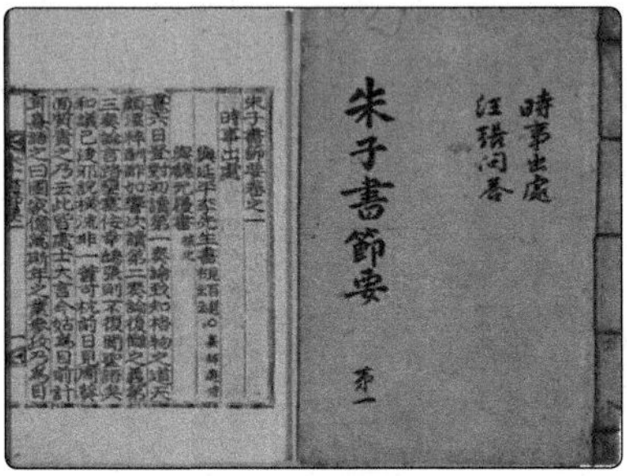

▲ 주자서절요(朱子書節要)

그는 이황의 흉내를 내어 『야마토 쇼가쿠(大和小学)』를 저술하였는데 조선, 중국과는 다른 일본의 독자적인 조건을 전제로 한 것이었다. 주자학과 과거제도(科擧制度)가 밀접하게 연결된 중국과 조선에서 경서(經書)를 읽는 것은 남성에 한정되어 있었다. 그러나 일본에는 과거제도가 없었기 때문에 남성에 한정할 필요가 없었고 일본 여성은 예로부터 일본 글자로 된 서적을 통해 교양을 얻었지만 주자학의 교양도 필요하다고 느껴 여성에게도 소학의 취지를 가르쳐야 된다고 주장하였다.

안사이의 개인학교인 사숙(私塾)과 이토 진사이(伊藤仁斎)의 고의당(古義堂)은 호리 카와(堀川: 호리강)를 끼고 서로 반대편에 위치해 있었다고 한다. 안사이는 1655년, 진사이는 1662년으로 안사이가 진사이보다는 7년 먼저 개교를 하였지만 각자 특색을 살려 유생(유학자)으로서의 본격적인 활약을 시작했다.

안사이는 1665년 에도로 나와 아이즈 번주(会津藩主) 호시나 마사유키(保科正之)의 빈객 대접을 받는 스승 격인 빈사(賓師)로 받아들여진다. 또한 요시카와 신도(吉川山崎闇斎)의 창시자인 요시카와 코레타리(吉川惟足)에게 신도(神道)를 배워, 신도 연구에도 본격적으로 열중하게 되면서, 주자학의 윤리설과 신도의 종교적인 가치를 결합하기 시작했다. 주자학을 간결한 도덕체계로 만들고 일본 고유의 신도 이론과 융합시켰는데 이것이 스이카 신도(垂加神道)이다.

그는 이러한 신도 연구의 성과로 아이즈번의 번정(藩政)에 대한 조언을 실시하는 한편, 영내의 사원과 신사의 정리를 실시해, 신도와 불교의 융합인 신불습합(神仏習合)을 배제하였고 신도와 유교의 융합이 더욱 진척되어 신도의 유교화가 이루어졌다.

▲ 야마자키 안사이(山崎闇斎)

▲ 야마토 쇼가쿠(大和小学)

(2) 존왕 사상의 기반이 된 스이카 신도

앞서 잠깐 언급했던 안사이의 일화를 다시 살펴보도록 하겠다. 어느 날 안사이는 제자들을 향해 "공자(孔子)와 맹자(孟子)가 일본을 공격해 온다면, 공맹(孔孟)을 배우는 사람은 어떻게 해야 하는가"라는 문제를 냈다. 제자 중 누구도 대답하지 못하자 그는 "공맹과 싸워서 그들을 포로로 삼아 국가의 은혜에 보답하여야 한다. 이것이 공맹의 가르침이다"라고 답해주었다고 한다. 이는 단순히 제자들을 놀라게 하려는 목적이 아니라 명분이 무엇인지 제대로 생각하게 하여 그들의 학문 자세를 근본적으로 교정하고 일본인의 정신으로 도의(道義)를 체득하기 위한 것이었다.

당시 조선 선비들이라면 이런 질문에 어떤 대답을 할 수 있었을까? 주자학을 종교처럼 여기던 조선의 사대부들은 감히 생각조차 못 했겠으나 안사이는 유교와 신도의 융합으로써 가능하다고 생각했을 것이다. 조선과 달리 안사이는 일본 천황(天皇)을 중심으로 한 미래를 위해 우선 국체를 분명하게 하고, 일본의 신화를 통해 일본의 역사를 조사하며, 신도를 철저하게 연구하였다. 이렇게 유학 이론을 통해 신도를 체계화하면서 등장한 천황 중심의 스이카 신도(垂加神道)는 안사이의 정신으로서 국학, 황국 사상으로 이어졌다고 하겠다. 그는 주자학을 존중하면서도 붓만 존중하는 학자만이 아닌 칼을 찬 주자학자이자 유학자의 모습을 한 신도를 중시하는 무사 같은 학자였다.

스이카 신도는 아마테라스 오오미카미(天照大御神)에 대한 믿음을 기반으로 오오미카미의 자손인 천황이 통치하는 길을 신도(神道)라고 정의하고, 천황에 대한 신앙과 신유(神儒, 신도와 유학)의 융합을 주장하여 존왕(尊王) 사상을 고양시켰다. 이렇게 안사이에 의해 등장한 주자학을 기문학(崎門学), 또는 안사이학(闇斎学)이라고 하는데, 스이카 신도는 존왕 사상의 사상적 중추를 형성하게 되고, 미토학(水戸学) 존왕론이나 국수주의 사상에 엄청나게 큰 영향을 주었다.[2)]

특히 역성혁명(易姓革命)을 반대하고 탕무방벌(湯武放伐)을 있어서는 안 될 일로 부정하여 폭군 주왕(紂王)에 대해서도 충의를 관철한 주문왕(周文王) 같은 태도를 긍정적으로 본 것이 특징이라고 하겠다. 여기에서 탕무

---

2) 高島 元洋(著)(1992). 山崎闇斉：日本朱子学と垂加神道, ぺりかん社.

방벌이란 은(殷)의 탕왕(湯王)과 주의 무왕(武王)이 각각 포악했던 전임군주인 하(夏)의 걸왕(桀王)과 은(殷)의 주왕(紂王)을 공격해 왕의 자리에서 쫓아낸 사실을 말하는데, 공자와 맹자가 그 정당성을 인정한 이른바 역성혁명을 뜻한다.

그런데 안사이처럼 탕무방벌을 부정하면 예를 들어 도쿠가와 이에야스(徳川家康)가 도요토미가(豊臣家)를 멸망시킨 사실을 어떻게 보아야 하는가의 문제가 등장한다. 히데요시가 살아있을 때에는 도요토미 가신(家臣)이었으며 충성을 맹세했던 이에야스가 세키가하라(関ヶ原) 전투에서 히데요시를 위해 적신(賊臣)을 멸망시킨다는 명분으로 결국은 도요토미가를 멸망시키고 권력을 빼앗은 것이 분명하기 때문이다. 히데요시가 덕(德)이 없어 악정(悪政)을 일삼아 천하의 민심이 떨어진 것으로는 설명할 수 없다. 이를 합리화하기 위해 천명(天命)이 도쿠가와에 내린 것으로 하면 당시에는 어느 정도 납득할 만한 변명이 되었지만, 이 천명을 교토의 천황과 연결시키면 막번체제(幕藩体制)에서의 안사이의 이론은 도쿠가와의 타도에 대한 혁명긍정론으로 볼 수 있다.

2) 존왕과 존왕척패의 등장

(1) 존왕학자 타케노우치 타카모치와 야마가타 다이니

이 계보에서 타케노우치 타카모치(竹内式部)와 야마가타 다이니(山県大弐) 같은 열렬한 존왕(尊王)학자가 등장한다.

타케노우치 타카모치(竹内式部)는 1712년에 니이가타시(新潟市)의 의사 가문에서 태어나 16세인 1728년 상경하여 공가인 토쿠다이지(徳大寺) 가문을 섬겼다. 야마자키 안사이(山崎闇斎)의 제자인 타마키 마사히데(玉木

正英)의 제자가 되어 유학과 스이카 신도(垂加神道)를 배웠다. 다른 이름은 타케노우치 시키부(竹内式部)라고도 한다.

그는 젊은 공가들의 대의명분을 중시하는 스이카 신도의 교의를 배워 천황에게 강연을 했는데, 조정 내의 질서를 어지럽힌다고 판단한 당시의 칸파쿠 코노우에 치사키(近衛內前) 등이 토쿠다이지 킨나리(德大寺公城) 등 모모야마 천황(桃山天皇)의 측근 공가인 27명의 관직을 파면하거나 칩거 등의 처분을 하였다. 이 호레키(宝暦) 사건은 에도 중기인 1758년 존왕론자가 탄압된 최초의 사건으로, 주모자의 이름을 따서 타케노우치 시키부 사건(竹内式部一件)이라고도 한다. 그 후 1766년에는 야마가타 다이니(山県大弐) 등에 의한 메이와잇키(明和一揆) 사건에 관여했다는 의심을 받아 1767년에 하치죠우지마(八丈島)로 유배를 가던 도중에 병사하였다.

야마가타 다이니(山県大弐)는 에도에서 병학(兵学)과 유학을 가르치고 대의명분에 근거하여 존왕(尊王) 사상을 고취하는 강의를 하였고, 후배인 후지이 나오아키(藤井直明)는 에도의 다이니 집에 기숙하면서 에도 막부를 공격할 수 있는 공략 군법을 가르쳤다. 막부는 1767년 불경죄로 다이니와 나오아키를 처형하였다. 다이니는 처형당할 때에도 대의명분을 내세워 천황이 다스리는 왕정복고(王政復古)를 주장하였다고 한다. 이러

▲ 야마가타 다이니(山県大弐)

▲ 류시신론(柳子新論)

한 다이니의 사상은 메이지 유신에 직접적으로 많은 영향을 주었다.

다이니의 대표 저서인 『류시신론(柳子新論)』은 1759년에 완성되었는데 '사농공상은 계급이 아니라 직무상의 분담'이라는 인간존중을 주장했으며 존왕양이(尊王攘夷)의 사상을 기술하였다. 특히 막부정치를 비판하고 고대의 천황정치를 높이 평가하였으며 혁명을 긍정적으로 인식하여 에도 시대에는 금서로 평가되었다고 한다. 그래서 당시에는 일반적으로 유통되지 않았지만, 1855년에 쵸슈(長州)의 요시다 쇼인(吉田松陰)과 승려 우츠노미야 모쿠린(宇都宮黙霖)과의 왕복 서한에서 쇼인이 『류시신론』의 차용을 원한다는 기술이 있는 것을 보면 쇼인의 막부타도 사상인 토막(討幕) 사상에 커다란 영향을 주었다고 볼 수 있다.

(2) 존왕척패론을 주장한 아사미 케이사이

야마자키 안사이의 제자인 유학자 아사미 케이사이(浅見絅斎)도 유교적 명분론에서 존왕(尊王)론을 주창했다. 나중에는 이러한 흐름에서 중국의 유학을 일본화하고 일본주의 국학(国学)의 융성을 가져오게 되었다.

아사미 케이사이는 1652년 현 시가현(滋賀県)의 타카시마시(高島市)에 해당하는 오미(近江国)에서 태어났다. 처음에는 의사를 직업으로 했지만 곧 안사이를 스승으로 섬기면서 그의 문하에서 공부하여 이름을 떨친다. 그러나 후년에 이르러 안사이의 스이카 신도(垂加神道)에 따르지 않아 관계가 소원했다가 안사이의 사후에 신도에도 관심을 나타내면서 그의 저서와 주장을 계승하였다.

그는 「구유조(拘幽操)」라는 시에 대한 스승 안사이의 강의와 해석을 『코유소우 후로쿠(拘幽操附録: 구유조부록)』라는 기록으로 남겼다. 「구유조」는 중국의 사기(史記) 『주본기(周本紀)』를 소재로 하여 한유(韓愈)가 충신 주문왕(周文王)의 심정을 표현한 시(詩)로서, 한유는 옥에 갇히게 된 은(殷)나라 문왕(文王)의 입장에서 천자에 대한 신하의 심정을 토로한다.[3)] 안사이는 이 시를 반복해서 강의하고 해석하면서 그의 저서 『야마토 쇼가쿠(大和小学)』에 「구유조」에 대한 의견을 제시하였다.

케이사이는 한유가 『문왕유리작(文王羑裏作)』에서 "신의 죄는 죽어야 마땅하고 천자(천왕)의 덕은 명백하시다(臣罪當誅兮 天王聖明)"라고 한 데 대하여 문왕의 마음을 전부 표현한 것이 문왕의 최고의 덕이라고 하며 존왕에 대한 사상을 확장시켰다. 이를 표현한 책이 케이사이의 『세이켄이겐(靖献遺言: 정헌유언)』이다. 『세이켄이겐』은 그가 1684년부터 1687년에 걸쳐 중국 충신 의사들에 대해 기록한 책으로서 굴원(屈原), 공명(孔明), 도연명(陶淵明), 언진경(顔真卿), 문천상(文天祥), 사첩산(謝畳山), 방효유(方孝孺), 유인(劉因) 등 중국 충신과 지사(志士) 8명의 행실을 발췌한 평전이다.

8명 중 특히 문천상, 사첩산, 방효유, 유인 4명은 자신의 영달과 생명 및 재산은 물론 가족마저 다 버리면서까지 반항했다. 그중에서도 문천상은 남송(南宋) 말기의 충신으로 망국의 신하의 꺾이지 않는 충절이 무엇인가를 보여준 인물이다. 원(元) 세조인 쿠빌라이는 그의 재능을 아깝게 여기고 마음을 돌리려 계속 설득했지만 그는 옥중에서 「정기가(正氣歌)」를 지어 어떤 일이 있을지라도 망국을 향한 자신의 충절(忠節)은 절대 꺾이지 않을 것임을 강하게 피력했다. 「정기가」는 제갈량의 출사표(出師表)에 비견될 정도로 충절을 읊은 시로 유명하며, 문천상은 이를 통해 고대 충신과 의사들의 사적을 열거하고 "그들에게 정기가 있어 나라의 동량이 되었고 그들의 충절·의행(義行)은 크게 빛나 없어지지 않았다"고

3) 김정희(2019.08).「야마자키 안사이(山崎闇斎)의 군신관계에 대한 일본적 이해-구유조(拘幽操)의 해석을 중심으로-」, 일본어문학회(日本語文學), 第86輯.

하였다.

이들의 공통점은 정통(正統) 왕조에 충성을 다하고 그 왕조의 적대자에게 철저하게 저항했다는 점으로, 대항할 경우에는 세상과 미래를 전혀 고려하지 않고 왕조를 대적하였으며 타협과 협조, 자신의 생명과 재산 심지어는 가족까지도 생각하지 않고 오직 철저하게 황실을 위해 항전(抗戰)하는 삶의 방식을 택했다. 이러한 중국 충신들의 충절을 모아서 일본의 천황과 막부에게 충성을 다하라는 것이 이 책의 요지이다.

『세이켄이겐』은 에도 막부 말기에 베스트셀러가 되고 근왕(勤王)지사의 필독서로 불리며 메이지 유신에 크게 영향을 주었다. 특히 요시다 쇼인(吉田松陰)은 "『세이켄이겐』으로 굳혀진 남자"라는 평가를 얻을 정도로 열독했다고 한다.[4] 제2차 세계대전 중의 일본인에게도 영향을 미쳤는데 가미카제 특공대의 대원들이 많이 읽었다고 전해진다.

나아가 케이사이는 존왕론보다도 더 강한 존왕척패(尊王斥覇)론을 주장했다. 그는 무사가 아닌 상인(商人) 출신의 유학자였기에 섬겨야 할 주군은 없었다. 그래서 자신을 무사가 아닌 책을 읽는 선비라는 의미로서 중

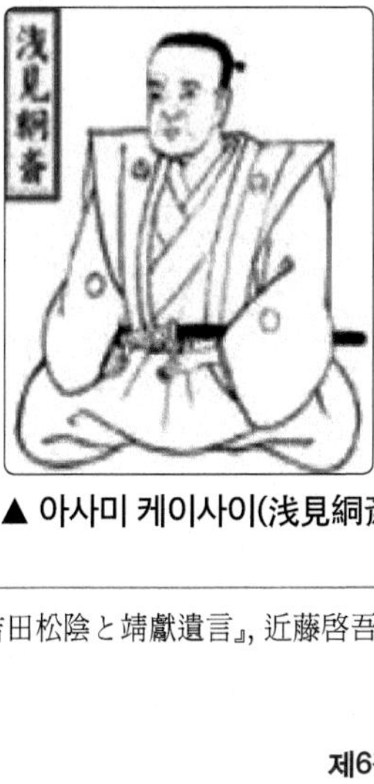

▲ 아사미 케이사이(浅見絅斎)

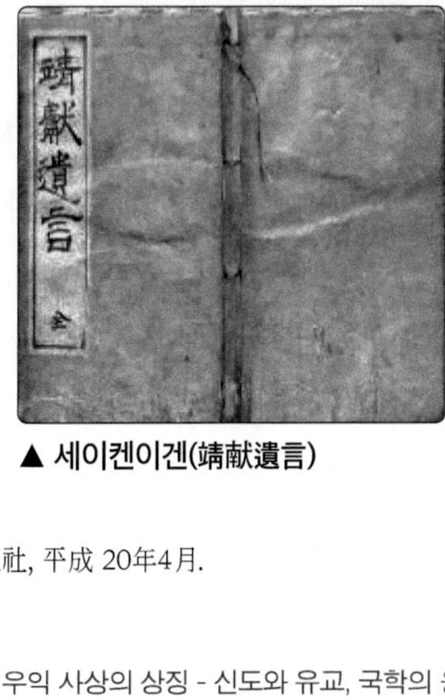

▲ 세이켄이겐(靖献遺言)

4) 『吉田松陰と靖獻遺言』, 近藤啓吾著, 錦正社, 平成 20年4月.

국과 조선의 사대부(士)에 비유했다. 중국과 조선에는 무사계급이 없으니 케이사이 같은 사대부의 주군은 천황(天皇)밖에 없다는 천황 중심 사상을 내세워 천황을 받들고 패자(覇者), 즉 막부를 타도해야 한다는 소위 존왕척패(尊王斥覇) 사상으로 발전되었다고 할 수 있다.

| 2절 | 일본 무사의 추신구라(忠臣藏)와 조선의 사육신(死六臣)

1) 일본의 추신구라

일부 일본 학자들은 조선에는 일본의 존왕(尊王) 사상 같은 사상은 없다고도 하고, 필자의 지인들도 일본의 추신구라(忠臣藏)를 이야기하며 한국에도 이런 비슷한 이야기가 있는지 질문하곤 한다. 선비의 나라에서 이런 이야기가 있겠는가 하는 질문도 포함되어 있다.

우선 추신구라에 대해 간단히 설명해보면 다음과 같다. 일본인의 미학을 대표하는 아코 로시(浪士, 떠돌이 무사)의 복수극은 주군에 대한 의리로 이어지는 '무사도의 꽃'으로 평가받으며 21세기의 지금까지 계속 이어져 내려온 실화를 바탕으로 전승되는 이야기이다. 연말연시면 항상 일본의 주요 TV 방송에 등장하는 특집극 소재로, 12~20시간 이상 할애한 장시간의 프로그램 방송물이며 1748년 가부키에서 공연한 후 지금까지 이어지는 공연물이기도 하다.

대략적인 내용은 다음과 같다. 1702년 12월 14일 에도에 눈 내리는 깊은 밤, 중무장한 47명의 로시가 키라 요시히사(吉良義央)의 저택을 습격했다. 어둠을 틈타 기습에 성공한 이들은 키라의 목을 베었다. 사건의 발단은 1년 전인 1701년 3월로 거슬러 올라간다. 현재 효고현의 아코시에 해당하는 아코번(赤穗藩)의 영주인 아사노 나가노리(淺野長矩)는 쇼군(將軍)

이 있는 에도성 안에서 칼을 빼 들고 키라에게 상처를 입혔다. 당시 아사노는 이름만 남은 교토(京都)의 조정이 보내는 사신의 접대역이었고 기라는 의전을 담당하는 접대역의 대표격인 '코우케(高家)'였다. 쇼군이 집무하는 에도성 안에서 칼을 빼 직속상관에 상처를 입혔으니 무사사회인 당시에는 엄청난 사건이었다. 특히 무사들의 정권인 막부사회에서는 있을 수 없는 사건이었다.

이 사건으로 주군인 아사노에게는 당일 쇼군의 명령으로 할복령이 내려졌고 아코번은 해체됐다. 가신들은 무사직을 잃고 로시(실업자)로 전락하면서 전국으로 뿔뿔이 흩어졌다. 가신의 우두머리인 '가로(家老)' 오이시 구라노스케(大石內藏助)는 흩어진 가신들을 모아 막부의 감시를 피해 47인의 복수로써 칼의 윤리를 행했다. 아코번에서 에도(동경)까지의 여정을 프로그램화하면서 키라 측이 방심하도록 복수는 절대 하지 않는 듯이 행동하다가 기습을 하여 주군의 원수를 갚았던 것이다. 무사의 윤리를 지닌 일본에서 일본인들이 흥분하는 것은 목숨을 담보로 한 정밀화된 그리고 집단적인 과정에서의 사나이들의 윤리이다.

47인의 로시들은 키라를 죽인 뒤 그의 목을 창 끝에 매달고 북을 치며 열을 지어 에도 시가지를 당당히 행진해 나갔다. 몰래 행한 복수가 아닌 정의롭게 주군을 향한 복수였음을 보여주기 위해서였다. 로시들의 정의와 주군의 복수와 본인의 목숨이 함께 걸린 큰 행진을 하였던 것이다. 시민들은 열광했고 주변의 무사들과 다이묘들도 달려 나와 경의를 표했으며 모두들 박수를 쳤다. 그렇게 주군 아사노의 묘에 당도한 47인의 로시들은 키라의 목과 함께 칼을 바쳤다. 지금도 시나가와(品川)의 센카쿠지(泉岳寺)에는 키라의 수급(首級)을 닦았다는 샘이 있다.

▲ 주군의 묘에 키라의 수급을 바치는 로시

▲ 키라의 수급을 닦았다는 샘

복수 이야기는 아직 끝나지 않았다. 복수를 하고 다같이 도주했다면 일본인들은 열광하지 않는다. 단순한 야습복수극이기 때문이다. 추신구라가 대단한 것은 47인의 로시들이 본인들은 정정당당하게 주군의 복수를 했다고 하여 모두에게 알렸기 때문에 이에 대한 평가가 남아있었다. 이제 주군에 대한 의리와 막부(쇼군)에 대한 충(忠)의 평가에 대한 결과가 남은 것이다.

주군에 대한 의리와 막부에 대한 충성을 동시에 지킬 수 있는 방법은 오규 소라이(荻生徂徠)가 주장한 할복(割腹)이었다. 47인의 로시는 주군에 대한 작은 충성(의리)과 쇼군에 대한 큰 충성을 되새기며 역사 속으로 사라졌다. 이러한 47인 로시의 충성과 할복 이야기는 당시 일본인들에게 엄청난 감동을 이끌었고, 실제로 막부 각료조차도 무사도(武士道)로서의 의리를 칭찬하여 이 사건은 아쉬운 결정이라도 그에 따르는 무사도를 상징하기도 하였다.

결국 이를 소재로 한 추신구라가 일본 전통 가부키(歌舞伎)로 극화되어 사람들에게 큰 인기를 얻게 되었다. 47인 인물들의 배경과 참여하게 되는 특성을 살린 것이 추신구라의 장점이고 이것이 일본인에게 미화된 의리이며 충성인 것이다. 집단적인 칼의 복수로 시작하여 집단적인 칼의 자결, 즉 할복으로 이어지는 철저한 칼의 윤리는 곧 의리이자 충성이며 그 자체만으로 일본적이다. 이러한 사상은 메이지 시대의 국수주의 시기에는 황국사관으로 이어지기도 했다.

2) 조선의 계유정난(癸酉靖難)과 사육신

필자의 지인 중 한국에는 일본의 추신구라 같은 이야기가 없고 그에 대적하는 것이 『춘향전』과 『심청전』이라고 하던 한국인 학자가 있었다. 물론 한국에서 시대를 막론하고 누구나 좋아하는 주제인 작품으로서 어느 정도 일리는 있지만, 한국에 추신구라 같은 사건이 없었다니 몰라서 하는 소리다. 조선 시대에 주군에의 충성을 붓의 윤리로 표현한 사육신 사건이 바로 그것이다.

한국에는 충신들이 많이 있지만 그중에서도 충신으로서 최고로 꼽히는 인물이 정몽주(鄭夢周)와 성삼문(成三問)이다. 정몽주의 「단심가(丹心歌)」와 성삼문의 「단심가」는 둘 다 임금을 향한 충성심이 드러나는 시조로서 한국인이라면 모르는 사람이 드물 정도로 유명하다.

▲ 정몽주(鄭夢周)

▲ 성삼문(成三問)

정몽주의 「단심가」[5)]

이 몸이 죽고 죽어 일백 번 고쳐 죽어
백골이 진토되어 넋이라도 있고 없고
임 향한 일편단심이야 가실 줄이 있으랴.

성삼문의 「단심가」

이 몸이 죽어가서 무엇이 될꼬 하니,
봉래산 제일봉에 낙락장송되었다가
백설이 만건곤할 제 독야청청하리라.

그러나 한국에서 정몽주나 성삼문 등 사육신을 소재로 활용한 드라마나 영화는 그다지 많지 않다. 사육신은 계유정난(癸酉靖難)이나 한명회(韓明澮)의 살생부(殺生簿)를 다루는 드라마[6)]에 잠깐 등장하지만 주인공으로 등장하는 경우는 거의 없으며, 영화 「관상」과 드라마 「설중매」에서처럼 오히려 수양대군(首陽大君)과 한명회가 주인공인 경우가 많다. 수양대군이 단종의 측근들을 살해한 후 나중에 단종에게 보고한 일은 실제로 전두환의 신군부 시절에 정승화를 체포한 후 대통령에게 사후보고한 것과 매우 비슷하다. 전두환을 중심으로 한 신군부 세력이 당시 대통령이었던 최규하의 재가도 없이 휘하 부대병력을 동원하여 육군대장인 정승화 육군참모총장을 강제로 연행하는 과정에서 일어난 이 사건은 12·12 사태, 혹은 12·12 군사반란이라고도 한다. 전두환의 신군부와

5) 此身死了死了 一百番更死了 白骨爲塵土 魂魄有也無 向主一片丹心 寧有改理與之

6) 「설중매」, 「왕과 비」, 「인수대비」, 「한명회」 등이 있다.

박정희의 쿠데타는 평가가 많이 다르다 보니 1980년대 이후에는 이방원과 왕자의 난, 그리고 수양대군과 한명회를 다룬 드라마가 많았는데, 일부에서는 전두환을 위주로 한 신군부의 정통성을 보여주려고 한 것이라고까지 말하는 사람들도 있었다. 그러나 최근에는 오히려 「관상」, 「1987」 등의 영화로 역풍을 맞고 있는 것도 사실이다. 주자학 중심의 선비 윤리인 붓의 윤리를 앞세운 국가에서 휘두르는 칼(쿠데타)은 늘 환영을 받지 못했다.

2007년에 KBS가 방송장비와 제작비를 지원하고 북한 조선중앙텔레비전이 제작을 맡은 남북합작 드라마 「사육신」은 그다지 인기가 많지 않았다. 2011년 KBS 드라마 「공주의 남자」가 시청률 20% 넘긴 것과는 달리 드라마 속 배경, 방영시간, 방송사가 같았는데도 「사육신」은 당시 시청률 6%대를 벗어나지 못했다. 북한 배우의 남한 방송 출연은 당시에 큰 화제였지만 제작을 북한에서 맡아 북한 배우들만 출연했다. 시청자들은 북한 배우에 대한 사전지식이 전혀 없는 데다 더빙된 배우들의 북한 억양과 발음 역시 생소하여 "너무 연기가 딱딱하고 부자연스러웠다", "대사 전달이 안 되니 자막을 넣어 달라"며 불만을 토로했을 정도였다고 한다.

일본 방송에서 추신구라를 다루는 방식과 비교해보면 너무나 다른 면이라 하겠다. 아직까지도 한국에는 사육신의 개개인에 대한 특성과 멸문지화(滅門之禍)를 그린 드라마나 영화가 거의 없는 것이 아쉬울 따름이다. 그래서 몇 년 전 기자들과 잡담 중 왜 사육신의 영화나 드라마가 없는지 궁금하다 했더니 '성공한 쿠데타는 처벌할 수 없다'는 말은 성공한 쿠데타란 '고도의 정치적인 행위'이므로 사법부가 위 행위를 판단하는 것이라는 답변을 듣고 나서야 제작 현실을 이해할 수 있었다.

▲ 세조(수양대군)

▲ 한명회(韓明澮)

15세기에 등장한 사육신의 내용에는 수양대군과 한명회가 같이 등장한다. 세종(世宗)의 뒤를 이어 1450년 즉위한 문종(文宗)은 1452년 5월 재위 2년 4개월 만에 39세의 나이로 병사하였다. 이에 어린 단종(端宗)이 12세에 왕이 되었는데, 문종은 유언으로 황보인, 김종서 등에게 단종을 보필하도록 명하였다. 1453년 단종의 숙부인 수양대군은 왕위 찬탈을 목적으로 측근인 권람, 한명회 등과 모의해 단종의 보좌세력인 황보인·김종서와 종친이며 친동생인 안평대군(安平大君) 등을 제거하고 단종에게는 반역을 도모하였다. 그리고 미리 단종의 측근들을 제거(살해)하고 후일에 단종에게 보고한다.

1453년 이후 수양대군은 이 거사에 가담·협력한 사람에게 공신의 책록을 요청하는데, 힘 없는 단종은 이 요청을 그대로 받아들이고 정난공신(靖難功臣)의 칭호를 내려 이들을 표창하였다. 이 모든 과정의 실상은 수양대군이 왕이 되려는 야심에서 이들을 제거한 정변으로, 이 해가 계유년이었기에 '계유정난(癸酉靖難)'이라 한다.

수양대군은 계유정난을 통해 단종의 세력을 제거하고 정권과 병권을 장악했다. 수양대군이 모든 권력을 장악하자 단종은 이름뿐인 왕이 되었다. 1455년 단종은 수양대군 추대세력의 압력에 굴복하여 숙부인 수양대군에게 스스로 왕위를 물려주었다. 세조가 왕위를 물려받자 집현전 출신의 유신(儒臣)들은 즉각 반발했다. 일부 유신들은 세조를 몰아내고 단종을 복위시키려는 계획을 도모하였고, 이 계획은 성삼문·박팽년·이개·하위지·유성원·유응부를 중심으로 진행되었다.

1456년 6월 본국으로 떠나는 명나라 사신의 환송연에서 성삼문의 아버지 성승(成勝)과 유응부(兪應孚)가 국왕 양쪽으로 칼을 들고 지켜서는 별운검(別雲劍)을 하게 되었다. 이를 기회로 세조 일파를 처치하기로 결정하였으나 별운검이 취소되었다. 별운검은 한명회가 막았다고 하기도 하고, 세조가 친히 취소시켰다는 말도 있다.

이에 유응부는 그래도 계획대로 하고자 했지만 성삼문과 박팽년(朴彭年) 등이 거사를 뒤로 미루자고 제안하는 바람에 시행되지 않았는데, 이에 함께 모의했던 김질(金礩)이 신변의 위험을 느껴 장인인 정창손(鄭昌孫)에게 고함으로써 계획이 발각되었다. 정창손은 세조에게 단종복위 계획의 전모를 밀고하였고 세조는 연루자를 모두 잡아들여 직접 이들을 문초한 뒤 6명은 모두 참수하였다. 성삼문, 이개, 하위지, 김문기, 박

▲ 거열형(車裂刑)

중림, 성승, 유응부, 박쟁, 권자신, 윤영손, 송석동은 불에 달군 쇠로 죄인의 맨살을 지지는 형벌인 작형을 당한 후 문무백관들이 지켜보던 가운데 거열형(車裂刑)을 당하였다. 박팽년은 고문 중에 사망했고 유성원은 잡히기 전에 자기 집 사당에서 칼로 목을 찔러 스스로 목숨을 끊었다. 이후 박팽년과 유성원의 시신(屍身) 또한 거열형을 당했다고 전해진다.

남효온은 『추강집(秋江集)』의 「육신전(六臣傳)」을 지으면서 단종 복위의 거사 주모 역은 성삼문, 박팽년이고, 행동책은 유응부로서 이 세 사람이 한 일을 삼주역(三主役)으로 부각시켰다. 「육신전」에 수록된 일화를 보면, 달궈진 쇠로 몸을 지지는데도 얼굴빛이 변하지 않았을 뿐 아니라 더러 쇠가 식었으니 다시 달구어 오라고 형리에게 호통을 치거나 입만 산 선비들과 같이 계획을 짜면 안 된다더니 과연 그 말이 맞더라고 한탄하는 등 무인다운 포부와 패기 넘치는 행동을 볼 수 있다. 여기에서도 유교를 중심으로 한 선비의 윤리와 무인(칼)의 윤리가 부딪힌다. 그러나 조선에서는 유교를 중심으로 한 선비들의 쿠데타는 거의 실패했다.

이렇게 하면 선비(붓)의 윤리에서 충신으로만 일컬어지고 한국인의 사대부(양반) 중의 사대부로 인식되고 있는 사육신은 성립되지 않는다. 일반적으로 실록에는 나와 있지 않지만 붓의 윤리 중심인 사회에서는 세조의 국문(鞫問) 시에 성삼문과 세조의 답변을 사실로 받아들인다. 성삼문이 누구인가? 조선 초의 학문 연구는 물론 국왕자문기관인 집현전(集賢殿)에서도 최고를 자랑하던 성삼문이 아닌가? 세조가 직접 국문하는 친국 중에도 성삼문은 시뻘겋게 달군 인두로 온몸을 지져도, 또한 팔을 잘라내는 잔학한 고문에도 굴하지 않고 세조를 '전하(殿下)'라 하지 않고 '나리'라 불러 왕으로 대하지 않았다. 세조가 "네놈이 나를 나리라고 부르는데 그럼 내가 준 녹(봉록)은 받지 않았느냐?"며 묻자 성삼문은

"나리가 준 녹 따위 하나도 안 썼으니 못 믿겠으면 우리 집 창고에 가서 확인해보시오"라고 고문을 당하면서도 기죽지 않고 답했다. 이에 확인을 해 보니 정말로 녹이 그대로 있었다. 여기서 나리란 예전에 아랫사람이 당하관을 높여 부르던 말이며 또한 왕자를 높여 부르던 말이라고 한다. 그러니까 성심문은 세조를 수양대군으로 불렀던 것이다.

또한 박팽년은 친국 중에 세조가 "네가 지난번에 충청도 관찰사로 나가 있을 때, 나에게 올리는 공문에 분명히 '신(臣)'이라고 써 놓고 이제 와서 무슨 짓이냐? 게다가 내가 주는 녹은 어찌 했느냐?"고 묻자 "신(臣)이라고 쓴 적 없으니 잘 찾아보시오. 그리고 나도 우리 집 창고에 녹은 하나도 안 먹고 다 쌓아놨소"라고 답했다고 한다. 나중에 확인을 해보니 모두 신(臣)자가 아니라 거(巨)자였으며 성삼문처럼 창고에 녹이 쌓여 있었다고 한다.

▲ 대전 가양동 박팽년 생가 터

사진은 사육신(死六臣)의 한 분인 취금헌 박팽년(醉琴軒 朴彭年, 1417~1456) 선생이 살았던 집터이다. 선생은 1417년(태종 17) 회덕현 흥농촌 왕대벌(懷德縣 興農村 王竹丘, 현재의 동구 가양동. 대전광역시 동구 우암로 더퍼리 지역이었음)에서 태어났다. 현재 대전광역시 문화재자료 제8호로 지정되어 있다.

1456년(세조 2) 음력 6월 2일에 일어난 이 엄청난 옥사에 사육신의 부모와 자식들은 모두 삼족을 멸하는 형벌을 받아 남자들은 모두 죽임을 당했고, 처첩과 딸(여자)들은 모반을 막은 정난공신들의 노비나 관아의 관노비로 보내졌다. 사육신을 비롯하여 70여 명의 남자들이 처형되었고, 이 사건에 가담한 충신들의 여자 가족들 중 관공서 노비로 전락한 여성이 172명, 공신 집에 끌려가 종이 된 부녀자가 181명이나 됐다고 전해진다. 집안이 초토화되고 한 집안이 다 죽임을 당하는 끔찍한 재앙인 멸문지화(滅門之禍)를 당한 것이다.

일부에서는 수양대군이 단종을 몰아내고 세조가 된 것이 신하가 할 일이 아니라고 생각하면 즉시 관직을 버리고 대항하거나 선비답게 자결을 했어야지 세조 밑에서 녹봉을 받으며 섬기다가 반역한 것은 이치에 맞지 않는다고 비판하기도 한다. 그러나 사육신들은 거사의 기회를 본 것이다. 사실은 성삼문이 국문에서 이야기했다는 전하와 나리, 봉록도 문제가 되지 않는다. 또한 임금에 올린 공문에 신(臣)이 아닌 거(巨)를 썼다면 담당 관리가 못 찾아냈을 리 만무하다. 그러나 주자학을 배웠던 선비 중심의 붓의 윤리에서는 이런 대의명분(大義名分)이 중요하며 그들은 죽음으로써 존왕(尊王) 사상을 이루어 낸 것이다.

(1) 왕위정통성과 존왕 사상

조선의 계유정난과 사육신이야말로 조선 최고의 존왕 사상을 엿볼 수 있는 사건이었으며 역사적으로 존경받아 마땅하다. 그러나 조선에서는 정통성의 문제 때문에 존왕 사상이 별로 인정받지 못한 듯하다. 이 사건 후 세조의 왕위 찬탈을 비판하여 지은 조의제문(弔義帝文)은 무오사화(戊午史禍)를 불러일으켰다.

조의제문은 세조의 찬탈을 비유한 글이었다. 세조의 증손자인 연산군이 왕위에 오른 지 5년이 되는 1498년 7월에 조정이 발칵 뒤집히는 사건이 발생한다. 조카 단종을 죽이고 쿠데타로 집권한 세조의 왕위 찬탈을 풍자한 글, '조의제문(弔義帝文)'이 성종실록의 사초에 실린 것이다. 항우가 초(楚)나라 회왕(懷王: 義帝)을 죽인 것을 빗대어, 세조가 단종으로부터 왕위를 빼앗은 것을 비난하였다는 것이 표면적인 이유였다.

글을 쓴 사람은 사림파의 거두 김종직(金宗直)이었고, 조의제문을 실록의 사초에 실은 장본인은 영남 사림파의 중심이자 사관(史官)으로 있었던 김종직의 제자, 김일손(金馹孫)이었다.

사초를 열어본 연산군은 김종직이 증조할아버지 세조를 능멸한 사실을 알아차리고 대노하여 이미 6년 전에 죽은 김종직의 무덤을 파헤치고 관 속에서 시체를 꺼내 목을 잘라버리는 '부관참시(剖棺斬屍)' 형을 집행했다.

무오사화 때 김일손, 권오복, 권경유는 스승 김종직의 조의제문을 사초에 실었다는 이유로, 표연말은 김종직에게 문충(文忠)이라는 시호(諡號)를 올렸다는 이유로, 김굉필과 정여창 등 여타 제자들은 단지 김종직에게 배웠다는 이유만으로 형장에 끌려 나와 어떤 제자는 능지처참(陵遲處斬)을 당하고 어떤 제자는 곤장을 맞고 변방으로 유배를 갔다.

조선에서의 왕도는 정통성이 중요하고 이것이 왕조와 조정을 좌우한다. 그런데 왕의 조부나 증조부를 왕권찬탈자라 하면 본인의 왕위정통성이 없어지기 때문에 왕들은 충신을 속으로는 존경했을지 몰라도 겉으로는 무시한 것으로 보인다. 형제를 죽이고 쿠데타를 일으킨 이방원(李芳遠)은 태종이 되고, 이방원의 손자 수양대군 이유(李瑈)는 조카를 죽이고 세조가 되었으며, 세조의 증손자인 진성대군 이역(李懌)은 연산군(이융, 李㦕)을 폐하고 왕(중종)이 되었다. 광해군(이혼, 李琿)을 폐하고 능양군(이종, 李倧)은 인조가 되었다. 이렇게 보면 연산군 이융을 제외하고는 거의 쿠데타 근거가 약하다고 하는 학자들이 많다.

이렇듯 왕실정통성을 주장하다 죽은 성삼문, 박팽년 등에 이어 김종직과 김굉필 등 제자들까지 죽게 되니 조선에서는 존왕을 주장하는 충신보다는 현실 학문에 적응하는 학자들의 삶을 더 추구했는지도 모른다.

(2) 주자학과 존왕 사상

조선에서 존왕 사상이 발전하지 못한 이유 중 또 하나는 주자학의 문제였다. 사실상 존왕 사상이 발전하면 군주(국왕)를 위한 부국강병, 그리고 더 나아가 자주독립으로 가야 하는데 조선에서는 주자학을 중심으로 한 사상이 위정척사(衛正斥邪)로 이어졌다. 위정척사는 조선 후기에 일어난 사회운동으로, 정학(正學)인 성리학(주자학)과 정도(正道)인 성리학적 질서를 수호하고(衛正: 위정), 성리학 이외의 모든 종교와 사상을 사학(邪學)으로 간주하여 배격하는(斥邪: 척사) 운동이다. 위정척사의 중심 사상은 부국강병(富國强兵)도 아니고 자주독립도 아닌, 대국인 중국을 중심으로 한 왕도(王道) 정치의 실현이 주목적이었다. 조선의 국왕은 중국의 황제(명나라)에게 형식적으로 책봉을 받았지만 병자호란으로 청의 홍타이지에게 삼배구고두례(三拜九叩頭禮)의 굴욕을 당한 후에는 속국적 이미지가 강하게 작용한 것 같다. 위정척사론은 기존의 체제를 옹호하는 보수적인 논리였으나 서학(西學)과 서양에 반대하며 민족주의적 의식을 고취시키는 효과도 있었다. 그러나 어디까지나 이 운동은 주자학 중심이었으니 양명학이나 서양의 천주교는 물론, 난학과 양학 등이 존재하지 않았던 조선으로서는 당연하다고 생각하지 않았을까?

이는 명나라의 멸망 이후 여진족 청나라가 아닌 조선이 '우월한 중화문명의 유일한 계승국가'라는 소중화(小中華)론이 대두되면서 시작되었다. 노론의 거두인 우암 송시열(宋時烈)이 북벌을 외치면서 제기된 것이

▲ 만동묘(萬東廟)

본격적인 소중화론의 시작으로, 이제 중원에서 유일한 문명이었던 명(중화)이 멸망하고 여진족인 청나라가 들어섰지만, 그들은 정통이 아니며 조선만이 유일하게 중화(문명)의 정통을 이었다는 의미이다. 한 마디로, 중국의 정통 왕조인 명나라를 계승한 것은 여진족 오랑캐인 청나라가 아니라 바로 조선이라는 논리였다. 이는 송시열의 유언으로 제자들이 만동묘(萬東廟)를 세운 사실에서도 잘 드러난다. 만동묘는 명나라 황제의 제사를 지내는 사당이다. 임진왜란 당시 조선을 원조해 주었던 명의 황제인 만력제(신종)와 마지막 황제인 숭정제를 제사 지내는 곳으로 중국에서도 안 하는 두 황제의 제사를 조선에서 지내는 것이다.

유교문명국가로 소중화(小中華)를 자처하던 조선이 항상 야만인이라며 한 단계 아래로 보았던 여진족에 굴복하자 주자학에 물들어 있던 조선의 왕이나 사대부(선비)의 정신적 혼돈, 정신적 혼란은 말로 표현하기가 어려울 정도였다. 그런데 이 야만족 청나라의 가혹한 세폐(歲弊)와 방물(方物)[7] 요구가 조선에는 큰 부담이 되면서 이때부터 청을 반대하는 반청(反淸)과 멸청(滅淸) 사고가 등장한다. 이때 '북쪽 오랑캐'라는 의미인 북적(北狄)이라는 용어보다 더 멸시해서 등장한 것이 '호로(胡虜)'이다. 수치스럽다는

7) 황제나 황후에게 따로 보내는 조선의 공물

의미가 포함된 북쪽오랑캐의 포로를 뜻하여 여기에서 '호로자식'이라는 욕이 생겨났다. 병자호란 때 청나라는 수많은 조선 여자들을 데리고 갔는데, 이들이 돌아오자 사람들은 환향녀(還鄕女)라고 불렀다. 그러나 환향녀는 이내 '화냥년'으로 변했고 이들이 낳은 아이를 '오랑캐의 자식'이라는 의미인 '호래자식(胡來子息)'으로 부르다 '호로자식'이 된 것이다.

나라의 정치가들이 전쟁을 제대로 수행하지 못해 결국 나약한 여성들만 끌려가 온갖 수모를 다 당하고 노예생활을 하다 돌아왔는데, 조선에서는 왕이나 영의정 아니면 병조판서나 누구 한 사람 전쟁에 대해 책임지는 자가 없이 모든 것을 불쌍한 여자들과 자식들에게 화풀이를 한 것처럼 보이는 슬픈 용어이다. 이런 단어가 만들어진 것으로 보면 조선의 선비의 문화는 참으로 무책임하고 소극적이었다고밖에는 볼 수 없다.

이렇게 청나라는 호로로 변했고 청나라 황제는 호황(胡皇), 청나라 사신은 호로의 사신이라 해서 로사(虜使)라 불렀다. 뒤로는 멸시하면서 앞에서는 머리를 조아리고 조공을 바치는 묘한 상황이었다. 조선은 외교문서에는 인조가 청태종 홍타이지(皇太極)에게 약조한 것처럼 청나라의 연호를 사용했지만 국내용 문서에서는 명나라 숭정의 연호를 사용했으며 특히 조선의 사대부들은 조선이 망할 때까지 2백여 년 동안 이를 고집했다. 주자학의 선비들이 청나라에 무력으로는 대항하지 못했지만 명나라에 대한 의리를 지킨 붓의 윤리라고 생각한다.

지금은 대학생들이 캠핑을 가지 않지만 필자가 학생이었던 약 45년 전에는 버스나 기차를 타고 전국을 많이 여행 다녔다. 한 번은 대학 시절 친구들과 송시열의 묘를 보러 간 적이 있었다. 묘비에 '유명조선국 좌의정 우암송선생지묘(有明朝鮮國尤菴宋先生之墓)'로 적혀 있어서 우리 딴에는 유명조선국이란 '조선국에서 유명한 좌의정 송선생의 묘' 혹은 '조선국에서 명백한 학자인 송선생의 묘' 정도로 짐작하고 있었다. 그런데 옆에 계신 한 어르신이 타박하며 말씀하시길 유명하다는 의미가 아니라 유명(有明)은 명나라에 속한 제후국이라는 뜻이라고 하셔서 부끄럽고 놀란 적이 있다. 올바른 해석은 '명나라 제후국 조선의 좌의정을 지낸 송선생(시열)'이 되는 것이다.

당시에는 사대주의를 묘비까지 표방하다니 말도 안 되는 논리라며 화를 내고 의아해했던 기억이 난다. 나중에 살펴보니 송시열이 사망했을 때에는 1689년으로 명나라가 이미 망했는데도 불구하고 굳이 명나라의 신하를 자청한 것은 사대주의의 발상만은 아니었다. 송시열은 명나라를 정벌한 청나라를 원수로 보았고, 청은 중화가 아니라는 사상으로 죽으면서까지 제자에게 만동묘(萬東廟)를 제안한 것을 보면, 철저하게 주자학의 윤리로서 반청(反淸)이며 멸청(滅淸)의 사고를 지녔음을 알 수 있다. 북벌론에 대해 송시열을 반대파로 평가한 학자도 있지만 주자학자로서의 송시열은 청나라를 원수로 취급한 선비의 붓의 윤리로서 좀 더 연구가 필요하다. 대전의 한 지인은 송시열의 북벌론에 대해 잠재적인 찬성파로 보아야 한다고 주장한다.

| 3절 | 코쿠가쿠(国学) - 일본적 정서로 태어난 일본적인 국학의 등장

코쿠가쿠(国学: 국학)는 일본의 에도 시대 중기에 발전된 학문이다. 난학과 더불어 에도 시대를 대표하는 학문의 하나로, 황조학(皇朝学), 코가쿠(古学, 古道学) 등의 이름으로 불리기도 한다. 지금까지의 사서오경(四書五經)을 비롯한 유교(儒教)의 고전이나 불교의 경전(仏典) 연구를 중심으로 하는 학문 경향에 대한 비판에서부터 시작되어 일본의 고전(古典)을 연구하고 유교와 불교 영향을 받기 이전의 고대 일본에 있던 독자적인 문화 및 사상, 정신세계(古道: 고도)를 밝히고자 하는 학문이다.

1) 승려 케이츄의 와카(和歌)

코쿠가쿠(国学)는 에도 시대 중기 17세기 말 18세기 초인 겐로쿠(元禄) 시절, 단가(短歌) 형식의 고전시인 와카(和歌)의 가학자(歌学者)인 진언종(真言宗) 승려 케이츄(契沖)가 창시했다고 전해진다. '코쿠가쿠'라는 단어가 쓰이게 된 것은 케이츄한테 학문을 배운 카다노 아주마마로(荷田春満) 때부터라고 한다.

케이츄는 현재 효고현(兵庫県) 아마가사키시(尼崎市)에 해당하는 셋쓰국(摂津国) 아마가사키(尼崎)에서 1640년에 태어났다. 아버지 시모가와 모토타케(下川元全)는 가토 기요마사의 가신으로 250석의 아마가사키번(尼崎藩)의 무사였으나 죄를 짓고 로닌(浪人)이 되었기 때문에 8명의 아들은 장남을 제외하고 출가하거나 양자로 집을 떠날 수밖에 없었다.

3번째 아들인 케이츄는 11세에 승려가 되기로 결심하여 셋쓰국의 히가시 시나리군(東成郡) 묘법사(妙法寺) 카이죠(丰定)의 제자가 되었다. 2년 뒤인 13세에 와가야마현(和歌山県)의 코야산(高野山)에서 동보원(東宝院)의 카이켄(快賢)에게 사사하여 엄격한 수행을 쌓은 뒤에 불교계율인 오부관정(五部灌頂)을 받는다. 23세에는 계율과 의식에 밝아 출가자들을 가르치고 지도할 수 있는 덕이 높은 승려의 자격인 아사리(阿闍梨)의 지위를 얻게 된다. 그리고 셋쓰국의 니시나리군(西成郡)의 만다라원(曼陀羅院)의 주지가 되었다.

그러나 24세에 갑자기 부친이 세상을 떠나자 세상의 허무함을 느껴

주지로서의 생활을 할 수 없게 되었다. 그리고 27세에 돌연 만다라원에서 자취를 감추고 기나이(畿内) 지역을 유람한다. 현재의 나라현(奈良県)에 해당하는 야마토(大和国)의 장속사(長谷寺)에서 17일간 단식수행을 하고 보생사(室生寺)에서는 37일간 목숨을 버릴 정도의 가혹한 수행을 하였다.

그리고 다시 코야산에서 원통사(圓通寺)의 카이켄에게 돌아와 수행을 한 다음 최고 지위인 보살계(菩薩戒)를 받는다. 케이츄가 30세가 되면서 대대로 진언종의 신자이면서 코야산과 깊은 관계에 있던 현재 오사카부에 해당하는 이즈미국(和泉国)의 스지모리 요시유키(辻森吉行)로부터 권유를 받고 다시 코야산을 내려와서 스지모리 가에 의탁한다. 그리고 스지모리 가문이 소지하고 있던 불경과 중국 고전, 일본 고전을 많이 읽어 크게 발전시키게 된다. 코야산을 내려온 것은 진언종과 코야산에 대한 회의와 종교와 학문에 대한 갈망이 주요 원인이었다고 판단된다.

35세에는 후세야 시게카타(伏屋重賢) 등의 권유로 후세야 가문의 양수암(養寿庵)에 기거하게 된다. 후세야는 원래 토요토미의 신하로 케이츄의 조부와 후세야 가문은 원래 교류가 있어서 초청하였다고 한다. 그는 중국 및 일본의 고전과 불경을 읽고 인도의 고대어인 범어(梵語)라 불리는

▲ 케이츄(契沖)

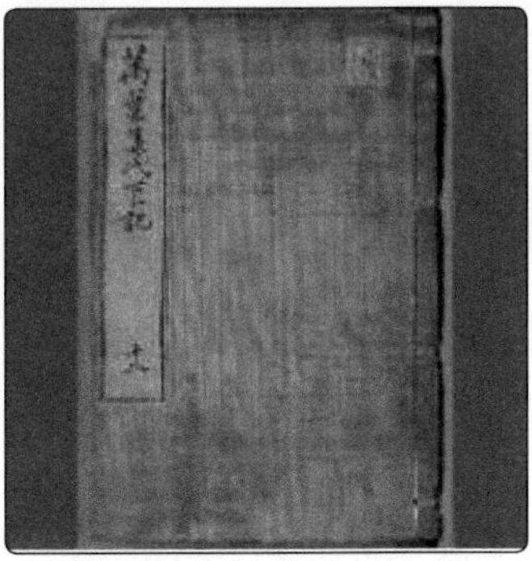

▲ 만요다이쇼우키(万葉代匠記)

산스크리트 문자, 자음(字音)과 자의(字意) 등의 호칭인 실담(悉曇) 연구도 실시했다. 그리고 37세인 1677년에 진언종에서 더 높은 지위인 안류(安流)관정을 받고 39세인 1679년에 묘법사의 주지가 되면서, 이후 죽을 때까지 고전 연구에 힘썼다. 특히 복고신도(復古神道)를 제창하는 등의 업적을 남겼다.

케이츄는 『만요슈(万葉集: 만엽집)』의 주석을 다룬 『만요다이쇼우키(万葉代匠記: 만요대장기)』를 저술하였다.[8] 범어, 즉 산스크리트어를 표기한 문자를 연구한 싯탄가쿠(悉曇学: 실담학)를 응용한 문헌학적 방법은 와카(和歌, 한국에서는 단가[短歌]라고 한다) 해석에서 불교와 유교의 가치관에 의존하는 요소를 배제하고, 문헌학적 뒷받침을 바탕으로 고전을 해석·감상하는 일본 국학의 방법론을 확립하였다. 일반적으로 케이츄의 『만요슈』 연구가 국학의 시작이라고 알려져 있다. 말할 필요조차 없지만 『만요슈』는 일본 최고(最古)의 와카(和歌)집으로, 7세기 전반부터 759년까지의 와카가 수록되어 있으며 8세기 후반경에 성립된 것으로 알려져 있다.

토쿠가와 미츠쿠니(徳川光圀)는 유명한 『대일본사(大日本史)』를 편찬하여 전기 미토학을 주도하였지만 동시에 『만요슈』의 편찬도 기획하고 있었다. 고학의 연구를 격려하여 『만요슈칸켄(万葉集管見: 만요집관견)』을 저술한 가인이기도 한 시모베 쵸류(下河辺長流)를 선택했지만 쵸류가 도중에 중풍으로 참여하기 힘들어져 쵸류의 지인이었던 케이츄가 선택되었다. 케이츄는 친한 친구의 도움을 거절하지 못해 1681년부터 1686년까지 5년에 걸쳐 4,600수(首)의 주석(注釋)을 이루어 냈다.

일반적으로 승려인 케이츄가 일시적으로 불교를 멀리한 것에 대해

---

8) 久松潜一(1972). 契沖の人と学問 ー書簡其他の新資料など-日本学士院紀要, 第三十巻, 第二号.

여러 주장이 있지만, 케이츄는 학문의 본뜻을 장기간 고민한 끝에 주변에 가장 친했던 영가(詠歌, 불교의 가르침을 5 7 5 7 7의 선율로 표시한 단가)의 경험 중 소위 '속된 일 중 참됨(俗中之真: 속중지진)'을 체득하는 것에서 찾았기 때문으로 본다. 그리고 시의 길은 선악의 논제를 버리는 것을 아는 것이라고 말한 것은 순수한 와카의 시인으로 표현할 수 있다.

케이츄는 이외에도 우타마쿠라(歌枕) 연구에도 힘을 쏟아 『쇼치토가이헨(勝地吐懐篇)』, 『루이지메이쇼가이슈(類字名所外集)』 등을 1696~1698년에 걸쳐 저술한다. 우타마쿠라는 옛날에는 와카에서 사용된 단어와 읽힌 글의 중심이 되는 소재, 또는 그들을 모아 쓴 서적을 의미했지만, 현재는 유일하게 그들 중의 와카의 소재가 된 일본의 명소 유적을 말한다.

케이츄는 역사적인 가나 사용방법과 병행하여 우타마쿠라 연구를 했으나 우타마쿠라 연구에 있어서 독자적인 성과는 그다지 보이지 않는다는 평가를 받는다. 그 이유는 현지답사가 아닌 문헌에서 비롯된 연구이며, 노인우타마쿠라(能因歌枕) 등으로부터 정해진 방법에서 별로 벗어나지 않았기 때문이다. 그러나 만요슈의 히쿠마노(引馬野)를 미카와(三河)라고 하는 등 뛰어난 견해는 높이 평가받고 있다. 또 「가와야시로(河社)」, 「엔주안잣키(円珠庵雑記)」, 「엔주안잣잣키(円珠庵雑々記)」 등의 수필이 있지만, 모두 학문적 비망록이라고 할 만큼 고전을 읽을 수 있도록 주석을 달거나 그것에 대한 간단한 해석을 붙이고 있다.[9] 여기에서는 박학다식한 케이츄의 노력이 진가를 발휘하고 있다고 하겠다.

9) 久松潜一(1972). 契沖の人と⊠問 ー書簡其他の新資料など-日本学士院紀要第三十巻, 第二号, p. 78.

2) 국학의 창립자, 카다노 아주마마로

1669년 신사(神社)의 사직을 세습하는 샤케(社家: 사가)의 아들로 태어난 카다노 아주마마로(荷田春満)는 케이츄(契沖)의 『만요슈』 해석서인 『만요다이쇼우키』 등을 배워, 국가의식을 강하게 하여 고전(古典)과 국사를 배우고 옛날의 가르침인 고도(古道)의 해명을 시도한다. 그 결과 만요슈, 고사기(古事記), 일본서기(日本書紀)와 일본 천황의 황위계승 시 행해지는 궁중제사인 다이쇼사이(大嘗祭) 연구의 토대를 마련하여 1697년부터 천황의 5째 아들로 불교로 출가한 교엔친왕(尭延法親王) 신사의 시종으로 임하면서 고도에 대한 강의도 하였다.

2년 뒤인 1699년에 휴가를 받아서 1700년 3월 칙사(勅使)로 에도에 파견된 공가(公家)의 오오이노미카도 츠네미츠(大炊御門 経光)를 수반하여 함께 에도로 갔다. 츠네미츠는 역할을 마치고 일찌감치 귀경했지만 아주마마로는 그대로 에도에 남게 하여 에도 무사들에게 가학(歌学)과 신도(神道)의 강의를 할 수 있게 하였다. 이때 신기도(神祇道)와 가도(歌道)의 교수로서 이름을 알려 제자들이 모이게 되었으며 55세에 8대 쇼군 요시무네(吉宗)의 명에 의해 고서교감(古書校勘: 코쇼코칸)에 취임하여 유명해졌다.

2020년 4월경 코로나19로 불편했지만 일본인인 지인과 만나서 고쿠가쿠(国学) 이야기를 나눈 적이 있다. 국학 발생지를 아느냐는 지인의 물음에 모른다고 답했더니 그는 웃으면서 일본 전문가이자 동경 유학 경험자인 필자가 간다 신사의 국학 발생지를 모르면 안 된다고 하여 같이 간 적이 있다. 동경의 치요다구(千代田区) 소토간다(外神田)에 있는 간다(神田) 신사(간다 묘진神田明神) 경내에 서 있는 것이, 국학 발생지의 비이다.

▲ 간다(神田) 신사 내 국학 발생지의 비

▲ 간다(神田) 신사

후시미 이나리 신사(伏見稲荷神社, 현 후시미이나리타이샤[伏見稲荷大社])의 세습직인 샤게(社家) 카다노 아주마마로는 1700년, 칙사로서 에도에 파견되어 에도에 머물면서 간다 신사의 샤게 시바자키(芝崎) 저택 내에 국학교장(国学の教場)을 열었는데 이것이 국학 발생지가 되었다고 한다. 그런데 아주마마로가 에도 체류 중에 엄청난 사건이 발생한다. 바로 추신구라의 배경이 되는 아코(赤穗) 사건이 그것이다.

1701년 3월 14일 현재 효고현의 일부에 해당하는 하리마국 아코(赤穗)번의 영주 아사노 나가노리(浅野長矩)가 고케(高家)이며 하타모토(旗本)인 기라 요시나카(吉良義央)에게 에도성 쇼군의 전중(殿中)에서 칼부림하는 사건이 터진다. 나가노리는 칼을 빼서는 안 될 전중에서 칼을 꺼낸 죄로 같은 날 할복하고, 아코번은 무사들의 영지 몰수로 개역(改易)되면서 아코번의 무사들은 직업을 잃고 낭인이 되기에 이른다. 이에 억울하다고 생각한 아코번의 낭사(浪士)들이 기라 요시나카와 기라 가문을 대대로 섬기며 호위하는 무사들을 집단 살해한 사건이다.

이때 에도 체류 중인 아주마마로는 아코번의 가로인 오이시 구라노스케(大石内蔵助)와는 옛날부터 알던 사이였기 때문에, 요시나카가 언제 집에 있는가를 최종 확인한 아주마마로의 정보로 1702년 12월 14일의 기라의 저택 습격이 결정되었다고 한다.

또 『만요슈』의 연구가이자 스님인 케이츄를 존경하고 깊게 교류한 아주마마로는 1713년에는 한 번 교토에 간 후 다시 에도로 돌아와, 그 후로도 자주 케이츄를 찾아뵈었다고 전해진다. 그는 1723년 8대 쇼군인 도쿠가와 요시무네(徳川吉宗)에 초대되어 막부의 가신이 된 후 1727년까지 섬기면서 교토 히가시야마(京都東山)의 땅에 국학을 위한 학교 창립을 계획했지만, 병으로 양자 카다노 아리마로(荷田在満)에 가독을 양도하고 소원은 이루지 못했다.

당시 학문이라면 당연하게 유학 중심이었는데 일본식 고전과 가학, 신도의 연구자인 아주마마로에게 막부와의 네트워크는 국학 연구의 필요성을 진언할 계기가 되었다고 할 수 있다. "구분하여라! 일본에는 없는 중국풍만 좇아가는 것이 사람의 길일까?(절대 그렇지 않다!)"10)라고 읊은 그의 시는 당시의 유학 내지 유불적 신도에 대해 국학을 존중하여야 한다는 완고한 주장과 동시에 일본 정신의 태고로 돌아가야 한다는 그의 주장도 포함된다고 하겠다.

▲ 카다노 아주마마로(荷田春満)

▲ 소가쿠코케이(創学校啓)

10) ふみ分けよ 大和にはあらぬ 唐鳥の 跡をみるのみ 人の道かは

실질적으로 국학의 창립자라고도 일컬어지는 아주마마로는 일본의 고전 연구를 통해 일본인 본래의 순수한 정신을 찾을 수 있다고 생각한 사람 중의 하나이다. 그는 고전 해석에 있어서 고의(古意)의 주관적 왜곡이 없는 재현, 즉 순수한 일본인의 감정과 표현을 중시하여 불교 경전과 유교 경서 등을 배제하는 모습을 보였다. 일본의 사상은 불교와 유교에 의해 흐려져 있다고 주장하면서 유교와 불교 등의 외래 사상에 영향을 받지 않는 일본의 독자적인 사상을 탐구한 것이다.

그는 1728년에 막부와 제번의 학교교육이 유교중심주의임을 비판하여 국학을 중심으로 한 황국학 전문(皇国学専門)의 학교 설립청원서인 「소가쿠코케이(創学校啓, 창학교계)」를 에도 막부 8대 쇼군 정이대장군(征夷大將軍) 도쿠가와 요시무네(德川吉宗)에 진언하였다고 한다. 창국학교계(創国学校啓), 창조왜학교계(創造倭学校啓)라고도 하는 「소가쿠코케이」의 내용은 일본 고유의 고도 연구(古道研究)가 쇠퇴하는 것을 시정하여 국학의 진흥을 도모하고 국학교 설립의 필요를 주장한 것으로 알려져 있다.[11]

국학의 방법론은 이토 진사이(伊藤仁斎)의 고의학(古義学)과 오규 소라이(荻生徂徠)의 고문사학(古文辞学)의 방법론으로 큰 영향을 받고 있다. 국학은 유교의 도덕, 불교의 도덕 등 인간다운 감정을 억압하는 것을 비판하고 인간의 솔직한 감정의 자연스러운 표현을 중요하게 평가한다. 케이츄 이후의 국학은 고대 일본인의 정신성(精神性)인 고도(古道)를 해명해 가는 흐름과 실증에 의한 고전의 문헌고증을 하는 흐름으로 나누어 발전하게 된다.

---

11) 2020년 3월 중순경에 동경 진보초(神保町)의 헌책방거리에서 우연히 소가쿠 코케이를 구입하였다. 그다지 비싸지 않았던 것으로 기억한다.

3) 일본 본래의 정신을 찾은 카모노 마부치

카모노 마부치(賀茂真淵)는 1697년 현재 시즈오카현(静岡県)의 하마마츠시(浜松市)에 해당하는 토도미노구니(遠江国)에서 농부의 오카베 마사노부(岡部政信)의 삼남으로 태어났다. 오카베 가문은 가모신사(賀茂神社)의 말사 신직(神職)을 대대로 맡는 신관이었지만 아버지 마사노부가 분가하여 농업을 본업으로 하였다.

1707년 마부치는 10세 때 스기우라 쿠니아키라(杉浦国頭)에게 한문습자를 배운다. 쿠니아키라는 에도의 국학자인 카다노 아주마마로의 제자로 그의 조카딸 마사키(真崎)와 결혼하여 하마마츠에서 개인학원의 형태인 사숙(私塾)을 열었다. 마부치는 26세인 1723년 결혼하였지만 다음해에 아내를 잃고 1725년에는 여관에 해당하는 하마마츠숙(浜松宿)의 우메야(梅谷)의 양자가 된다. 30세가 넘어서 집을 버리고 교토로 이동하여 아주마마로를 스승으로 삼았으며, 1736년 아주마마로가 사망한 후 그의 뒤를 이어 국학을 가르치게 되었다.

마부치는 스스로 만요풍(万葉風)의 와카(和歌)를 만들고 연구할 뿐만 아니라 예부터 전해오는 일본인의 사상을 자신의 것으로 하려고 노력했다. 1768년 『만요고(万葉考: 만엽고)』를 저술하여 『만요슈』 등의 고전 연구를 통해 고대 일본인의 정신을 연구하고 와카에서의 고풍을 존중하는 만요주의(万葉主義)를 주장하여 와카의 혁신에 기여했다. 또한 인위적인 군신(君臣)의 관계를 중시하는 주자학의 도덕을 부정하고, 일본의 고전에서 나타나는 고대 일본인의 정신성의 순수한 표현이라고 하는 작위(作為) 없는 자연의 심정 태도야말로 인간에게 본래 있어야 할 모습이라고 주장하여 고도설(古道説)을 확립했다.[12]

▲ 카모노 마부치(賀茂真淵)

▲ 만요고(万葉考)

카모노 마부치는 『만요고』 등 만엽집 연구를 통해 일본 고대 정신의 근원을 탐구하면서 이를 통해 고도론을 전개하였지만 가다노 아주마마로와 같이 몰락한 신관 출신이었기 때문에 현실의 모순을 타개하려는 정치적·사회적 지향성이 강했다고 하겠다. 그러나 본질적으로는 일본의 전통시인 와카(和歌)를 연구하다 보니 신도를 불교나 유교 중심적으로 해석하는 것을 거부하고, 일본의 전통 속에 살아 있는 천지의 질서에 따른 순수한 단순함의 도덕성을 강조하게 된다. 그는 일본의 국수주의적 사상인 국학의 학문적 측면과 사상적 측면을 통일시키는 데 기여한 인물로서 평가받고 있다.

그의 광대한 연구서 중 1769년 저술한 대표적 저서인 『코쿠이코(国意考)』는 마부치의 학문을 정리한 이른바 『5의고(五意考)』의 하나이며, 1764년경에 시작하여 1769년 무렵에는 완성했다고 보는 것이 정설이다. 코쿠이(国意: 국의)라는 것은 일본의 정신을 가리키는데, 유교와 불교 등의 외래 사상을 비판하고 일본 고대의 풍속과 가도(歌道)의 가치를 인정하여 일본 고유의 정신을 주장한 것이다. 마부치는 오규 소라이(荻生徂徠)의

12) 庄田元男 編訳(2006). 『アーネスト·サトウ 神道論』, 平凡社, 「東洋文庫」, p. 29.

뒤를 이른 다자이 슌다이(太宰春台)의 『변도서(辯道書)』에 기록된 "일본에는 신무 천황(神武天皇)부터 긴메이 천황(欽明天皇)의 무렵까지 '도(道)'라고 할 만한 것이 없고, 유교의 도래에 의해 '신도(神道)'가 성립하게 되었다"는 내용이 신도를 멸시하는 것이라고 판단하여 이를 반박하기 위해 『코쿠이코』를 집필하였다고 한다.

『코쿠이코』는 마부치가 파악하고 있던 고신도(古神道)의 의미의 일부를 나타내고 있다. 덧붙여 일반의 인식에서는, 마부치는 가의고(歌意考)·문의고(文意考)·어의고(語意考) 등으로 고어의 기초적 연구를 대성한 후에 고신도의 철학을 조성하려고 했지만, 고령으로 후계자로 인식한 모토오리 노리나가에게 복고신도(復古神道)의 학론을 세울 계획을 양보했다고 여겨진다.

『코쿠이코』는 일본 고유의 고(古: いにしえ)의 도(道)는 유교나 불교 등 외래 사상에 의해 흐려졌다고 하며 유교적인 이상주의에 대한 반발에서 노장 사상이나 근대의 자연주의에 통하는 듯한 일면도 보인다. 고도(古道)에 대해서는, 가도(歌道)의 의의를 강조해, (주자학의) '이치(ことわり)'에 얽매이지 않고, 자연의 '참(まこと)'에 맡기고, 부드러움을 표현하는 '니키비(和: にきび)'를 취지로 삼아야 한다고 주장하고 있다.[13]

제자인 카토치카게(加藤千蔭)에 의하면 외모는 보통 사람과 상당히 다르기 때문에 자칫 지각이 부족하여 머리 회전이 둔한 사람도 볼 수 있지만, 때때로 그의 말에는 일본 사람의 진정한 마음이 갑자기 솟구쳐내려 당시에는 더 이상 완벽한 없을 정도로 설득력이 있었다고 한다.

---

13) 井上豊(1972). 『日本思想大系39』, 岩波書店 ; 井上豊(1980). 『賀茂真淵全集19』, 続群書類従完成会.

| 4절 | 국학을 국수주의로 변모시킨 모토오리 노리나가

1) 모토오리 노리나가의 학문 연구

모토오리 노리나가(本居宣長)는 1730년 6월 현재 미에현(三重県)의 마쓰자카시(松阪市)에 해당하는 이세의 마쓰자카(伊勢国松坂)의 목면(木綿) 중개상인 오즈(小津)가의 차남으로 태어났다. 1737년 8세에 일본식 서당인 테라고야(寺子屋)에서 수학하던 중 1740년에 아버지가 사망하여 1745년 16세까지 에도 니혼바시의 오덴마쵸(大伝馬町)에 있는 삼촌의 가게에 숙식하다가 이듬해 고향으로 돌아간다.

1748년 19세 때에 노리나가는 이세 야마다(伊勢山田)의 종이상점을 경영하면서 신사의 기도사인 오시(御師)의 이마이다(今井田) 가에 양자로 입양되지만, 3년 후인 1750년 다시 마쓰자카로 돌아간다. 이때부터 와카를 공부하기 시작하는데 같은 해 매형이 사망하면서 오즈(小津) 가문을 이어받게 된다. 그러나 장사에 관심이 없어 에도의 가게를 정리하고 어머니와 상의하여 의사를 목표로 교토에 간다. 호리겐고(堀元厚)와 타게가와 고쥰(武川幸順)에게 의학을 배우고 유학은 호리케이잔(堀景山)에게 배워 숙식을 하며 한학과 국학 등을 배운다. 27세 때에 『선대구사본기(先代旧事本紀)』와 『코지키(古事記: 고사기)』를 서점에서 구입하고 카모노 마부치가 저술한 책을 계기로 국학 연구에 들어가게 된다. 1750년 교토에서의 생활은 노리나가의 생애의 목적인 고전의 연구에 막대한 영향을 끼쳤다. 1758년 38세에 교토에서 마쓰자카로 돌아온 노리나가는 의사로 개업하고 『겐지모노가타리(源氏物語)』 강의와 『일본서기(日本書紀)』의 연구에 힘썼다.

노리나가가 에도의 국학자 마부치를 만난 곳은 미에현의 마쓰자카시에 있는 여관 신자우야(新上屋)였다. 노리나가는 공부를 마치고 마쓰자카에 돌아와 마부치의 『칸지코(冠辞考)』를 읽고 강한 충격을 받는다. 때마침 단골 책방의 카시와야(柏屋)로부터 마부치가 마쓰자카에 왔다는 이야기를 듣고는 너무나 반가운 나머지 추천서도 없이 생면부지의 마부치를 무작정 찾아갔다고 한다. 당시로서는 다소 예의 없는 행동이었지만 마부치는 이런 노리나가를 따뜻하게 맞이하면서 그의 『코지키』 연구를 격려하고 자신의 학문을 모두 알려주고 가르쳐줄 것을 약속하였다. 1763년 5월 25일 밤, 이것이 마부치와 노리나가의 일생 단 한 번의 만남이었다. 이때 노리나가의 나이 34세, 마부치는 67세였다. 이 대면은 나중에 사사키 노부쓰나(佐佐木信綱)의 「마쓰자카의 하룻밤(松阪の一夜)」의 문장으로 널리 알려지게 되었다. 그해 겨울, 노리나가는 마부치에 입문하여 서신(書信)으로 가르침을 받는다.

▲ 마쓰자카의 하룻밤(松阪の一夜)

▲ 코지키덴(古事記伝)

노리나가는 스승인 마부치의 고도설(古道說)을 계승하였으며, 마부치가 이루지 못했던 『코지키』 연구를 35년간 계속하여 1798년 68세에 『코지키』 연구의 집대성인 주역서 『코지키덴(古事記伝: 고사기전)』을 저술하였다. 그는 『코지키』의 주석(註釈)을 해석하다가 고대인의 삶과 생각속에 연면히 흐르는 일관된 정신성, 즉 길(古道: 고도)의 존재를 깨닫고, 일본 고대의 길을 나타냄으로써 일본의 신대(神代)를 숭상하여 국학(国学)으로 확립시켰다. 그가 말한 천조 대신의 길(道), 칸나가라노미치(惟神の道)는 『고사기』와 『일본서기』에 나타나 있는데 천지를 생성한 신들이 천황에게 전한 길, 즉 신(神)의 도(道)라는 의미에서 칸나가라노미치로 부르며 천황의 위정의 길이라고 하였다.

노리나가는 신도(神道)를 중심으로 다른 유교, 불교와 이데올로기를 다 포용하면서도 그것은 모두 일본의 신인 아미테라스 오오미카미의 마음(天照大神ノ御心)이며 신의 길(神の道)이라고 주장하며 일본이 종교적 주체성을 갖게 했다. '신도는 마음(心)의 바깥에 다른 신(神)이 없으며 다른 이치(理)도 없다'고 말하며 일본인이 갖고 있던 콤플렉스를 일본 중심으로 해석함으로써 일본이 자연스럽게 근대에 진입할 수 있도록 뒷받침하였던 것이다. 『코지키덴』의 성과는 당시 일본에서 충격적으로 받아들여져 역사를 공부하는 일본인들에게 『일본서기』를 강독하면서 부교재로 자리매김했을 정도였다. 그만큼 독자적인 가치를 가진 사서(史書)로서 평가받는 계기가 되었다고 하겠다.

노리나가 연구의 중심은 『겐지모노가타리』와 『코지키』였다. 이 연구를 통해 노리나가는 유교, 특히 주자학은 모두 이치에 맞지 않는데도 일본인이 이해하기 어려운 외국(중국)의 사상과 언어로 억지로 설명한다고 주장했다. 다시 말하면 주자학에 중독되지 않은 일본인의 진심을 '모노노 아와레(物の哀れ)'라고 하여 와카(和歌)를 읊는 것을 인생의 애틋한 정취를 표현하는 방법이라고 보았다. 모노노 아와레란 인생의 깊이나 덧없음 등을 접했을 때 느끼는 애틋한 정취나 사물의 무상함을 바라보며 느끼는 미의식을 뜻한다. 기쁨, 분노, 슬픔, 즐거움 등 인간의 솔직한 마

음을 표현하는 것이 일본적인 와카이다. 따라서 노리나가는 와카를 읊는 것을 인간의 본질적인 행위로 보고 있다. 또한 그는 『겐지모노가타리』 주인공들의 사랑이 바로 '모노노 아와레'를 가장 깊게 느낄 수 있는 사랑이라고 평가하였다. 노리나가 이전에는 『겐지모노가타리』에 대해 주자학의 사고로 호색한 주인공을 교훈적 차원에서 비판하기 위한 이야기라고 평가한 것과는 크게 다른 관점이라고 하겠다.

> 인간은 맛있는 것을 먹고 좋은 집에서 살기 바라며 돈을 많이 갖고 싶고 존경받기를 원하는데, 이런 것을 중국의 고전에서는 좋은 것이라고 하지 않고 원하는 것을 갖고 싶지 않은 얼굴을 하는 것은 허위이다.

이처럼 노리나가는 외래적인 유교와 불교의 가르침은 중국인과 인도인의 뜻이므로 선악으로 평가하는 것은 자연(自然)에 거슬리는 사고라고 비난했다. 심지어는 중화문명(中華文明)을 참고하여 자기의 사고에 도입하고 중국 취미를 즐겼던 오규 소라이(荻生徂徠)까지 비판했다고 전해진다.

2) 경제학자로서의 모토오리 노리나가

현재의 오사카 남쪽인 와카야마현 일대에 해당하는 기슈(紀州) 번주인 도쿠가와 하루사다(德川 治貞, 1728~1789)가 널리 번 내로부터 통치상의 의견을 물었을 때 모토오리 노리나가(1730~1801)가 고도(古道)에 기초하는 정치 원리를 논한 것이 『타마쿠시게(玉くしげ)』(1786)이다. 『타마쿠시게』는 옥을 담은 아름다운 상자라는 의미로 고도의 본래 취지, 즉 국학의 이념이 실려 있어 유명하다. 그러나 『히혼 타마쿠시게(秘本玉くしげ)』(1787)에는 봉건 사회의 병폐에 사실적으로 다가가, 문체도 일부러 허식을 없애 노

리나가의 학문과 현실과의 접점을 표현하였다고 알려진 책이다.[14)]

『히혼 타마쿠시게』는 노리나가가 마쓰자카 서민사회의 일원이자 양식 있는 국학자로서 본인의 경험을 살려 실용적인 정치와 경제의 구체적인 조치(具体策)을 집필한 책으로, 200여 년의 세월을 사이에 둔 지금도 일본인들 사이에서는 주목할 만한 책으로 인기가 있다.[15)] 『히혼 타마쿠시게』는 부의 불평등과 해마다 바치던 공물의 의미인 연공(年貢)의 가혹함 등을 비판, 정치경제의 구체론을 지적하고 있어 유명하다. 대학원 과정에서 '일본경제사'에 등장하는 모토오리 노리나가는 경세학자로서 등장하는데 아마도 『히혼 타마쿠시게』 때문이며 눈에 띄는 내용은 다음과 같다.[16)]

> 노리나가는 세계 전체에 대해서는 아무리 똑똑해도 대응할 수 없기 때문에, 안이하게 새로운 일에 손을 내는 것을 경계하고 있다.[17)] 그리고 시세에 따라 선인의 규범을 지키면 조금의 폐해는 있어도 큰 실패는 없다고 주장한다. 우리에게 익숙한 일은 조금 나쁜 일이 있어도 세상 사람은 안심한다는 생각에서이다.

여기에서, 노리나가 생각하는 도리(道理)가 등장하게 된다. 그리고 노리나가의 『히혼 타마쿠시게』에서 등장하는 '제2절 백성의 궁핍' 내용이

---

14) 小室正紀(1992.01). 本居宣長における「新法」と「先規」: 国学的保守主義と経済的自由, 立教経済学研究, 45(3).

15) 松本滋(1981).『本居宣長の思想と心理 アイデンティティー探求の軌跡』, 東京大学出版会.

16) 『大野晋·大久保正編本居宣長全集』, 第8巻, 月庁収の, 「秘本玉くしげ」.

17) 惣體世の中の事はいかほとかしこくても、人の智恵工夫には及ひかたき所のあるものなれは、たやすく新法を行ふへきにあらす。

최근 주목을 받고 있다. 백성의 궁핍(가난)에 대해서는 연공의 많음과 사치를 들고 있으며, 노리나가는 백성의 입장에서 연공을 늘리지 않게 하는 것이 위정자의 역할이라고 말하고 있다. 그는 백성의 입장에서 곤궁, 즉 가난을 논했던 것이다. 이는 "하층의 비(非, 부정)는 없고, 모두 상층에서 부정이 일어난다[18]"는 말로 대변할 수 있다. 이것은 번과 막부의 비난을 받는다.

그리고 '제3절 백성(民)과 나라(國)와 천하(天下)'를 통해 노리나가는 개인과 국가와 세계에서는 경제에 대한 사고방식이 다르다고 주장한다. 그는 평민에게 있어서는 뭐든지 해서 금은을 얻는 것이 이익이지만, 백성을 다스리는 위정자의 입장에서 보면 영내 전체에 이익이 되면 손해(損)라고 한다.[19] 즉, 개인의 경제와 국가의 경제에는 차이가 있다는 것이다. 또한 국가 경제와 세계 경제에도 차이가 있다고 주장한다. 사치품을 생산하는 나라가 있으면, 세계에서 보면 손해가 되어도 그 나라에서는 손해가 아니라고 하는 주장이다. 노리나가의 이러한 주장은 당시에는 대단한 발상이라고 아니할 수 없다.

그리고 노리나가는 '제4절 상인의 자유'에 대해 아래와 같이 논하고 있다.

> 교역에는 상인이 필요하고 상인이 많이 있을수록 국가를 위해서도 민간을 위해서도 자유는 좋은 것으로 확산된다. 다만, 너무 자유가 많으면 때로는 불편(부자유)해질 수도 있다. 무슨 일이든 편리(자유)하면 그

---

18) 下の非はなくして, 皆上の非なるより起れり.

19) 平民の身一分のうへにては, いかにも何わさをしてなりとも, 金銀を得る事の多きか利なれとも, 上に立て民を治むる人の身にとりては, 領内おしならして利益あることならては, 損ある也.

만큼 지출이 많고 불편(부자유)하면 지출이 적다.[20]

그리고 노리나가답게 노리나가의 본업과 금융에 대한 흥미로운 의견이 '제8절 백성의 본업과 금융'에 제시되고 있다. 노리나가는 상인이면서 물건의 교역(모노즈쿠리)을 하지 않고, 금융 등으로 이익을 올리는 것에 대해 경계를 하고 있다. 금융으로 돈(부)을 점점 벌어들이게 되면 세상 사람들은 편하게 벌 수 있다고 생각하여 본업(本業)을 소홀히 한다는 것이다.[21] 금융 쪽으로만 눈이 가서 본업을 허물어지면 세상은 손해라는 의미이다. 즉 자기의 본업이 상인이라면 물건을 파는 데 열중하지 않고, 금융에 관심이 있으면 자연과 세상은 궁핍해 가는 것으로 생각하고 있다. 노리나가는 일인일업, 즉 상인이 본업에도 충실하면서 금융을 하는 것은 이해하지만 본업을 소홀히 하면서 금융으로 부를 쌓는 것을 경계하고 있다.

부와 이익에 대해서는 부가 부를 계속 산출하지만, 개인 경제와 국가 경제와 세계 경제에는 차이가 있음을 지적하고 있다. 세상의 재산은 평등하지 않기 때문에, 위정자가 부유층의 재산을 분배해 빈곤층을 구해야 된다고 주장한다.

이러한 『히혼 타마쿠시게』는 백성의 반란(一揆)과 위정자의 갈등 등 현실 정치와 관련되었기 때문에 노리나가는 생전에 이 책의 간행을 허락받지 못했다.

---

20) 交易のために商人もなくてはかなはぬものにて, 商人の多きほと, 國のためにも, 民間のためにも, 自由はよきもの也。然れとも, 惣して自由のよきは, よきほと損あり. 何事も自由よけれは, それたけ物入多く, 不自由なれは物入はすくなし.

21) ことことく己か本業をはおこたりて, たた近道に手早く, 金銀を得る事にのみ, 目をかくるならひとなれり. 世に, 少しにても金銀の取引にて利を得る事あれは, それたけ, 作業をおこたる故, 世上の損也.

노리나가는 『타마구시게(玉くしげ)』에서는 도(道)를 인간의 천성(天性)으로 파악하고, 그것은 지극히 평범하고 자연스러운 것이라고 이해했다. 또한 도는 위대한 신령이 만든 것으로, 천황의 조상신으로부터 천황에게 대대로 전해지는 것이라고 말한다. 그러므로 노리나가는 일반인들이야말로 천황의 은혜에 감사하면서 살아가는 것이 마땅한 도리임을 강조했는데, 국학의 최고 중심에 천황을 연결시키고 있다는 점에 주목해야 한다.

경세가로서의 노리나가는 나름대로 현실에 맞는 논리를 주장하였으나 그의 국학 사상과 침략 사상에 대해서는 많은 한국학자들과 중국학자들이 반대 논리를 주장하고 있다.

3) 『교쥬가이겐(馭戎慨言)』으로 살펴본 모토오리 노라나가의 사상

고도설(古道説)은 카모노 마부치와 모토오리 노리나가에 의해 유학에 대항하는 사상체계로 확립되어 가고, 주로 상인과 지주 계층의 지지를 받았다. 마부치의 제자인 노리나가는 고도설을 계승하여 생애의 대부분을 시정학자로 보냈지만 제자도 많아 특히 1781~1789년 말엽부터 증가하였다. 1788년 말까지 제자는 총 164명이었는데 그 후 계속 증가하여 노리나가가 사망했을 당시에는 487명에 달했으며 국학의 발전에 다대한 영향을 끼쳤다. 제자들의 직업은 상인이 약 34%, 농민 약

▲ 모토오리 노리나가(本居宣長)

23%였고 하급무사들도 있었다고 한다.

필자는 경제에 관한 책인 『타마쿠시게』, 『히혼 타마쿠시게』와 『코지키덴』 정도만 피상적으로 알고 있어서 노리나가를 와카의 전문가이자 일본의 정신적 사상의 지주로서 존경하고 있었다. 그러나 신도(神道)를 공부하면서 그의 또 다른 저서인 『교쥬가이겐(馭戎慨言)』의 내용을 보고는 불현듯 애국심이 솟아나 홀로 분을 삭인 적이 있다.

『타마쿠시게』와 『히혼 타마쿠시게』는 노리나가가 58세 때인 1787년 12월에 만들고 별권(別巻)을 곁들여 현재의 와카야마(和歌山)현과 미에(三重)현의 남부에 위치한 기슈(紀州)번의 번주 도쿠가와 하루사다(徳川治貞)에 헌상된다. 별권(타마쿠시게)은 이념 편이며, 국학의 중심 사상이 적혀 있다. 일본인의 진심과 정취인 모노노 아와레(物の哀れ)를 읊는 가인(歌人) 노리나가가 이런 격한 논리로 인국(隣國)을 평가한 것을 보니 필자의 공부 부족을 탓하며 일본과 한국의 관계를 다시 한번 되돌아보게 되었다.

노리나가는 1777년 『대이론(待異論)』을 저술하고 이를 이듬해인 1798년에 『교쥬가이겐(馭戎慨言: 어융개언)』으로 바꾸어 1796년에 간행한다. 고대 중국에서는 자기 민족 이외의 민족을 오랑캐로 간주하여 동쪽민족을 동이(夷), 서쪽민족을 서융(戎), 남방민족을 남만(蛮), 북방민족을 북적(狄)이라 불렀는데, 여기에서 간과해서는 안 될 부분은 일본에서 보면 중국과 조선은 서쪽에 있으므로 노리나가가 말한 '융(戎: 쥬)'은 중국과 조선 등을 의미했다는 점이다. '어융(馭戎)'이라는 단어는 노리나가 이전에는 등장한 적이 없었

▲ 교쥬가이겐(馭戒慨言)

기 때문에 그가 만든 말일 가능성이 큰데, 뜻은 '서쪽 오랑캐(西戎)를 제어(制馭)한다' 는 개념으로 중국과 조선이 제멋대로 하는 것을 누르고 자신(일본)이 생각하는 대로 지배한다는 의미이다. 즉, 일본 신화에 등장하는 신(神)인 아마테라스 오오미카미(天照大御神)의 후손이 통치하는 일본이 만국(萬國)에서 뛰어나 이러한 야만국가를 다스려야 할 입장에 있으므로 이 관점에서 일본의 외교를 역사적으로 보면 분개에 견딜 수 없다는 것이 『교쥬가이겐』의 의미이다.

노리나가가 대상으로 하는 주요 일본 외교의 시기는 다음과 같다.

① 조선이나 중국과의 외교가 시작되는 시기

② 야마타이코쿠(邪馬台国)의 시기

③ 왜의 5왕(倭の五王)의 시기

④ 수(隨)나라와의 외교시기

⑤ 당(唐)과의 외교시기

⑥ 원구(元寇) 시기

⑦ 명(남북조 시대)과의 외교시기

⑧ 조공무역의 형태인 칸고(勘合: 감합)무역의 시기

⑨ 도요토미 정권(豊臣政權)의 조선 정벌 시기

『교쥬가이겐』의 내용을 보면 편협한 '일본 중심주의'와 일본을 존중하고 외국을 비하하는 존내외비(尊內外卑)의 입장에 서서 외교 협상의 역사를 해설하고 있다. 이 책의 특징은 타국보다 일본이 뛰어나다는 일본의 우월성, 특히 배타적 우월성을 드러냈다는 것이다. 이것이 에도 시대의 무인들과 학자들에게 이어지면서 한국, 중국을 무시하게 되는 우월성으로 이어져 차별적 언어가 등장한 것으로 보고 있다.

자국의 인식과 사고는 타국의 인식과 사고와의 관계에 있어, 상호적으로 매우 밀접한 관계에 있다고 할 수 있다. 『교쥬가이겐』에 전반적으로 흐르는 기조는 뒤집은 중화(中華) 사상, 즉 일본식 중화 사상이다. 일본은 만국에 능가하는 유일한 나라라는 노리나가의 관점에서 단순히 외교를 논하고 있기 때문에 자국이 대단하다는 국수주의(國粹主義)적인 틀에 박힌 논리라고 할 수 있다. 노리나가는 처음부터 상대국과의 공존을 원초적으로 배제하고 이 세상에 고결하고 신성한 국가인 일본이 중국과 조선 등의 열등한 서쪽 오랑캐 국가를 일본이 지배해야 한다는 논리로 귀결된다.

그는 원구(元寇, 몽고군)를 격퇴한 호조 도키무네(北条時宗)의 업적을 기리기 위해 니죠 타메우지(二条為氏)가 이세 신궁(伊勢神宮)에 칙사로 적국의 항복을 기원한 고사를 인용하면서 일본은 신들의 비호에 의해 신풍(新風)이 불고 적군을 격퇴하였다고 기술하였다. 나아가서 이 승리를 계절이나 지형의 문제로 보는 것은 일본의 신의 영험을 모르는 무지와 억지라고 비난하고 있다. 한편, 도요토미 히데요시의 조선 출병에 대해서는 적군인 명군(明軍)은 싸우지 않고 도망쳤다고 평가하면서 히데요시는 신을 존경하지 않았고, 그의 부하 장병은 조선의 죄 없는 민중을 무익하게 죽였기 때문에 패배했다고 주장하기도 한다.[22)]

『교쥬가이겐』의 본래 기술 의도는 외교사적 관점에서 중국과 조선을 비판하고 중국 배제를 목적으로 한 것이었다. 그러나 노리나가 사후에 서양 이국선(異國船)의 일본 출항이 시작되면서 그의 배타적 우월성 기반

---

22) 田中康二(2016).「国学者の歴史認識と対外意識-本居宣長『馭戒慨言』をめぐって-」井上泰至『近世日本の歴史叙述と対外意識』勉誠出版, pp. 319-320.

의 일본중심주의가 확대 해석되었다. 이는 도쿠가와 막부 말기에 일본 하급무사들에게 영향을 미쳤으며, 메이지 유신의 한 축인 존왕양이(尊王攘夷)와 국수주의로 나타나게 된다.

| 5절 | 복고신도(復古神道)의 주자, 히라타 아츠타네

고도설(古道說)의 흐름은 에도 시대 후기의 히라타 아츠타네(平田篤胤)에 이르러 복고신도(復古神道)가 제창되는 등 종교(宗教)색을 강화해 가면서 결국 복고 사상에서 존왕 사상으로 발전해 가게 된다.

히라타 아츠타네는 1776년 현재의 아키다(秋田)현 쿠보다번(久保田藩)의 무사였던 오오와다 세이베토시타네(大和田清兵衛祚胤)의 4남으로 태어났다. 1800년 아츠타네가 25세 때 에도에 거주하는 현재 오카야마현(岡山県)에 해당하는 빗추 마츠야마번(松山藩)의 무사이며 야마가류(山鹿流)의 병학자(兵学者)였던 히라타 아츠야스(平田篤穩)의 눈에 띄어 재치를 인정받아 양자(養子)가 된다.

아츠타네는 모토오리 노리나가(本居宣長)의 책을 읽고 국학(國學)에 눈이 뜨면서 노리나가 사후의 제자를 자칭한다. 그가 노리나가의 이름과 저작을 알게 된 것은, 노리나가 사후 2년이 지난 1803년의 일이었다. 1805년, 아츠타네는 노리나가의 자취를 이은 장남인 모토오리 하루니와(本居春庭)에 입문하며 꿈속에서 노리나가로부터 입문을 허가받았다는 몽중대면(夢中対面)의 이야기를 하였고 이에 대한 이야기는 하루니와의 수신편지에 적혀 있다. 이때의 몽중대면이라는 말은 시대의 유행어가 되었다.

그러나 아츠타네는 노리나가와 같이 일본이 다른 어느 나라보다 우수하다고 주장하면서도, 일본인 본래의 마음을 되찾기 위해 유학적 지

▲ 몽중대면(夢中対面)

▲ 타마노 미하시라(靈の眞柱)

식을 배제해야 한다는 노리나가와는 달리 이문화를 배척하는 태도는 취하지 않았다.

또한 모토오리 학파에 비해 아츠타네의 주장은 현저하게 종교적 색채를 띠었다. 말년에 접어들수록 그는 천황(天皇)을 상징적 존재로 두고 실제의 권력은 쇼군(將軍)이라는 공직을 통해 일본을 다스린 도쿠가와(德川) 정권을 더욱 더 비판하게 된다. 이런 사상 때문에 그는 에도에서 추방당하고 아키다에 유폐된 채 여생을 보냈다.

아츠타네는 자신의 신학(神学)을 수립하여 국학에 새로운 흐름을 가져왔다. 신(神)과 이계(異界)의 존재에 큰 관심을 보여 사후 영혼의 행방과 구제를 그 학설의 중심으로 했다. 따라서 천지(天地)의 시원(始原), 생사(生死), 현세(現世)와 내세(来世) 등에 대하여 고사고전(古史古伝)에 새로운 해석을 더해 기독교의 교리를 도입하면서 장례(葬禮)의식을 규정하여 심령(心靈)과 선술(仙術) 연구도 하였다. 이렇게 불교, 유교, 도교, 난학, 기독교 등 다양한 종교교리에 대해서 연구하였으므로 팔가(八家)의 학이라고 칭했다.

그의 국학은 비록 통속화(通俗化)한 형태였으나 양학(洋学)에서의 신지식(新知識)과 세계지리와 지동설(地動説)에 기초한 우주론(宇宙論), 분자론(分子論)을 받아들인 영혼론(靈魂論)을 논했다. 당시 유교와 불교에 대한 아츠타네의 비판에서 대표적 무기가 지동설(地動說)이었다.

1813년 간행된 아츠타네의 대표적 저서인 『타마노 미하시라(靈の眞柱)』는 인간의 사후 영혼의 행방을 다룬 책으로 이를 통해 히라타 학문이 성립되었다고 할 수 있다. 『타마노 미하시라』에서는 영(靈, 영혼)의 행방의 안정을 알려면 야마토고고로(大倭心)를 견고하게 해야 되고, 야마토고고로가 굳어진다면 참된 길(真道: 진도)을 알 수 있는 사후안심론(死後安心論)의 의도로 저술되었다고 할 수 있다. 비교하자면, 노리나가는 사람이 죽으면 그 영혼은 더러운 타계, 즉 황천(黃泉, 야견[夜見])의 세계로 가는 것이기 때문에 사람이 죽는다는 것은 실로 슬픈 일이라고 한 반면, 아츠타네는 사람은 살아서는 천황이 주재하는 현계(顕界, 눈에 보이는 세계)의 어민(御民, みたみ)이 되고, 죽어서는 일본 신화에 등장하는 오오쿠니누시 노카미(大国主神)가 주재하는 유명(幽冥, 눈에 보이지 않는 세계[저승])의 신이 되어 각각의 주재자를 섬기고 모시는 것이기 때문에 사후는 반드시 공포스러운 것은 아니라고 주장한 것이다.[23] 또한, 세계의 성립 과정을 그림을 통해 해설하여 천동설(天動說)과 지동설(地動說)을 설명하였다. 이 책이 나온 이후 복고신도(復古神道)에서 사후(死後)세계에 대한 관심이 높아진다. 현재의 신도계 종교에게 『타마노 미하시라』가 미친 영향은 헤아릴 수 없이 크다고 하겠다.

아츠타네의 저서 중 하나인 『슛죠쇼고(出定笑語)』는 문장이 평이하고 통속적으로 쓰여져 에도 막부 말기 이전, 1820년대, 1830년대, 1840년대의 많은 사람들에게 읽혀지고 메이지 유신에 이르기까지의 왕정복고(王政復古) 운동, 심지어 사원·불상·불구·불전을 파괴하거나 승려를 강제로 환속시키는 폐불훼석(廃仏毀釈: 하이부츠키샤쿠)의 사상원리가 되었다.

---

23) 宮地正人(2012.08). 『幕末維新変革史·上』岩波書店, pp. 28-38.

▲ 히라타 아츠타네(平田篤胤)

▲ 슛죠쇼고(出定笑語)

1842년경 유교의 고향인 중국이 아편 전쟁에서 대패한 것이 알려지게 되고, 또한 일본에서는 페리 제독의 흑선 내항에 의해 사회가 어수선했다. 이때 기존의 쇼군-다이묘(将軍-大名) 번주-가신(藩主-家臣), 가신-봉공인(家臣-奉公人)이라는 봉건적 주종 관계보다 천황(天皇)과 조정(朝廷)을 축으로 한 국가적 협력과 단합이 중요하다는 히라타 국학의 기본적인 사고가 각지의 하급무사 계층에게 큰 관심을 받았다. 그 결과 무사에서 입문자가 급증하는 한편, 그 속에서 존왕양이(尊王攘夷) 운동의 일익을 담당하는 사람이 나타나는 등 사설학원인 이부키노야(気吹舎)의 정치화가 급속히 진행되었다.

아츠타네는 일반 대중을 위한 학술적인 내용을 강담(講談)풍으로 구술하여 이부키노야를 통해 나중에 제본 출판하였다. 이 간행물은 초닌(町人)·부농층의 사람들에게 지지를 얻고, 국학 사상의 보급에도 크게 기여하게 된다. 그의 사상이 토속적이고 민속적인 성향을 띠었기 때문에 서민들이 쉽게 받아들일 수 있었다고 볼 수 있다. 서민들과 지방의 부농계층에게 인기가 있었던 이유는 복고신도(復古神道)의 논리적 귀결이며, 무사 중심 신분제의 해체를 요구하는 나라의 국민(御国の御民)론 등이 당시 대두되고 있었고, 또한 지방의 과제에 등장한 문제를 지방의 부농계층은 신선하며 유용한 지식이라고 생각했기 때문이다. 그 결과 1861년부터는 이부키노야의 입문생 수와 간행도서의 발행부수가 급증하였고, 메이지 유신의 공로자인 사이고 다카모리(西郷隆盛)도 이부키노야를 방문하였다고 한다.

1804년부터 1876년까지의 아츠타네의 제자는 약 4,200명, 아츠타네 생전의 문인이 553 명에 달했던 것으로 알려져 있으며 사후의 제자가 더 많았다고 전해진다. 그 절반 이상이 부농이나 지방의 신관(神官)으로, 같은 시기에 활동했던 노리나가의 양자인 모토오리 오히라(本居大平)와 모토오리 하루니와(本居春庭)의 학원과 비교해도 서민적 분위기를 강하게 나타내어 히라타 국학(平田国学)이 초망(草莽, 민초)의 국학으로 불리는 이유를 보여주고 있다. 이처럼 국학 연구의 배경에는 일본의 역사를 파악해서 다시 굳건히 하자는 에도 시대 중기의 학문의 흐름이 있었다.

다시 논하자면 히라타 아츠타네는 불교와 신도가 융합된 신불습합(神仏習合) 자체를 불순하다고 보아 불교의 배척도 주장하였다. 이러한 주장은 폐불훼석으로 이어져 신토(神道)를 국교화하는 운동으로 이어졌으며 신토를 국가통합의 기간으로 하려는 정부의 움직임에도 호응해 국가신토(国家神道)의 발단이 되었다. 그리고 1868년 4월 5일 발표한 태정관 포고(통칭 신불 분리령[神仏分離令]) 및 1870년 1월 3일에 나온 조서 대교선포(大教宣布) 등의 정책이 확대 해석되면서 폭주한 민중들에 의해 불교 사원과 불상, 불경 등의 파괴로 이어졌다.

메이지 정부의 신불분리령이나 대교선포는 어디까지나 신토와 불교를 분리한다는 것이 목적이었고 불교 배척의 의도는 없었음에도 결과적으로 폐불훼석 운동(폐불 운동)이라 불리는 불교 시설 파괴 운동을 일으켜 버린 것이다. 이렇게 신불습합의 폐지, 불상을 신체(神体)로 사용하는 것에 대한 금지, 신사에서 불교적인 요소를 배제하는 것 등이 이루어졌다.

개항 이래로 무분별하게 범람하는 근대 사조(思潮)에 대해 천황제를 방위한다는 취지에서 민중으로부터 위정자에 이르기까지 모두 "천황의 충신"으로 만드는 정책을 추진하기 위해, 에도 시대까지 보급되어 있던 신도와 불교에 대한 단속에 나섰다. 이때 만들어진 국가 종교가 신도의 국교화, 즉 신도에서 불교의 요소를 없애고 신사를 국가의 제사(祭司)로 칭하며 등장한 것이 "국가신도"이다.[24]

24) 國學院大學日本文化研究所編(1999). 「国家神道」, 『神道事典』, 弘文堂.

제7장

일본 우익 사상의 초기 사상 - 전기 미토학의 등장

1절 전기 미토학의 등장과 일본 의식 강화

2절 영토확장적 사상과 국학

제7장 일본 우익 사상의 초기 사상 – 전기 미토학의 등장

| 1절 | 전기 미토학의 등장과 일본 의식 강화

필자가 일본에서 유학하던 중 우연히 시간이 맞아 「미토고몬(水戸黄門)」이라는 시대극 드라마를 자주 보았다. 극중 미토고몬은 은퇴한 상인으로 변장하여 젊은 두 사무라이를 거느리고 일본 전국을 유람하는데 그들이 가는 곳마다 나쁜 탐관오리가 착한 주민들을 괴롭히는 사건들이 일어나 이를 혼내준다. 드라마에는 다음과 같은 대사가 등장한다. "시즈마레! 시즈마레이! 고노 몬도코로가 메니 하이라누카(静まれ、静まれぃ! この紋所が目に入らぬか!!!, 조용하라! 조용하라! 이 문장이 눈에 들어오지 않는가!)"라며 도쿠가와 가문의 문장인 아오이문장(葵の御紋)이 새겨진 인룡(印籠)을 보인다. 인룡을 내보인 후에 스케 상이나 가쿠 상이 "여기 계신 분이 누구라고 생각하는가?(こちらにおわす御方をどなたと心得る!) 송구스럽게도 전직 부장군이신 미토 미쓰쿠니 공께서 납시셨다(畏れ多くも前の副将軍·水戸光圀公にあらせられるぞ!). 일동! 노공 앞에서 머리가 높다. 엎드려라!(一同、御老公の御前である、頭が高い! 控え居ろう!!!)"라고 외치면 주위의 모든 사람들이 땅에 엎드려 조아린다.

조선 시대 암행어사 박문수가 마패를 보내고 해결하는 것처럼 마지막에는 미토코몬의 두 사무라이가 미토코몬의 신분을 밝히고 악인들을 물리쳐 사건을 해결하는 이 드라마는 안 볼 수가 없는 묘한 매력을 지닌 드라마였다. 급기야 "고로코(御老公)노 고젠데 아루. 즈가 다카이!"라

▲ 아오이문장(葵の御紋)

▲ 시골 농부로 변장한 도쿠가와 미쓰쿠니(徳川光圀)

는 대사는 외울 지경이었다. 나중에 알아보니 「미토코몬」은 1969년부터 TBS에서 방송되고 있는 시대극이며 37년이라는 오랜 세월 동안 시청자들의 변함없는 사랑을 받아오고 있는 장수 드라마였다. 주인공인 미토코몬의 진짜 이름은 도쿠가와 미쓰쿠니(徳川光圀)로, 도쿠가와 막부를 연 도쿠가와 이에야스의 친손자이다. 미토번(水戸藩)의 2대 번주(藩主)인 그는 학문이 뛰어나고 호기심이 강하며, 일본 역사서를 편찬한 것으로도 알려져 있다. 바로 전기 미토학의 중심 인물이다.

그는 현재의 이바라기현에 해당하는 미토번의 2대 번주로서 사찰 개혁이나 순사(殉死)금지를 시행하고 현재의 홋카이도를 탐험했으며 『대일본사(大日本史)』로 불리는 역사 사업에 착수해 고전연구와 문화재 보존 활동 등 수많은 문화 사업에 주력했다. 게다가 에도 시대 도쿠가와 쇼군가의 후손 집안인 오와리 도쿠가와 가(尾張徳川家)·기슈 도쿠가와 가(紀州徳川家)·미토 도쿠가와 가(水戸徳川家)의 세 가문이 '고산케(御三家)'로 불리는데, 이 도쿠가와 고산케의 장로로서 도쿠가와 츠나요시기에는 막부에도 영향력을 가졌으며 인기가 많았던 번주였다.

이러한 배경을 바탕으로 에도 시대 말기부터 메이지 시대 초기에 걸쳐 쓰인 『미토코몬 만유기(水戸黄門漫遊記)』라는 책이 등장하면서 일본 전체를 유람하는 암행어사 역할을 한 것으로 창작되었다고 한다.

1) 도쿠가와 미쓰쿠니의 『대일본사(大日本史)』 편찬 사업

일본의 역사를 파악하고자 학문적 사업으로 진행된 것이 미토(水戸)번 제2대 영주였던 도쿠가와 미쓰쿠니(徳川光圀)의 『대일본사(大日本史)』 편찬 사업이다. 후일 미토학(水戸学)으로 불린 이 사업의 계기가 된 것은 내우외환(内憂外患), 즉 일본이 국내외의 다양한 사건으로 흔들리고 있었기 때문에 국가로서 확실히 정리하여 일본 의식을 강화하는 데에 있었다고 생각된다. 다시 말해, 『대일본사』의 편찬은 만세일계(万世一系)의 천황의 전통과 그 덕을 지켜온 신민(臣民)인 일본인의 우수성을 재확인하여 일본 의식을 강화하고 국가로서의 일체감을 높이려는 배경에서 시작된 것이라고 보고 있다. 또한 무가에 의한 통치의 사상적 근거를 명확히 하고, 그 사상을 일반에 퍼뜨리는 목적도 있었다. 미토학의 등장으로 알 수 있듯이 국학은 근대화에 따른 민족주의를 높이고자 한 사상이며, 그런 의미에서 단순한 일본 역사의 한 사건이 아니라 정치적인 큰 사건이라고도 할 수 있다.

『대일본사』 편찬 과정을 알아보면 다음과 같다. 초대 진무천황(神武天皇)에서 100대째 후고코마츠 천황(後小松天皇)까지의 역사가 기술된 『백왕본기(百王本紀)』로부터 미쓰쿠니 사후의 연구성과가 집대성된 『대일본기(大日本紀)』가 1720년 막부에 헌상(献上)되었다. 그에 대한 후속 연구 및

▲ 도쿠가와 미쓰쿠니(徳川光圀)

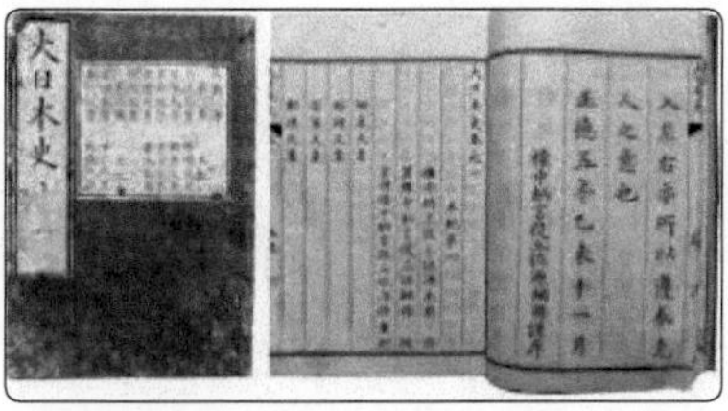

▲ 대일본사(大日本史)

하나와 호키이치(塙保己一)의 교정을 통해 편찬되어 1796년 조정에 헌상된 후, 1906년이 되어서야 전 397권의 『대일본사』가 완성되었다. 이 시기를 전기 미토학(前期水戸学)이라 부르며 주로 주자학에 역사학 그리고 신도, 국학을 포함시켜 일본사에서의 권력의 정통성 문제에 깊은 관심을 나타내는 특징이 있다.[1)]

당초 『대일본사』를 만드는 사국원(史局員)에는 하야시 라잔(林羅山) 학파 출신의 학자들이 많았다. 미쓰쿠니는 번주 취임 후의 1663년에는 사국을 이시카와 저택(小石川邸)으로 옮겨 쇼코칸(彰考館)으로 명명하고 2년 뒤인 1665년에 망명한 명나라 유신인 주순수(朱舜水)를 초빙한다. 주순수는 한국에서는 주지유(朱之瑜)로 알려져 있는 인물로서 양명학을 도입한 실학파였으며 미쓰쿠니의 혜택도 있어 편집위원도 점차 증가하였다. 1672년에는 24명, 1684년 37명, 1696년에는 53명으로 증가하여 평소에는 40~50명 정도의 학자가 모여 연구를 하였다. 전기(前期)의 쇼코칸 편집위원은 미토번 출신보다 다른 번에서 초빙자가 많고 특히 킨키

1) 『水戸学集成』 全6巻(国書刊行会 1997年 12月) 참고.

지방(近畿地方) 출신이 많았다. 학파와 원래의 신분도 다양하여, 편집위원 간의 토론을 권장하고 첫 번째 목표인 『대일본사』 편찬 외 화문(和文)·단가(和歌) 등의 일본 문학과 천문·역학·수학·지리·신도(神道)·고문서·고고학·병학·서지(書誌) 등 많은 저서 편찬물을 남겼다.

에도 초기의 일본 유학에 큰 영향을 끼친 사람이 피로인 강항(姜沆)이라면 특히 도쿠가와 미쓰쿠니(德川光圀)를 중심으로 한 미토학(水戸學)에 큰 영향을 끼친 사람은 귀화인 주순수였다. 주순수는 1644년 북경이 여진족인 청(淸)에 의해 함락된 이후, 반청(反淸) 활동에 참가했으며 1657년, 현재의 베트남인 안남국(安南國)에 가서 벼슬을 권유받았으나 안남국왕 앞에서 무릎을 꿇지 않아 추방당했으며 중국 화남(華南), 일본 등지로 돌아다니며 무역을 하여 반청 운동에 필요한 자금을 마련해 나갔다. 남명(南明)의 노왕(魯王) 주이해(朱以海)[2]를 지지하고 한때 정성공(鄭成功)에 협력하기도 했으며 1659년에는 남경(南京) 공략 전투에 참가하기도 했다. 공략이 실패로 돌아가자, 같은 해 정성공의 사신으로 일본 나가사키에 가서 구원을 요청하였다. 1660년에는 일본 야나가와번(柳川藩)의 학자인 안도 세이안(安東省菴)의 도움으로 일본으로 귀화하였다. 그리고 1665년, 주순수의 주군에의 충성심을 높게 평가한 도쿠가와 미쓰쿠니의 초청으로 미토번의 쇼코칸(彰考館) 발전에 큰 영향을 끼친다.

2) 전기 미토학의 대표 학자와 사상

전기 미토학을 대표하는 학자는 안카 탄파쿠, 쿠리야마 센포, 미야케

---

2) 1644년 이자성이 북경을 함락시키고 숭정제가 자살하여 명나라가 멸망했다. 복왕 주유숭이 홍광제로 즉위하고 남명을 세우자 노왕에 봉해졌다. 1645년, 남경에서 홍광제가 청군에 패배한 것에 의해 절강 소흥에서 감국(監國)을 칭했다.

칸란 등 17세기 후반에 미쓰쿠니 주변에 있던 학자들이다. 유학의 한 학파인 주자학을 중심으로 한 유교적 역사관에서 『대일본사』는 천황 숭배와 막번체제(幕藩体制) 유지를 도모하는 존왕경막(尊王敬幕) 사상이 그 중심을 이루었다.

안카 탄파쿠(安積澹泊)는 1656년 미토에서 태어났는데, 조부 안카 마사노부(安積正信)는 오가사와라 가문(小笠原家)을 섬기는 무사로서 전공(戰功)이 있어 미토번(水戸藩)의 초대 도쿠가와 요리 후사(徳川頼房)를 섬기며 봉록 400석을 받았다. 탄파쿠의 아버지 사다요시(貞吉)는 유학과 시문을 좋아하였으나 병치레가 잦아 녹을 사퇴하고 촌의 농사 규칙이나 연공의 부담을 담당하는 요리아이(寄合)가 되었다.

1665년 9월, 탄파쿠가 10살 되던 해에 2대 번주 미쓰쿠니가 명나라의 학자인 주순수와 함께 미토에 귀국한 것을 계기로 아버지 사다요시가 미쓰쿠니에 탄원하여 주순수의 문하생이 되었다. 그해 연말에는 에도에 나와 주순수에게 학문을 배웠으나 이듬해 7월에 부친 사다요시가 사망하면서 미토로 돌아가 가독을 이어 요리아이가 되었다. 1667년에 주순수가 미토를 방문하면서 다시 가르침을 받고, 1668년 주순수를 따라 에도에 나섰다. 1670년 봄에 천연두 바이러스가 일으키는 병인 두창(痘瘡)을 앓아 미토로 귀국했다. 탄파쿠가 주순수 밑에서 배운 것은 3년 정도밖에 안 되었지만 주순수는 "일본에 와서 본인에게 학문을 배운 사람은 많지만, 이것을 잘 암기하고 이해한 것은 탄파쿠뿐이다"라고 하였다고 한다. 번주인 미쓰쿠니도 탄파쿠가 학문을 좋아하는 데 감격하여 상으로서 금 3량을 도서비로 주었다고 한다. 그리고 1683년 28세 때 미쓰쿠니가 설립한 『대일본사』의 편찬소인 쇼코칸에 들어가 사관(史館) 편수에 임명되었다.

▲ 아사카 탄파쿠(安積澹泊)

메이지 시대가 되면서 오사카의 강담사 타마다 교쿠슈사이(玉田玉秀斎)가에도 막부 말기 야담사의 창작이었던 미토고몬 만유기(水戸黄門漫遊記)에서 주인공 미쓰쿠니 동행 역으로 탄파쿠를 모델로 한 가신을 등장시켰다. 가쿠헤이(覚兵衛)에서 아츠미카쿠노신(渥美格之進)으로 명명해서 카구상(格さん)으로 줄여 큰 인기를 차지했다. 이 강담 중에서 같이 동행을 한 사사키 사사키 스케사부로(佐々木助三郎)가 스케상(助さん)의 모델인 사사키 무네키요(佐々宗淳)로 역시 미토번에서 탄파쿠와 마찬가지로 쇼코칸 총재를 지낸 인물이다.

탄파쿠는 10년 뒤인 1693년 6월에 사망한 우카이 렌사이(鵜飼錬斎)의 후임으로 사관 총재에 취임했다. 1696년에는 무네키요 등과 함께 「중수전기의열(重修紀伝義例)」을 작성하여 편찬의 소신을 명확히 하고, 또한 『진구황후론(神功皇后論)』을 저술하여 황위 계승에 대한 소신을 밝혔다.

또한 그는 『다이니혼시산소(大日本史賛藪: 대일본사찬수)』에서 고다이고 천황(後醍醐天皇)의 실정과 실덕, 그리고 겐무노 신세이의 실패에 대해 논했다. 시대적 배경을 살펴보면, 겐무노 신세이(建武の新政, 겐무의 신정)는 가마쿠라 막부 멸망 후인 1333년 6월부터 1335년 11월까지의 2년 반 동안, 고다이고 천황에 의해서 주재된 천황친정체제를 말한다. 고다이고 천황은 율령정치의 재흥을 내세워 1334년 1월 겐무(建武)라고 개원(改元)하고 인세이(院政)·셋쇼(攝政)·간파쿠(關白) 제도를 폐지, 바쿠후의 재설치를 불용하며 천황친정체제를 부활하였다. 고다이고 천황은 이로써 조정을 정치적 중심지로 부활시켰지만, 무사계층의 푸대접으로 인해 정권의 위기를 초래하였다. 1336년 무사계층의 유력자 아시카가 다카우지(足利尊氏)의 모반으로 다시 바쿠후 정치가 부활되었으며, 고다이고 천황은 요시노(吉野)로 파천(播遷)하고, 다카우지가 세운 고묘 천황(光明天皇)이 교토에서 즉위하여, 이후 약 60년 동안 남북조 시대(南北朝時代)가 계속되었다.

이러한 과정에서 고다이고 천황은 막부의 싯켄인 호조 다카토키(北条高時) 일가를 전멸시켰다. 그러나 다카우지는 지극히 교활하여 다카토키보다 훨씬 더 악질이었는데도 천황은 그의 술수를 모르고 중용하였다. 그리고 고토바 천황(後鳥羽天皇)의 유모인 후지와라 겐시(藤原兼子)를 너무 귀여워하여 그녀의 말만 믿다가 충신은 멀리하고 간신은 중용했으며 상벌은 흐트러져서 이것이 민심위반으로 이어져 천하를 잃어버렸다고 탄파쿠는 주장하였다.

쿠리야마 센포(栗山潜鋒)는 1671년에 태어나서 14세의 나이에 교토로 나와, 야마자키 안사이(山崎闇斎)의 문하생인 쿠와나 쇼운(桑名松雲)에게 가르침을 받는다. 우카이 렌사이(鵜飼錬斎)의 천거에 의해 군주나 왕자에게 학문을 가르치던 학자인 시독(侍讀)이 되어 고사이 천황(後西天皇)의 황자를 담당한다. 당시 황자(왕자)의 이름은 하치죠노미야 나오히토(八条宮尚仁) 친왕(親王)으로, 나오히토 친왕과는 같은 나이여서 친왕은 친구처럼 대해줬다고 한다. 그는 18세 때, 『보건대기(保建大記)』의 초고 『보평반정록(保平反正録)』을 집필하여 나오히토 친왕에게 증정한다.[3)]

그런데 1689년 나오히토 친왕이 19살에 갑자기 서거한다. 쿠리야마 센포는 교토의 야나기바 거리(柳馬場街)에 학원을 열고 학생을 모집하여 가르치지만 경제적으로는 상당히 힘들었다고 한다. 그래서 생계를 걱

---

3) 有馬祐政記(1911).「栗山潜鋒伝」,『国民道徳叢書』, 第二編, pp. 1-3.

정하며 "괜찮아, 나는 호랑이가 되어 죽을 수는 있지만, 쥐가 되면서 까지 살 수는 없다"라고 입술을 깨물었다고 전해진다. 마침 이 시기에 그를 나오히토 친왕에게 추천한 우카이 렌사이(鵜飼錬斎)가 미토번으로 이전하여 슈사 총재(修史総裁)에 취임하면서 이번에는 센포를 쇼코칸(彰考館)에 추천했다.[4] 그리고 1692년, 미토번주 미쓰쿠니에 초빙되어 학관(学官)이 되면서 1697년 28세에 300석의 봉록을 받고 쇼코칸의 총재가 되어 미야케 칸란, 아사카 탄파쿠 등과 함께 『대일본사』 편집에 종사한다.

센포는 『호켄타이키(保元大記)』에서 천황이 왜 정권을 무가(막부)에게 빼앗겼는가에 역점을 두고, 그것은 조정(朝廷)이 규범을 상실하고 배덕행위를 거듭해 스스로 정권을 포기한 결과로 정의한다.

미야케 칸란(三宅観瀾)은 1674년에 교토의 상인 유학자인 미야케 도에츠(道悦)의 차남으로 태어났다. 카이토쿠토의 미야케 세키안(三宅石庵)이 그의 형이다. 아사미 케이사이(浅見絅斎)를 스승으로 모시고 1698년에 에도로 내려가 이듬해에는 센포(潜鋒)의 추천으로 미토 번으로 초빙받게 된다. 그리고 쇼코칸 편수위원이 되어 『대일본사』 편찬에 종사하였다.

칸란은 『중흥감언(中興鑑言)』에서 고다이고 천황의 정치 득실을 논하였다. 여기서 칸란은 타카우지를 비판하고 요시노(吉野)를 정통의 천자로 인정했다. 이는 센포와 같았지만 정통으로 인정하는 이유는 센포와 달랐다. 센포는 3종을 보유함으로써 정통적이고 천황이라고 한 반면 칸란은 『중흥감언』에서 "나는, 그러므로 (소위) 정통은 의에 있고 3종 등의 기물에 있지 않다"고 기록하였다. 이러한 칸란의 생각은 탄파쿠 등 쇼코칸의 다른 동료들에게도 공유되고 있었다.

이렇듯이 전기 미토학에서는 천황을 받들고 막부를 존경하는 존왕경

---

4) 三上参次. 「栗山潜鋒」, 『勤皇論発達史』.

막 사상이 흘렀고 천황을 중심으로 한 일본의 역사가 분명해지면서 국수주의(國粹主義)와 황국사관(皇國史觀)이 등장하게 되었다. 히라타 아츠타네(平田篤胤)는 처음에는 모토오리 노리나가(本居宣長)의 뒤를 잇는 형태로, 유교와 불교를 절충한 신도(神道)를 비판했지만, 이윽고 그 사상은 노리나가 학파(宣長学派)의 실증주의를 버리고 신도적 방면(神道的方面)을 발전시켰다고 평가되고 있다. 아츠타네의 학설은 관동(関東), 중부(中部), 오우(奥羽)의 신사(神社), 농촌, 역참 등 유력자로 신봉되어 기존의 여러 학파를 떼어 내고 에도 막부 말기의 사조(思潮)에 큰 영향을 주면서 특히 존왕양이(尊皇攘夷) 운동의 지주가 되었다.

그러나 아츠타네의 학설인 히라타파(平田派) 신도가(神道家)들은 막부 타도 시기에는 큰 영향력을 가졌지만, 막부가 타도된 후 메이지 유신기에 신도를 국가 통제하에 두는 국가신도(国家神道)의 형성과 동반하면서 메이지 정부의 중추에서 배제되어 영향력을 잃고 노리나가의 국수주의 사고가 중시되었다.

누구나 자기 국가를 사랑하기 때문에 이웃국가보다는 편협(偏狹)하게 볼 수 있다. 그러나 노리나가의 『교쥬가이겐(馭戎慨言: 어융개언)』에 흐르는 기조는 전반적으로 너무나 국수적이고 편협적인 일본식 중화(中華) 사상이다. 일본은 만국에 능가하는 유일한 국가라는 노리나가의 관점에서 외교를 논하고 있기 때문에 자기 나라인 일본을 사랑하는 마음은 인정하겠지만 팩트(사실)로서는 역사적 사실과 가치가 없는 국수주의적(國粹主義的) 저서라고 할 수 있다.

노리나가는 역사에 존재하지 않는 임나(任那: 미마나)를 가야로[5] 만들었

---

5) 일제시대 이래로 한일 역사학계에서 오랫동안 논란이 되었고, 현대 사학, 고고학이 발달하며 이를 부정하는 근거가 모인 끝에 '일본부의 존재' 가설은 2010년 한일역사공동

고, 역사를 위조하여 삼한(三韓)정벌설을 만들어 신라와 고구려, 백제를 정벌했다고 기록했다. 또한 삼국이 조공을 했다는 등 역사를 날조(捏造)한 과대망상(誇大妄想)적 논리로 역사를 전개하였기 때문에 사상적으로 위험하다고 하겠다. 노리나가의 관점에서 보면 잘못된 것이라도 황실 관계자를 위하는 일은 (고금 전수 때와 동일) 용인할 수밖에 없다고 한다면 더욱 모순이라고 하지 않을 수 없다.

| 2절 | 영토확장적 사상과 국학

1) 일본 최초의 경제 관련 교과서 –『경제요록(経済要録)』

사토 노부히로(佐藤信淵)는 1769년 현재의 아키타현(秋田県)에 해당하는 데와노구니(出羽国雄勝郡)에서 의사 집안에서 태어났다. 16세에 에도에 유학을 하여 현재의 오카야마현에 해당하는 츠야마번(津山藩)의 우다가와 겐스이(宇田川玄随)에게 동물학, 식물학, 의학, 본초학과 난학 등의 여러 학문을 배우고 특히 기무라 타이죠(木村泰蔵)에서 천문, 지리, 역산(暦算), 측량술(測量術)을 배웠다. 1785년 스승 겐스이가 츠야마번으로 돌아갈 때 따라 가서 번정 개혁을 위한 기획안을 번주(藩主)에게 헌상하자 번주가 납득하여 상당한 대우를 받는다.

1792년 23세가 된 노부히로는 다시 에도로 나와 의료업을 시작했다. 이듬해 결혼하여 의업 겸직하여 농업을 하였으나 생활은 넉넉하지 않았다고 한다. 39세인 1807년 지인이었던 도쿠시마번(徳島藩)의 하라스가시(蜂須賀氏)의 가신에 동행해 현재의 도쿠시마(徳島)시에 해당하는 아와

연구위원회를 통해 폐기되었으나, 아직도 한반도 남부 지역을 군사적으로 지배한 것처럼 인식하여 일본 내 역사 교과서에 아직까지도 인용되고 있다.

노쿠니(阿波国)에 가서 병학(兵学) 고문과 같은 역할을 맡아, 바다에서 기습하는 것을 막는 해방(海防)에 대해 번주에게 글을 올렸다. 이 무렵에 저술한 「철포궁이론(鉄砲窮理論)」에는 화약(火薬)을 이용하여 달리는 자주화선(自走火船, 로켓추진선박)을 발안하여 단번에 명성이 올라가, 그 문하에 모이는 사람들이 늘었다고 한다.

43살 때인 1811년 노부히로는 다시 에도로 옮겨 막부 신도들의 요시카와 코레타리(吉川惟足)의 아들인 요시카와 겐쥬로(吉川源十郎)에 입문하여 신도를 배우고 이노우에 쥬류(井上仲竜)에게 국학, 오스키 겐타쿠(大槻玄沢) 등에게 난학을 배워 당시로서는 대단할 정도로 여러 분야를 배운 지식인이 되었다고 하겠다.[6)]

그가 1827년 저술한 『케이자이요로쿠(経済要録: 경제요록)』은 일본 최초의 경제 관련 교과서로 인정받고 있다.[7)] 노부히로는 "경제(經濟)라는 것은 국토를 경영하고 물산을 개발하여 영지(領地) 내를 풍부하게 하고 만민을 구제하는 데 있다"며 경제의 가장 중요한 정책으로 창업, 개물, 부국, 수통의 4가지 요소를 중요한 경제정책으로 내걸고 있다. 창업(創業)은 국가에 군림하는 치자(治者)의 도덕을 설파하는 것이고, 개물(開物: 카이부츠)은 사람의 지혜 개발을 의미한다. 카이부츠라는 말은 주역(周易)에 나오는 '카이부츠세이무(開物成務)'라는 단어에서 온 것으로, "사물을 개발하고 사업을 성취한다"는 뜻이며, 실학 내지는 기술을 중시하는 사상이다.[8)] 부국(富國)은 유통이라고도 하며 운수교통 및 상업, 즉 재의 교환에 관한 이론과 정책에 관한 이론을 논한 것이다. 수통(垂統: 수이토)은 전

---

6) 折原裕(1993).「江戸期における重商主義論の展開 : 佐藤信淵と横井小楠」,『敬愛大学研究論集』, 第44号, 105-129頁.

7) 滝本誠一校訂(1928).『経済要録』, 岩波文庫.

8) 国安寛·柴田次雄·渡部綱次郎ほか(1991. 11).『近世の秋田』, 秋田魁新報社.

통사업을 후손에 계승하는 것이지만, 여기에서는 막부에 의한 자금조달 등을 의미하기도 했다. 이 중 수이토야말로 노부히로의 정치경제학의 핵심을 이루는 것이며, 이를 확대하여 구체적으로 언급한 것이 『수이토히로쿠(垂統秘録: 수통비록)』였다. 이렇게 그는 경세제민(経世済民)을 위해서는 경제성장이 필수적이라고 주장하였다.

또한 『케이자이요로쿠』에서 그는 "나의 학문의 본래 규칙은 고금(古今)에 걸쳐 일본·중국·인도의 도학을 그 기본으로 하고 이를 타카미무스비노카미(高皇産霊神)가 천지를 만들어 주신 신의(神意)에 절충하는 것이다"라며 국학의 국수주의(國粹主義)적 요소를 적고 있다. 히라타 아츠타네가 주장하는 남녀의 인연을 맺어준다는 무스비노카미(産霊神)에 의한 만물생성론의 영향이 강하게 보이며, 그 경제론의 기초는 생산력의 원리였다. 이것은 당시 사회문제가 빈곤에서 비롯된 것에 대한 대응이었다고 하겠다.

1813년인 46세에 노부히로는 아츠타네의 사설학교인 이부키노야(気吹舎)에 입문해 국학을 배웠다. 이때 아츠타네의 나이는 40세로 노부히로보다도 6살 연하였지만 그는 아츠타네의 문하생이 되어 국학에 몰두하였다. 이렇게 배운 국학과의 인연이 평범한 의사인 노부히로의 학문에 국수주의적 성격을 갖게 하였다.

노부히로는 1840년 현재 교토의 일부에 해당하는 아야베번(綾部藩)의 번주(藩主)인 쿠키 타카히로(九鬼隆都)에게 초대받아 농업을 장려하는 권농책(勧農策)을 강구했다. 이윽고 그의 학식은 번을 넘어 막부의 최고관직 로쥬슈자(老中首座: 노중수좌)인 미즈노 타다쿠니(水野忠邦)의 관심을 사서 그동안의 죄도 용서받고, 타다쿠니의 자문에 응하기 위해 『훗코우가이겐(復古法概言: 복고법개언)』을 저술하여 5년 뒤인 1845년 간행하게 된다. 노부히로는 막부전매제라고도 할 수 있는 복고법(復古法)을 실시하여 유통(流通)을 막부의 손으로 직접 통제하는 유통과정의 징세(徵稅)로 부국책(富国策)을 제시했지만, 타다쿠니의 실각에 의해 실현되지 않았다. 그러나 이후 전국 각지의 번에 초청되어 정치, 경제, 산업 등 다양한 분야에 걸쳐 강연을 하게 된다.

2) 일본의 세계정복을 주장한 사토 노부히로

사토 노부히로는 1823년 일본통치와 세계정복을 개진한 『콘도히사쿠(混同秘策: 혼동비책)』에서 노리나가의 사상으로부터 한층 더 나아가 "천황이 통치하는 스메라노미쿠니(皇大御国, 일본)는 대지에서 최초로 태어난 나라로서 세계 만국의 근본이다. 따라서 근본을 경위할 때 즉 세계 각국을 일본의 군현으로 하여야 되고 각국의 왕들은 모두 신하로 해야 한다"라고 주장하였다.

자세한 내용을 살펴보면, 노부히로는 우선 세계를 정복하기 위해서는 일본 국내를 다지는 것이 중요하다고 역설하였다. 그는 교토 외에 에도에 왕성을 만들어 동경(東京)으로 하고 오사카는 천연의 대도시로서 서경(西京)으로 하여 14성부(省府)를 설치하고, 각 성에 절도대사(節度大使)를 두어 관내의 정사를 통합함으로써 중앙집권적·관료적인 통일국가를 만들어야 한다고 하였다.

대외적으로는 우선 만주(滿洲)를 시작으로 한 중국 정복을 세계정복의 첫걸음으로 생각하여 만주를 함락하라는 구체적인 구상을 갖고, 자신의 병학 지식에 따른 상세한 침략 작전을 전개하였다. 군사적 및 경제적으로 만주 이북을 제압한 후 중국 본토를 대만(臺灣)과 닝보(寧波)에서 침공하고, 난징(南京)에 임시 황궁을 정하여 명나라 황제의 후손을 상공(上

公)으로 봉한다. 중국인들에게 전통적인 조상 숭배를 인식시킨 후에 신사(神社)나 학교를 세워 천천히 교육하면서 중국을 정복한 후에는 주변 국가도 쉽게 정복할 수 있다고 보고 있다. 필리핀을 취하고 그 자원을 이용하면서 도쿄의 방위에 구비하는 것을 주장하는 한편, 현 시마네현에 해당하는 이즈모 마츠에(出雲松江)와 현 야마구치현에 해당하는 쵸슈하기(長州萩), 현 후쿠오카현에 해당하는 하카타(博多)에서 조선반도(朝鮮半島)를 공격한다는 구체적인 방안(전략)을 제시하고 있다. 즉, "무력으로 만주, 중국, 대만, 필리핀을 공격하여 난징으로 황궁을 옮기고 전 세계를 모두 황국의 군현으로 만들어야 한다"라는 방안으로 세계침략을 꿈꾸고 있음을 보여주고 있다.

이처럼 『콘도히사쿠』는 강렬한 자기민족 지상주의와 국내 지배구조와 세계정복의 방법에 대한 매우 자세한 설명이 큰 특징이며, 무스비(産霊)의 신의(神意)를 받드는 일본 지상주의 경세제민론에 기반을 둔다고 할 수 있다. 다시 말하면 일본이 세계의 중심이라서 다른 나라를 지배하여야 한다고 주장하고 있는 것이다. 노부히로가 필리핀이나 남양군도의 영유권 등을 주창했다는 점에서 근대 일본의 확장주의의 선견(先見)으로 보고 일부 학자들 사이에서는 100년 전에 발표된 '대동아공영권 구상의 아버지'라는 견해도 등장한다.[9)]

일본이 이러한 침략정신을 갖게 된 것은 유교를 일본식으로 바꾸어 해석하고 당시 세계 최강의 네덜란드 학문인 난학을 도입하면서 서양의 기술을 배워 자신감을 갖고 영토확장 논리인 신도(神道)를 혼합하면서 무사도 정신과 함께 발전한 결과라고 하겠다.

---

9) ロバート·D·エルドリッヂ(2008. 08).『硫黄島と小笠原をめぐる日米関係』, 南方新社, 「小笠原シリーズ5」.

19세기 초인 1806~1807년에 걸쳐 러시아 군함이 사할린과 쿠릴열도, 리시리도(利尻島) 등에 출현하면서 막부의 배를 공격하기도 하였으며, 1808년에는 영국군함 페이튼(phaeton)이 네덜란드 선을 납치한 페이튼 사건 등이 일어나면서 사토 요시노부에게 중상주의적 사고가 등장했을 것으로 판단한다. 해방(海防) 능력을 준비하고 통일국가를 건설하여 중상주의 정책으로 국가를 부강하게 만들자는 사상과 히라타 국학의 영향으로 관념적 중상주의적 사고는 비합리적 권위로서의 황국(皇國)이 등장하였으며 이는 침략 사상의 하나로 등장하게 되었다.

▲ 사토 노부히로(佐藤信淵)

▲ 콘도히사쿠(混同秘策)

3) 번교(藩校)를 기반으로 한 국학과 존왕양이의 발전

사토 노부히로의 뒤를 이은 요시다 쇼인(吉田松陰)은 "조선을 공격하여 공훈을 올려 옛날(古)처럼 길들이고, 북쪽은 만주 땅을 할애하고, 국력을 길러 취하기 쉬운 조선, 지나(중국), 만주를 일본 것으로 만들어야 한다"고 옥중에서 제자들에게 써 보냈다고 한다.

1868년 요시다 쇼인의 제자인 가쓰라 소고로(桂小五郎, 후일 기도 다카요시[木戸孝允]로 개명함)는 정한(征韓)을 실시하면 국내가 일치단결하여 구폐가 씻겨 나갈 것이라는 정한론(征韓論)을 주창했다. 그는 일기에 "사절(使節)을 조선에 파견하여 무례를 질책하고 상대가 불복한다면 그 죄를 물을 것"이라고 정한론(征韓論)의 원형이 되는 설명을 적었다고 전해진다. 일본의 역사전문가로 유명한 하타 이쿠히코(秦郁彦)에 따르면 메이지 초년에는 이것이 더 구체화되어 정한론이 대두되고 실행되었다고 하니 일본의 침략정신은 사토 노부히로-요시다 쇼인-기도 다카요시-이토 히로부미 등으로 이어졌음을 알 수 있다.

이러한 사상은 초슈(長州藩)뿐 아니라 일본 전국에 확대되었는데 그 기초는 일본의 번교(藩校)였다. 일본에서 각 번의 교육은 번교가 담당하였으며, 내용과 규모는 다양하지만 무사의 자제는 모두 강제로 입학시켰다. 후에 모두에게 개방된 번교도 있지만 당시에는 무사자제의 교육이 목적이었다. 전국적인 경향으로 번교에서는 무예도 권장하여 7~8세에 입학하고 첫 번째로는 글을 배우고 나중에 무예를 배워, 14~15세부터 20세에 번교를 졸업하였다. 교육 내용은 사서오경의 경독과 서예를 중심으로 했지만 에도 시대 후기에는 난학과 총검술, 국학이 중심이 되었다. 모든 번교는 유학과 검술 중심의 교육을 유학(儒學), 국학(國學), 신도(神道)를 중심으로 국수주의(國粹主義)적 사상을 배우고 검술 등을 배워 일본중심주의적 사고와 침략주의(侵略主義)적 사고를 가르쳤다.

각지에서 우수한 학자 초빙도 활발히 이루어져 번교 발전기에는 거의 모든 지역에 설립되면서 전국 255개에 달하였다. 번교의 융성은 지역문화의 진흥과 각 지역에서 시대를 선도하는 인재 등의 배출에 이르렀다. 전국적으로 번교가 설립된 시기는 호레키기(宝暦期: 보력기)인

1751～1764년과 1789～1829년이 가장 활발하였다고 볼 수 있다. 이 시기가 가장 국학과 내셔널리즘이 발달된 시기이다.

구분	년수	관동	동북	중부	긴키	중국	시코쿠	큐슈	합계
1661~1687	27	–	1	–	–	1	–	2	4
1688~1715	28	–	–	2	3	–	1	–	6
1716~1750	35	3	2	2	3	4	2	2	18
1751~1788	38	2	7	10	5	9	2	15	50
1789~1829	41	15	12	15	20	7	7	11	87
1830~1867	38	14	5	16	13	–	–	2	50
1868~1871	4	11	3	7	13	1	–	1	36
연대불명	–	4	–	–	–	–	–	–	4
합계	211	49	30	52	57	22	13	32	255
번교의존부불명의반	–	4	2	5	2	5	3	–	21

출처: 이시가와 마쯔타로우(石川松太郎)(1989). p. 29.

대표적인 번교로는 아이즈의 일신관(日新館), 요네자와번의 흥양관(興譲館), 조슈번의 명륜관(明倫館), 나카츠번의 진수관(進脩館) 사가번의 홍도관(弘道館), 구마모토번의 번교시습관 (藩校時習館) 가고시마번(사쓰마)의 조사관(造士館), 오카야마번(岡山藩)의 시주다니각코(閑谷学校) 등이 유명하다. 특히 사쓰마와 초슈 두 개의 번에서는 교육에 있어서도 국학을 중심으로 우위에 있었으며, 명치유신에서 유력한 인재를 배출했다.

1728년 카다노 아주마마로(荷田春満)가 막부와 제번의 학교 교육이 유교 중심주의임을 비판하여 국학을 중심으로 한 학교 설립청원서 「소가쿠코케이(創学校啓: 창학교계)」를 진언한 것을 시작으로 1798년 모토오리 노리나가(本居宣長)의 『교쥬가이겐(馭戎慨言: 어융개언)』, 히라타 아츠타네(平

田篤胤)의 『슛죠쇼고(出定笑語)』가 1820년대, 1830년대, 1840년대의 많은 사람들에게 알려지면서 메이지 유신에 이르기까지의 왕정복고(王政復古) 운동의 정신적 지주가 되었다. 아츠타네의 제자인 사토 노부히로는 1823년 일본통치와 세계정복을 개진한 『콘도히사쿠(混同秘策: 혼동비책)』에서 만주와 조선 침략이 세계침략의 기초가 되도록 가르쳤으며, 이러한 노부히로의 사상을 요시다 쇼인이 이어받았다. 이 논리는 기도 다카요시, 이토 히로부미(伊藤博文) 등으로 이어져 20년 후에 본격적으로 거론된 정한론, 그리고 대륙 침략의 명분으로 내세운 대동아공영권 사상의 원조라고 할 수 있다.

일본은 임진왜란에서의 조선 침략을 통해 중국과 조선은 별것 아닌 국가로 인식하였으며 난학을 통해 세계의 중심은 중국이 아닌 서양의 선진국가라는 것을 알게 되었다. 이로써 서양과의 교역과 서양식 근대화를 논하기 시작한 것이 일본 국학(國學)의 시초라 하겠다. 국학은 국체론(国体論)으로 이어지는데 여기에서 국체(国体)라는 용어는 일본이 천황통치국가임을 뜻한다. 이는 막부의 미토학(水戸学)에 의해 수립된 국학의 사상과 일치되며 메이지의 제국헌법과 교육칙어(教育勅語)에 의해 공식화되었다.

▲ 오카야마번의 시주다니각코(閑谷学校)

▲ 요네자와번의 흥양관(興譲館)

4) 국수주의적 일본의 국민성

후지타 유코쿠(藤田幽谷)와 아이자와 세이시사이(会沢正志斎) 등의 일본 중심 사상은 존왕양이(尊王攘夷)로 이어지면서 메이지 유신에 결정적인 기폭제가 되었다고 할 수 있다. 청일전쟁과 러일전쟁에서 승리를 거두고 한일합방 등을 통해 더욱 자신감을 가진 일본은 중일전쟁과 제2차 세계대전까지 일으키며 초기에는 승승장구했지만 결국에는 패전을 하였다. 그러나 일본은 전쟁을 일으킨 데 대한 반성보다는 힘이 없어서 졌기 때문에 잘못했다고 생각하는 사람들이 대부분이며, 강자인 미국을 일본 정신(무사도 정신)으로도 높이 평가하고 있다.

일본인들의 사고로 보면 지는 것은 나쁜 것이고 이기는 것은 아름다운 것인데 이는 무사도 정신에 따른 것이라고 볼 수 있다. 일본의 무사도 정신에서 힘이 없는 것은 약하고 나쁜 것이며 그 정신이 지금까지 이어지는 것은 내셔널리즘을 앞세운 국학의 혼합된 사상의 결과로 나타난 흐름이라고 하겠다. 이러한 사고의 흐름은 몇몇 우익(右翼) 정치인에 국한된 것만은 아닌 듯하다. 일부 양심 있는 정치인과 학자들을 제외하면 90% 이상의 일본인은 완전한 신도(新道) 정신과 황국 정신까지는 아니더라도 아직 그들의 마음속에는 세계 제패나 아시아 제패의 국학 정신이 존재한다고 생각한다.

일부 일본인들은 중국인의 국민성이나 조선인의 국민성에 대해 왈가왈부하거나 아시아인의 국민성은 열등해서 일본인이 당연히 교육을 시키거나 식민지화하여야 한다는 등 터무니없는 소리를 하기도 한다. 그러나 그들로서는 몇백 년 동안 선조 대대로 일본이 아시아 각지를 침략해서 영유하여야 한다는 국학과 무사도 정신에 대해 끊임없이 교육

받아 왔기 때문에 그렇게 행동하는 것이 당연하다고 생각한다. 특히 60~70대 일본인들은 설화를 중심으로 한 『일본서기』를 실제 역사적 사실로서 교육받았고 『교쥬가이겐』이나 『콘도히사쿠』를 읽었던 할아버지나 아버지의 사상을 이어받아 한국과 중국을 공격의 대상이나 멸시의 대상으로 간주한다.

한때는 친한 일본인 지인들조차 필자 앞에서 이런 주장을 당연하다는 듯 표현하기에 듣기 민망하고 화가 나서 격렬한 토론을 벌인 적도 많았다. 그런데 그들이 왜 이런 사고를 갖고 있는지 추적하다 보니 주자학의 고의학, 고문사학, 양명학, 그리고 이 모든 것을 총망라한 일본 중심의 국학으로까지 발전한 일본의 사상을 이해해야 비로소 그들을 이해할 수 있다는 점을 깨달았다.

최근에는 코로나19와 관련하여 아소 다로(麻生太郎) 부수상의 발언이 주목을 받았다. "일본인의 수준이 높아서 코로나19 사망자가 적다", "코로나와 민도(民度, 국민의 생활수준이나 문명 발달의 정도)" 등의 발언을 한 아소 부총리는 2020년 1월 "2000년의 긴 세월에 걸쳐 하나의 언어, 하나의 민족, 하나의 왕조가 이어지고 있는 나라는 여기(일본)밖에 없으니 일본은 좋은 나라"라고 한 전적도 있다. 이는 몇백 년 전에 국학에서 논의된 내용이지만 내면적으로는 일본인들 대부분이 이런 생각을 갖고 있다고 해도 과언이 아니다. 이를 공식적인 자리에서 언급한 아소다로 부수상은 용감(?)하다고 해야 할지 일본인답지 않다고 해야 할지 모르겠지만, 제2차 세계대전 후 다테마에(建前, 의례적인 말이나 공적인 입장)로서는 하지 않는 말을 자주 하는 것을 보면 요즘 일본인들의 자신감이 많이 떨어진 것으로 보고 있다. 대부분의 한국 사람들은 일본의 수장이 바뀌면 한일관계도 좋아질 거라고 생각하면서 일본의 극우적 발언을 일부 우익 정치인들만의 사고로 간주하고 그들을 국수주의자로 비난하기도 한다. 그러나 대대로 이어져온 그들의 사상을 보면 다음 수장이 누가 되든 그 범위를 벗어나기 어렵다고 생각한다. 그렇기 때문에 일본의 정치인들 역시 과거에도 그랬고 지금도 그렇듯 앞으로도 국수주의적인 언어와 행동을 보일 것이다.

제8장

근세, 근대에서의 존왕양이, 황국사관 - 후기 미토학의 등장

1절 미토학의 등장 배경

2절 후기 미토학과 존왕양이 운동

제8장 근세, 근대에서의 존왕양이, 황국사관 – 후기 미토학의 등장

| 1절 | 미토학의 등장 배경

에도 시대 존왕(尊王) 사상은 고학(古學)파에서 시작되어, 모토오리 노리나가(本居宣長), 히라타 아츠타네(平田篤胤), 라이산요(頼山陽), 가모쿤페이(蒲生君平), 하야시 시헤이(林子平) 등에 의해 전개되어 나갔다. 한편, 명나라에서 망명한 주순수(朱舜水)를 초청하여 주자학을 연구했던 미토 도쿠가와 가문의 『대일본사(大日本史)』 편찬 과정에서 미토학(水戸学)이 형성되고, 후지타 유코쿠(藤田幽谷) 등이 존왕 사상을 전개했다. 유코쿠의 제자인 아이자와 세이시사이(会沢正志斎)는 『신론(新論)』에서 존왕양이(尊王攘夷) 사상을 체계화하여 막부 말기 전국의 지사들에게 전달되었다. 요시다 쇼인(吉田松陰)은 그중 하나로 맹자, 미토학, 양명학을 쇼카 손주쿠(松下村塾)에서 가르치고 제자인 다카스기 신사쿠(高杉晋作) 등 쵸슈의 도막(倒幕) 지사들이 등장하는 계기가 되었다.

고쿠가쿠(国学: 국학)는 난학과 더불어 일본의 에도 시대 중기를 대표하는 학문의 하나로, 황조학(皇朝学), 코가쿠(古学, 古道学) 등의 이름으로 불리기도 한다. 지금까지의 『사서오경(四書五經)』을 비롯한 유교 고전이나 불교 경전의 연구를 중심으로 하는 학문 경향에 대한 비판에서 시작되어 일본의 고전(古典)을 연구하고 유교와 불교의 영향을 받기 이전의 고대 일본에 있던 독자적인 문화 및 사상, 정신세계(古道: 고도)를 밝히고자 하는 학문이다. 에도 시대 중기 17세기 말 18세기 초인 겐로쿠(元禄) 시절

단가(短歌) 형식 고전시인 와카(和歌)의 가학자(歌学者) 케이츄(契沖)가 창시했다고 전해지며, 고쿠가쿠(国学)라는 단어가 쓰이게 된 것은 카다노 아주마마로(荷田春満) 때부터라고 한다.

코가쿠(古学: 고학)는 주자학을 부정하는 에도 시대 유교의 일파로 야마가 소코(山鹿素行)의 성학(聖学), 이토 진사이(伊藤仁斎)의 고의학(古義学), 오규 소라이(荻生徂徠)의 고문사학(古文辞学)의 총칭이다. 국학의 방법론은 진사이의 고의학과 소라이의 고문사학 방법론에 큰 영향을 받고 있다.

고쿠가쿠(国学: 국학)는 유교의 도덕, 불교의 도덕 등 인간다운 감정을 억압하는 것을 비판하고 인간의 솔직한 감정의 자연스러운 표현을 중요하게 평가한다. 케이츄 이후의 국학은 고대 일본인의 정신성(精神性)인 옛날의 길, 즉 고도(古道)를 해명해 가는 흐름과 실증에 의한 고전의 문헌 고증을 하는 흐름으로 나누어 발전하게 된다.

고도설(古道説)은 카모노 마부치(賀茂真淵), 모토오리 노리나가(本居宣長)에 의해 유학에 대항하는 사상체계로 확립되어 가고, 에도 시대 후기의 히라타 아츠타네(平田篤胤)에 이르러, 복고신도(復古神道)가 제창되는 등 종교색을 강화해 가면서 결국 복고(復古) 사상에서 존왕(尊王) 사상으로 발전해 가게 된다.

노리나가는 1796년에 『교쥬가이겐(馭戎慨言: 어융개언)』을 간행하여 "중국과 조선을 서방의 야만(戎: 융)으로 간주하고 일본 신화에 등장하는 신(神) 아마테라스 오오미카미(天照大御神)가 태어난 나라인 일본이 무력으로 통제해야 할 입장에 따른다"고 했다. 내용 역시 일본 중심주의와 일본을 존중하고 외부(외국)를 비하(卑下)하는 尊内外卑(존내외비)의 입장에서서 외교 협상의 역사를 해설하고 있다.

노리나가는 종교적으로도 신도(神道)를 중심으로 다른 유교, 불교와 이

데올로기를 다 포용하면서도 '그것은 모두 아미테라스 오오미카미노고 혼신(天照大神ノ御心)이며 신의 길(神の道)'이라고 주장하여 일본이 종교적 주체성을 갖게 했다. 그는 '신도는 마음(心)의 바깥에 다른 신(神)이 없으며 다른 이치(理)도 없다'고 말하며 종교조차 일본 중심으로 해석함으로써 섬나라 콤플렉스를 극복하고 자연스럽게 근대에 진입할 수 있도록 뒷받침하였던 것이다.

| 2절 | 후기 미토학과 존왕양이 운동

1) 후기 미토학의 대표 학자와 사상

일본에서 막부 말기 정치운동의 지주가 되었던 존왕양이(尊王攘夷)론은 미토학의 중핵이 된다. 이때 청년무사들에게 존왕양이, 막부타도(幕府打倒) 등의 정신을 선도한 것은 후기 미토학파이다. 제2대 미토번주(水戸藩主) 도쿠가와 미쓰구니(徳川光圀)가 시작한 역사서인 『대일본사(大日本史)』 편찬을 중심으로 한 학파를 전기 미토학(前期水戸学)이라 한다면, 9대 미토번주인 도쿠가와 나리아키(徳川斉昭)가 설치한 번교 코도칸(弘道館)을 무대로 한 학파를 후기 미토학(後期水戸学)이라 한다. 후기 미토학의 대표적인 학자로는 후지타 유코쿠(藤田幽谷)와 그의 아들 후지타 토코(藤田東湖), 제자 아이자와 세이시사이(会沢正志斎)가 있다.

18세기 후반에 등장한 이국선의 접근으로 시작된 서양제국의 진출과 막부의 동요로 인한 내우외환(内憂外患)에 따른 위기의식이 후기 미토학의 독특한 학풍을 형성하는 근간이 되었다는 점을 부정할 수는 없다. 그것은 나리아키의 텐포의 개혁(天保の改革)을 주도한 후지타(藤田派)파의 세이시사이와 토코에 의해 계승되고 발전되어 나리아키의 이름으로 공포된 『코도칸키(弘道館記)』에 의해 결집되었다고 볼 수 있다.

(1) 후지타 유코쿠

▲ 후지타 유코쿠(藤田幽谷)

후지타 유코쿠(藤田幽谷)는 1774년에 현 이바라키현(茨城県)의 미토시(水戸市)에 있는 미토성(水戸城) 밑에서 헌 옷 상점인 후지타야(藤田屋)를 경영하는 후지타 요에몬(藤田与右衛門)의 차남으로 태어났다. 어려서부터 신동으로 소문이 난 그는 10살 때 타치하라 수이켄(立原翠軒)의 문하생이 되고, 수이켄의 추천으로 15세에 사관(史館)의 견습소사로 쇼코칸(彰考館)에 들어간다. 16살에는 정식 사관의 직원이 되었으며 18세에 『세이메이론(正名論: 정명론)』을 저술한다. 여기에서의 정명(正名)은 명분을 정확히 한다는 의미로 "막부(幕府)가 천황을 존중함으로써, 영주는 막부를 존중하고 영주가 막부를 존중하면 번사(藩士)가 영주(다이묘)를 존중하는 사회적 상하질서가 유지된다"고 주장하여 군주와 신하의 상하질서를 엄격하게 지키는 것으로서 존왕(尊王)의 중요성을 강조한 책이다. 여기에서는 존왕과 경막(敬幕, 막부를 존경함)이 상호 존중하는 의미로 사용된다.[1]

그리고 후지타 유코쿠는 어디까지나 천황을 받들고 쇼군(막부)을 공경함으로써 봉건체제를 유지하자고 주장했다. 존왕론은 국학자들 사이에

1) 宮田正彦(2014. 07).『水戸学の復興—幽谷·東湖そして烈公—』, 錦正社.

서도 나타나고 있었으나 그들의 복고사상도 결코 막부의 존재를 부정한 것은 아니었다. 존왕론이 막부의 타도사상인 도막(倒幕)사상에 미친 영향은 결코 경시할 수 없지만, 이론 그 자체는 도막을 주장한 것이 아니라 현실의 정치적 동요 속에서 도막운동과 결합한 것이었다.

(2) 아이자와 세이시사이

▲ 아이자와 세이시사이(会沢正志斎)

아이자와 세이시사이(会沢正志斎)는 후지타 유코쿠의 제자로 10살 때인 1791년에 유코쿠의 개인학교인 사숙에 입문 후『대일본사(大日本史)』편찬에 참여한다. 스승인 유코쿠의 사후 쇼코칸 총재 대역에 취임한 이후에는 영주인 나리아키(斉昭)의 보좌로서 번교(藩校)의 교육 내용을 연구하고 초대 교수 부장이 되었다. 1825년에는 유코쿠의 의지를 계승한『신론(新論)』을 저술하였으며, 미토번(水戸藩) 8대 당주 도쿠가와 나리노부(徳川斉脩)에 상정된다.

『신론』을 집필한 지 4년 후에는 영주가 나리노부(斉脩)의 동생 나리아키로 바뀌면서 텐보의 개혁을 주도하게 된다. 이 책을 통해 세이시사이는 그러한 번정개혁을 기대하고 나리노부를 향한 정책 방안을 미리 제시했다고 볼 수 있다. 하지만 거기에는 미토번만의 특수한 조건이 부가된다. 미토 도쿠가와는 오와리 도쿠가와, 기슈 도쿠가와와 겨눌 만한 소위 고산케(御三家) 세 대가 중 하나로서 영주로는 특별한 지위를 가지고 있었다. 여기에서 도쿠가와 고산케란 미토번, 기슈번의 번주 가문을 이르는 말로 쇼군의 후계자를 정할 수 없을 때에는 세 가문 중에서 후계자를 낼 수 있는 권한을 가진 가문을 말한다. 에도 성의 쇼군이 나올 가능성도 있는 친척이며, 하타 모토(旗本)를 감독하고 북방의 방비의 역할도 맡고 있었다. 그래서 세이시사이는 나리노부를 통해 에도 성에 전해질 것을 예상하고 일본 전체의 통치에 관한 제언을 『신론』에 담은 것으로 보인다.

특히 1811년 홋카이도에서 러시아 함선이 쿠릴열도(Kuril Islands)를 측량하다 포박된 사건과 1824년 영국 포경선이 히타치(常陸)의 오쓰하마(大津浜)에 접근하여 선원이 음식을 찾아 보트로 상륙하는 사건이 『신론』의 저술 배경이 되었다. 세이시사이는 직접 사건들을 조사하고 서양제국의 동향에 관한 정보를 얻어 이듬해인 1825년에 『신론』을 쓴 것이다. 그는 서양의 통상선과 포경선 등의 마찰이 발생하기 시작하면서 외국인 방문자를 처결하고 일본을 구미 열강으로부터 방어해야 한다는 생각이 팽배하게 되었다. 또한 서양 국가들이 인도와 자바, 필리핀에 진출하고 지배하에 둘 수 있었던 것은 기독교를 침략의 수단으로 이용했기 때문이라고 생각했다. 일본에 접근한 그들이 먼저 서민들에게 밀무역을 하면서 기독교의 신비적인 가르침을 전파하여 매료시키면, 크리스천 다이묘가 배출한 전국 시대처럼 일본 국내는 분열되어 결국 서양인에 의해 지배되어 버리는 것이다. 이렇게 서양에 대한 침략 거부와 식민지 거부를 목적으로 하는 사상이 양이(攘夷)론이다.

『신론』은 외세의 침략에 대항하기 위해 어떻게 하면 좋을지 다룬 책으로, 세이시사이가 가장 중요한 과제로 삼은 것은 일본의 독립을 유지하기 위한 민심의 통합이다. 그는 국내외의 정치적 위기를 극복하고 부국강병(富國强兵)을 실현하기 위해서는 사람들의 마음을 정리하는 방법으로 존왕(尊王)과 양이(攘夷)가 필요하다고 강하게 주장하였다. 또한 무사뿐만 아니라 상인, 농민까지도 포함하는 충성 대상을 통일하기 위해 『신론』에서 국체(國體), 즉 일본 독자적인 국가의 모습을 제시하였다. 그는 일본의 국체는 군신의 대의와 부자의 지친이 확립되어 충효일체, 제정교(祭政教) 일치의 국체라고 주장하고 있다. 일본 국가의 건국 원리라는 의미로서 국체라는 단어를 사용한 것은 세이시사이가 최초로 불교, 완고한 유학자, 서양의 그리스도교를 배척하여 존왕과 양이를 통합한 의미로서의 국체라고 하겠다.[2)]

『신론』은 특히 역사에 기초해서 논의되는 부분이 많고 또한 논리적인데, 예를 들면 그곳에서는 텐소(天祖: 천조)인 아마테라스 오오미카미(天照大御神)가 천황의 후계자인 텐인(天胤: 천윤), 즉 역대 천황에게 천하를 다스리게 하고 그 아래에서 모든 사람들이 군신의 예를 지키면서 일본 전체의 통치에 어떻게든 관여하게 된다. 이 상하질서는 천황의 선조인 텐소가 정한 것이므로 움직일 수 없다.

이러한 논리에 따라 일본에서는 지금의 천황에 절대적인 충성을 다하는 것이 과거 천황의 통치를 지원한 조상의 뜻을 계승하는 것도 된다는 뜻에서 효(孝)의 실천과 일치한다고 세이시사이는 주장한다. 그리고 신을 모시는 일본에서 천황이 즉위한 후 처음으로 조상 및 천신지기에게 햇곡식을 바치고 이를 먹는 의식인 다이조사이(大嘗祭)라고도 하는 오니나메(大新嘗)를 대규모로 행함으로써 모든 신분의 사람들에게 "국체"를 재인식시켜 일본 전체의 질서를 유지하여 민심을 통합할 수 있다고 주장했다. 세이시사이의 논의는 일본 전체의 통치는 어디까지나 에도

2) 今井字三郎·瀬谷義彦· 尾藤正英校注(1976). 『水戸学』(円本思想大系 53), 岩波書店.

의 구보(公方)가 행하는 것을 전제로 하고 있어, 존왕(尊王)론이 있어도 결코 막부를 타도한다는 도막(倒幕) 사상에 결부된 것은 아니다.

『신론』이 일본 전국의 무사들에게 주목을 받은 것은 1840년 청나라가 영국과의 아편전쟁으로 홍콩을 빼앗기는 것을 보고 서양의 침략을 경계하면서부터이다. 그리고 이를 계기로 양이론이 대두되기에 이른다. 그러나 『신론』은 내용이 과격하다는 이유로 1857년 무명으로 간행되었는데, 이미 그 내용이 널리 퍼져 초슈(長州)의 요시다 쇼인(吉田松陰)과 마키 이즈미노카미(真木和泉守)도 세이시사이에게 가르침을 청하여 미토를 방문했다고 한다.[3)]

세이시사이가 1834년 저술한 『쇼엔와겐(草偃和言: 초언화언)』에서는 "국체(國體)를 명확히 하고 명분(名分)을 정확하게" 한 천년의 세월의 귀감(龜鑑)으로서 『정통기(正統記)』[4)]를 평가하였는데 이는 스승인 후지타 유코쿠의 『정통기』 해석과 일치한다. 여기에서는 일본의 가마쿠라 막부 토벌

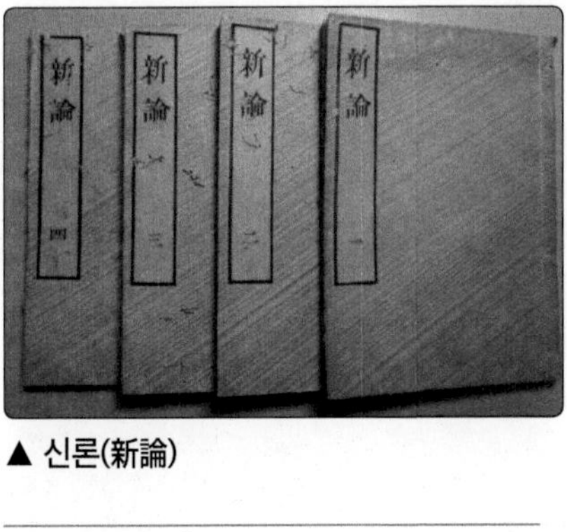

▲ 신론(新論)

▲ 초언화언(草偃和言)

3) 高須芳次郎綱.『骨渾正志集』(水戸学全集第二漏).

4) 키타바타케 치카후사(北畠親房, 1293~1354)가 저술한 『천황정통기(天皇正統記)』는 역사서이지만 신화기(神代)부터 1339년 고무라카미 천황(後村上天皇)의 즉위까지를 기록하였다. 역사를 객관적으로 서술한 것이 아니라 자신의 주관적인 사상을 매우 강한 확신을 가지고 썼기 때문에 신빙성이 없다는 게 정론이다.

에서부터 남북조시대 돌입까지 격동의 시대에 고다이고(後醍醐) 천황 편에 서서 싸우다가 할복했던 구수노기 마사시게(楠木正成)를 숭배하면서 존왕 사상을 확대시켰다.

(3) 후지타 토코

후지타 토코(藤田東湖)는 아이자와 세이시사이와 대등한 미토학의 대가로 유명하지만, 특히 모토오리 노리나가(本居宣長)의 국학을 대폭 도입하여 존왕(尊王)의 절대화를 도모한 것뿐 아니라 각자 적극적으로 천하 국가의 대사에 주체적으로 참여할 것을 요구하여 요시다 쇼인 등으로 대표되는 존왕양이파(尊王攘夷派)의 사상적 토대를 마련했다.

후지타 토코는 1806년 미토에서 미토학을 대표하는 학자인 후지타 유코쿠의 차남으로 태어나지만 형이 일찍 죽는 바람에 후계자로 성장한다. 21세인 1827년에는 장남으로서 가독(家督)을 상속하고 미토학의 후지타파(藤田派) 후계자로 재능을 발휘하여 쇼코칸(彰考館) 편집 및 쇼코칸의 총재 대역 등을 역임한다. 또한 당시 후지타파와 대립했던 타치하라파(立原派)와의 화해에 노력하는 등 미토학 대가(大家)로서의 지위를 확립

▲ 후지타 토코(藤田東湖)

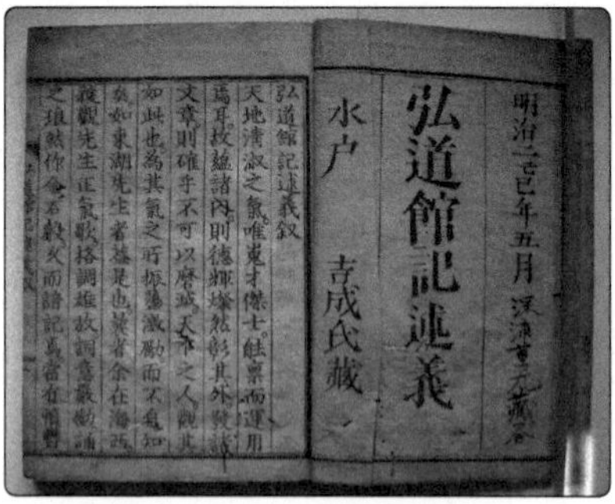

▲ 코도칸키주쓰기(弘道館記述義)

한다. 23세인 1829년 미토번주(水戸藩主)의 후사(後嗣) 문제에 있어서는 나리아키파에 가담하여 동년 나리아키가 번주가 된 후 카로(家老) 밑에서 군(郡)의 대관을 통할하고, 군의 행정을 관장하는 코오리부교(郡奉行)로 발탁된다. 25세 때에는 에도통사어용역(江戸通事御用役)에서 실무관리인 요리키(与力)의 최상위직 고요초야쿠(御用調役: 어용조역) 등 핵심적인 어용조역으로 순조롭게 승진했다. 그러다 1840년에는 번을 떠나 번주의 측근에서 정무 역을 맡아보는 소바요닌(側用人)으로 발탁되면서 번정개혁(藩政改革)을 주도하여 번주인 나리아키의 절대적인 신임을 얻기에 이르렀다.

특히 번정개혁으로서 빈민구제·절약검소의 실행·번교(藩校)인 코도칸(弘道館: 홍도관) 개교와 학문 진흥·폐사(廃寺) 등을 실시하여 상당한 개혁을 이루었으나 이 중 절을 없애는 폐사(廃寺) 정책은 불교탄압 정책으로 많은 비판을 받는다.

그 배경을 살펴보면 1843년에 절의 종이나 불상을 몰수하여 대포로 만들거나 신도(神道)를 장려하여 마을에 하나씩 신사(神社)를 만들게 한 사사개정(寺社改正)의 건을 비롯하여 1844년 5월에 번주인 나리아키가 군사훈련 시 일제 사격을 하여 막부로부터 주의를 받은 대포일제사격 사건(鉄砲斉射の事件)은 불교탄압 사건으로 간주되어 나리아키는 막부의 명령에 따라 가독(家督)을 장남의 요시아츠(慶篤)에 넘김과 동시에 강제 은퇴와 근신 처분을 받았다. 이때 나리아키의 측근인 토코도 함께 실각당하여 이시카와 영주의 저택(上屋敷)에 유폐되었으며 1844년 9월에는 봉록까지 박탈당한다. 토코는 39세인 1845년 2월에 유폐된 상태에서 코우메번(小梅藩) 번주의 저택(下屋敷)로 옮겨 칩거 중 『코도칸키주쓰기(弘道館記述義: 홍도관기술의)』, 『카이텐시시(回天詩史: 회천시사)』 등 많은 저작을 썼다. 특히 『코도칸키주쓰기』는 『코도칸키(弘道館記: 홍도관기)』의 주석서로 1847년에 탈고했으며 아이자와 세이시사이의 『신론』과 함께 미토학을 대표하는 문헌으로 알려져 있다. 이 저서에서 토코는 일본의 역사에 맞게 "충애의 성(忠愛の誠)과 천지정대의 기(気)를 전파하여 일본인은 이들을 발휘하여 국가의 통일을 강화하고 내외의 위기를 극복해야 한다"고 역설하고 있다. 또한 『카이텐시시(回天詩史: 회천시사)』는 토코의 자서전적 시문으로 메이지 유신의 젊은 무사들이 많이 외웠던 한시(漢詩)라고 한다. 이는 토코의 이념과 각오를 보여줌과 동시에 현상에 대한 슬프고 분한 비분(悲憤)을 풍기고 있어, 막부 말기의 지사들에게 깊은 영향을 주었다. 제목의 '회천(回天)'은 하늘을 회전시키는 것, 즉 천하의 형세를 바꾸겠다는 뜻으로 간단히 일부분만 해석해 보면 다음과 같다.

> 과거를 회상하면 죽음을 결심한 것이 3번 있었지만, 죽을 수 없었다.
> 에도(江戸)와 미토(水戸)를 왕복하고 도네카와 강(利根川)을 25번이나 건넜다.
> 관직을 그만두고 한지(閑地)로 가려고 5회 청원했으나 허용되지 않았고,
> 39년 삶에 7개소에 이전했다.[5)]

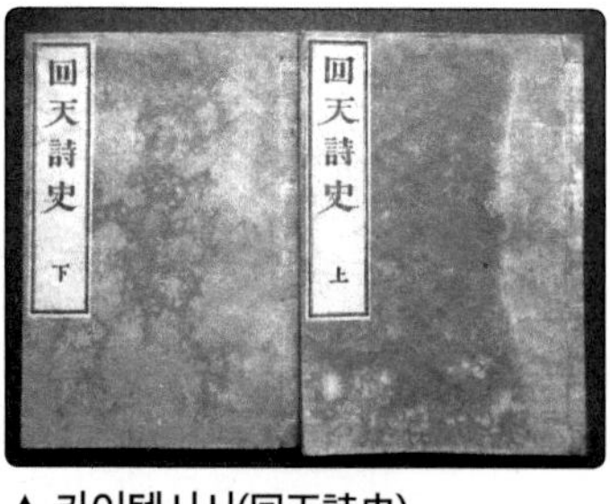

▲ 카이텐시시(回天詩史)

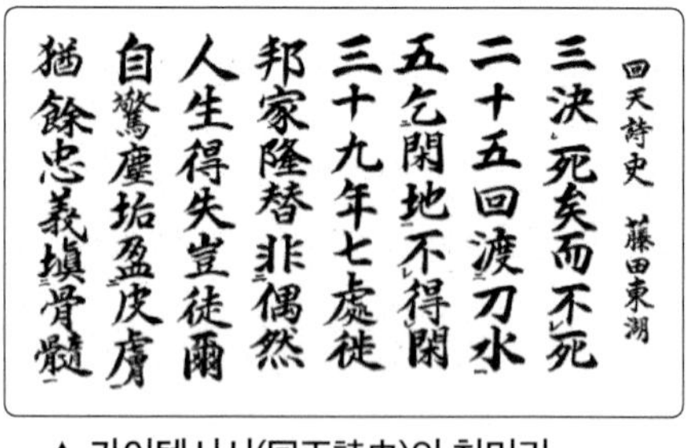
回天詩史 藤田東湖
三決死矣而不死
二十五回渡刀水
五乞閑地不得閑
三十九年七處徙
邦家隆替非偶然
人生得失豈徒爾
自驚塵垢盈皮膚
猶餘忠義塡骨髓

▲ 카이텐시시(回天詩史)의 첫머리

5) 三決死矣而不死。二十五回渡刀水。 五乞閑地不得閑。三十九年七処徙。

41세인 1847년에는 미토번의 집으로 옮겨 칩거 상태에 들어간 뒤 8년 만인 1852년에 드디어 유폐 처분이 없어지면서 번정 복귀의 기회가 왔다. 다음 해인 1853년에 미국의 동인도 함대 사령관 매튜 페리 제독이 우라가(浦賀)에 내항하자 미토번의 나리아키가 해군을 책임지는 장관 격인 카이보산요(海防参与: 해방참여)로 막부정치에 참여한다.[6] 그에 토코도 에도 영주의 저택으로 부름 받아 에도 막부의 관리인 카이보가카리(海防掛, 海岸防禦御用掛)로 복직하여 다시 나리아키를 보좌하다가 1854년에는 측근인 소바요닌(側用人)에 복귀하였다.

토코는 외국의 배인 이양선과 페리 제독의 흑선 등장으로 존왕천패(尊王賤覇) 사상, 즉 '황통을 계승하는 조정은 고귀하고, 무력으로 패권을 잡은 막부는 천하다'라는 주장으로 발전한다. 전기 미토학은 천황을 존경하고 막부를 존경하는 존왕경막(尊王敬幕) 사상이 중심적이었으며 부친인 후지타 유코쿠도 존왕경막을 주장했으나 토코는 존왕천패를 주장하게 되면서 요시다 쇼인, 가츠가이슈 등 전국의 무사에 침투하여 존왕양이 사상으로 발전하게 된다. 그러나 토코는 1855년 대지진으로 압사(壓死)하여 49세의 젊은 나이로 생을 마감하였다. 그의 죽음은 미토학파에 큰 불안감을 주었을 뿐 아니라 나리아키에도 큰 타격을 주었다.

2) 존왕양이 운동의 발전 과정

(1) 사쿠라다몬가이노 헨(桜田門外の変) 사건

1855년에 나리아키는 군제개혁 참여(軍制改革参与)에 임명되지만, 같은 해에 토코와 토다 츄다로(戸田忠太夫) 등 측근들이 사망하여 타격을 받았

6) 菊池明(2017).『幕末証言「史談会速記録」を読む』, 洋泉社, p. 20.

다. 1857년에 아베 마사히로(阿部正弘)가 사망하고 홋타 마사요시(堀田正睦)가 명실상부한 막부의 최고격인 노중수좌(老中首座)가 되면서 더욱 개국론(開国論)에 맹렬히 반대하고 개국을 추진하는 이이 나오스케(井伊直弼)와 대립한다.

또한 나리아키는 제13대 쇼군 도쿠가와 이에사다(徳川家定)의 쇼군 후사(後嗣) 문제로 도쿠가와 요시토미(徳川慶福)를 옹립하여 난키파(南紀派)를 형성한 나오스케에 대해 친아들인 히토츠바시 요시노부(一橋慶喜)를 옹립하여 히토츠바시파(一橋派)를 형성하여 나오스케와 다투었다. 그러나 이 정쟁(政争)에서 나리아키가 패배하면서 1858년에 나오스케가 타이로(大老)가 되어 미일수호 통상조약을 독단으로 체결하고, 요시토미(家茂, 이에모치)를 제14대 쇼군으로 옹립했다.

그 배경에 대해 알아보면 1858년 7월 29일에 나오스케가 공식적인 절차(천황의 허락) 없이 미일수호통상 조약(安政五ヶ国条約)을 체결하였다. 이것을 정점으로 정쟁을 하려고 한 히토츠바시파는 본래 허용되지 않은 정

▲ 도쿠가와 나리아키(徳川斉昭)

▲ 이이 나오스케(井伊直弼)

해진 등성(登城)일 이외에 에도 성 입성을 하는 후지토오죠(不時登城: 불시등성)를 일제히 실시한다. 매일 사람을 바꾸어 나오스케를 만나 그 실정을 추구하여 나오스케가 가로를 그만두게 하려는 전략이었지만, 나오스케는 계속 머리를 굽히면서 사과하는 전략을 반복하는 교활한 노회(老獪) 전법으로 이를 피하였다. 기세가 등등한 히토츠바시파는 다음 날도 후지토오죠를 결행하여 더욱 강하게 공세하였지만, 나오스케는 쇼군 후사 문제가 정식 정착했다는 도쿠가와 요시토미 조정의 승인을 받은 취지를 발표함으로써 기선을 제압했다. 이때의 후지토오죠를 나오스케는 반격의 자료로 사용하여 히토츠바시파를 은퇴시키거나 근신처분 등을 내렸다. 이것이 이른바 안세이 대옥(安政の大獄)의 시작이다.

1858년부터 1859년에 걸쳐 안세이 대옥에 연루되어 탄압받은 사람은 존왕양이의 히토츠바시파 다이묘, 공경, 지사(활동가) 등 100여 명에 달했다. 이러한 대사건은 1860년 3월에 현재 동경 치요다구의 가스미가세키(霞が関)에 해당하는 에도 성 사쿠라다 몬(桜田門)의 밖에서 사쿠라다 몬가이노 헨(桜田門外の変) 사건으로 이어진다.

1860년 3월 24일 눈 내리는 아침, 에도 막부의 최고 직책인 타이로(大老) 나오스케가 안세이 대옥 등 탄압한 사건에 대해 이를 증오하여 미토번(水戸藩)에서 번을 떠난 탈번자 17명과 사쓰마번의 무사 1명이 히코네번(彦根藩) 행렬을 습격하여 나오스케를 암살하는 일이 벌어졌다. 이를 사쿠라다몬가이노 헨 사건이라고 하며 이에 의해 존왕양이파의 탄압은 사라졌다.

이 사건으로 막부 말기의 존왕양이 운동은 점점 더 강하게 포발되어 존왕양이 운동의 시발점으로 인식된다. 이제부터는 요시다 쇼인과 사이고 다카모리 등에게 정신적인 지주로서 존왕양이 운동의 사상적 체계를 이루었던 미토번의 미토학은 어떻게 되었으며 메이지 유신 기에 미토번의 무사들은 어떻게 등장하였는지 살펴볼 필요가 있다.

▲ 사쿠라다몬가이노 헨(桜田門外の変)

(2) 텐구토의 난(天狗党の乱)

에도 막부 말기의 최대 비극으로 일컬어지는 사건이 벌어지는데 바로 텐구토의 난(天狗党の乱)이다.[7] 미토번의 9대 번주 도쿠가와 나리아키와 그가 등용한 후지타 토코, 아이자와 세이시사이의 시대에는 적극적으로 번정개혁이 이루어졌다. 그러나 언제 어느 때라도 반(反)개혁파가 등장하기 마련이듯 미토번에서도 반개혁파가 존재했다. 이때 반개혁파는 주로 출신이 안 좋은 자들이 갑자기 출세하여 코가 높아졌다 하여 멸시하는 의미로 '텐구(天狗)'라는 멸칭으로 불렸다. 일본에서 텐구는 얼굴이 빨갛고 코가 높은 상상의 괴물이기도 하다.

미토번은 개혁을 통해 내부에서 여러 번 반복하여 항쟁이 일어난다.

7) 高橋裕文(2005).『幕末水戸藩と民衆運動 尊王攘夷運動と世直し』, 青史出版.

이때 격파(激派)와 진파(鎮派)로 분열되면서 격파는 텐구토(天狗党: 천구당)로, 진파는 반개혁파와 손잡고 반텐구의 쇼세이토(諸生党: 제생당)가 되어 양당이 치열한 무력항쟁을 일으킨다.

1863년 3월, 쇼군 도쿠가와 이에모치(徳川家茂)가 교토 조정의 요청에 따라 에도에서 교토로 상경한다. 이에 앞서 쇼군 후견직에 취임했던 나리아키의 친아들인 히토츠바시 요시노부(一橋慶喜)도 상경하게 되면서 부하의 가신단이 적은 요시노부를 위해 히토츠바시 도쿠가와가 당주로서 요시노부의 친가인 미토번에 같이 상경하도록 막부의 명이 떨어진다. 요시노부의 친형인 미토번주 도쿠가와 요시아츠(慶篤)는 어쩔 수 없이 이에 따르게 되고 다케다 고운사이(武田耕雲斎), 후지타 코지로(藤田小四郎, 후지타 토코의 아들) 등이 이 명령을 추종하여 교토에서 초슈번(長州藩)의 가쓰라 코고로(桂小五郎), 쿠사카 겐스이(久坂玄瑞) 등과 교류하면서 존왕양이의 뜻을 더욱 견고히 했다.

1863년 5월 코지로는 요시노부를 호위하여 다시 에도에 돌아오지만, 그해 8월 18일의 정변에 의해 초슈번 계의 존왕양이파가 교토에서 전멸하고 급진적인 존왕양이 운동은 쇠퇴하기 시작했다. 이때 천황은 요코하마 항구의 개항(開港)을 반대하는 폐쇄정책인 쇄항(鎖港)을 요구했기 때문에 개항이나 쇄항이냐가 당시 중요한 문제였다. 요코하마 항구 문제는 막부 각료들의 대립으로 이어졌고, 쇄항이 전혀 실행되지 않는 사태에 분노한 코지로는 막부에 즉시 쇄항을 요구하기 위해 비상수단을 취할 것을 결의했다. 그는 에도의 북쪽에 위치한 키타칸토(北関東) 지역 각지를 유세하여 군자금을 모아 1864년 5월 2일 츠쿠바 산(筑波山)에 집결한 62명의 동지들과 함께 거병했다. 당시 코지로는 23세로 젊었기 때문에 미토의 지역관리인 마치부교(町奉行) 타마루이나노에몬(田丸稲之衛門)이

주동자가 되었다. 이렇게 미토번 내외의 급진적인 존왕양이파(天狗党, 텐구토)가 보수파에 반격을 도모하기 위해 일으킨 일련의 반란 사건인 텐구토의 난은 겐지갓시노란의 난(元治甲子の乱, 원치갑자의 난)이라고도 한다.

1853년 미국 페리 제독의 흑선 내항부터 에도 막부 말기 동란 초기에는 조정과 원만한 관계를 유지했던 미토번이 모든 면에서 한발 앞서있었다. 그러나 나리아키와 후지타 시대에 이미 균열이 생기기 시작한 그들은 사쓰마번과 달리 중요한 시기에 호흡이 흐트러져 그것이 최악의 형태로 분출된 것이 텐구토의 난이라 하겠다.

결국 1865년 1월 14일 텐구토는 쇼세이토에게 패배하여 진압되고 코지로는 향년 24세의 나이로 참수되었다. 1865년 3월 1일 다케다 고운사이 등 간부 24명이 라이코우지(来迎寺) 경내에서 참수된 것을 계기로 1865년 3월 12일 135명, 13일 102명, 16일 75명, 20일 16명으로 3월 20일(음력 2월 23일)까지 참수를 끝내고, 살아남은 자는 다른 번으로 추방하는 등의 처분이 내려진다. 처형된 사람의 수는 무려 400명에 달하는 정도로 텐구토원 828명 중 352명이 처형되었다. 이때 텐구토를 처형한 쇼

▲ 텐구토의 난(天狗党の乱)

세이토 일당은 텐구토 가담자 본인뿐만 아니라 그 가족까지 처형하였으며 처형된 가운데에는 왜 죽는지 이해하지도 못하는 유아(乳兒)도 포함되어 있었다고 한다.

요시노부의 친형인 제10대 미토번주 도쿠가와 요시아츠(德川慶篤)는 1868년 1월 19일에 메이지 신정부의 칙서에 따라 쇼세이토를 토벌하고 번정을 정상화하라는 내용의 제간반정(除奸反正) 칙서를 신속하게 수락한다. 그는 같은 번의 재경(在京)조로 갖춰진 혼코쿠지세(本圀寺勢)를 이끌고 그대로 번정을 쇄신하도록 쇼세이토 약 500명을 해산하고 미토성으로 들어간다. 이로써 미토 도쿠가와 가문은 후일 조적(朝敵)이 되는 것을 면한다. 여기에서 혼코쿠지세는 존왕양이파 지사가 주둔하는 교토 혼코쿠지(本圀寺)에서 황실을 수비하고 요시노부를 보좌하는 세력을 뜻한다.

이후부터는 텐구토 생존자들의 격렬한 보복이 이루어지는데 당해 4월에 요시아츠가 사망하여 정치적 불안정 때문에 요시아츠의 이복동생으로 유럽 유학 중인 시미즈 도쿠가와의 제6대 당주 도쿠가와 아키다케(德川昭武)가 후계자가 되었다. 쇼세이토는 이후 오우에쓰열번 동맹(奥羽越列藩同盟) 측에 가담하여 메이지 정부의 반대편에 서서 호쿠에쓰 전쟁, 아이즈 전쟁 등으로 각지를 전전한다. 그 뒤 미토번 주도권 재탈환을 기해 미토로 돌아가서 자웅을 겨루었지만 패주한 쇼세이토는 괴멸하게 된다. 텐구토의 난이 없었다면 이 같은 보신전쟁(戊辰戰爭: 무진전쟁)도 없었을 것이다. 일본인들은 아주 아쉬워하지만 이 또한 역사의 흐름이리라.

미토학을 배경으로 존왕양이 운동을 처음 시작하고 주도한 미토번이었지만 번에서의 권력투쟁은 유례가 없을 정도의 처참한 섬멸전이 되고 말았다. 한번은 쇼세이토가 텐구토를, 이후에는 텐구토가 쇼세이토를 죽이는 일이 반복되면서 미토번의 인재가 전부 사라져 당시 메이지 신정부에서 미토번 출신이 중요한 지위를 차지하는 일은 없었다.

이때 약 90여 명의 무사들이 참수를 당했다고 전해지는데, 이 사실을 보면 조선 연산군 때 무오사화(1498년), 갑자사회(1504년)로 죽음을 맞이한 수많은 선비들이 떠오른다. 2014년 방영된 KBS의 「역사저널 그날」과 『연산군, 그 인간과 시대의 내면』[8]이라는 책에 따르면 무오사화 때 처벌받은 사람은 약 51명이었고 그중 6명만 처형됐지만, 갑자사화 때 처벌받은 사람은 무오사화 때보다 약 4배가 넘는 239명이었으며 그중 122명은 목숨을 잃거나 부관참시, 부관능지를 당했다고 한다. 갑자사화 때 처벌받은 사람들 중 절반 이상이 죽거나 사후 처형을 당한 것이다. 물론 중종 때 조광조와 연관된 기묘사화(1519년), 을사사화(1545년)로도 수많은 선비가 죽음을 당하여 임진왜란에 대비하지 못했다고 하는 일화도 전해진다.

이렇게 메이지 유신으로 접어드는 도중, 일본 신정부에서도 후기 미토학의 존재는 사라지고 이를 초슈번의 요시다 쇼인의 쇼카 손주쿠가 이어 받았다.

(3) 나마무기 사건(生麦事件)

히라타 아츠타네(平田篤胤)가 1811년 저술한 『슛죠코고(出定笑語: 출정소어)』는 원칙적으로 배불론(排仏論)이지만, 막부의 개국 과정에서 재등장한 기독교에 대해서도 마찬가지로 수용할 수 없다는 배타적인 입장을 보였다. 이는 불교를 배척하는 국학적 배불론(国学的排仏論)과 서양의 반기독교 간 사상의 투쟁이었으며 그것은 오직 신도(神道)로의 복귀를 요

8) 김범(2010). 『연산군: 그 인간과 시대의 내면』, 글항아리.

구하는 양상을 보여주었다. 또한 일본 국내에서는 1840년경이 되자 아츠타네 등에 의한 국학(國學)의 보급에 수반하여 민족의식이 고조되던 시기이므로 이는 존왕(尊王) 사상으로 이어진다.

1853년 미국의 동인도 함대 사령관 매튜 페리가 함선에 내항한 때 이 페리의 흑선 내항에 의한 외압에 어떻게 대응해야 할 것인가의 문제를 에도 막부(노중 아베 마사히로)가 제번에 자문한 것을 계기로 일본 각지에서 에도 막부 말기의 존왕양이(尊王攘夷) 운동이 본격적으로 발생하기 시작하였다.

이 시기에 일어난 나마무기 사건(生麦事件)은 존왕양이 운동을 더욱 가속시키는 역할을 하였다. 이는 에도 시대 말기의 1862년 9월 14일에 현재의 가나가와현 요코하마시 츠루미구(神奈川県横浜市鶴見区)에 해당하는 무사시(武蔵国) 나마무기촌(生麦村) 부근에서 사쓰마번주(薩摩藩主) 시마즈 타다요시(島津忠義)의 아버지인 시마즈 히사미쓰의(島津久光)의 행렬에 말을 타고 가던 영국인들이 난입하여 경호대 역할의 토모마와리(供回り) 무사들이 살상(1명 사망, 2명 중상)한 사건이다. 존왕양이 운동이 고조되던 무

▲ 나마무기 사건(生麦事件)

렵의 이 사건은 중대한 정치적 문제가 되었고, 그 분쟁 해결 과정에서 결국 1863년 7월 사쓰마번과 영국과의 포격전이 벌어져 사쓰에이(薩英) 전쟁이 일어난다.

1863년의 바칸해협(馬関海峡, 현재의 칸몬해협[関門海峡]) 봉쇄에 엄청난 경제적 손실을 입은 영국은 1864년 7월 초슈(長州)에 대해 징벌적 보복조치를 취할 것을 결정하고 프랑스·네덜란드·미국의 3국에 참가를 호소하여 함선 17척으로 연합함대를 편성했다. 이 함대는 8월 5일부터 7일까지 초슈번의 포대를 철저히 포격하고 각국의 해병대가 이들을 점거 및 파괴하여 이른바 시모노세키 전쟁(下関戦争)이 일어났다.

당시의 사쓰마와 초슈의 영국과의 전쟁은 무기의 차이로 형편없이 파괴되어 막부 중심의 각번체제로서는 서양을 이길 수 없다는 생각이 만연했다. 이에 일본 전체가 서양과의 전쟁을 준비하여야 한다는 양이(攘夷)론과 막부를 타도하여 천황 중심의 일본을 만들자는 존왕(尊王)이 합쳐진 존왕양이(尊王攘夷) 사상이 등장하기 시작한다.

아이자와 세이시사이(会沢正志斎)의 『신론(新論)』은 막부 말기에 각지 지사들의 혼을 흔들어 움직이게 했으며 이로써 존왕양이 운동으로 막부 타도를 실행하게 하였다. 이는 메이지 유신을 일으키게 하는 원동력이 되었으며 이것이 후에는 정한론(征韓論)과 군국주의(軍國主義)로 발전하는 계기가 되었다고 하겠다.

3) 요시다 쇼인과 쇼카손주쿠(松下村塾)

(1) 요시다 쇼인의 일생과 사상

에도 시대 후기 국학(国学)이나 미토학(水戸学)의 일부와 요시다 쇼인(吉田松陰)은 『고사기(古事記)』와 『일본서기(日本書紀)』를 근거로 고대 일본이

▲ 요시다 쇼인(吉田松陰)

한반도의 지배권을 갖고 있었다는 논거로 조선 침략을 주장하였고, 이것이 존왕양이(尊王攘夷) 운동의 정치적 주장으로 이어졌다.

요시다 쇼인은 1830년 8월 4일 현 야마구치현(山口県)의 하기시(萩市)에 해당하는 쵸슈(長州) 하기(萩城)의 마츠모토무라(松本村)에서 쵸슈번의 무사인 스기 츠네미치(杉常道)의 차남으로 태어났다. 그는 1834년 숙부인 야마가류(山鹿流) 병학(兵学) 사범인 요시다 다이스케(吉田大助)의 양자(養子)가 되어 병학을 수련한다. 그러나 1835년에 양부인 다이스케가 사망하면서 같은 숙부인 타마키 분노신(玉木文之進)이 설립한 쇼카손주쿠(松下村塾)에서 교육을 받는다.

쇼인은 어린 시절 아버지와 형인 스기 민지(杉民治)와 함께 밭일을 하러 나가거나 잡초뽑기 등을 하면서 사서오경(四書五經)을 음독하였다. 그의 아버지는 밤에도 일을 하면서 형제에게 책을 읽게 했는데, 문정십년의 조(文政十年の詔)와 신국유래(神国由来), 라이산요(頼山陽)의 시(詩) 등을 아버지가 음독하면 나중에 형제가 복창(復唱)했다고 한다.[9)]

여기에서 우리가 관심 있게 보아야 하는 것은 『신국유래』로 이는 교토에 있는 카모 신사(賀茂神社)의 신관(神官)인 타마다나가노리(玉田永教)가 논한 국체론(国体論)이다. 타마다나가노리는 도쿠시마번(徳島藩)의 무사로 태어나 교토로 상경하여 신전(神典)을 배우고 요시다(吉田)가의 신도(神道)

9) 海原徹(2003). 『吉田松陰 - 身はたとひ武蔵の野辺に』, ミネルヴァ書房, 〈日本評伝選〉, pp. 25-26.

교수가 되어 전국을 돌아다니면서 신도의 보급에 힘쓴 인물이다. 『연중고사(年中故事)』, 『관가세계록(菅家世系録)』 등 신국(神国) 일본을 칭찬한 통속 『신도서(神道書)』를 저술한 그는 국학자인 카모노 마부치(賀茂真淵)를 간악국적(姦悪国賊)으로 단정했고 그 영향이 쇼인에게 이르렀다고 알려져 있다. 이렇게 쇼인은 어릴 때 아버지로부터 신국 사상, 존황(尊皇) 사상을 교육받았는데, 일본을 신의 나라로 인식하는 신국 사상은 당시 쇼인뿐만 아니라 일반 무사들과 자제들에게 일반적으로 보급되고 인식되었다.[10]

쇼인은 9살 때 초슈번의 번교(藩校)인 명륜관(明倫館)의 병학 조교(사범)가 되어 11세 때 번주인 모리 타카치카(毛利敬親)에게 그 재능을 인정받았다고 한다. 15살에는 야마다 마타스케(山田亦介)에게 나가누마류(長沼流) 병학 강의를 받아, 에도 시대 병학의 쌍벽을 이루는 야마가류 병학에 더해 나가누마류 병학까지 모두 섭렵하게 된다. 그러나 아편전쟁에서 청나라가 서구 열강에 대패한 것을 알고 야마가류 병학이 무용지물임을 통감한 그는 서양 병학을 배우기 위하여 1850년에 규슈(九州)로 간다. 이윽고 사쿠마 쇼잔(佐久間象山), 아사카 곤사이(安積艮斎)를 개인적으로 사사(師事)하여 스승으로 섬겼다. 이러한 것을 보면 각 번의 번교 교육은 18세기 초부터 19세기에 거쳐 유학에서 국학으로 변화되었지만 번교 자체에서는 논어 등 사서오경을 배우기 전에 꼭 검술과 병학을 가르쳤음을 알 수 있다.

(2) 요시다 쇼인의 투옥과 『유슈로쿠(幽囚録)』

1854년 미국의 동인도 함대 사령관 매튜 페리 제독이 미일화친 조약

10) 桐原健真(2014). 『吉田松陰「日本」を発見した思想家』, 筑摩書房·ちくま新書.

(美日和親條約) 체결을 위해 다시 일본에 왔을 때, 쇼인은 해안가의 작은 배를 훔쳐 시모다(下田)항에서 기함 포하탄(USS Pawhatan)호에 비밀리에 승선했다. 그러나 도항(渡航)은 거부되어 어쩔 수 없이 시모다의 관청(奉行所)에 자수하고 텐마초(伝馬町)에 있는 감옥인 로야시키(牢屋敷)에 투옥되었다. 그는 고향인 현재의 야마구치현에 해당하는 초슈에 감송(檻送)된 뒤 무사들의 감옥인 노야마고쿠(野山獄)에 감금되었는데, 여기에서 토미나가 유린(富永有隣), 타카스 히사코(高須久子)를 알게 된다. 이때 이들을 포함한 11명의 동 죄수들을 위해 논어, 맹자를 강의하여 이를 바탕으로 『코모요와(講孟余話: 강맹여화)』를 완성한다. 이 옥중에서의 밀항 동기와 그 사상적 배경이 『유슈로쿠(幽囚録: 유수록)』에 나타나 있다.

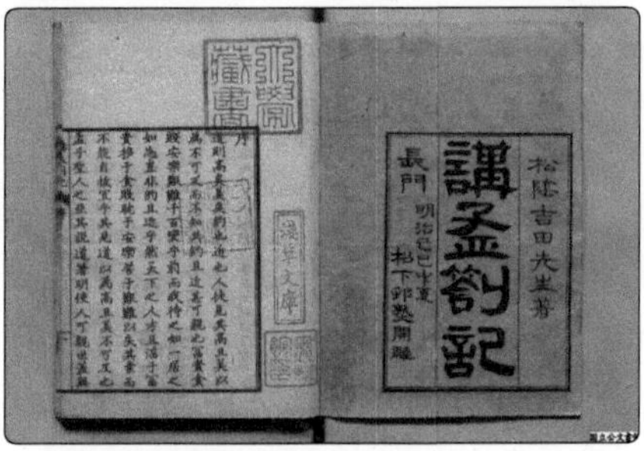

▲ 코모요와(講孟余話)

▲ 유슈로쿠(幽囚録)

필자는 2020년 일본으로 연구년을 가게 되어 우연한 기회에 요시다 쇼인의 『유슈로쿠』를 구입하게 되었다. 이는 순 한문체로 읽기 힘들지만 지인인 일본인들과 상의하여 한국에 맞게 번역한 내용은 다음과 같다.

▲ 필자가 구입한
『유슈로쿠(幽囚録)』

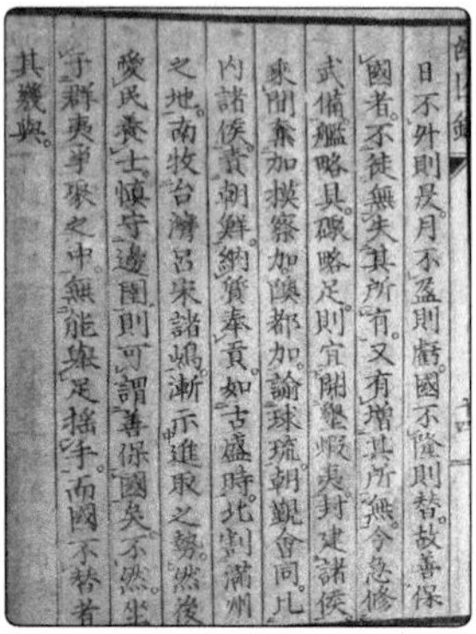

日不外則昃月不盈則虧國不隆則替故善保國者不徒無失其所有又有增其所無今急修武備艦略具礮略足則宜開墾蝦夷封建諸侯乘間奪加摸察加隩都加諭琉球朝覲會同比內諸侯責朝鮮納質奉貢如古盛時北割滿洲之地南收台灣呂宋諸島漸示進取之勢然後愛民養士愼守邊圉則可謂善保國矣不然坐于群夷爭聚之中無能舉足搖手而國不替者其幾與

▲ 침략사상이 나오는 구절

우선 급하게 무력 준비를 하여 군함과 포대를 갖추고 에조(蝦夷: 홋카이도)를 개간한 후 제후를 보내 통치토록 해야 하며 캄차카(加摸察加), 오오츠크(隩都加)를 탈취하고 류쿠(琉球: 오키나와)를 회유하여 일본령으로 하고 류쿠왕이 천황에게 알현하는 조근(朝覲)을 하도록 하여 일반 제후랑 같이 하게 하고 조선(朝鮮)을 책망하여 옛날처럼 조공의 예를 구축하고 북은 만주(滿州)의 땅을 할양받고 남은 타이완(台湾) 루손(呂栄: 필리핀)까지를 수습하여 진취의 위세를 보여야 한다.[11]

일부 학자들은 쇼인의 혁신적인 사상과 신분을 철폐한 교육 등을 강조한 나머지 정한론과 침략 사상에 대해서는 다소 회피하거나 부정하는 경우도 있다. 그러나 『유수록』의 서문에 "황국은 사방에 군림하여 천일의 후계의 영원히 하늘과 땅을 보며 민망하지 않으며..."라고 되어 있는 것을 보면, 사토 노부히로(佐藤信淵)와 같이 신도(神道)에 입각한 생각을 하였다는 것을 알 수 있다.

11) 今急修武備艦略具 礮略足則 宜開墾蝦夷封建諸侯 乘間奪加摸察加隩都加 諭琉球朝覲會同比內諸侯 責朝鮮納質奉貢如古盛時 北割滿洲之地 南收台灣 呂宋諸島 漸示進取之

(3) 요시다 쇼인의 민중궐기론(草莽崛起論)

그 후 쇼인은 1857년에 숙부가 주재하고 있던 쇼카손주쿠의 이름을 계승해, 원래 가문인 스기가(杉家)의 부지에 쇼카손주쿠를 다시 시작한다. 그러던 중 1858년 막부가 천황의 허락 없이 미일수호통상 조약(美日修好通商条約)을 체결한 것을 알고 격노한 그는 마나베 요충책(間部要撃策)을 제언한다. 이는 막부의 총리(老中首座) 격인 마나베 아키가츠(間部詮勝)가 고메이 천황(孝明天皇)에게 조약에 대한 변명을 하기 위해 상경(上京)하는 것을 파악하고 조약 파기와 양이(攘夷)의 실행을 강요하여 그것이 받아들여지지 않으면 죽이자는 계획이었다.

그러나 마나베 요충책 등이 받아들여지지 않자 초슈번 번정부(藩政府)의 대응에 불신을 품은 그는 『소모쿠키론(草莽崛起論: 초망궐기론)』을 제창한다. 안세이 대옥(安政の大獄)에 수감되기 직전인 1859년 4월 7일, 친구인 키다야마 안세이(北山安世)에게 쓴 서신에서 "지금의 막부도 제후도 이미 술 취한 자와 같아서 구할 방법이 없다. 민중들이 일어나는 것(草莽崛起: 초망궐기)을 기대하는 것밖에 없다"는 말을 보낸 것으로 알려져 있다.

여기에서 '소모(草莽: 초망)'는 일반적으로 민중(民衆)을 뜻하고, '쿠키(崛起: 굴기)'는 일제히 일어서는 것을 의미하므로 "재야의 사람들이여! 일어나라!"라는 뜻이다. 특히 '초망'은 『맹자(孟子)』에서 초목 사이에 숨어있는 은자(隱者)를 지칭한 데서 유래되었는데 『맹자』의 만장장구하 7장(萬章章句下 七章)에는 "나라 안에 있으면 시정(市井)의 신하라 부르고, 들에 있으면 초망(草莽)의 신하라 이른다"[12]고 되어 있다. 그래서 쇼인은 무사 이외의 사람들, 즉 부농(富農), 호상(豪商), 향사(鄕士) 등의 계층, 그리고 번을 벗어나 무사로서의 사회적 신분을 버린 떠돌이 무사 등을 소모라 칭하며, 그

12) 在國曰市井之臣, 在野曰草莽之臣

들이 신분을 넘어 국가를 논하고 변혁에 기여해야 한다고 주장했다. 이러한 혁신적 사고는 에도 막부 시대에서 받아들여질 수 없는 사고였다.

(4) 요시다 쇼인의 사형 집행과 「유혼록(留魂錄)」

결국 쇼인은 1859년 안세이 대옥에 연루되면서 초슈에서 에도로 감송(檻送)되어 텐마마치 감옥 저택(伝馬町牢屋敷)에 투옥되었다. 노중암살 계획인 마나베 요충책을 스스로 자백한 쇼인에게는 사형이 선고되어 1859년 11월 21일 텐마초(伝馬町)의 감옥인 로야시키(牢屋敷)에서 집행되었는데, 이때 쇼인의 나이 29세였다. 1859년 그가 처형당하기 전 옥중에서 쇼카손주쿠의 제자들에게 남긴 유서인 「유혼록(留魂錄)」이 유명하다. 이 유서는 쇼카손주쿠의 제자들 사이에 읽혀지면서 쇼카손주쿠의 제자들이 막부타도의 지사들로 변하게 한 행동력의 원천이 되었다고 전해진다.[13]

그가 처형당하기 전 옥중에서 쇼카손주쿠의 제자들에게 남긴 유서인 「유혼록」의 서문에 등장하는 와카(和歌)는 일본 무사도를 집약한 내용이라고 한다. 단 31음이지만 여기에는 요시다 쇼인의 국가관과 천황에 대한 존경심이 나타나 있다. 와카는 5음과 7음의 일본어로 구성되어 있는데 일본인들은 다음의 와카에 심장이 떨릴 정도로 감동을 한다.

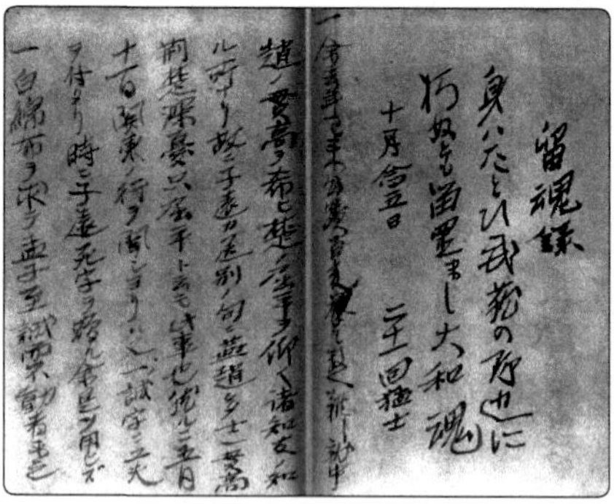

▲ 요시다 쇼인 자필의 「유혼록(留魂錄)」

13) 海原徹(2003).『吉田松陰 - 身はたとひ武蔵の野辺に』, ミネルヴァ書房, 〈日本評伝選〉.

"(내) 몸은 비록 무사시의 들판에 썩더라도 (썩지 않고) 이 세상에 남겨 두고 싶은 것은 (국가를 위한) 야마토의 혼(大和魂: 야마토 다마시)"14)

이 문장은 '간결하고 깨끗하고 떳떳함으로 무사도를 표현한다' 하여 일본인에게 많이 읽혀지고 있다. 여기서 무사시(武蔵)란 관동을 뜻하여 이는 도쿠가와 막부를 말하는 것이며, 죽더라도 막부 타도를 하여야 한다는 강한 표현이다. 죽어서도 '야마토 다마시'란 일본 민족 고유의 정서로 목숨을 버리더라도 (막부 타도를 하고) 주군(천황)에 대한 충성심, 즉 천황이 다스리는 국가로 가라는 뜻이다. 그러나 일본 특유의 야마토 다마시는 보신전쟁(1868~1869)과 메이지 유신(1868) 이후 근대화 과정에서 강한 군국주의 색채를 띠게 되고, 동아시아 전역을 일본의 식민지로 삼으려는 정치 이데올로기인 침략 사상으로 변하였다.

일반적으로 메이지 유신의 정신적 지도자이자 사상가이며 막부를 타도하자는 도막(倒幕)주의자로 알려져 있는 요시다 쇼인은 훗날 메이지 유신에서 중요한 역할을 하는 많은 젊은이들에게 사상적 영향을 주었다. 그는 교육자이자 사상가로서 쇼카손주쿠에서 막부를 타도하는 방법과 정한론(征韓論) 사상을 가르쳤다.

일본 근대화인 메이지 유신을 주도했던 지방은 사쓰마(薩摩, 현 가고시마)와 초슈(長州, 현 야마구치)이다. 야마구치현은 한국과 가까운 혼슈 지방 서쪽에 있으며, 기도 다카요시, 이토 히로부미, 야마카타 아리토모 등 메이지 유신의 중심 인물이자 정한론의 주창자 중 상당수가 이곳 출신이다. 그들이 이렇게까지 악착같이 해외 침략에 의욕을 보인 이유는 스승

14) 身はたとひ武蔵の野辺に朽ちぬとも留め置かまし大和魂 みはたとひ むさしののべに くちぬとも とどめおかまし やまとたましひ

인 쇼인의 사상을 이어 받아서 그런 것이다. 미일화친 조약이 체결된 후 1855년 쇼인은 옥중에서 형에게 보낸 「옥시장(獄是帳)」에 다음과 같이 언급한다.

> 국력을 키워 취하기 쉬운 조선, 만주, 중국을 무력으로 굴복시켜 교역으로 러시아(魯), 미국(墨)에게 잃은 것은 다시 토지로 조선과 만주에서 보상을 받아야 할 것이다.[15]

즉, 쇼인의 주장은 일본이 국력을 키워 서양한테 당한 것을 만주, 중국, 조선에게서 되찾아 와야 한다는 주장이었다. 제자들은 이러한 쇼인의 사상을 철저히 인식하고 이어받아 충실하게 정한론을 실행하였으며 조선, 만주, 중국, 필리핀 등의 침략으로 이어졌음을 알 수 있다. 그의 사상을 이어받은 제자인 이토 히로부미(伊藤博文)는 을사조약과 고종 퇴위, 그리고 조선의 초대통감을 하면서 만주를 방문하다가 하얼빈에서 안중근에게 암살당한다.[16]

요시다 쇼인이 주장한 것처럼 한일합방과 만주 침략, 그리고 중국대륙 침략으로 이어지면서 싱가포르, 말레이시아, 필리핀, 버마 등을 침략하고 조선인의 강제징용으로 이어진다. 일본의 강제징용은 1937년 중일전쟁 발발 이후인 1938년 「국가총동원법」이라는 이름으로 시행되었

---

15) 国力を養い、取り易き朝鮮、満洲、支那を切りしたがえ、交易にて魯墨に失うところは、また土地にて鮮満に償うべし.

16) 이토 히로부미는 일본이 한국을 합병하여 직접적으로 통치하는 것을 반대했다고 전해지기도 한다. 그 대신 한국을 만주국처럼 일본의 보호국하에 두면서 조선인 스스로 자기네들만의 정부와 의회를 구성하게 하여 지배할 생각이었다. 그 이유는 자국의 근대화에 노력을 쏟고 있던 일본이 한국 합병에 따른 병참기지를 비롯한 병원, 철도 등의 기초 시설의 건설 부담을 일본 정부가 스스로 지기에는 예산이 부족했기 때문이라고 전해지기도 한다.

다. 일본의 「국가총동원법」으로 징병(조선인 일본군), 위안부, 그리고 노무 동원을 시켰다.

1999년 ILO(국제노동기구)는 일본의 조선인 징용(위안부, 정신대 등과 군속 포함)이 ILO 29호 협약을 위반한 강제노동이라는 판단을 내린 바 있다. 유네스코(UNESCO)의 세계문화유산에 군함도로 알려진 하시마와 함께 정한론을 주장했던 요시다 쇼인의 쇼카손주쿠(松下村塾)가 2009년 1월 5일에는 메이지 일본의 산업혁명 유산 제철, 제강, 조선, 석탄산업 등록 경위(큐슈, 야마구치 근대화산업유산 군)의 하나로 세계유산 선정 리스트에 추록돼 2015년에 정식 등록됐다. 이것은 고 아베 신조 총리가 자기 고향인 야마구치현의 요시다 쇼인의 정한론과 침략사상을 세계유산으로 선정한 것으로 기록되어 개인적으로는 잘못 해석한 것으로 판단된다. 그리고 당시의 한국 정부도 이에 적절하게 대응하지 못한 것으로 판단한다.

사실 요시다 쇼인만큼 한일 양국에서 극과 극으로 평가되는 인물도 적지 않다. 그는 한국과 중국에서는 '정한론을 주장한 인물'로서 일제 침략 선봉자들의 정신적 스승으로 일제 침략의 설계자이자 침략 정책에 이론을 제공한 인물로 비난받는 인물 중 하나로 평가되고 있다. 반면, 일본에서 쇼인은 에도 시대의 존왕파(尊王派) 사상가이자 교육자로 메이지 유신의 정신적 지도자이자 이론가로 여겨진다. 또한 야스쿠니 신사(靖國神社) 신위 제1호로 아베를 비롯하여 일본 최고 국가지도자들이 가장 존경하는 인물로 추앙받으며, 참교육자이고 실천적 교육자로서도 높이 평가받고 있다.

(5) 쇼카손주쿠(松下村塾)의 제자들

메이지 유신의 아버지라 불리는 쇼인은 존왕양이 운동을 위해 목

▲ 쇼카손주쿠(松下村塾)

숨을 바쳤지만 짧은 생애에 수많은 지사들을 길러내어 존왕양이 운동과 메이지 유신을 성공시켰다. 쇼인이 후학을 양성하기 위해 직접 설립한 쇼카손주쿠(松下村塾)는 신분의 차별 없이 누구나 참여할 수 있는 배움의 장(場)으로, 쇼인은 배우려는 열망이 있으면 신분을 따지지 않고 받아들였다고 하며 이를 일본인들은 교육자로서 존경하고 있다. 쇼카손주쿠는 입학생의 신분을 불문하고 누구에게나 개방되었고 출입시간 등의 제한도 없었으며 무사(武士), 상인(商人), 농부 등 신분에 관계없이 다양한 사람들이 모여 같은 방에서 배웠다고 한다. 또한 스승이 제자에게 일방적으로 가르치는 형식이 아닌 쇼인이 제자와 함께 의견을 교환하고, 문학뿐만 아니라 등산이나 수영 등 살아있는 학문을 교육했다고 전해진다.

쇼카손주쿠는 1856에서 1858년까지 92명의 제자를 배출했다. 특히 메이지 유신의 삼걸(三傑) 중 한 사람인 기도 다카요시(木戶孝允)를 비롯하여 초대 총리를 포함해 네 차례의 총리를 역임한 이토 히로부미(伊藤博文), 비스마르크에게 군대제도를 배운 군 최고실력자 야마가타 아리토모(山縣有朋), 명성황후 시해사건의 배후 미우라 고로(三浦梧樓), 가쓰라 테프트 밀약의 주인공 가쓰라 다로(桂太郞) 등 근대 일본을 이끈 걸출한 인물들의 면모를 들여다보면 대단하다고 할 수밖에 없다. 이들은 존왕양이 운동을 선도하는 리더가 되어 메이지 유신을 성공시키는 주체세력의 자리를 꿰찼다. 이외에도 쿠사카 겐즈이(久坂玄瑞), 다카스기 신사쿠(高杉晋作), 마에바라 잇세이(前原一誠), 시나가와 야지로(品川弥二郎), 야마다 아키요시(山田顕義), 노무라 야스시(野村靖), 와타나베 고죠(渡辺蒿蔵), 카와키타 키지로(河北義次郎) 등 많은 제자들이 그의 뒤를 따랐다.

▲ 쿠사카 겐즈이(久坂玄瑞)

쿠사카 겐즈이(久坂玄瑞)는 의사 출신의 자제로 요시다 쇼인의 매제이다. 군사학은 쇼인에게, 서양의 학문은 번교에서 배웠다. 1859년 10월에 안세이 대옥으로 쇼인이 사형당한 후 2년 뒤인 1861년 12월, 겐즈이는 쇼카손주쿠 학생을 중심으로 존왕양이 운동에 필요한 자금을 모으는 것을 결의한 잇도센모시아와세(一灯銭申合: 일등전신합)를 만들었다. 이때 다카스기 신사쿠, 이토 히로부미, 야마가타 아리토모 등 24명이 참가하였다. 또한, 1864년 존왕양이를 제창하며 병사를 이끌고 초슈번 세력의 아이즈 번주(会津藩主)이자 교토수호직(京都守護職)의 마쓰다이라 가타모리(松平容保)들의 배제를 목표로 거병하여 교토에서 킨몬의 변(禁門の変)을 일으켰으나, 아이즈(会津), 사츠마(薩摩) 등 막부 측 병사들과의 전투에서 부상을 입고 만 24세의 나이에 자진(自盡)하였다.

다카스기 신사쿠(高杉晋作)는 상급무사 출신으로 쇼인의 쇼카손주쿠에서 쿠사카 겐즈이와 함께 쇼카손주쿠의 쌍벽이라 불렸으며 훗날 에도의 관립학교인 창평익(昌平黌)에서 수학한다. 번명(藩命)으로 1863년에 기

▲ 다카스기 신사쿠(高杉晋作)

병대(奇兵隊)를 조직하고 총감이 되어, 시코쿠 연합함대의 시모노세키 포격 사건에서 강화에 부딪혔다. 뒤에 규슈에 망명하지만 1865년 거병하여 번정(藩政)을 잡고 번론(藩論)을 막부 토벌로 일치시킨다. 1866년 제2차 초슈 정벌에서는 서양식 무기로 무장하고 초슈번을 전체 지휘하여 엄격한 규율 아래 움직이는 군대를 보내 막부의 군대를 물리침으로써 일본 국내의 세력 균형에 큰 변화가 생기면서 대정봉환이 이루어졌다. 그러나 폐결핵으로 1867년 만 29세의 나이로 사망하였다.

요시다 도시마루(吉田稔麿)는 1841년 죠슈번에서 신분이 낮은 하급무사의 아들로 출생하여 원래의 이름은 에이타로(栄太郎)였으나 1863년에 도시마루로 개명했으며 쇼카손주쿠에서 총명한 학생으로 유명했다고 한다. 쇼인은 총명하고 영리한 도시마루를 높이 평가하고 있어 다카스기 신사쿠를 완고함이 밖으로 표출되는 양완(陽頑)으로 평가한 반면 도시마루는 완고함이 나타나지 않는 음완(陰頑)으로 표현했다고 한다. 요시다 도시마루는 구사카 겐즈이, 다카스기 신사쿠와 함께 쇼카손주쿠의 3 수재로 불리며, 여기에 이리에 구이치(入江九一)를 넣어 송문 4천왕(松門四天王)이라고도 한다.

도시마루는 1858년 쇼인에게 하옥의 명이 내려지자 가문을 지키기 위해 스승을 한때 떠난다. 하지만 이듬해 쇼인이 에도에 보내질 때에는 이웃집의 담구멍에서 배웅했다는 일화가 남아 있다. 1860년 10월에 조슈번을 벗어나는 탈번을 하였으나 1862년에는 그 죄를 용서받았으며 동년 10월에는 쇼인의 위령제에 처음 참여했다고 한다.

그는 1863년 4월, 병사의 수를 늘리기 위해 조선시대의 백정 같은 부류의 하급천민인 에다(穢多), 히닌(非人) 들의 병사 설치를 건의하여 같은 해 6월, 다카스기 신사쿠가 창설한 기병대에 참가하고 7월에 도용대(屠勇隊)를 창설한다. 그리고 1864년 6월 5일의 이케다야 사건(池田屋事件)[17]에서는 존왕양이를 반대하는 도쿠가와 막부가 만든 신센구미(新選組)가 존왕양이를 주장하는 조슈번의 세력을 없애기 위해 이케다야 주변을 둘러싸고 있어 전투 끝에 죽었다. 당시 그의 나이 만 23세였다.

▲ 요시다 도시마루(吉田稔麿)의 동상

▲ 이리에 구이치(入江九一)

이리에 구이치(入江九一)는 텐포 8년(1837) 4월 5일, 조슈번의 최하위 신분인 아시가루(足軽) 가문에서 장남으로 태어났으며, 노무라 야스시(野村靖)와 이토 히로부미의 최초의 부인이었던 이토스미코(伊藤すみ子)를 동생

17) 이케다야(池田屋)에서 교토의 수비를 담당하던 치안유지 조직인 신센구미(新選組)가 잠복해 있던 조슈번, 도사번의 존왕양이파를 습격하였던 사건을 말한다. 이 사건으로 조슈번의 많은 대표급 인사들이 살해되었으며, 곤도 이사미 및 신센구미가 유명해진 계기가 되었다.

으로 두었다.

1857년에 동생 노무라 야스시(이 시기에는 와사쿠[和作])가 요시다 쇼인의 쇼카손주쿠에 입학하지만, 구이치는 가계를 지탱해야 하는 입장이기 때문에 쇼카손주쿠에 다닐 시간이 없어 1858년이 되어서야 늦게 입문했다. 같은 해 12월에 쇼인이 재투옥되기 때문에 실제로 배운 것은 1개월 정도에 불과하지만, 쇼인으로부터 높이 평가되어 구사카 겐즈이, 다카스기 신사쿠, 요시다 도시마루와 함께 송문 4천왕의 한 사람으로 꼽힌다.

천황의 허가 없이 에도 막부가 미일수호통상 조약을 체결한 것에 격노한 스승 쇼인이 막부 타도를 표명해 노중 간부 마나베 아키가츠(間部詮勝)의 암살 계획을 기획했다. 이때 겐즈이, 신사쿠, 도시마루 등은 맹반대했지만, 구이치, 와사쿠 형제만은 찬성해 계획에 가담했다고 한다. 이때 구이치는 쇼인으로부터 "쿠사카군들은 우수하지만, 배짱이 없다. 그러나 너만은 나라를 위해 죽는 남아이다"라고 높이 평가받았다. 그 때문에 나중에 쇼인이 처형된 뒤에도 구이치는 스승의 유지를 계승해 마나베 아키가츠 암살 계획을 실행으로 옮기려 했다고 전해진다. 그러나 조슈번에 알려지게 되면서 형제가 함께 이와쿠라옥(岩倉獄)에 투옥된다. 쇼인의 처형으로부터 반년 후인 1860년에 형제도 석방되어, 1863년에는 도시마루 등과 함께 아시가루에서 사무라이로 승진된다. 교토에서 존왕양이를 위한 활동을 하는 한편 신사쿠의 기병대 창설에도 협력해 기병대의 참모가 되었다. 같은 해 시모노세키 전쟁에는 겐즈이가 이끄는 광명사당(光明寺党)의 일원으로 참가했다.

1864년 7월 19일, 금문의 변(禁門の変)[18]을 일으키자 겐즈이가 이끄는

---

18) 1863년 8월 18일의 정변(八月十八日の政変)에 의해 교토에서 추방당했던 조슈번 세력이 아이즈번의 번주이자 '교토수호직'이었던 마쓰다이라 가타모리(松平容保) 세력

로닌대의 일원으로서 교토의 텐노잔(天王山)에 포진하여 천황의 고쇼(御所) 공격에 참가했지만 패해 겐즈이는 자결하고 그에게 번주의 아들인 세자에의 전언을 부탁받은 구이치는 어떻게든 탈출하려고 담을 넘은 순간 에치젠 병사의 창을 안면에 받아 사망했다고 전해진다. 이때가 향년 28세이다.

이렇게 해서 송문 4천왕으로 불리는 구사카 겐즈이가 24세, 타카스기 신사쿠가 29세, 요시다 도시마루가 23세, 이리에 구이치가 28세로 요절했다.

▲ 야마가타 아리토모(山縣有朋)

야마가타 아리토모(山縣有朋)는 초슈번의 하급무사로 태어나 쇼인의 쇼카손주쿠의 문하생이 되어 존왕양이 사상을 배웠으며, 1863년에는 기헤이타이(奇兵隊)의 대장이 되었다. 1867년 도쿠가와 바쿠후는 전복되고 이듬해인 1868년에 메이지 정부가 수립되면서 메이지 정부를 반대하고 막부의 편을 드는 다이묘들과의 전쟁인 보신전쟁(戊辰戰争)에 참가한다. 이때 승리를 거두면서 오무라 마스지로(大村益次郎)의 뒤를 이어 병제(兵制)를 갖춰 1871년 육군경이 되었다. 1877년 서남 전쟁에서 정토 참군(征討參軍) 되어 승리한 후 이토 히로부미와 함께 메이지 정부의 최고 지도자가 되고, 내무 경·추밀원 의장·총리대신 등을 역임한다. 1882년에 그가 선포

을 약화시키려고 군사를 일으켜 교토 시내에서 시가전을 펼친 사건을 말한다. 대포까지 투입된 치열한 전투의 결과 조슈번 세력은 패배했고, 존왕양이파는 급진적 지도자의 대부분을 잃어 그 세력이 크게 위축되었다.

한 '군인칙유(軍人勅諭)'는 훗날 일본이 제2차 세계대전에서 항복할 때까지 일본 육군의 정신적 지침이 되었다.

▲ 마에바라 잇세이(前原一誠)

마에바라 잇세이(前原一誠)는 초슈번의 무사 출신으로 쇼인의 쇼카손주쿠의 제자 중 나이가 제일 많아 맏사형으로 불렸다. 그는 존왕양이 운동으로 막부 타도의 중심이 되어 일본에서는 유신 10걸 중 한 사람으로 추앙받는다. 메이지 유신 성공 후 참의에 오른 잇세이는 징병제 실시에 반대해 기도 다카요시(가쓰라 고고로)와 갈등을 빚다가 결국 징병제를 지지하는 야마가타 아리토모 등에게 밀려 낙향했다. 기헤이타이(奇兵隊) 해체 때 해직자 반란에 대한 정부의 무자비한 탄압에 항의하다 신정부와의 의견 충돌로 낙향한 후 1876년 하기의 난(萩の乱)을 일으켰다. 반란에 실패한 그는 1876년 43세 때 야마구치 지방법원 하기(萩) 출장소에서 참수된다.

▲ 시나가와 야지로(品川弥二郎)

시나가와 야지로(品川弥二郎)는 초슈번의 무사가 아닌 아시가루(足軽) 출신이었지만 사농공상 누구나 받아들이는 쇼인의 쇼카손주쿠에 입문하여 존왕양이 운동에 헌신한다. 1870년 독일로 유학을 가서 보불전쟁을 시찰하기도 하였는데, 정치 이외에도 학교 설립 등에 힘써1883년 독일학협회학교(후일 독쿄 대학[獨協大学])를 설립하였다. 1884년에는 자작을 받고 외무부장관·특명전권공사로 독일에 주재하다가 귀국 후 궁중고문관·추밀고문관을 거쳐 1891년 마츠카타 내각(松方内閣)의 내무장관 등을 역임하였다. 그는 만년에는 교토에 은둔하다가 1900년 58세 나이에 사망했다.

▲ 야마다 아키요시(山田顕義)

야마다 아키요시(山田顕義)는 1844년 초슈번의 무사 출신으로 태어나 1857년 14세의 최연소 나이로 쇼인의 쇼카손주쿠에 입문했으며 마지막 문하생이 된다. 1862년 가을에 상경하여 번주의 세자인 모리모리 사다히로(毛利定広)의 경호를 맡고 동년 12월, 다카스기 신사쿠, 쿠사카 겐즈이, 이노우에 가오루, 이토 히로부미, 시나가와 야지로 등과 함께 양이(攘夷)의 혈판서(血判書)에 이름을 올렸다.

1868년 25세의 나이에 보신전쟁에서 토벌군의 지휘를 맡아 1천여 명 정도의 초슈번 병사를 인솔했는데, 사이고 다카모리한테 작은 체구지만 용병의 천재라는 소리를 들을 정도로 병법에 뛰어났다고 한다. 1869년 6월에는 궁중에서 구로다 기요타카(黒田清隆) 등과 함께 메이지 천황을 알현하여 전공(戦功)을 포상받아 새로운 관제(태정관제) 시행에 따라 차관급인 병부대승(兵部大丞)에 취임하고 초슈번 소참사(少参事)를 겸임한다.

그는 메이지 유신 시대의 군인으로서 새 정부에 기여함과 동시에 신일본의 설립자로서 근대 일본의 법전 편찬에 노력하여 법전 백작이라는 별명을 가졌다. 제1차 이토 내각(第1次伊藤内閣) 의 법무장관, 구로다 내각(黒田内閣), 제1차 야마가타 내각(第1次山縣内閣), 제1차 마츠카타 내각(第1次松方内閣)의 각 내각에서는 법무장관을 9년간 역임한다. 그리고 일본 법률학교(후일의 일본 대학)를 설립했으며 평의원의 한 사람으로서 참여했기 때문에 일본 대학의 학조(学祖)로 불린다. 49세로 요절했지만 군인으로도 문관으로도 뛰어난 실적을 남긴 근대 일본에서는 이색적인 인물로 알려져 있다.

▲ 노무라 야스시(野村靖)

노무라 야스시(野村靖)는 초슈번의 무사가 아닌 아시가루(足軽) 출신으로 1842년 태어나 1857년 쇼카손주쿠에 입학했다. 쇼인에게 큰 영향을 받아 쇼인의 투옥 후에도 그에게 지시를 받아 움직이다가 자신도 투옥된다. 그래도 쇼인을 존경하여 두터운 신뢰를 받았으며, 쇼인 사후에는 지사로서 분발하였다. 1863년에는 번에서 그 의지를 높이 사 사무라이(士分)로 승진하고, 하기번(萩藩)의 내전이나 막부와 초슈의 전쟁에서는 전투에 참가하여 승리에 기여했다.

메이지 유신 후에는 폐번 치현(廃藩置県)으로 토리오 코야타와 함께 사이고 다카모리, 기도 다카요시 등 정부 유력자를 주선하는 등 활약을 보인다. 이후 외무대서기가 되어 이와쿠라 사절단(岩倉使節団)의 일원으로 구미(歐美)를 시찰한 후 귀국하여 하기번(萩藩) 출신의 기도 다카요시를 지원하며 유신 정부에서 활약하였다. 가나가와현(神奈川県)의 지사에 해당하는 권령(権令) 및 현령(県令)을 거쳐 체신(逓信)차관을 역임하고, 1887

년에는 자작(子爵)을 받은 뒤 추밀고문관과 프랑스공사, 내무부장관, 체신부장관 등을 역임한다.

1907년에는 쇼인의 친가와 스기가문(杉家) 사람들이 사적으로 쇼인을 모시는 사당을 설립하는 것을 보고 공적으로 신사(神社)로 하기 위해 이토 히로부미 등과 야마구치현에 청원하여 쇼인 신사(松陰神社)를 창건하였다.

▲ 와타나베 고죠(渡辺蒿蔵)

와타나베 고죠(渡辺蒿蔵)는 1843년 하기번의 무사 출신으로 태어나 1857년 쇼인의 쇼카손주쿠에 입학하여 그로부터 사람은 실행이 제일이라고 배웠다고 한다. 쇼인의 사후에는 같은 쇼인의 문하생 구사카 겐즈이와 함께 존왕양이 운동에 뛰어들었다. 1864년 초슈번(長州藩)세력이 아이즈번주(会津藩主)이자 교토수호직(京都守護職)의 마쓰다이라 가타모리(松平容保)의 제거를 목표로 거병한 킨몬의 변(禁門の変) 이후 영어를 독학하여 하기번(萩藩)의 해군학교 영어교사가 된다. 1867년에는 번의 허가를 받아 미국과 영국에 유학하여 조선(造船)을 배우고, 1873년에 귀국하여 공부성(工部省)에 들어가 나가사키 제작소(長崎製作所)의 관할자로 발탁되어 당시 동양에서 처음으로 배를 건조하기 위한 도크(dock)를 완성하였다. 나가사키 조선국(長崎造船局)이 설치되면서 그 초대 국장이 되는 등 일본의 조선 근대화에 노력하였다. 그는 퇴직 후 하기(萩)로 귀향하여 "향후 일본은 크게 조선 기술을 발전시켜 해외 진출의 기반을 구축해야 한다"는 쇼인에 대한 귀중한 증언을 남기고 1939년 만 96세에 사망하였다.

▲ 이토 히로부미(伊藤博文)

이토 히로부미(伊藤博文)는 1841년 9월 2일 초슈번에서 무사 출신이 아닌 일반 농부의 장남으로 태어났다. 상사인 쿠라하라 료죠(来原良蔵)의 권유로 쇼인의 쇼카손주쿠의 문하생이 되었지만 신분이 낮아 학원의 문턱을 넘는 것이 허용되지 않고 야외에서 선 채로 청강에 만족했다고 한다.

1858년 7월부터 10월까지 쇼인의 추천으로 초슈번의 교토 파견에 동행했다가 돌아온 후에는 쿠라하라 료죠를 따라 1859년 6월까지 나가사키에서 면학에 힘썼다. 그해 10월부터는 료죠의 매형 가쓰라 코고로(桂小五郎, 후의 기도 다카요시)의 부하가 되어 초슈번의 에도 저택에 이주한다. 여기서 이노우에 가오루(井上馨)와 만나 친분을 맺는다.

1858년 10월 안세이 대옥으로 쇼인이 사형당한 후 가쓰라 코고로를 시작으로 구사카 겐즈이, 다카스기 신사쿠, 이노우에 가오루와 존왕양이 운동에 참여하면서 해외 도항을 생각하게 되고, 1861년 1월 17일에 쿠라하라(来原)에 보낸 편지에서 영국 유학을 지원하고 있다고 한다.

메이지 유신 후 사쓰마, 초슈번의 파벌정권에 힘을 얻어 이와쿠라 사절단(岩倉使節団)의 부사(副司)로 해외 시찰을 다녀온 뒤 참의(参議) 겸 공부경(工部卿)을 거쳐 초대 효고현(兵庫県) 지사(관선)를 맡았으며 일본 제국헌법 초안의 중심자가 된다. 초대·제5대·제7대·제10대의 내각총리대신 및 초대 추밀원의장, 초대 귀족원의장, 초대 한국통감 등을 역임했다.

국내에서는 입헌정우회(立憲政友会)를 결성하고 초대 총재가 되었으며 외교에서는 청일전쟁의 승리에 따른 청일강화 조약(講和条約)의 초안과 조인에 의해 조선의 독립을 청나라에 인정하게 했다(제1조). 그는 1909년 하얼빈 역에서 구한말의 독립운동가인 안중근에게 암살되었다.

▲ 가쓰라 코고로(桂小五郞, 기도 타가요시[木戸孝允])

가쓰라 코고로(桂小五郞)는 기도 타가요시(木戸孝允)라고도 하는데 1833년 현재의 야마구치 현(山口県)의 하기(萩)시에 하기번(萩藩) 의사인 와다 마사카게(和田昌景)의 장남으로 태어났다. 7살인 1840년 무사 가문 가쓰라 가문(桂家)의 마츠고요시(末期養子: 말기양자)가 되어 초슈번 무사의 신분과 녹봉을 얻게 된다. 마츠고요시란 에도 시대 무사의 당주로 후계자가 없는 사람이 사고, 급사 등으로 죽음에 처한 경우 이에(家: 가문)의 단절을 막기 위해 긴급하게 입양된 양자(養子)를 뜻한다. 이듬해인 1841년 가쓰라가의 양모(養母)마저 사망하면서 생가인 와다(和田) 집으로 돌아와 친부모 밑에서 성장했다. 10대에 들어서는 번주인 모리 다카치카(毛利敬親)가 직접 시험을 실시한 친시(親試)에서 2번 정도 수상을 하여 초슈번의 젊은 준걸(俊傑)로서 주목받기 시작한다. 16살인 1849년, 번교 명륜관(明倫館)에서 야마가류(山鹿流) 병학 교수였던 쇼인에게 병학을 배우고 재주와 능력이 있다는 평가를 받는다. 비록 쇼카손주쿠의 문하생은 아니었지만, 후에도 쇼인에게 제자의 예를 다했다고 한다.

19살인 1852년에는 검술 수행을 명목으로 초슈번에 에도 유학을 허가받아 에도로 떠난다. '원래 무사가 아닌 집안이니 무사가 되려면 두 배 이상 분골쇄신(粉骨碎身)하여야 한다'는 친부의 말을 새겨 노력하였다고 한다. 에도에서는 에도 3대 도장의 하나로 '힘의 사이토'라 불리는 연병관(練兵館)에 입문하여 신도무념류(神道無念流) 검술의 면허전수를 받아 입문 1년 만에 연병관의 감독이 된다. 번의 명령으로 귀국할 때까지 5년간 연병관의 감독을 맡아 그동안 검호(劍豪)의 이름을 만천하에 떨치는 한편, 많은 지사들과 교류하며 초슈번 존왕양이파의 리더로 성장한다.

1859년, 초슈번 에도의 번주 주택의 번교인 유비관(有備館)의 관장에 임명되어 후배 무사의 육성에도 크게 관여했으며 같은 해 10월 27일, 쇼인이 처형됨에 따라 이토 히로부미 등과 함께 시신을 거두어 매장한다. 그 후 사카모토 료마(坂本龍馬)의 주선으로 삿초 동맹(薩長同盟)을 체결한 뒤 1867년 제2차 초슈정벌전에서 막부군을 물리치고 대정봉환(大政奉還)을 거쳐 초슈번의 복권에 성공한다. 이때 번주 모리 다카치카에게 '기도(木戸)'라는 성을 하사받는다. 그리고 사쓰마와 초슈 주도의 무력으로 막부를 토벌하여 메이지 신정부를 수립한다.

메이지 신정부에서는 총재국고문 외국사무계 참여(参与)가 되어 오쿠보들과 함께 판적봉환(版籍奉還)의 실현에 노력하고, 1871년 사이고와 동시에 참의(参議)가 되어 정부 요직을 사쓰마와 초슈가 독점하여 폐번치현(廃藩置県)을 단행한다. 같은 해 9월, 이와쿠라 사절단(岩倉使節団)의 부사(副使)로서 구미 순방에 동행하지만 후에는 오오쿠보(大久保)에 의한 독재체제의 정국에 불만을 품고 점차 정부 중추(中樞)에서 멀어져 1878년 45세에 세이난센소(西南戦争)의 전쟁 중 병으로 사망하였다. 사이고 다카모리와 오쿠보 도시미츠와 함께 메이지 유신의 삼걸(三傑)로 꼽힌다.

이렇듯 요시다 쇼인이 쇼카손주쿠에서 제자를 가르친 기간은 2년 반에 불과했으나 당시 20대 스승인 쇼인과 10대 제자들은 추상적인 공론을 배격하고 군사·산업 등 실제적인 학문에 힘썼다고 한다. 그의 제자들은 앞서 언급한 쟁쟁한 인물들을 포함하여 상당수가 메이지 유신을 위해 목숨을 바쳤거나 관료·실업인·기술자·법률가로 일본 근대화에 발자취를 남겼다.

그러나 쇼인은 한국과 중국에서는 정한론의 원흉이며 침략 본색을 드러낸 인물인 만큼 그 제자들이 배운 것은 정한론의 원조인 침략사상이었기에 조선통감을 지낸 이토 히로부미, 청일전쟁 때 조선에 주둔했던 제1사령관 야마가타 아리모토, 가쓰라-태프트 밀약을 맺고 조선 지배의 토대를 마련한 가쓰라 다로, 초대 조선총독을 지낸 데라우치 마사타케 등은 한국에서 특히 악명 높은 인물이다.

4) 잊혀진 요시다 쇼인을 부활시킨 아베 신조

필자의 지도교수인 게이오대학 명예교수였던 고 후지모리 교수도 일본 제일의 교육자이며 사상가로 평했던 인물이 요시다 쇼인이다. 그리고 쇼카손주쿠(松下村塾)의 기둥에 있는 다음 한시(漢詩)는 일본 학자들이 가장 좋아하는 시 구절이 되었다.

> 만 권 정도의 책을 읽지 않으면
> 어찌 천추에 남을 훌륭한 사람이 되며
> 자기 한 몸의 충성(노력)을 가볍게 여기지 않는다면
> 어찌 만백성이 편안함에 이를 수 있겠는가[19]

---

19) 自非讀萬卷書 / 安得爲千秋人 / 自非輕一己勞 / 安得致兆民安

요시다 쇼인이 가르쳤던 쇼카손주쿠는 당시의 상식으로는 파격적이었다. 사무라이 우선의 계급사회가 있었던 시절에 쇼인은 출신을 따지지 않고 제자(문하생)들을 받아들였다. 그래서 신분은 무사부터 아시가루(足輕)까지 다양했는데 그것은 당시 에도 시대 사농공상의 기존 질서에 대한 도전이었으며 혁신적인 교육 사상이었다. 그리고 제자들에게 수업 중에도 중요한 것은 다시 쓰게 해서 외우게 하고 학문이라는 것은 학자가 되기 위한 것만이 아니라 그것을 실행하기 위한 것이라고 알려주었다. 쇼인은 인간에게 가장 중요한 것은 지성(至性)이며 뜻을 세우는 것이 중요하다고 교육시켰다.[20]

그가 죽은 뒤 제자들은 스승의 시체가 나무통에 넣어진 채로 있던 것에 격분하여 막부에게서 시체를 빼앗고 예를 갖추어 이장했다고 전해진다. 쇼인은 존왕양이(尊王攘夷)를 위해서라면 죽음도 두려워하지 않고 행동으로 옮겼기에 제자들은 그를 존경했다.

쇼인은 죽음에 임박해서도 '야마토다마시이(大和魂: 일본정신)'를 외쳤다고 하는데, 그가 옥중 생활에서 남긴 와카(和歌)[21]도 유명하다. 이렇게 죽을 줄 알고 있었지만, 그래도 천황을 위해서는 죽음도 어쩔 수 없는 야마토 다마시이(일본혼)를 표현한 점은 제자들을 감동시켰다. 그리고 그의 언행일치로 하기(萩)라는 조그만 도시의 쇼카손주쿠라는 조그만 서당에서 일본 근대화를 좌지우지하는 수많은 걸출한 유신의 선구자들이 배출되었다. 고 후지모리 교수는 교육자로서 아마도 이것을 높이 평가했던 것 같다.

---

20) 楠戸義昭(2014). 吉田松陰「人を動かす天才」, の言葉,知的生きかた文庫, pp. 4-5.

21) かくすれば かくなるものと 知りながら やむにやまれぬ 大和魂(이렇게 하면 이렇게 될 줄[죽을 줄] 알면서도 도저히 멈출 수 없는 야마토 다마시이)

일반적으로 요시다 쇼인은 한국과 중국의 일본 전문가들만 알고 있었는데 이를 한중의 일반 사람들에게까지 알린 인물은 아베 신조(安倍晋三) 전 총리이다. 그가 2013년 8월 야마구치현의 하기시(山口県萩市)에 있는 요시다 쇼인의 쇼인 신사(松陰神社)를 참배하기 전까지 요시다 쇼인은 그다지 알려지지 않은 인물이었다. 야마구치현에 지역구를 둔 아베 총리는 두 번째 총리 취임 직후인 2013년 8월 15일 이틀 전에 야스쿠니 신사(靖國神社) 대신 쇼인 신사를 참배하다 보니 그다지 주목을 받지 못하였다. 그러나 일본이 2015년 7월 '메이지 일본의 산업혁명 유산'을 유네스코 세계문화유산으로 등록하면서 직접적인 관련이 없는 쇼카손주쿠를 포함시켰는데, 이는 아베 총리의 지시였다고 알려지며 결국 요시다 쇼인의 쇼카손주쿠는 유네스코 세계문화유산에 등재되었다. 아베 총리의 좌우명인 '지성(至誠)'은 쇼인이 가장 강조하던 것으로, 쇼카손주쿠 앞에 자리 잡은 쇼인 기념관의 이름도 '지성관'이다. 쇼인 신사의 현판 글씨는 기시 노부스케(아베 총리의 외조부)의 작품이고, 1968년 메이지 유신 100주년을 기념하여 사토 총리(아베 총리 외종조부, 기시 노부스케 총리 친동생)는 기념비인 '明治維新 胎動之地(명치유신 태동지지)'를 세웠다.

일본의 우경화를 주도하는 아베 신조가 가장 존경하는 인물이 동향의 영웅인 요시다 쇼인이라는 점은 한국인들의 거부감을 더욱 부채질했다. 아베 신조는 침략전쟁을 사죄하는 무라야마 담화 폐기, 침략 정의에 대한 새로운 해석, 역사 교과서 수정, 야스쿠니 신사참배 등을 통해 평화헌법 체제 돌파에 나서고 있으며 헌법 수정과 집단자위권 실현으로 주변국을 불편하게 하고 있다. 특히 아베는 일본의 전쟁범죄를 비롯한 일본 근현대사의 치부를 왜곡하며 노골적으로 정한론의 원흉으로 일컬어지는 요시다 쇼인의 정신을 부활하려는 움직임을 보여 한국과 중국 등 주변국을 불편하게 하고 있다.

▲ 아베 신조(安倍晋三) 전 총리

▲ 쇼인 신사(松陰神社)

제9장

황국사관과 황민화 정책

1절 황국사관의 등장

2절 황민화 정책의 등장

제9장 황국사관과 황민화 정책

| 1절 | 황국사관의 등장

1) 메이지 유신과 국체론(国体論)의 확립

1868년 메이지 유신(明治維新: 명치유신)이 시작되면서 천황을 중심으로 한 중앙집권적 국가체제를 목표로 그 기초가 형성되었다. 대일본제국 헌법과 교육칙어(教育勅語)에 의해 천황의 신격화가 제도화되는 가운데 교육 측면에서도 그 제도가 강화되어, 국정교과서에서도 채택하여 유년기 때부터 황국사관이 심어지게 되었다.

일본어 사전인 「코치엔(広辞苑)」에서는 '황국사관(皇国史観)'에 대해 국가신도(国家神道)를 기초로 일본 역사를 만세일계(萬世一系)의 현인신(現人神, あらひとがみ)인 천황이 영원히 군림하는 세계에서 그 유례를 볼 수 없는 만방무비(万邦無比)의 신국(神国)의 역사로 그리는 역사관이라고 정의하고 있다. 다시 말하자면 황국사관은 일본의 역사를 영원히 한 계통이 이어지는 반세이잇케이(万世一系: 만세일계)의 천황 중심의 국가주의적인 관점에서 보는 역사적 견해이다.

황국사관의 역사는 메이지 유신 이후 1868년부터 1945년의 77년간을 상징하는 역사관이다. 일본은 고대 기록인 『고사기(古事記)』나 『일본서기(日本書記)』 등의 신화나 전설까지도 실제 역사적 사실로 인식하여, 천황은 신(神)의 자손이고 신의 명령을 위임받아 일본을 통치하기 때문에 일본은 신의 나라(神國)이며, 신의 선택을 받은 민족이라는 의미인 신민(神民)이라며 일본 역사의 우월성을 강조하였다.

일본은 메이지 유신 이후 서구열강을 따라 잡기 위해 적극적인 서구화(西欧化)로 근대화하여 부국강병(富國强兵), 식산흥업(殖産興業)을 실시하고 서구열강의 식민지 정책에 추종한 제국주의(帝國主義)하에 여러 정책을 추진해 갔다. 그 결과 청일전쟁, 러일전쟁, 한일합방, 제1차 세계대전 등을 통해 대륙 진출을 꾸준히 발전시키고, 대만·조선·만주·남양군도 등을 외지(外地)로 하여 지배영토를 늘렸다. 그리고 합병한 조선, 대만의 동화 정책과 만주사변, 중일전쟁, 태평양전쟁 등을 전후하여 대동아공영권(大東亜共栄圈)과 팔굉일우(八紘一宇)를 내걸고 황민화(皇民化) 교육을 실시하였다. 중일전쟁부터 태평양전쟁 시기의 황국사관은 강력한 군국주의(軍國主義) 교육으로 국교화(國教化)된 천황 중심의 초국가주의적(超国家主義的) 역사관으로 변한다.

황국사관에서 가장 중요한 것은 최초의 천황으로 알려진 진무(神武) 천황이 반포한 조령인 핫코이치우(八紘一宇: 팔굉일우)로, 이는 사해(四海)를 하나의 집안으로 통일한다는 식의 침략 및 확장(擴張)주의가 내포되어 일본이 침략 전쟁을 합리화하기 위하여 내건 구호이다. 그리고 국체(国体: 코쿠타이)는 천황이 영구히 통치권을 총람(総攬)하는 일본 독자(고유)의 국민성이라는 의미를 갖게 하였으며, 천황은 불가침(不可侵)으로서 일본 국민에게 받아들여졌다.

사실 국체라는 용어는 국가의 상태, 국민성을 나타내거나 또는 국가의 모습, 국가의 근본 체제를 지칭하며 주권의 소재에 따라 구분되는 국가 형태를 말하기도 한다. 그런데 일본에서는 이러한 의미에서 벗어나 일본이 천황이 통치하는 국가임을 선언한 국체명징운동(国体明徵運動) 후

1938년 만세일계의 천황이 일본에 군림하고 천황의 덕(德)이 천양무궁(天壤無窮)에 사해(四海)를 덮어 신민(臣民)도 천황의 사업을 협찬하고 의(義)는 군신(君臣)이라 해도 정(情)은 부자처럼 이루어지는 충효일치(忠孝一致)에 의해 국가의 진운을 유지하는 일본 독자적인 사상을 의미했다.

국체론(国体論)은 막부 말기에 미토학(水戸学)에 의해 수립되어 메이지의 제국헌법(帝国憲法)을 통해 위상을 확고히 하였다. 쇼와(昭和)기에 이르러서는 일본 국민의 사상을 규제하는 데 맹위를 떨쳐 치안유지법(治安維持法)으로서 국체변혁(国体変革)을 죄로 정하고 그 최고형을 긴급칙령(緊急勅令)으로 하여 사형(死刑)으로 변모하였다. 그 배경에는 일본의 국체를 부인하는 마르크스주의에 대한 두려움과 적대감이 있었다. 1931년 만주사변(滿州事変) 이후에는 일본이 군국주의(軍國主義)를 표방하면서 국체의 관념은 국민정신(国民精神)을 동원하는 중요한 키워드가 되었다.

2) 정한론(征韓論)과 황국사관

정한론(征韓論: 세이칸론)은 한반도를 정벌하여 일본의 국력을 배양하자는 주장으로 일본의 에도 막부 말기부터 메이지 초기에 주창된 조선 침략론을 말한다. 물론 당시는 조선이었기 때문에 '한(韓)' 글자의 사용은 이상하지만 일본 신화에 나오는 신공황후(神功皇后)의 '삼한정벌' 이미지에서 '정한론'이 된 것으로 판단한다.[1] 일반적으로는 1873년(메이지 6년)의 정한론 정변으로 불리는 일련 과정에서 등장한 논리이며 에도 막부 이래 일본에서 나타난 조선 멸시 사상과 막말 유신 초의 무력으로 조선을 정벌하자는 주장을 뜻한다.

---

1) 大野敏明(2002.03.20).『日本語と韓国語〈文春新書 233〉』, 文藝春秋, 第 1 刷発行.

이 논리는 필자의 논리처럼 에도 시대 초기부터 고대 일본이 한반도를 지배했다고 주장하는 것이나, 고쿠가쿠나 미토학의 일부나 요시다 쇼인 등이 주장하는 것을 통해 존왕양이 운동의 정치적 주장으로도 이용되면서 메이지 유신(明治維新)이 성공한 후에는 정한론으로 발전하기에 이른다.

1868년 메이지 유신을 단행한 일본은 대마도 번주를 조선에 파견해 일본의 왕정복고 사실을 통보하면서 새로운 형태의 서계를 제출하였다. '아방황조연금(我邦皇朝聯錦)'이니 '봉칙(奉勅)'을 사용하였는데 중국 황제가 사용하던 황(皇)과 칙(勅)을 사용하였으므로 조선에서는 외교상 어긋난다하여 국서거부 사건(書契事件: 서계 사건)이 일어난다.

국서거부 사건에 대해 일본이 정한론을 행동으로 옮길 때 내세운 명분으로는 왕정복고 이후 메이지 정부의 정통성을 인정받는 데 중요한 의미를 갖는 조선 정부가 자신들과 수교를 거부한 데 대한 분노가 컸기 때문이라고 설명한다. 당시 조선은 역대 막부의 장군(쇼군)들을 일본 국왕으로 보고 교류를 해왔기 때문에 공식 서한이 이전 형식과 다르게 불손하다는 사유로 메이지 정부의 권위를 인정하지 않았기 때문에 국서거부 사건은 메이지 정부를 흔드는 중요한 요인이 되었다.

이 시기 조선은 고종의 섭정자로서 흥선대원군이 실권을 장악하고 있었다. 그는 오랑캐를 배척한다는 양이(攘夷)를 기본으로 하는 통상수호거부 정책을 시행하고 있었기 때문에, 일본이 임의로 변경한 서계를 받아들일 수 없었다. 조선의 이러한 반응에 대해 일본 내에서는 무력으로 조선을 정벌해야 한다는 정한론이 비등해졌다.

1873년 8월에 메이지 정부는 사이고 다카모리(西鄉隆盛) 등을 사절로 조선에 파견하기로 결정했지만, 같은 해 9월에 귀국한 이와쿠라 사절단

(岩倉使節団)의 오오쿠보 도시미치(大久保利通), 이와쿠라 도모미(岩倉具視), 기도 다카요시(木戸孝允) 등이 현재 상황에서는 우선 내치에 충실해야 한다며 시기상조를 이유로 이를 반대하며, 10월에 파견 중지가 결정되었다.

▲ 정한론 정변

정한론이 중지되자 정한론을 주장하던 사이고 다카모리를 비롯하여 이타가키 다이스케(板垣退助), 에토 신페이(江藤新平), 고토 쇼지로(後藤象二郎), 소에지마 다네오미(副島種臣) 등 참의(参議)의 절반이 사직했을 뿐만 아니라 군인, 관료 약 600명이 직을 그만두게 되었다.[2)] 이때 하야한 다카모리와 사쓰마번 무사들이 소위 사족 반란을 일으키며 다음 해인 1874년 사가의 난부터 1877년 세이난 전쟁까지의 반정부 운동을 이끌었다가 신정부군의 우세로 참패하고 다카모리가 패전 도중에 부상을 입어 자결하였다.

정한론은 결국 1875년 9월 20일 운요호 사건(雲揚號事件)을 일으켜 1876년 2월 27일에 불평등조약인 강화도조약(江華島條約)이 이루어진다.

2) 田中彰(2007.09).「征韓論」,『改訂新版·世界大百科事典 第15巻』, 平凡社.

3) 갑신정변과 탈아론(脫亞論) – 김옥균과 후쿠자와 유키치

게이오 대학의 기관지인 「미타 효론(三田評論)」의 2015년 6월호에는 '게이오 기주쿠의 사적 여행' 100회에 가토 미츠아키(加藤三明)가 김옥균(金玉均)에 대해 쓴 글[3]이 실려 있다. 이를 본 필자는 처량한 마음이 들었다. 그리고 약간 가슴이 아팠다.

김옥균은 일본에서 10년에 이르는 오랜 망명 생활을 하며 많은 일본인과 교류하였다. 달필인 그는 일본인들에게 휘호를 부탁받아 쓰거나 또는 생활을 위해 많은 휘호를 남겼다. 그중 하나로 도치기현(栃木県)의 사노시(佐野市)에 있는 묘겐지(妙顕寺) 본당 정면의 가이혼잔(開本山: 개본산)에 '김옥균서'라는 편액이 걸려있다고 한다.

▲ 가이혼잔(開本山) 왼쪽의 김옥균서 글씨

사노의 부농 출신으로 게이오 기주쿠(慶應義塾)에서 배운 스나가 하지메(須永元, 1868~1942)는 순수하게 조선의 자주 독립을 바라며 김옥균을 시작으로 일본에 망명 중인 조선인을 지원한 인물이다. 김옥균은 사노의 집에서 숙식한 적도 있어 그 인연으로 편액이 쓰여졌다고 한다.

다른 하나는 동경도 스기나미구의 구가야마 이나리 진자(久我山稲荷神社)의 인심동(人心同)이라는 글씨인데 이는 김옥균이 사쿠에몬에게 부탁받아 붓으로 쓴 글씨, 즉 휘호(揮毫)이다.

---

3) 加藤三明(2015.06). 慶應義塾幼稚舎教論, 金玉均, 「三田評論」.

▲ 김옥균이 쓴 인심동(人心同)

▲ 인심동(人心同) 비석

김옥균이 1886년 7월부터 2년간 절해고도인 오가사와라 섬(小笠原島)에 유배되어 있을 때, 그곳에서 구가야마무라(久我山村, 현재의 동경 스기나미구 구가야마) 출신의 '오가사와라의 사탕왕(小笠原の砂糖王)'으로 불리는 이이다 사쿠에몬(飯田作右衛門)과 친해지게 된다. 두 사람은 멀리 떨어진 부친에게 효를 할 수 없는 몸이라는 것에 공감하고, 1888년(메이지 21년)에 김옥균은 사쿠에몬의 아버지를 생각하는 마음에 감격해 글을 주었다고 한다. 그리고 1900년에 사쿠에몬에 의해 비가 세워졌는데 비의 상부에는 몸은 멀리 떨어져 있어도 마음은 같다는 의미의 "人心同" 문자가 김옥균의 자필로 새겨져 있고, 하부에는 "그(이이다 사쿠에몬)는 젊어서 집을 나와 지금은 오가사와라(小笠原)에서 장사를 하고 있기 때문에, 무사시(武蔵国)에 살고 있는 부친에게 효도를 할 수 없다. 크나큰 부모의 은혜를 위해서, 자신의 불효를 기록한 비석을 세워 자손에게 훈계하는 마음으로 비문을 부탁받고, 그 본성에 감동받아 그 자리에서 이 글을 써 준다"고 새겨져 있다.

이러한 내용을 보니 도대체 김옥균은 왜 10년 넘는 유배 생활을 그것도 일본에서 했으며 글을 쓰며 생활하지 않으면 안 될 정도의 힘든 생활을 했는지 묘한 감정으로 우울해진다.

▲ 아오야마(青山)의 김옥균 묘비

▲ 진죠지(真浄寺)의 김옥균 묘비

김옥균의 묘는 총 3개가 있는데, 그중 2개가 일본 아오야마(青山)의 외국인 묘지와 무코가오카(向丘)의 진죠지(真浄寺)에 있다고 한다. 필자는 2020년 연구년을 맞아 김옥균 묘를 찾기로 했다. 시로카네(白金)가 주거지인지라 에비스 역에서 출발하여 하쿠산(白山)에서 하차하여 한동안 걸어서 진죠지(真浄寺)를 찾아가니 김옥균 묘가 있었다. 이곳은 약 10여 년 전 유학 선배인 고 정동호 사장과 같이 왔었다. 당시 갑신정변과 김옥균의 행동을 두고 서로 언성을 높인 적도 있다.[4] 무척 친했던 선배와 같이 왔다가 김옥균의 행적을 두고 평가를 달리할 만큼 김옥균의 평가는 지금도 엇갈리고 있다.

비상한 능력을 지니고(抱非常之才)
비상한 시기를 만났지만(遇非常之時)

---

4) 이덕훈(2021). 『일본은 우리의 적인가』, 실크로드, pp. 317-320 참조.

비상한 공을 세우지 못하고(無非常之功)
비상하게 죽음을 당했구나(有非常之死)

아오야마(青山) 공원의 묘지에 있는 비문을 보면 김옥균의 풍운아다움이 느껴진다. 이 비문은 김옥균과 같은 사상을 가졌던 개화파 유길준(兪吉濬)이 지었다고 한다. 1882년 김옥균은 후쿠자와 유키치(福澤諭吉)의 영향으로 청나라의 속국이었던 조선의 독립을 열망하게 되었다고 한다. 유키치는 김옥균에게 그의 저택 사용을 권하여 여기를 거점으로 유명한 지식인, 정치인들과 교류하여 세계 흐름 속의 조선을 보았고 조속하게 혁명을 일으키려고 했다.

갑신정변(甲申政變)은 약 2년 뒤인 1884년(갑신년) 12월 4일(음력 10월 17일) 김옥균을 중심으로 홍영식, 박영효, 서광범, 서재필 등의 급진 개화파가 서구식 근대화를 목표로 일으킨 정변이다. 정변을 주도한 김옥균은 33세, 홍영식은 29세, 서광범은 25세, 박영효는 23세, 서재필은 19세로 말 그대로 청년들 중심으로 일으킨 청년 정변이었다. 그들은 다케조에 신이치로(竹添進一郞) 일본 공사와 일본군의 지원을 받아 우정총국 개국 축하연에서 난을 일으켰다. 이때 윤태준, 한규직, 이조연 등 영선사 출신이나 민씨 일파 중에서 개화에 적극적이었던 민영목, 민태호, 조영하 등 여러 온건 개화파들이 살해당했다.

고종을 내세워 새 내각을 구성해 정강 14조 등 개혁을 추진하려 했으나 명성황후 민씨가 위안스카이(袁世凱)에게 청군의 파견을 요청했으며, 정변 3일째인 12월 6일 오후(2일차) 청군 1,500명이 창덕궁을 공격하자 일본 공사가 창덕궁에 주둔한 일본군 150명을 철수시키면서 삼일천하로 끝난다. 일본의 대패로 '삼일천하'로 끝난 갑신정변은 실패하였으나,

당시 조선 종주국인 청나라 조공 철폐와 문벌 제도를 폐지한 사상은 높이 평가할 만하다고 할 수 있다.

급히 몸을 피한 개화파들은 일본 국적선 치토세마루에 올라 일본으로 도주했고 김옥균은 이와다 슈사쿠(岩田周作)로 개명 후 망명 생활을 했다. 이때 정변에 적극 가담한 김옥균 형제들은 물론 가족들까지 모두 떼죽음을 당했다. 갑신정변이 실패하자 조선에서는 친청파가 임시정권을 수립하면서 갑신정변을 반정이자 반역으로 간주하였다.

특히 일본이라는 외세를 끌어들인 고전적인 반정이다 보니 연좌제로 인해 부족(父族), 모족(母族), 처족(妻族)까지 단죄하여 많은 사람들이 죽임을 당하였다. 김옥균들의 행위는 당시에는 명백히 반역으로 인식되었고, 집안에서 역적이 나올 시 심한 경우에는 그 사람의 이름을 아예 족보에서 빼어 버리거나 항렬자를 바꾸기도 했다. 갑신정변 주동자들도 예외가 아니어서, 김옥균(안동 김씨)의 均자 항렬은 규(圭)로, 홍영식(남양 홍씨)의 植자 항렬은 표(杓)로, 박영효(반남 박씨)의 泳자 항렬은 승(勝)으로, 서광범(달성 서씨)의 光자 항렬은 병(丙)으로, 서재필(달성 서씨)의 載자 항렬은 정(廷)으로 각각 바뀌었다고 한다.

덧붙여, 일본 내에서 후쿠자와 유키치 등 민간 친개화파 인사는 조선 정부의 연좌제 형벌에 충격을 받았다고 하는데, 이들이 충격을 받은 것은 사형 자체가 아니라 사형 방식의 잔혹함과 정변에 관련이 없는 가족들에게까지 벌을 내린 전근대성이었다. 급진개화파들의 스승인 유키치가 1885년 2월 23일과 2월 26일에 쓴 「조선 독립당의 처형(朝鮮独立党の処刑)」이라는 사설의 내용을 보면, 주모자의 처형은 어쩔 수 없지만 죄가 없는 그들의 부모, 조부모, 처, 자식, 나이 어린 손자까지 처형한 것에 대하여 결코 용서할 수 없는 야만 행위라 비판하였다.

인간 사바세계의 지옥이 조선의 경성부에 출현했다. 나는 그 나라를 야만으로 평하기보다는 오히려 요괴악귀의 지옥국으로 말하여야 한다고 하는 사람이다. 그리고 이 지옥국의 당사자는 누구냐고 물으니 사대정당부의 관리로서 그 후견의 실력을 행사하는 자는 즉 지나인이다. 나는 천리원격의 이웃에 있는, 원래 그 나라의 일에는 인연이 없는 자이지만 그 사정을 듣고 다만 슬픔에 견디지 못해 지금 이 초고를 쓰는데도 눈물이 떨어져서 원고지를 적시게 한 것을 잊을 수 없다.[5)]

실제 이 사건으로 후쿠자와 유키치는 조선의 정부를 규탄하기에 이른다. 1880년 이후 유키치 등 일본의 자유주의자들은 군국주의자들에 반대, 조선의 개혁을 일본이 적극 지원하자는 견해를 펼쳤으나 갑신정변 실패 이후 조선의 멸망을 바란다는 시각으로 변모하였다. 얼마 지나지 않은 1885년 3월에 그는 탈아론(脫亞論)을 기고한다.

그런데 더욱 이들을 놀라게 한 것은 1894년 3월 27일 홍종우(洪鍾宇)가 상하이의 조계지에 있는 일본인이 경영하는 동화양행 호텔방에서 김옥균을 피스톨로 저격 암살한 사건이다. 도쿄경제대학에 보관된 당시 언론에 보도된 삽화를 보면 김옥균은 흰 도포에 갓을 쓴 홍종우에게 세 발의 총탄으로 암살당했다. 세 발의 탄환은 볼과 가슴, 어깨를 관통했고, 김옥균은 그자리에서 즉사했다. 누구보다도 조선을 사랑했으며 누구보다도 조선을 걱정했던 선비의 빠른 죽음이었다. 개화의 윤리의 선비, 독립의 윤리의 선비가 이국(중국) 땅에서 사라지는 순간이었다.

---

5) 人間娑婆世界の地獄は朝鮮の京城に出現したり。我輩は此國を目して野蠻と 評せんよりも、寧ろ妖魔惡鬼の地獄國と云わんと欲する者なり。而して此地獄國の 當局者は誰ぞと尋るに、事大黨政府の官吏にして、其後見の實力を有する者は即ち 支那人なり。我輩は千里遠隔の隣國に居り、固より其國事に縁なき者なれども、此事情を聞いて唯悲哀に堪えず、今この文を草するにも涙落ちて原稿紙を潤おすを 覺えざるなり

▲ 김옥균 암살사건의 삽화

그의 시신은 선박으로 운구되어 조선 조정에서는 김옥균을 인조(仁祖) 때 반란을 일으킨 이괄에 준하여 처단해야 한다는 상소가 받아들여져 능지처참(凌遲處斬)이 이루어진다. 능지처참은 시신을 여섯 토막 내고 그 시체를 머리, 왼팔, 오른팔, 왼다리, 오른다리, 몸통의 순서로 여섯 부분으로 나누어 팔도 전국을 고루 돌아다니며 각지에 보내어 백성들에게 보이는 형벌이다.

김옥균의 시신은 마포의 양화진에서 능지처참 후 시신 형태를 알아볼 수 없을 때까지 효수했다. 효수한 머리에는 '대역부도옥균(大逆不道玉均)'이라고 쓴 깃발을 꽂아 한강 변에 전시하였고 여섯 토막 난 몸은 나누어 끌고 다니다 버렸다고 한다. 그래서 그의 자손도, 그를 존경하던 일본인들도 그의 시체를 온전히 수습하여 장례를 치르지 못하고 의복과 머리카락 등을 조금씩 구해 묘소를 세웠다는

▲ 대역부도옥균(大逆不道玉均)

것이다.

그 무렵 일본에는 김옥균을 후원하는 일본인들이 많았으며, 이들이 모여 김옥균의 머리털을 구해 도쿄의 아오야마 묘지에 무덤을 만들었으며 카이군지(甲斐軍治)도 김옥균의 시신은 사라져버렸지만, 머리카락과 유품을 챙겨 진죠지에 묘지를 만들었다. 후쿠자와 유키치는 김옥균이 죽은 후 법명을 의뢰하여 위패를 만들었다고 한다.

진죠지 내 묘비 중 가장 큰 김옥균의 비석은 약 4m 정도로 컸는데 원래는 '대조선국 김옥균지묘(大朝鮮國金玉均之墓)'라는 비석이었지만 세월이 흐른 탓인지 앞의 '대(大)'자는 없어지고 '조(朝)'자도 희미하게 남아 보는 이마저 더욱 처량하게 했다. 제2차 세계대전 말기의 동경 대공습 때의 피해로 대조선국(大朝鮮國)의 대(大)자가 떨어져 나갔다는 설과 누군가(일본인)가 일부러 대(大)자를 잘랐다는 설도 있다. 어쨌든 역사의 흔적인지 세월의 연륜을 느낄 정도인 검은 비석은 '조선국김옥균지묘'라고 되어 있다. 날씨가 흐려서 그런지 분위기가 더욱 을씨년스러웠다. 그런데 10여 년 전에 왔을 때는 눈에 들어오지 않았던 김옥균의 묘와 나란히 붙어있는 묘지가 보였다. 바로 1m 옆에 붙은 묘가 바로 카이군지(甲斐軍治)의 묘지였다[6].

카이군지는 김옥균을 이야기할 때 등장하는 일본인 중의 한 사람으로 한양에서 김옥균 머리가 효수되었을 때, 김옥균 머리카락과 의복 일부를 숨겨서 일본으로 유입했던 인물이다. 당시 한양에서 사진관을 경영했던 일본인으로 김옥균이 처음 방일(訪日) 시 부산에서 나가사키(長崎)까지 동행한 인물로 김옥균의 인격에 감명 받았다고 한다.

카이군지는 김옥균을 도와주던 당시 일본 지식인들인 후쿠자와 유키

6) 이덕훈(2021). 『일본은 우리의 적인가』, 실크로드, p. 318 참조.

치, 이누가이 쓰요시(犬養毅) 등과 협의하여 당시 진쵸지의 주지이며 후쿠자와의 제자인 데라다 후쿠주(寺田福壽)에게 부탁하여 묘소를 만들었다. 나중에 한국의 아산에 그의 산소를 만들 때도 이곳에서 유발 일부를 나누어 가져가 산소를 만들었다고 한다. 김옥균의 사후 처리는 모두 카이군지가 했다 해도 과언은 아니다.

▲ 카이군지(甲斐軍治)

▲ 함께 서있는 김옥균 묘비와 카이군지 묘비

사진기사로 조선에 왔던 카이군지는 김옥균의 인격과 사상에 감명 받아 "자신이 죽으면 김옥균과 나란히 묻어 달라"는 유언을 남겼다. 사람이 사람을 좋아하는 데 국적과 계급, 나이는 상관이 없다. 얼마나 그의 인격에 감동 받았으면 죽어서도 같이 있고 싶다고 했을까? 그의 소원대로 김옥균 묘지 옆에 나란히 있는 것을 보면 김옥균과 카이군지의 국적을 떠난 인간관계를 알 수 있다.

갑신정변은 실패한 혁명일까? 실패한 반역일까? 당시 조선 왕가와 민씨들의 입장에서는 반역이었지만 개혁파 입장에서는 혁명이었다. 본국 군대 없이 외국(일본) 군대를 이용하여 쿠데타를 일으킨 것 자체가 선비의 마음이다. 칼(무기)을 든 본국 군인 없이 어떻게 혁명(쿠데타)이 성공한단 말인가? 성공했으면 갑신혁명이 되었을까? 남의 나라 군대로 쿠데타가 성공했으면 그다음은 어떻게 되었을까?

김옥균의 묘를 보고 나는 현재의 대한민국을 생각한다. 김옥균이 생각한 독립과 자주는 어떤 것이었으며 근대화를 위한 개화파와 수구파의 갈등, 36년간의 식민지 지배, 남북 분단과 갈등 등으로 이어진 우리의 역사를 그는 어떻게 평가하고 앞으로의 100년을 어떻게 보고 있을까? 지금도 이념적으로 갈등하여 실리 없는 명분 중심의 정치적 흐름을 김옥균을 중심으로 한 개화파들은 어떻게 생각했을까?

죽은 자는 말이 없지만 적어도 그의 묘비에는 근대화나 통일은 다른 나라의 협력으로 하는 것이 아니라 우리 자신의 힘으로 하는 것이며, 이는 100년 전이나 지금이나 앞으로 100년 후에도 같다는 것을 알려주고 있다.[7)]

4) 국체명징 운동과 천황기관설(天皇機関説) 배격

1935년 2월 19일 귀족원(貴族院) 본회의 연설에서 키쿠치 타케오(菊池武夫) 의원은 「천황기관설(天皇機関説)」에 대하여 국가에 대한 완만한 모반(謀反)이며, 이를 주장한 미노베 타쓰키치(美濃部達吉)를 학술의 역적이라는 의미인 학적(学匪)이라고 비난했다. 이 연설을 계기로 군부(軍部), 우익단체(右翼諸団体)에 의한 「천황기관설」의 배격이 시작되어 타쓰키치가 일신상의 변명(一身上の弁明)으로 「천황기관설」을 알기 쉽게 설명하는 해명 연설(2월 25일 상원 본회의)을 했음에도 불구하고 그의 저서는 발매 금지되었다.

입헌정우회(立憲政友会), 군부, 우익단체는 국체명징 운동을 정치적으로 이용하여 각지의 재향군인회를 중심으로 하는 「천황기관설」의 배격 운

---

7) 이덕훈(2021). 『일본은 우리의 적인가』, 실크로드, p. 329 참조.

동이 전국적으로 전개되었다. 이에 오카다 내각(岡田内閣)은 그 대응책으로 1935년 8월 3일 국체명징 성명(国体明徵声明)을 발표하여, 「천황기관설」에 대해 신성한 국체(国体)에 반하는 것으로 간주하고 『국체의 본의(国体の本義)』에 위배된다고 하였으며 10월에는 「천황기관설」은 취소되어야 한다는 정부성명이 발표되었다.

▲ 키쿠치 타케오(菊池武夫)

▲ 미노베 타쓰키치(美濃部達吉) 교수

「천황기관설」은 천황을 통치기구의 한 기관으로 간주하는 반면, 국체명징 성명에서는 천황이 통치권의 주체임을 명시하고 일본은 천황이 통치하는 국가라고 선언한다. 본래 「천황기관설」은 다이쇼(大正) 시대 중반부터 쇼와(昭和) 초기에 걸쳐 국가 공인의 헌법 학설이었으며, 쇼와 천황(昭和天皇)도 이를 당연하게 받아들였던 것은 잘 알려져 있다. 그러나 군부(軍部)의 대두와 함께 일어난 국체명징 운동으로 「천황기관설」은 국체에 위배되는 학설로 배격을 받기 시작했다.

일본 제국의 문부성(文部省)은 1937년 『국체의 본의(国体の本義)』를 간행

하였는데 이는 "일본은 어떤 나라인가"를 명백히 하기 위해서 당시의 문부성이 학자들을 결집하여 편찬한 책이다. '신의 계시'라는 의미인 신칙(神勅)과 만세일계가 서두에서 강조되고 있으며, 국체명징 운동의 이론적인 의미를 담고 있다.

1941년 7월에는 제3차 고노에 내각(近衛内閣)의 문부성 교학국에서 『신민(臣民)의 길』을 간행하여 천황에 대한 충의를 강요했다. 내용은 서양의 개인주의 사상을 부정하고 단지 국체의 존엄(国体の尊厳)을 관념으로 알아야 할 뿐만 아니라 국가에 대한 봉사(国家奉仕)를 제일로 하는 '신민의 길'을 일상생활 속에서 실천하는 본연의 자세를 말하고 있다.

국체론(国体論)은 일본의 패전 시에도 위력을 보여 일본 정부는 국체의 수호를 유일한 조건으로 항복하였다. 제2차 세계대전 중에는 『국체의 본의』와 『신민의 길』에 담긴 사상을 통해 황국사관이 더욱 강경해지면서 죽음을 무시하고 천황을 위해 공격하는 반자이 토츠게키(万歳突撃)가 실행되었다. 반자이 토츠게키는 "포로가 될 정도라면 자랑스럽게 깨끗하게 죽자"라는 무사도의 할복 사상의 표현으로 적군의 우세 속에 보급과 증원 희망, 철수도 불가능한 상황에서 일본군이 자결할 때처럼 "천황 폐하 만세"를 외치고 돌격하는 것을 가리킨다.

▲ 국체의 본의(国体の本義)

▲ 신민의 길(臣民の道)

| 2절 | 황민화 정책의 등장

1) 군국주의와 내선일체(內鮮一體)

일본의 황국사관은 식민지에서도 필요하다고 판단되어 황민화 정책(皇民化政策)으로 등장한다. 황민화 정책은 일본의 통치 지역에서 일본인 이외의 민족에게 일본(황실)에 대한 충성 및 동화를 지도한 정책을 말한다.

1930년대 후반인 1937년에는 내선일체(內鮮一體)와 일선동조(日鮮同祖) 정책과 강력한 민족말살 정책 및 황민화 정책을 추진했다. 먼저 내선일체의 뜻을 풀이해 보면 內는 일본(日本), 鮮은 조선(朝鮮)으로 일본과 조선은 한몸(一體)이라는 뜻이다. 그리고 일선동조는 '일본(日)과 조선(鮮)은 조상(祖)이 같으므로(同) 한민족이라는 이론이다. 즉, 일선동조론(日鮮同祖論)은 일본과 조선의 두 민족은 조상을 같이하는 형제 또는 본가와 분가에 비유되는 사이로서 본래 일체가 되어야 한다는 주장이며 일본의 조선 침략, 조선 지배가 역사적으로 합법적인 것이라고 설명하기 위해 선전(宣傳)된 것이다. 이러한 사상의 근간은 아주 오래되었으며 적어도 에도 시대 중기의 국학까지 거슬러 올라갈 수 있다. 아라이 하쿠세키(新井白石)는 일본의 선조는 마한(馬韓)에서 온 것이지만 규슈 지역의 쿠마소(熊襲)와 고구려는 우리와 같은 동족이 아니라고 주장했다.[8] 또 히라타 아츠타네(平田篤胤) 등의 국학자들은 신국주의(神国主義)를 배경으로 『고사기』와 『일본서기』를 연구하여 일본과 조선은 고대 국가 형성 단계에서 밀접한 관계에 있었으며 일본이 지배적인 위치에 있는 상하 관계가 성립

---

8) 世界大百科事典. 第2版, 「日鮮同祖論」の解說.

한다고 설파하였다. 이렇게 일선동조론의 골격을 만들어 반도의 지배자는 원래 일본인이라는 의식을 주입하는 데 활용했던 것으로 보인다. 일선동조론을 '민족말살정책'이라고 하는 학자들도 있지만 우리 민족을 모조리 없애려는 말살이 아닌 우리의 '민족정신'을 없애려는 말살로 어떻게 보면 더 무서운 정책이라고 하겠다.

일본은 1938년 제1차 코노에 후미마로(近衛文麿) 내각의 동아신질서(東亜新秩序) 성명, 1940년 제2차 고노에 내각의 대동아 공영권(大東亜共栄圏) 구상을 통해 군국주의적 팽창정책을 진행하여 1941년 12월부터 태평양전쟁을 시작으로 동남아 각지를 차례로 점령했다. 그 결과 일본의 영향권에는 조선, 대만 등 종래의 식민지뿐 아니라 태평양전쟁을 통해 일본령이 된 동남아의 여러 지역까지 포함되면서 통일적으로 지배해야 할 필요성이 대두되었다.

이렇게 등장한 황민화 정책은 내륙/외지에 관계없이 사용되어 각 민족의 언어를 통제하면서 일본 표준어의 공용어화를 강제로 시행하였고 공공장소는 물론 가정에서도 일본어 사용이 장려되었다. 각 민족의 고유한 전통 노래, 민족 깃발은 금지되었으며, 교육 현장에서도 방언과 각 민족어의 사용이 금지되었다. 일본어 교육과 함께 신사참배(神社参拝)와

▲ 궁성요배(宮城遙拝)의 조선인

▲ 조선 신궁

천황숭배(天皇崇拝)가 강요되고 교육칙어(教育勅語)의 봉독(奉讀)과 봉안 전의 설치 등에 의한 교육, 국기 게양과 국가 제창 등을 통한 일본인 의식의 함양, 외지 신사(대만 신사, 조선 신궁 등)의 건립과 참배 장려 등 국가 신도(国家神道)의 추진과 천황이 사는 황거(궁성)를 향해 인사를 하는 궁성요배(宮城遙拝)가 장려되었다.

2) 창씨 개명

일본이 조선인들을 전쟁에 보낼 근거를 마련하기 위해서 내선일체(内鮮一體) 정책과 함께 내세운 것이 1939년 12월 공포된 '창씨개명령(創氏改名令)'이다. 창씨개명령도 앞서 언급한 일선동조론과 같은 의미이다.[9)]

조선총독부는 1939년 11월 제령 제19호로 조선민사령(朝鮮民事令)을 개정하여 1940년 2월부터 이를 시행하기로 했다. 그 내용은 ① 조선인의 성명제(姓名制)를 폐지하고 성씨(姓氏)의 칭호를 사용할 것, ② 서양자(養子: 데릴사위)를 인정하되 양자는 양가의 씨에 따를 것, ③ 타인의 양자를 인정하되 양자는 양가의 씨를 따를 것 등이다. 여기서 주목해야 하는 것이 씨 설정(氏設定)으로 조선의 성(姓) 대신 일본식 씨(가[家])를 만들고 이름을 다시 짓도록 강요하는 법령이었다. 이것이 바로 창씨개명인데, 단순히 이름만 바꾸는 것이 아니라 천황을 종가로 하여 그 아래 각 가장이 이끄는 분가(分家)가 존재한다는 일본식 가족제도인 이에(家) 제도를 도입한다는 의미로서 천황에 대한 충성심을 뿌리 내리려는 의도였다. 일본은 창씨개명을 하지 않는 이들에게는 비국민 또는 불령선인(不逞鮮人, 불온하고 불량한 조선 사람)이라 하여 각종 불이익을 주었다. 자녀의 학교 입학

---

9) 水野直樹(2004).「『創氏改名』の実施過程について」,『朝鮮史研究会会報』, 154号.

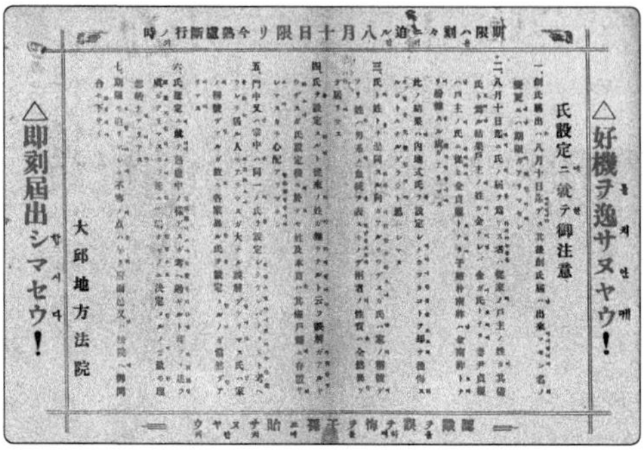

▲ 창씨개명 법원제출촉구전단(대구지방법원)[10)]

불허, 관리 채용 차별은 물론 식량 배급에서 제외하는가 하면 우편물도 배달해주지 않았다. 이 때문에 조선인의 80%가 주어진 기한 안에 창씨 개명을 했다.

일본식 창씨(創氏)는 대체로 두 자이다. 예를 들어 김(金)씨는 성을 따라서 가네모토(金本), 가네야마(金山), 가나이(金井) 등으로 하고 이(李)씨는 한자를 파자(破字)해서 기노코(木子), 기노시타(木下)로 하거나 본관을 이용하여 마카야마(牧山), 마츠모토(松本), 호시모토(星本), 호시가와(星川) 등으로 하기도 하였다.

이것은 한국인의 양반 사상과 족보 등을 무시한 무사도 정신에 입각한 사고로 볼 수 있다. 일본인들은 주군이 성씨를 하사하면 감격해서 받지만 한국에서는 이런 것은 조상을 욕보인다 하여 지금도 이것이 문제가 되고 있다.

3) 조선인의 황국신민화

1936년에 취임한 제8대 조선 총독 미나미 지로(南次郎)는 내선융화(内鮮融和)를 더욱 발전시킨 내선일체(内鮮一体)를 강하게 내세웠다. 이에 따라 조선의 대륙병참기지(大陸兵站基地)로서의 역할, 조선인에 의한 전쟁

---

10) 창씨(創氏)의 법원공고에 일본 글자인 가나와 한자가 섞인 문장에서 가나에 한글번역이 되어 있다. 일본풍등 새로운 '씨'의 설정을 희망하는 자는 8월 10일까지 신청하고 이후에는 희망해도 불가능하다고 적혀 있다.

협력, 황민화(皇民化)가 강화되었다. 조선 총독부는 1936년 신사를 참배하지 않는 학교에 대해 가차 없이 폐교를 명령하여, 1938년까지 북장로파계 8개교, 남장로파계 10개교가 폐교되었다. 1938년 3월 일본은 중일전쟁을 일으키고 전시체제를 강화하면서 일본인과 평등적인 사고라는 개념의 일시동인(一視同仁)의 명분하에 조선교육령을 다음과 같이 개정하여 제3차 조선교육령(第三次朝鮮教育令)을 발표하였다.

① 교명을 개칭하였다. 종래 보통학교를 심상소학교(尋常小學校), 고등보통학교를 중학교, 여자고등보통학교를 고등여학교라고 하였다.
② 교육 내용으로 일본어, 일본사, 수신, 체육 등의 교과가 강화되었다. 이때부터 각급 학교에서는 학칙을 개정하여 교육 목적을 "… 국민도덕을 함양함으로써 충량유위(忠良有爲)의 황국신민을 양성하는 것을 목적으로 한다"라고 바꾸었다.
③ 기독교 계통 학교에서 성경 과목을 폐지시켰다.

그뿐 아니라 조선인의 '황국신민화(皇國臣民化)'를 철저히 하면서 조선인에게 「황국신민서사(皇國臣民誓詞)」의 암송 제창을 강요했다.

황국신민선서

우리는 대일본제국의 신민입니다.
우리는 마음을 합하여 천황폐하에 충성을 다하겠습니다.
우리는 인고단련하여 훌륭하고 강한 국민이 되겠습니다.[11]

---

11) 私共は、大日本帝国の臣民であります。私共は、心を合わせて天皇陛下に忠義を尽し

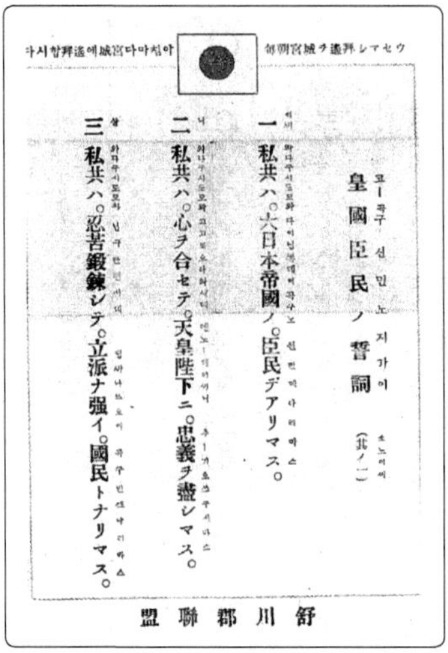
每朝宮城ヲ遙拜シマセウ
아침마다宮城에遙拜합시다

皇國臣民ノ誓詞 (其ノ一)

一 私共ハ、大日本帝國ノ臣民デアリマス。
二 私共ハ、心ヲ合セテ天皇陛下ニ忠義ヲ盡シマス。
三 私共ハ、忍苦鍛錬シテ立派ナ強イ國民トナリマス。

舒川郡聯盟

▲ 황국신민서사(皇國臣民誓詞)

▲ 황국신민서사를 외우는 국민학생들

내선일체 정책 이후에는 학교에서는 물론 가정에서까지 일본어 사용을 강요당했으며, 국어가 조선어(朝鮮語)였던 조선인들에게 조선어를 선택과목으로 하여 가르치지 않다가 1941년 국민교육령에 따라 교과과정을 완전히 없애버렸다.

따라서 조선인은 이름도 강제로 일본식 이름으로 바뀌고 언어도 조선어를 공식적으로는 사용하지 않게 되면서 내선일체의 한 방면으로 육군특별지원병제도(陸軍特別志願兵制度)가 창설되어 조선인 일본군의 채용도 시작되었다. 태평양전쟁 시기인 1943년 3월에는 제4차 조선교육령을 공포하여 모든 교육기관에 대한 수업연한을 단축하고 전문학생, 중학생을 각종 토목공사 등에 동원함은 물론, 국민학생까지 송탄유(松炭油) 채집에 동원했고, 마침내 전문학교, 대학교 학생을 학도병으로 강제 지원시켰다.

ます。私共は、忍苦鍛錬して立派な強い国民となります。(皇国臣民ノ誓詞 [其ノ一])

군국주의 일본제국은 대표적인 황민화 정책으로서 군인에 대한 존경의 예를 특히 강조하였다. 식민지였던 조선과 대만 등에서 젊은 청년들은 집안을 위해 죽음을 무릅쓰고 카미카제 특공대에 지원하는 것이 장려되고 강요되기도 하여 많은 젊은이들이 황민화 정책과 국가신도 정책에 의해 목숨을 버려야 했다.

국가신도(国家神道)는 메이지 유신 이후 천황통치체제하에서 국가에 의해 형성되고 진흥된 국가 종교이다. 이세신궁(伊勢神宮)을 본종으로 그 아래에 전국의 신사를 계층적으로 조직 편성하여 궁중제사를 기준으로 제사(祭祀) 지내는 것으로 일본 정부는 국가신도를 종교로서 신도제교파, 불교, 기독교를 초월하는 비종교(非宗教)로 자리 매겨 종교의 자유도 국가신도와 저촉되지 않는 한도 내에서 인정하였다.

메이지 유신 후, 정부는 신도(神道)는 종교가 아니라 국가의 제사이며 신민(臣民)에게는 의무가 있다고 국민에게 강요했다. 이것은 국가를 지탱하는 이념적 사상이 되는 동시에, 민족주의(民族主義)와 결합되어 일본 제국주의(帝國主義) 및 군국주의(軍國主義) 노선의 팽창패권주의(覇權主義)에 의한 식민지의 확대와 더불어 국내외의 비(非)일본 민중을 억압하고 탄압하는 사상으로 전환해 갔다.

러일전쟁에서의 승리 이후 중일전쟁과 태평양전쟁에서 신민, 신국사상의 움직임은 최고조에 달한다. 일본은 미드웨이 해전에서 대패하고 나서도 '신이 지켜주는 나라는 망하지 않는다'는 뜻의 신주불멸(神州不滅)을 바탕으로 옥쇄(玉碎), 카미카제 특공대(神風特攻隊), 본토결전론(本土決戦論) 등으로 결국 마지막에는 일본이 이길 것이라는 사상이 이어져 많은 젊은 생명이 희생되었다.

일본의 항복으로 연합국군 최고사령관 총사령부(GHQ) 점령하에 일본

국헌법이 시행돼 국민주권이 명기됐다. 그리고 금지되었던 마르크스주의 유물사관도 퍼졌다. 이러한 점을 포함해 역사학의 선사학, 고대사(고대사)·고고학의 연구가 진전되었다.

이에 근거한 역사가들은 황국사관은 초국가주의 국가정책의 일환으로 주도된 국가적 스케일하에 창출된 소위 '국정의 허위관념의 체계'[12] 라고 비판하고 있다.

또한, 혼고 카즈토(本郷和人)는 황국사관은 '이야기'로서 창작된 것으로, 학문적으로는 개별적 실증이나 정합성이 무시되고 있어 천황의 역사상조차 제대로 그릴 수 없는, 전형적인 '공론(空論)'이며 학문이라기보다는 종교의 영역이라고 논하고 있다.[13]

---

12) 永原慶二(1983).『皇国史観』, 岩波書店, 〈岩波ブックレット20〉, 63頁.

13) 本郷和人(2020. 12). 暴力と武力の日本中世史, 朝日文庫, pp. 2971-2972頁.

제10장

일본의 우익 사상과 죽음의 미학

1절 군가에 담긴 무사도 정신

2절 죽음의 미학으로 이어진 무사도 정신

3절 일본의 패전과 변질된 무사도 정신

4절 사라진 신의 나라

5절 아베 신조 전 총리의 피격 사망과 우경화

제10장 일본의 우익 사상과 죽음의 미학

| 1절 | 군가에 담긴 무사도 정신

1) 무사로 거듭난 일반인들

청일전쟁은 일본의 내셔널리즘 형성에 큰 영향을 미쳤다고 해도 과언이 아니다. 항상 대국(大國)으로만 생각했던 청나라를 이긴 데 대한 자부심을 담은 「발도대(抜刀隊)」, 「적은 수만(敵は幾万)」, 「원구(元寇)」, 「용맹한 수병(勇敢なる水兵)」, 「눈의 진군(雪の進軍)」과 세계에서 드물게 종군 간호사를 위한 군가인 「부인종군가(婦人従軍歌)」가 이 무렵에 만들어졌다. 1886년 만들어진 「적은 수만(敵は幾万)」의 가사에서 드러나듯 이미 일반 평민들을 무사 취급한 군가(軍歌)들이 등장하기 시작했다.

> 져서 도망가는 것은 나라의 수치
> 나아가 죽는 것은 몸의 영광
> 기와가 되어 남는 것보다
> 옥이 되어 부서지리
> 다다미 위에서 죽는 것은
> 무사가 가야 할 길이 아니다[1)]

---

1) 破れて逃ぐるは国の恥(はじ) / 進みて死ぬるは身の誉れ / 瓦となりて残るより / 玉となりつつ砕けよや / 畳の上にて死ぬことは / 武士の為すべき道ならず

특히 「원구(元寇)」라는 군가는 1892년 청일전쟁이 일어나기 전 만들어진 곡으로 1281년 몽고의 침입한 원나라를 '원구(元寇)'라 하고 청나라를 몽고군으로 간주하여 복수를 하려는 의도가 가득 담긴 군가이다. 당시 가마쿠라 막부 시절을 노래한 1절 가사는 다음과 같다.

1절 가마쿠라 남아

400여 주를 동원한 10만여 기의 적
국난이 여기서 보는 홍안(弘安) 4년 여름(1281년)
무얼 두려워하느냐 우리에겐 가마쿠라 남자가 있다
정의무단(正義武断)의 이름으로 일갈하여 세상에 알린다[2)]

여기에서 '가마쿠라 남자'는 가마쿠라 무사를 상징하는 것이고 '정의무단(正義武断)'은 힘(칼)으로 정의를 이루겠다는 뜻인데, 평민 병사에게 무사의 마음을 심겠다는 의미로 풀이된다. 이러한 평민의 무사화는 청일전쟁 후에 시작되었다.

러일전쟁에서 일본이 승리했다고는 하나 피해도 컸던 만큼 타치바나 중령(橘中佐), 히로세 중령(広瀬中佐) 등 군신(軍神)을 기리는 노래, 러일전쟁의 아픔을 노래한 「수사영의 회견(水師営の会見)」, 전우의 죽음과 만남의 체험을 그린 「전우(戦友)」 등은 용감무쌍한 내용의 군가는 아니다. 러일전쟁이 시작될 무렵 만들어진 「일본 육군(日本陸軍)」은 출정(出征) 시 불리는 군가로 정착하였고, 함선(군함)을 상징한 「일본 해군(日本海軍)」은 전국

2) 四百余州(しひゃくよしゅう)を挙(こぞ)る 十万余騎の敵 / 国難ここに見る 弘安四年夏の頃 / なんぞ怖れんわれに 鎌倉男子あり / 正義武断の名 一喝して世に示す(一、鎌倉男児)

적으로 애창되었다. 이 시기에 등장한 「아무르 강의 유혈 (アムール河の流血や)」은 보병의 본령이 되어 중학교 응원가로도 등장하게 된다.

2) 천황을 위해 벚꽃처럼 사라진 병사들

일본 사람 모두에게 천황을 위해 죽어야 한다고 노래한 일본군의 대표적인 군가 「우미유카바(海行かば, 바다에 가면)」의 가사에는 천황을 위해 죽어야 한다는 노골적인 표현이 들어가 있어 섬뜩함을 자아낸다.

> 바다에 가면 물 속에는 시체가 가득
> 산에 가면 풀이 난 송장이 가득
> 천황 폐하를 위해 죽는 이 몸
> 뒤도 돌아보지 않으리[3)]

『만요슈(万葉集)』 18권에 나오는 오오토모노 야카모치(大伴家持)의 장가(長歌)의 일절로, 천황을 위해서 목숨을 바친다고 하는 고대 일본인의 심정을 노래한 곳에 노부도키 기요시(信時潔)가 작곡한 곡으로 종전이 될 때까지 국가(國歌)인 「키미가요(君が代)」에 이어 준국가적 역할을 했던 군가이다. 일본인들은 신의 아들인 천황의 적자이므로 천황을 위해서 아낌없이 죽어야 한다는 군가를 받아들여야만 했다.

당시 일본에서는 이러한 군가를 활용한 세뇌 교육을 통해 국민들의 사고를 개조하였다. 벚꽃과 죽음을 나타낸 「보병의 본령(歩兵の本領)」[4)]은

---

3) 海行かば 水漬く屍 / 山行かば 草むす屍 / 大君の辺に こそ死なめ / 顧みはせじ

4) 구 일본군에서 쓰였으며, 현재도 가사를 고쳐 육상자위대에서 사용되고 있다. '보병의 노래(歩兵の歌)'라는 별명을 가지고 있다.

다른 일본 군가보다 이른 1911년에 발표된 군가로서, 일반적으로 보병의 노래로 불린다. 초등학교, 중학교 등의 응원가로 등장할 정도로 세뇌된 군가 겸 일본의 국민적 응원가로, 가사는 다음과 간다.

> 한 번에 피는 많은 벚꽃인가 목 소매의 색깔[5]
> 꽃은 요시노의 폭풍으로 지네
> 야마토(일본) 남자로 태어났다면
> 격전지의 꽃으로 지라[6]

보병의 본령은 메이지 후기의 군가로, 짙은 분홍색(緋色)이었던 보병의 계급장을 벚꽃에 빗대어 천황의 병사가 장렬하게 죽어가는 것을 표현했다. 일본의 남자로 태어났으면 전쟁터로 가서 벚꽃이 지듯 산화(散花)하라는 말은 곧 무사계급에서 징병제로 바뀐 만큼 모든 일본 남자들은 벚꽃이 지는 것처럼 멋지게 전사하라는 말이다. 주군에 충성하던 무사도 정신을 천황에게 돌리고 그 대신에 야마토 정신(大和精神)을 삽입시켜 천황과 국가를 위해 격전지의 꽃으로 지라고 한 보병의 노래이다. 이 곡은 제2차 세계대전 이후 연합국의 점령군사령부(GHQ)가 연주 및 방송을 금지시켰지만 교가, 응원가 등으로 채택한 학교에서 꾸준히 전승되어 왔다.

제2차 세계대전 때에 가장 많이 불린 군가인 「동기의 벚꽃(同期の桜)」은 화려하게 죽는(사라지는) 모습을 벚꽃에 비유한 군가이다.

---

5) 목 옷깃에 있는 벚꽃 문양의 계급장

6) 万朶の桜か襟の色 / 花は吉野にあらし吹く / 大和男子と生まれては / 散兵線の花と散れ

너와 나는 동기의 벚꽃 같은 병학교의 뜰에 피었네

피어 있는 꽃이라면 지는 것은 각오 멋지게 지자 나라를 위해[7]

국가를 위해 벚꽃처럼 사라지자는 군가를 통해 죽음을 받아들이는 모습이라니 얼마나 무서운 사고의 개조교육인가? 이는 나라를 위해 죽는 것은 남자의 당연한 의무로 인식하도록 고작 17, 18세밖에 안 된 어린 병사들을 교육하고 세뇌시키는 군가로서 동기애(同期愛)를 보여 공동체의 의미를 부여한 군가이다. 죽음을 대표하는 것이 무사들인데 일반 시민들을 무사화시키고자 교묘하고도 너무나 가혹하게 쓰인 가사이다.

▲ 동기의 벚꽃(사쿠라) 레코드 판

여기에 한걸음 더 나아간 것이 「아아 가미카제특공대(嗚呼神風特別攻撃隊)」라는 군가이다. 이는 1944년 레이테 만 해전에서의 특공대의 전과를

---

7) 貴様と俺とは同期の桜 同じ兵学校の庭に咲く / 咲いた花なら散るのは覚悟 見事散りましょ国の為

기념하기 위해 만들어졌는데 이미 전쟁의 승패가 기울어진 시기에 만들어진 곡이라 그런지 내용이 섬뜩하고 가련하다.

가미카제는 잘 알다시피 '가미카제'호로 명명된 소형 전투기에 태워서 돌아올 연료 없이 폭탄이 실린 기체와 함께 적함에 부딪쳐 자폭하게 하였다. 다시 말하면 "천황 폐하(天皇陛下)를 위해" 벚꽃과 같은 멋진 죽음을 각오하자는 세뇌 교육을 통해 수많은 소년병의 목숨을 제물로 바쳐 인위적으로 '신풍(神風)'의 기적을 창출하여 천황과 국가를 지키겠다는 발상이다.

> 원통하게 이를 갈고 갈며
> 기다리고 기다리던 결전이다
> 이제야말로 적을 물리치러
> 떨쳐 일어난 젊은 벚꽃
> 이 일전에서 이기지 않으면
> 조국으로 돌아갈 수 없다[8)]

역시 여기에서도 젊은 벚꽃이 등장하며 전쟁에서 지면 조국으로 돌아갈 수 없기 때문에 피었다가 지는 젊은 벚꽃들의 예견된 죽음을 은유적으로 나타낸 잔혹한 가사라고 할 수 있다. 일본인들은 벚꽃은 지기 때문에 더욱 멋지다는 인식을 갖고 있어 이를 교묘하게 군가에 이용한 것으로 볼 수 있다.

---

8) 無念の歯噛み堪えつつ / 待ちに待ちたる決戦ぞ / 今こそ敵を屠らんと / 奮い立ちたる若桜 / この一戦に勝たざれば / 祖国の行く手いかならん

▲ 가미카제 특공대원

일본의 어느 군가든 죽음을 노래하지 않은 군가는 없으며, 대부분 벚꽃처럼 멋지게 지자는 내용을 담고 있다. 벚꽃은 사무라이를 빗댄 표현으로써 일반 백성들에게 너희들은 일세만계 천황의 자식이니 사무라이처럼 멋있게 죽으라고 세뇌시키는 것이다. 즉, 무사의 상징인 칼을 일반 백성들에게 주었으니 백성들은 이를 감사히 여기고 천황을 위해 싸우다 산화(散花)하라는 의미로서 이는 천황을 위한 충(忠)의 길이요, 효(孝)의 길이다. 이것이 평민의 무사화요, 천황적 무사도이다.

무사도 정신은 에도 막부가 무너지면서 일본 전체의 주군인 천황에게 충성을 다하고 전쟁에서 지면 벚꽃처럼 사라지라는 비유로서 할복(割腹)을 암시하였다. 이에 더해 군부(軍部)는 일본 국민 1억 명이 전부 할복하자는 일억총옥쇄(一億総玉砕)를 요구하면서 군국주의(軍國主義)가 심화되고 죽음의 미학(美學)을 강요하기에 이르렀다. 여기서 옥쇄란 옥처럼 아름답게 부서진다는 뜻으로, 대의나 충절을 위한 깨끗한 죽음을 이르는 말이다.

| 2절 | 죽음의 미학으로 이어진 무사도 정신

1) 오직 돌격의 반자이 공격

사이판 전투는 1944년 6월 15일부터 시작되었는데 7월이 되자 남은 일본군은 약 3천 명뿐이었다. 그런데 이 3천 명의 일본군은 7월 7일 총검을 꽂고 천황 폐하를 외치며 돌진하는 소위 반자이(萬歲: 만세) 공격을 감행하여 사이판 전투에서 거의 전멸했다. 반자이 공격은 최후의 전술로서 행해지는 자살 공격을 뜻하며 적의 포로가 될 정도라면 자랑스럽게 깨끗하게 죽자는 사상이 포함된 죽음을 전제한 공격이다.

일본군의 무항복주의(無降伏主義)가 암묵적으로 인식된 것은 제2차 세계대전의 시작 전후부터라고 할 수 있다. 일본은 육해군형법(陸海軍刑法)에서 "최선을 다해야 할 곳에서 최선을 다하지 않고 항복"한 지휘관은 사형(死刑)에 처하며 최선을 다해야 할 곳에서 최선을 다해서도 항복한 지휘관은 금고(禁錮) 6개월의 형을 정하고 있다. 그 외 1939년 노몬한 사건으로 포로가 된 장병이 신병송환(身柄送還) 후 자결(自決)을 강요당하거나 징벌적인 전사(戰死)에 몰리는 예가 있었기 때문에 항복보다는 반자이 공격을 택한 경우가 많았다고 하겠다.

일본 육군 제43사단장인 사이토 요시츠구(斎藤義次) 중장은 유탄에 의해 부상을 당했지만 살아서 포로의 치욕을 당하느니 영원한 대의(大義)에 사는 즐거움으로 가야 한다는 나구모(南雲忠一) 해군 중장의 훈시를 듣고 나구모 해군중장과 사이토 육군중장은 할복하였으며 스즈키(鈴木二郎) 중좌가 개착(介錯: 카이샤쿠, 할복하는 사람의 뒤에 있다가 목을 치는 것)함으로써 무사답게 사라졌다.

미국 자치령 마리아나 군도에 속하는 15개의 열대 섬이 하나로 늘어선, 북마리아나 제도의 사이판 섬 북단에는 반자이 절벽(Banzai Cliff)이 있다. 우리말로는 만세절벽이다. 1944년 6월에 상륙한 미군에 쫓긴 일본병과 민간인이 '천황폐하만세(天皇陛下万歳: 덴노헤이카 반자이)'를 외치면서 80m 아래의 바다에 몸을 던졌기 때문에 이 이름이 붙었다고 한다.

일본군이 민간인까지 현지에서 강제징집해서 싸우거나, 일본 민간인들이 자발적으로 일본군과 같이 싸운 전례는 있었어도 일본군이 자국 민간인들에게 자살을 강요하거나 살해하는 사태가 대량으로 발생한 것은 사이판 전투가 최초인데[9] 일본에서는 전원 옥쇄(玉碎)로 가장하기도 하였다. 집단강요자살자는 1만 명이라고도 하는데, 바다가 피로 새빨갛게 물들 정도였고 시체 위에 떨어져 목숨을 건진 사람들도 있었다고 한다. 투항하기보다는 이렇게 자결을 선택한 최대의 요인은 '미군에 대한 공포'였던 것으로 판명되었다.[10]

1944년 6월 당시 태평양전쟁의 전세는 연합군에게 유리하게 기울어 항복을 기대했으나 일본은 과거에 미국이 대항하여 싸웠던 나라들 가운데 가장 낯선 적이었다. 전쟁에 임하는 일본인들의 자세나 행동양식이 매우 이질적이었기에 미국을 상당히 당황스럽게 했다. 이러한 상황에 1944년 6월 미 국무부의 위촉으로 전쟁정보국의 일본반 책임자가 된 베네딕트(Ruth Benedict)가 5장으로 이루어진 「일본인의 행동 패턴(*Japanese Behavior Patterns*)」[11]이라는 보고서를 작성하였는데, 일반 대중을 위

---

9) 伊藤正徳(1960).『帝国陸軍の最後〈第3〉死闘篇』, 文藝春秋新社, p. 56.

10) 林博史(2008).『サイパンで米軍に保護された日本民間人の意識分析』, 関東学院大学, p. 58.

11) 福井七子(2012.10). ルース・ベネディクト、ジェフリー・ゴーラー、ヘレン·ミアーズの日本人論·日本文化論を総括する,『関西大学外国語学部紀要』, 第7号.

해 이 보고서의 내용을 다시 정리하여 1946년에 『국화와 칼(*The Chrysanthemum and the Sword*)』이라는 제목으로 출판하였다고 한다.

일본의 무사도 정신으로 보면 이들의 죽음은 멋진 죽음이겠으나 부하들에게까지 자결을 강요하고 자살 공격(반자이 공격)을 감행하여 죽음에 이르게 한 것은 무사도의 생명경시 측면을 보여준다. 당시 기관총을 갖고 있던 미군들에게 총검으로 무장한 일본군의 반자이 공격은 생환 가능성이 전혀 없는 자살 행위로 간주되었고 미군은 이러한 일본군의 사생관(死生觀)을 이해하지 못했다고 한다. 특히 크리스천이 대부분이었던 미군들은 인간의 생명은 이 세상에서 가장 중요한 것으로 배웠기에 할복과 죽음을 아름답게 보고 기꺼이 목숨을 바치는 일본군의 행위는 공포심을 불러일으켰다.

제2차 세계대전의 최대 격전지로 기록된 이오지마(硫黃島) 전투는 영화나 책의 소재로 등장할 만큼 치열하였고 무기와 보급에서 불리한 일본군 2만 명이 전사했다고 전해진다. 1944년 2월, 미군은 마셜 제도(Marshall Islands, Republic of the Marshall Islands)를 점령하면서 추크 제도(Chuuk Islands)에 대규모 공습을 실시했다. 이에 대항해 일본 대본영은 서태평양 미크로네시아의 캐롤라인 제도(Caroline Islands)와 마리아나 제도(Mariana Islands), 오가사와라 제도(小笠原諸島)를 묶는 방어선을 본토방위와 전쟁 지속을 위한 방위지역인 절대국방권(絶対国防圏)으로 지정해 목숨을 걸고 지키는 사수(死守) 작전을 결정한다. 방위선 수비 병력으로서 오바타 히데요시(小畑英良) 육군중장이 이끄는 제31군이 편성되었고 그 밑에 오가사와라 지구 집단사령관에 쿠리바야시 타다미치(栗林忠道) 중장이 취임했다. 이오지마에는 3월부터 시작해 4월까지 증원부대가 도착해 총병력은 5,000명을 헤아리고 있었다.

1944년 여름, 미군은 마리아나 제도의 전투(Mariana and Palau Islands campaign)를 승리하여 공격해 점령했으며, 마리아나 제도의 비행장을 거점으로 같은 해인 1944년 11월부터는 B-29 폭격기를 이용해 일본 본토 각지를 폭격하기 시작했다. 하지만 마리아나 제도에서 일본 본토까지는 거리가 상당하여 일본군이 마리아나 제도에서 일본 본토로 이어지는 중간 지점에 있는 이오지마에서 미군 폭격기 무리의 이동을 미리 예측하고 저지했다. 이에 B-29 폭격기들과는 달리 먼 거리를 비행하지 못하는 미군의 호위 전투기들은 곧바로 비행장으로 돌아가야 하는 경우가 비일비재했고, 결국 호위 전투기들을 잃은 B-29 폭격기들이 일본군의 요격을 받았다. 반대로, 일본군은 이오지마를 근거지로 하여 이곳에서 가까운 마리아나 제도로 내려가 미군의 비행장을 자주 공격했다. 이 결과, 일본군은 12월에만 11기의 B-29를 파괴하였다.

따라서 미군 태평양 통합작전본부는 우선 이오지마를 점령하고 일본군의 항공기지를 파괴한 다음 미군의 전진 항공기지를 마련하기 위해 이오지마 공격을 결정했다. 폭격기와 군함을 이용해 사전폭격을 퍼부었던 미군과 연합군은 상륙만 한다면 며칠 안에 그 섬을 점령할 수 있을 거라고 예상했지만, 일본군은 거의 모든 병사가 전사하거나 옥쇄할 때까지 저항했고, 전투는 쿠리바야시 타다미치 중장이 최후의 300명을 이끌고 옥쇄나 마찬가지인 돌격 작전을 감행한 3월 26일에야 끝이 났다. 당시, 타다미치 육군중장을 최고사령관으로 하는 일본군 수비대는 이오지마에 지하호(壕)를 구축하며 철저히 항쟁한 끝에 산화(散花)했다. 타다미치 중장은 진격 중 좌대퇴부에 중상을 입었으나, 그 자리에서 자결했다.

미군을 포함한 연합군까지 2만 7천여 명에 달하는 군인이 유황 냄새에 휩싸인 채 전사한 이오지마 전투에서는 1945년 2월부터 1개월 이상에 걸쳐 미일 양국 간 격전이 펼쳐져 2만 933명의 일본군 수비 병력 중, 2만 129명이 전사했고 피해율은 96%였다. 미군은 전사자가 6,821명, 부상자가 2만 1,865명으로 집계되었다. 태평양 전쟁 말기에 일본군과 미군이 수백 개의 섬에서 치른 전투들 중에서 유일하게 미군의 손해가 일본군의 피해를 넘어선 전투가 바로 이오지마 전투이다.

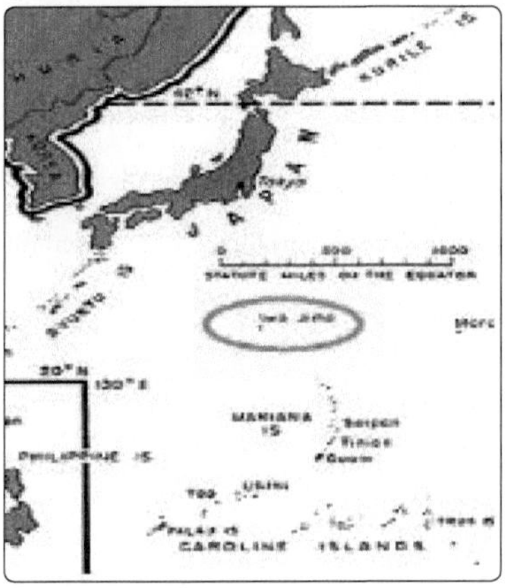

▲ 이오지마(硫黃島) 위치

▲ 쿠리바야시 타다미치(栗林忠道) 중장

2) 오키나와 전투에서의 집단자결 강요

오키나와 전투(沖縄の戦い)는 1945년 3월 26일에 시작하여 주요 전투는 오키나와(沖縄) 본토에서 이루어졌으며 조직적인 전투는 4월 2일에 시작되어 6월 23일에 종료되었다. 83일간이나 계속된 태평양 최대의 전투로서 작은 이오지마(硫黃島)를 제외하면 일본 영토에서 벌어진 최초의 전투라는 의미도 크다. 연합군의 목적은 일본 본토의 공략을 위한 항공기지와 보급기지 확보였다.

미군은 상륙 당일인 1945년 4월 2일 오전에 주력 4개 사단이 오키나와 가데나(嘉手納) 만으로 순조롭게 상륙하였다. 미군은 일본군의 저항 없이 광대한 오키나와 북부 지역을 장악했고, 주로 남쪽에 있었던 일본군들은 며칠이 지나도 나타나지 않았다. 그러나 미군이 방심한 사이 4월 5일부터는 일본군의 사령부가 있는 슈리(首里) 성에서 무수한 동굴진지(洞窟陣地)가 미군에게 큰 피해를 입혔다. 미군은 수류탄과 화염방사기로 동굴진지를 하나하나 제거했는데 이로 인해 많은 시간이 걸렸다. 4월 7일에는 일본 해군이 자랑하던 세계 제일의 군함 야마토(大和)가 오키나와 보우노사키(坊ノ岬) 해협에서 미군 전투기들의 공격으로 격침되었다. 격렬한 전투 끝에 미국이 오키나와 본토의 슈리(首里) 성을 장악했고, 일본군은 병력의 절반을 잃었다.

5월 말, 장마철에 접어들면서 엄청난 비가 내려 전장은 진창이 되고 도로는 물에 잠겨 보급과 후송이 극도로 힘들어졌다. 그러나 보급에 유리한 미군의 제1해병사단의 1개 대대가 결국 슈리 성을 점령하면서 오키나와 점령 작전의 분수령이 되었다. 이에 일본군의 전투 의욕이 꺾여 일본군의 전선 붕괴는 점진적으로 진행되었고, 주력 부대인 24사단도 사단으로서 조직적 저항이 불가능한 상태였다. 이 시기에 일본군은 야전병원에서 치료하기 어려운 부상병에게 독약을 주사하거나, 청산가리를 배포하여 자결을 재촉하기도 하였다.

6월 4일 미 해병 6사단은 오로쿠 반도에 상륙하여 일본 해군 진지를 공격하였다. 일본군은 격렬히 응전하다가 힘이 다하자 미군에게 쫓기면서도 경상(輕傷)의 부상자들까지 수류탄으로 자결하도록 강요받았다고 한다. 그 결과 오키나와 전투에서 6월 한 달에만 전사자의 47%가 전사하였고 6월 13일 사령관 오타 미노루 소장을 비롯한 4천 명이 집단으로 자결해 버렸다.

일본군은 6월 11일에 오로쿠 지구에서는 일본 해군사령관 오타 미노루(大田実)와 군대 대부분이 전멸했고 6월 15일에 일본군의 남은 병력 6천 명이 미군의 화력에 견디지 못하고 붕괴됐다. 6월 19일에는 일본군 사령부 참모까지 전사했으며, 32군의 우시지마 미쓰루(牛島滿) 중장과 조 이사무(長勇) 소장이 6월 23일 오후 4시 30분에 할복하고 사카구치 대위의 개착으로써 오키나와 전투는 마지막 사무라이의 할복으로 종결되었다.

이때 32군 우시지마 미쓰루 중장의 참모였던 야하라 히로미츠(八原博通) 대좌가 우시지마의 명령대로 일본 본토에 전투의 실상을 전달하기 위해 2명의 참모와 함께 민간인으로 위장 탈출을 꾀하지만, 2년간의 유학생활 경험을 살려 유창한 영어로 미군에 투항을 신청해 6월 25일에 패잔병과 민간인 수십 명과 함께 포로가 된다. 야하라 대좌는 전투에서 살아남아 포로가 된 최고 계급의 일본군 장교로, 전후 『오키나와 전투』라는 책을 써서 오키나와 전투의 참상과 비극적 최후를 알렸다.

3) 집단자결과 오키나와 주민의 피해

83일에 걸친 오키나와 전투에서 미·일 양쪽 모두 막대한 피해를 입었다. 일본 측 추산으로 일본군 전사자는 10만 2천 명, 미군 전사자는 4만 7천 명이며, 가장 큰 피해자는 역시 오키나와 본섬의 주민들로, 사망자가 12만 명에 이를 것으로 추산하고 있다. 이 전투에서 미군은 최초로 태평양 전쟁에서 가장 커다란 피해를 입었으며, 일본 측은 사령관, 군인뿐만 아니라 오키나와 주민들까지 전원 옥쇄하여 가족끼리 서로 죽이거나 수류탄으로 자결하는 등의 비극이 일어났다.

이는 오키나와 옥쇄, 오키나와 할복으로 불리다가 1950년 『철의 폭풍(鉄の暴風)』이라는 작품 이후 '집단자결(集団自決)'이라는 단어가 등장하였다. 미군이 오키나와에 퍼부은 엄청난 폭격에 대해 철의 폭풍이라고 묘사한 집필진의 한 사람인 오오타 료하쿠(太田良博)는 집단자결이라는 단어를 만들어 어디까지나 일본군의 명령으로 수류탄이 배달되어 강제로 자살을 강요받았다고 주장하였다. 당시 일본군은 미군이 상륙하면 오키나와의 남자들은 고문받아 죽을 것이고 여자들은 강간당해 죽을 것이라며 오키나와 주민들을 심리적으로 압박하여 수류탄을 배달하였다고 한다.

일본군이 주둔하지 않은 곳에는 집단자결이 없었던 것으로 보아 일본군은 그 책임을 면할 수 없다. 오키나와 주민을 보호할 책임이 있는 일본군이 오히려 주민에게 심리적인 전술을 행사하여 주민 다수를 집단 죽음에 이르게 한 것이다. 결국 오키나와 사람들은 미군보다 실제로 일본군에게 더 큰 희생을 당했다고 할 수 있다.

일본어 본래의 의미에서 오키나와 전투에서는 집단자결이 없었다는 주장도 있다. 왜냐하면 집단자결은 "주민들이 자발적으로 희생정신을 발휘하여 황국에 순직했다"는 것을 의미하는 단어라고 파악되고 있기 때문이다. 오키나와 국제대학(沖縄国際大学) 이시하라 마사이에(石原昌家) 명예교수는 "'자결(自決)'이란 스스로의 의사에 따라 죽었다는 의미로서 군인이 자신의 책임을 지고 죽는다는 의미로 사용할 수는 있지만, 주민에 대해서는 '집단자결'이라는 용어를 사용할 수 없다. 집단에서 목숨을 끊었다는 실태는 일본군의 작전에 의한 강제(强制)나 유도(誘導) 명령에 의한 것이었기 때문에 강제집단사(強制集団死), 강제사(強制死)로 본질을 파악하지 않으면 진실을 오인하게 된다"고 주장하고 있다.[12] 이와 관련하여 1982년의 고교 교과서 『일본사』의 각주에 반대 의견도 있었지만 오키나와현의 맹반발에 의해 에구치(江口圭一)의 일본군에 의한 주민살해 내용이 교과서에 기재되었다.

오키나와 전투에서의 집단자결을 법정에서 증언한 긴조 시게아키(金城重明) 전 오키나와 그리스도교 단대(전문대) 학장이 2022년 7월 19일 급성 심부전으로 별세하였다. 1988년 시게아키 전 학장 친족들 사이의 '집단자결' 증언이 있었기 때문에 다른 사람들도 친족들 사이에서 집단자결의 증언을 할 수 있었다고 평가되는 사람이다. 특히 2006년도의 고교 교과서 검정에서 군의 집단자결 강제 등이 삭제된 교과서 문제로 긴조 시게아키의 집단자결의 진실을 제대로 증언한 것은 매우 영향이 컸다고 전해진다.

▲ 문부과학성의 고등학교 역사 교과서 검정에서 오키나와 전투 시 일본군의 강제에 따른 '집단자결(강제집단사)' 설명이 삭제된 데 대한 항의 기사(2007년 9월 29일자)

사실상 집단자결이라는 단어는 보편적인 시각으로는 받아들이기 어려운 단어이기도 하다. 군인이 스스로의 책임을 지고 죽는다는 의미에서의 자결이나 할복은 이해가 가나, 일반 주민의 집단자결은 주민들이 집단으로 스스로 죽음을 택했다

12) 石原昌家(1984). 『証言·沖縄戦 : 戦場の光景』, 青木書店.

는 의미로 받아들여지기 때문에 이는 일본군의 강제적인 명령에 의한 강제적 집단살해(集團殺害)로 보는 것이 타당하다고 본다.

4) 패자의 할복과 포로 학대

필리핀에서는 2009년부터 4월 9일을 '용사의 날(Araw ng Kagitingan)'로 지정하고 국가의 휴일로 지정하여 기념하고 있다. 해외 주둔 미군들도 해마다 4월 9일에 '13.1마일'을 걷는 행군을 실시하며 이날을 기억한다. 태평양 전쟁 초기인 1942년 4월 9일 일본군은 7만 6천 명의 미군과 필리핀군 전쟁포로들을 필리핀 바탄 반도의 남쪽 끝 마리벨리스에서 산페르난도(San Fernando)까지 88km를 강제로 행진시켰다. 이 행군은 바탄 죽음의 행군(Bataan Death March)으로 불리며 일본군의 주요 전쟁범죄 중 하나로 기록되어 있다. 이때 카파스까지는 열차를 이용했고 다시 카파스부터 오도넬(O'Donnel) 수용소까지 13km를 강제로 행진하였는데, 수많은 포로들은 항복 직전까지 체력이 매우 저하되어 있는 상태에서 식수와 식량도 주어지지 않은 행군 중 구타를 당하거나 총검에 찔려 살해당했다. 결국 2만 2천여 명의 전쟁포로들이 행군 도중에 사망했고, 54,000명만 수용소에 도착했다.

사실 이러한 장거리 행군은 일본군의 간접적 처형 방식의 일환이었다. 당시 일본군은 승리했다고는 하나 내부적으로 병참, 보급선이 한계에 달한 상황이었다. 포로의 규모도 제대로 파악하지 못한 상태에서 포로를 처형하라는 지시를 받아 실탄을 소모하지도 않고 운송수단이 필요 없는 장거리 행군이라는 형태로 처형한 것이다. 일본군은 대규모 포로들을 장거리 이송하는 과정에서 이동수단은 물론, 포로들이 먹고 마실 식수와 식량 조달조차 준비하지 않은 채 포로들을 걸어서 이동시켜 결국 죽음의 길로 몰아넣었다.

당시 필리핀 전선을 책임졌던 혼마 마사하루(本間雅晴) 중장이 이끄는 제14군은 마닐라 점령 후 바탄 반도에서 미군과 필리핀군을 추격했다. 그러나 정글 환경과 정보 부족으로 일본군의 필리핀 바탄 공격이 제대로 진행되지 않는다고 판단하여 동경의 대본영은 필리핀의 제14군 참모들을 좌천시키고 츠지 마사노부(辻政信) 중좌를 전투지도 참모로 파견하였다.

4월 3일에 개시된 제2차 총공격으로 4월 9일 에드워드 킹(Edward Postell King Jr) 소장이 부대에 항복을 명한 후 미군과 필리핀 병사가 투항하였는데, 일본군 65여단 사령부에서 '미군과 필리핀 투항자를 전부 사살하라'는 명령이 전화로 전달되어 학살이 이루어졌다. 그런데 한 육군 대좌가 이런 지시에 의구심을 품고 대본영에 확인해보니 대본영은 그러한 명령을 내린 적이 없다는 답을 보내왔다. 14군 측의 조사 결과 츠지 마사노부가 자신의 지위를 이용해 지시를 날조한 것으로 밝혀졌다. 츠지 마사노부는 일본 육사 출신으로 관동군(關東軍) 작전참모로 소좌로 있을 때, 노몬한 사건이 일어나 작전 실패로 부상을 입은 관동군 제23사단 수색대장 이오키(井置栄一) 중좌와 보병 제72연대장 사카이(酒井美喜雄) 대좌에게 자살을 강요했고, 포로 교환으로 귀환한 병사에게 자살을 강요하기도 했다

▲ 바탄 죽음의 행군(Bataan Death March) 시 미군 포로들

고 전해진다.

일본에서는 포로가 되는 것을 수치스럽게 생각하는 문화가 있어 항복한 미군과 필리핀 병사들을 경멸하였다. 따라서 전쟁포로들에게 폭력은 물론, 살해도 이루어졌지만 실제로 일본군은 포로 학대에 대한 죄는 인정하지 않는 분위기였다고 한다. 당시 미국은 1944년까지 일본의 이러한 만행을 몰랐던 것으로 알려지고 있다. 이들 포로들이 석방된 것은 전쟁이 끝나가던 1945년 무렵이었는데, 이 만행에 대한 책임은 전쟁이 끝난 뒤 물어야 했다. 미군은 GHO의 군사재판으로 당시 필리핀 침공 작전을 수행한 일본군 사령관 혼마 마사하루 중장을 기소해 1946년 4월 3일 교수형에 처했다.

일본군 사령관은 물론 말단 병사들까지도 전쟁에서 패배 시 할복을 당연시했기 때문에 일본군은 연합군 포로들이 주장한 전쟁포로에 의한 제네바 협약 등을 비겁한 행위로 보고 전쟁포로들을 학대한 것으로 보고 있다. 이렇듯 상대방의 목숨을 중요시 여기지 않고 승부에만 관심을 갖는 일본의 무사도는 생명경시 사상으로 비난받기도 하였다.

| 3절 | 일본의 패전과 변질된 무사도 정신

1) 일본의 항복과 종전선언

미국의 핵폭탄 투하와 소련의 만주 침공에 따라 일본이 더 전쟁을 벌이면 안 된다고 판단한 히로히토(쇼와) 천황은 1945년 8월 15일 라디오 담화를 통해 항복 선언인 옥음방송(玉音放送)을 발표하였다. 옥음방송이란 히로히토 천황이 무조건 항복을 알리는 「대동아 전쟁 종결의 조서(大東亜戦争終結ノ詔書)」인 종전조서(終戦詔書)를 읽은 라디오 방송을 말한다.

옥음(玉音)은 일본어에서 일본 천황의 목소리를 높여 부르는 명칭이지만 대한민국, 중국, 동남아시아에서는 항복 방송, 혹은 종전 선언이라고 지칭하여 방송의 목적을 강조하여 부르고 있다. 이때 천황인 히로히토는 선언에 간접적이며 너무 어려운 단어들을 사용하여 대부분의 일본 사람들은 이해하지 못했으며 일부에서는 더 열심히 싸우라는 뜻으로 이해했다고 한다.

그리고 1945년 9월 2일 일본의 도쿄만 요코하마에 정박 중이던 미국 전함 USS 미주리(BB-63) 선상에서 일본 대표 시게미쓰 마모루(重光葵) 외무대신이 정식으로 나와 항복문서에 서명을 하였다. 미주리 호에서 이루어진 항복문서 조인식에서 시게미쓰 마모루가 특유의 절뚝거리는 다리로 입장하여 문서에 날인하는 장면은 오랫동안 기록 영화에서 가장 유명한 장면 중 하나였다. 1930년에 주중공사로 발령받았고 1931년 만주사변, 1932년 1월에 상해사변을 일으킨 그는 1932년 4월 29일 중국 상하이 훙커우공원에서 일어난 윤봉길(尹奉吉)의 천장절 축하연 폭탄 공격으로 인해 한쪽 다리를 잃어 의족을 착용해야 했기 때문이다.

히로히토 천황은 1945년 9월 27일 연합군 최고사령관인 더글러스 맥아더(Douglas MacArthur)와의 회견을 위해 주일 미국 대사관을 처음 방문했다. 맥아더는 1945년부터 이듬해 1946년까지 1년간 패전국 일본의 히로히토 천황 대신 일본의 권력을 잡았

▲ 미주리 호에서의 항복문서 조인식

▲ 히로히토 천황과 맥아더 원수 (1945년 9월 27일)

기에 일본 역사 최초의 외국인 집정관이기도 하다. 일본 정서를 어느 정도 이해하고 있었던 그는 일본인을 쉽게 다스리기 위해 천황에게서 "천황은 인간" 발언을 이끌어 낸 것으로도 유명하다.

이날 맥아더는 히로히토 천황과 나란히 서서 기념사진을 찍었다. 키 183cm의 맥아더와 키 165cm의 히로히토 천황이 나란히 서 있는 모습을 본 당시 일본인들은 히로히토 천황의 초라한 모습에 '이런 사람은 신이 아니다'라는 인상을 받았다고 한다. 많은 일본인들 사이에서는 천황의 「인간선언」 전에도 이 사진 한 장으로 이미 인간선언이 되어 있었다고 한다. 사진에서 알 수 있듯 맥아더는 배우처럼 잘생겼으면서도 키가 커서 상대적으로 천황이 초라해 보이는 데다 긴장한 탓인지 차렷 자세로 서 있는 천황과 반대로 맥아더는 두 손을 바지 주머니에 넣은 채 편안하게 서 있는 모습이 인상적이다.

일본이 항복한 지 넉 달 뒤인 1945년 12월 15일 점령군사령부(GHQ)[13]의 민간정보교육국(CIES) 종교과는 국가 내지 일본 정부가 신도(神道)를 지원·감독·보급하는 것을 금지하는 "신도지령(神道指令)"을 발표했다. 또한 "천황은 나라의 원수보다 뛰어난 존재로, 일본은 다른 국가보다 낫

---

13) 연합국최고사령부(Supreme Commander for the Allied Powers, SCAP)는 일반적으로 점령군사령부(General Headquarters, GHQ)라고도 한다.

다"는 교리를 가르치는 것을 불법화했다. 그러나 천황이 황거(皇居)에서 거행하는 신도를 기반으로 한 종교의식(궁중제사)은 어디까지나 사적인 일들로 금지하지 않았다. 연합국점령 당국은 천황이 직접 자신의 신성을 부정해 줄 것을 기대했기 때문에 신도지령에서는 천황의 신격에 대해 언급하지 않았다. 히로히토 천황은 점령 당국의 의향에 동의하였다.

2) 천황의「인간선언(人間宣言)」

1946년 1월 1일 히로히토 천황은「인간선언(人間宣言)」을 발표하는데, 그 내용에는 자신과 국민 간의 유대가 전설에 기초하는 것이 아니며 인간으로서의 천황 자신과 일본이 세계를 지배하리라는 사상이 '가공의' 개념이라는 것을 분명히 명시하였다.[14)]

> 짐과 국민 사이의 유대는 시종 상호 신뢰와 경애로 묶여지는 것이지 단순히 신화(神話)와 전설(傳說)에 의해서 생기는 것이 아니다. 천황을 현어신(現御神)으로 하고, 또 일본 국민을 다른 민족보다 우월한 민족이라 하며, 나아가 세계를 지배할 운명을 가진다는 가공의 관념에 기초를 두고 있는 것도 아니다.

「인간선언」에서는 천황은 사람의 모습으로 현세에 나타난 신인 아라히토가미(現人神: 현인신)가 아니라는 것이 핵심이나, 결국 천황이 신의 후예임은 부정하지 않았고 그저 현인신만 부정했다. 즉, 천황의 조상이 일본 신화의 신이라는 것을 부정하고 있지 않으며 역대 천황의 신격도 부정하지 않았다. 신화의 신이나 역대 천황의 숭배를 위해 천황이 행하

14) 「天皇の人間宣言とは何か」 1986年10月「諸君!」.

는 신성한 의식을 폐지하는 것은 아니었다. 게다가 영문판에서는 "The empire divine"을 부정했을 뿐이다. 이는 왕권신수설의 신을 뜻하는 것이므로 본래 일본인과 일본 황실이 생각하는 것과는 전혀 달랐다.

결국 「인간선언」은 본래 대일본제국 헌법에도 명시되어 있던 천황의 신성불가침 성격을 부정한 것이라고 해석되며, 이후 새로운 일본국 헌법이 공포됨에 따라 천황이 만세일계(萬歲一計)로 불리던 절대성과 신성성 및 통치권한을 빼앗긴 것과도 관련이 있다. 이 선언으로 인해 그동안 천황을 현인신으로 여기던 일본 신토와 이를 숭배하던 국민들은 큰 충격을 받았다고 한다.

이런 선언을 하게 된 배경은 아무래도 히로히토 천황의 전쟁 책임 추궁을 면하는 대신 SCAP 측에서 천황이 인간에 불과하다는 천명을 해달라고 요구한 모조의 거래가 있었던 것으로 보는 것이 현실적이다. 1년 후 점령군, 특히 미국의 계획 정책에 따라 새로운 일본국 헌법이 새롭게 공포되면서 천황은 공식적으로 단순한 '일본의 상징'으로 격하 규정되었으며, 천황의 국가통치에 대한 개입도 제한되었다(내각제 및 입헌군주제). 히로히토 천황은 새로운 일본국 헌법으로의 전환에 순순히 응하였다.

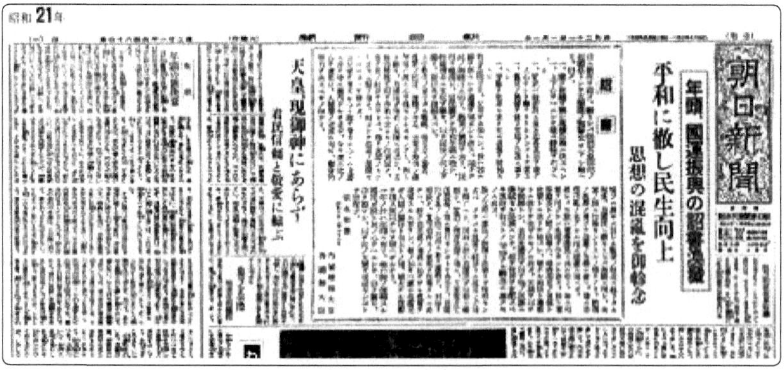
昭和21年
朝日新聞
平和に徹し民生向上
思想の混亂を御軫念
天皇、現御神にあらず

▲ 아사히 신문에 실린 인간선언

3) 끝나지 않은 무사도 정신 – 부끄럽게도 살아 돌아왔습니다

1944년 적에게 체포당하지 말라는 지휘관의 명령에 따라 28년간 괌의 정글에서 숨어 지내다 귀환한 병사 요코이 쇼이치(横井庄一) 오장(하사)은 1972년 2월 2일 일본 땅을 밟으며 도쿄 하네다 공항에서 기다리고 있던 TV 기자들에게 이렇게 발표하였다. "요코이 쇼이치! 부끄럽게도 살아 돌아왔습니다."

그는 눈물을 보이지 않으려고 애쓰면서 '낡은 99식 소총을 천황 폐하께 반납한다'는 보고와 함께, 자기에게 주어진 군사명령을 끝까지 지켰다고 울먹였다. 세월을 초월한 "부끄럽게도 살아 돌아왔습니다"라는 그의 말 한 마디는 1972년의 일본의 유행어가 되었다. 일부 언론이 탈영 의혹을 제기했지만 일본인들의 감동은 폭발적이었다. 그는 여전히 제2차 세계대전 당시 군인의 마음이었기에 살아서 나라로 돌아오는 것을 치욕(恥辱)이라 생각한 것이다.

2년 뒤인 1974년 3월에는 더욱 놀랄 만한 일이 벌어진다. 오노다 히로오(小野田寛郎) 소위가 30년 만에 귀국한 것이다. 일본이 1945년 8월 패배했을 때 그의 사단장이었던 요코야마 시즈오(横山静雄)는 모든 사단 병사들에게 "옥쇄는 일절 허락하지 않는다. 3년이건 5년이건 버텨라. 반드시 지원을 가겠다. 그동안 병사가 한 명이라도 살아있으면, 야자수 열매라도 따 먹으면서 버텨라. 다시 말하지만, 옥쇄는 용서하지 않는다"라고 명령을 내렸다.

그리고 1945년 8월 이후 미군은 일본의 항복과 패전 사실을 삐라(ビラ, 전단)를 통해 산 속에 남아있던 일본군 패잔병들에게 알렸다. 실제로 많은 수의 패잔병들은 그 삐라를 보고 투항했지만, 오노다와 나머지 3명

은 투항을 거부하며 자신들만의 전쟁을 계속하게 된다. 종전 다음 해인 1946년부터 전쟁 당시 오노다 휘하의 부하였던 사람을 섭외해서 전쟁은 끝났다고 설득하거나, 아예 오노다의 친인척까지 직접 데리고 와서 꾸준히 설득해 보지만, 오노다는 이마저도 미군의 기만책으로 여기고 여전히 투항을 거부했다.

그렇게 끈질기게 개인적으로 전투를 이어가는 상황에서 1954년 휘하 부하였던 시마다 오장이 사살당하고, 1972년에는 마지막 남은 휘하 부하인 고즈카 일병이 사망하면서 결국 홀로 남게 된다. 하지만 종종 루방섬 상공을 지나다니는 비행기를 공습으로 착각하는 등 오노다의 마음속에는 아직 전쟁이 끝나지 않았다는 믿음이 지배적이었다.

오노다 소위는 1974년 3월 9일까지 일본 육군 소위로서 투항하지 않고 약 30년을 버텼으며, 그동안 필리핀인 30명을 살해하고 그로 인해 100여 명이 부상당했다고 한다. 결국 상관의 명령으로 투항하게 된 오노다는 일본군 복장을 그대로 갖춘 채 사격이 가능한 상태로 99식 소총을 정비해 놓고 500여 발의 탄환과 대여섯 개의 수류탄도 가지고 있었으며 군도는 여전히 날이 시퍼렇게 서있는 등 장비도 완벽하게 유지하고 있었다고 한다.

▲ 요코이 쇼이치(横井庄一)

22세에 조국을 떠났던 청년이 어느덧 52세가 되어서 일본에 돌아오자, 패전 콤플렉스에서 벗어나지 못하던 일본 국민들은 '살아있는 일본 정신을 보았다'며 열광했다. 극우파들은 오노다야말로 옛 일본의 가치를 그대로 간직한 '진정한 사무

▲ 오노다 히로오(小野田寬郎)

라이'라고 영웅시했으며 그가 저지른 범죄는 문제 삼지 않았다. 귀환 후 오노다는 요코이 오장의 귀환 당시 총과 칼이 녹슬어 있었다는 이유로 "총검이 녹슨 자와는 만날 수 없다"며 그와의 만남을 거절하였다. 이 말을 우익들은 살아있는 일본의 무사도 정신과 군인 정신의 재현으로 받아들여 그를 더욱더 영웅시하게 되었다.

이처럼 일본인은 오노다 소위를 평가할 때, 화려한 '대일본제국'의 아련한 기억을 불러일으킨 사라진 무사도 정신의 표본 또는 일본제국주의 군인 정신의 모범으로 영웅화하였다. 그러나 일본제국주의에 희생당한 국가 입장에서는 청춘까지 포기한 고전적인 군인 정신과 일본제국주의 이데올로기의 섬뜩함과 무서움을 다시금 깨닫게 하는 하나의 사건일 뿐이었다.

| 4절 | 사라진 신의 나라

1) 무사도 정신의 본질과 한계

'일억총옥쇄(一億総玉砕)'를 주장하던 도조 히데키(東条英機)는 1945년 9월 11일 GHQ(점령군사령부)가 자신을 체포하려 하자, 권총으로 가슴을 쏴 자살을 기도했다가 실패하였다. 이는 일본 역사상 무사도 정신을 무너뜨리게 한 가장 큰 사건이라 해도 과언이 아니다. 차라리 8월 15일 전후에 무사답게 칼로 할복하거나 하다못해 가슴보다는 머리를 쏴서 자결

(自決)을 했더라면 일본인들이 더욱 열광했을 것이고 일본의 무사도 정신은 더욱 주목받았을 것이다.

일본의 무사도(武士道)는 본래 주자학의 충(忠), 의(義), 인(仁), 예(禮), 신(信), 용(用), 성(性)과 양명학, 불교(금욕, 검약), 신도(남성다움, 당당함)가 초통합된 작법이다. 무사도의 최고의 선은 의(義)로서 철저한 자기 희생하에 주군에게 충성을 다하는 것이며, 죽을 곳(장소)에서 죽어야 하고 공격할 때는 공격하는 것이다. 즉, 무사도는 인(仁), 예(禮), 지(知)를 통합하는 의(義)로서 인식과 실천이 표리일체(表裏一體)된 일상생활에서의 도덕작법, 예의작법, 실천작법이라고 할 수 있다.

에도 시대에는 이 같은 무사도의 덕목이 일반 대중에게 퍼지면서 그들에게 사무라이(士)는 아름답고 이상적인 모델이었다. '꽃은 사쿠라(벚꽃), 사람은 무사'라고 할 정도로 에도 시대 일본인의 지성과 도덕은 무사도의 소산이었다고 하겠다. 일반 국민들은 천황적 무사도 정신으로 인해 야마토 남자(大和男子)로 태어나 전사보국(戰死報國)을 실천해야 했으며 많은 젊은이들이 산화(散花)하였다. 그렇게 무사도는 에도 시대의 엘리트의 영광에서 메이지 시대 국민 전체의 정신, 민족정신인 야마토 다마시(大和魂)가 되었다.

메이지 시대가 되어 군국주의(軍國主義) 양상을 띠면서 충성의 대상이 주군에서 천황으로 변하고, 기업의 이념이 세계와의 경쟁을 위한 식산흥업(殖産興業)의 발전을 목표로 군국주의적, 내셔널리즘적으로 전개되었으며, 실업가와 경영자는 국가의 방침에 따라서 산업보국(産業報國)을 적극적으로 실천하게 되었다. 이때 후쿠자와 유키치(福沢諭吉), 시부사와 에이이치(澁鐸榮一) 등은 절묘하게 사혼상재(士魂商才)라는 단어를 앞세워 무사도와 상업도를 융합·통합한 새로운 실업가(實業家)를 만들어 냈다. 충군애국(忠君愛國), 부국식산(富國殖産)을 위해 주군에 대한 무사의 충의와 상인의 상업윤리를 결합한 경영철학이 등장하였던 것이다.

그러나 일본의 무사도 정신은 금세 허점과 한계를 드러냈다. 본래 무사도의 할복(割腹)은 죽음으로써 본인의 잘못을 스스로 책임지는 것인데 이를 일반인들에게까지 강요하면서 무사도의 본질을 흐린 것이다. 진정한 무사도 정신이란 할복이라는 행위가 아닌 본인이 책임진다는 것 그 자체인 만큼 평민에까지 죽음을 강요하여 일억총옥쇄를 주장한 도조 히데키(東條英機)가 권총으로 자결하려다 실패한 사건은 일본의 무사도에 대한 평가를 저하시켰을 뿐 아니라 사라지게 한 사건이라고 하겠다.

2) 과거에 얽매인 일본의 현실

최근 일본에서는 한국인을 대상으로 한 헤이트 스피치(hate speech, 혐오주의 발언)가 도를 넘어 혐한(嫌韓)·반한(反韓) 시위가 일어나면서 사회적 논란이 되었다. 이로 인해 2015년 5월에는 일본 민주당과 사민당이 인종차별적인 가두 활동을 금지하는 법안을 제출하기도 했다. 이는 점차 외교적 문제로까지 불거져 한일 양국이 촉각을 곤두세우고 있는 실정이다.

이처럼 최근 들어 세계 각지에서 '혐오(嫌惡)'를 드러내는 표현이 난무하고 있다. 혐오라는 단어는 일반적인 쓰임을 넘어 대상에 대한 모욕이나 차별 및 비하도 혐오에 포함될 수 있다. 여성이나 장애인 등을 열등하다고 생각하거나 차별하는 경우, 특정 인종에 대한 편견을 가지는 것도 혐오주의로 볼 수 있다. 혐오주의가 폭력이나 범죄 등으로 이어질 경우에는 증오범죄(hate crime) 혹은 혐오범죄라 부른다.

특히 대부분의 혐오주의는 성별이나 성적지향, 인종, 출생지역 등 개인이 자유롭게 선택할 수 없는 것을 대상으로 하고 있어, 헤이트 스피치

제재의 필요성이 대두되고 있다. 독일에서는 특정 집단을 향한 증오를 선동하거나 악의적 비방 등을 할 경우 최저 3개월에서 최고 5년까지 징역형을 선고할 수 있으며, 프랑스에서는 최대 징역 1년에 약 4만 5천 유로의 벌금형에 처할 수 있다. 이외에도 영국과 네덜란드, 벨기에, 노르웨이 등의 국가에서도 형법을 통해 헤이트 스피치를 금지하고 있다.

그런데 필자가 보기에 유독 일본의 헤이트 스피치가 심해지는 이유는 경제와 밀접한 관련이 있는 듯하다. 호황기에는 두드러지지 않지만 상대적으로 불황기에는 유독 혐오 발언이 힘을 얻고 그들만의 사상이 지지를 받는다. 2000년 5월 15일 일본의 총리대신 모리 요시히로(森喜朗)는 "일본이라는 나라는, 바로 천황을 중심으로 하고 있는 신의 나라라는 것을 국민 여러분에게 확실히 인지해 둔다"고 발언하여 문제가 되었다. 이른바 '신의 나라' 발언이다. 그리고 매년 일본 최고 국가지도자들은 국제 사회의 시선은 아랑곳하지 않고 버젓이 신사참배를 강행하여 자국 내에서 지지를 받고 있다.

이렇게 일본은 아직까지도 제2차 세계대전의 가해자라는 인식 없이 나가사키와 히로시마 피폭 희생자로서의 입장만 강조하는 모습으로 일관하고 있다. 침략한 국가에 대한 적극적인 사과와 보상은커녕 어떠한 책임도 지지 않으려 하는 일본의 뻔뻔한 민낯은 전 세계에 실망감을 안겼다. 이러한 모습은 제2차 세계대전을 일으킨 나라로서 매년 사죄하는 독일과는 전혀 다른 행보이기에 국제 사회에서는 특히 부정적인 측면으로 작용하고 있다. 그 누구도 책임지지 않는 집단주의적 의사결정은 글로벌 시대에는 통용되지 않으며 창의적 사고에도 악영향을 끼친다. 더구나 한 국가의 문화는 쉽게 변하지 않기에 글로벌 세계에서 일본의 사상과 문화는 점점 궁지에 몰리고 있다고 하겠다. 지난날 '신의 나라'의 영광에서 헤어 나오지 못한 채 현실을 직시하지 못하는 작금의 일본 상황을 보면 그들이 과연 어떤 미래를 지향하는 것인지 안타까울 따름이다.

| 5절 | 아베 신조 전 총리의 피격 사망과 우경화

1) 아베의 사망과 우익 내셔널리즘

2022년 7월 8일 아베 신조(安倍晋三) 전 일본 총리의 피격 사망은 그와 사이가 좋지 않았던 한국에서도 묘한 감정으로 받아들여지고 있다. 많은 한국인은 민주주의에서 총기를 사용하는 정치적 테러에는 무조건 반대하지만 그렇다고 해서 아베 전 총리를 추도(追悼)하는 마음이나 명복을 빌 정도의 훌륭한 정치인은 아니라고 생각한다. 그 누구보다 한국에 가장 잔혹하게, 그리고 가장 과격하고, 가장 까칠하게 대한 일본 수상이라고 생각하기 때문이다.

왜냐하면 한국에서는 진보와 보수를 떠나서 아베 신조 전 총리는 "과거 식민지 지배에서 생긴 역사 문제를 인정하지 않는 역사수정주의자이며 일본 우익의 상징"으로 인식되고 있기 때문이다. 그러나 아베 내각 당시 한일 관계가 최악이었던 점은 인정하되 이것을 아베 전 총리에게만 책임을 돌려서는 안 된다는 생각도 갖고 있다.

아베 전 총리는 외할아버지인 기시 노부스케(岸信介) 전 총리와 노부스케의 친동생인 사토 에이사쿠(佐藤栄作) 전 총리가 한일국교 정상화에 크게 관여했다고 자주 말했다고 전해진다.[15] 아버지인 아베 신타로(安倍晋太郎)는 친한파이며 기시(외할아버지)와 박정희 전 대통령과의 관계로 박근

15) 首相官邸(2015.06.22).「韓日国交正常化50周年記念式」.

혜(朴槿惠) 대통령에게 관방장관 시절부터 고베 소고기를 주고 편지를 주고받는 등 교류가 있었다고 한다.[16)]

2012년 12월 20일 박근혜 후보가 18대 대선에서 문제인 후보를 100만여 표 차이로 승리했으며 2013년 2월 25일 제18대 대통령 취임식을 하였다. 이 시기에 일본은 2012년 12월 26일 아베 신조가 96대 총리로 취임하여 제2차 내각이 발족되었으며 중국은 이보다 한 달 정도 빠른 2012년 11월 15일에 시진핑(習近平)이 중국 공산당의 제9대 중앙위원회 총서기로 취임하여 2013년 3월 14일 중화인민공화국의 제7대 국가주석으로 취임하였다.

이들은 취임 시기도 비슷하지만 한국 최초의 여성 대통령인 박근혜(1952년) 전 대통령과 중국의 시진핑(1953년) 총서기, 아베 신조(1954년) 전 일본 총리는 나이도 거의 한두 살 차이 정도이고 모두 한·중·일 정상급 정치 지도자의 2세나 3세 출신이라는 점에서도 비슷하였다. 박 전 대통령은 2013년 2월 25일 취임 후 바로 맞은 2013년 3.1절에 다음과 같이 담화를 하였다.

> "일본이 우리와 동반자가 되어 21세기 동아시아 시대를 함께 이끌어가기 위해서는 역사를 올바르게 직시하고 책임지는 자세를 가져야 합니다. 그럴 때 비로소 양국 간에 굳건한 신뢰가 쌓일 수 있고, 진정한 화해와 협력도 가능해질 것입니다. 양국의 미래 세대까지, 과거사의 무거운 짐을 지워서는 안 됩니다. 우리 세대 정치지도자들의 결단과 용기가 필요한 시점입니다."

---

16) FOCUS-ASIA(2013.01.25). 安倍首相と韓国次期大統領は,「特別な縁」, 交流深く—中国報道.

이처럼 박 전 대통령은 이전 대통령인 김영삼이나 이명박보다는 부드러운 담화를 발표했는데 약 50일 뒤인 2013년 4월 24일 아베 전 일본 총리는 오히려 침략 등의 과거사를 부인하면서 침략을 미화하는 외교상 금기어를 등장시켰다. 그가 "침략이라는 정의는 학계에서도, 국제적으로도 정해지지 않았다. 어느 쪽에서 보느냐에 따라 다르다"는 말을 하자 박 전 대통령은 "역사 인식이 바르게 가는 것이 전제되지 않고 과거 상처가 덧나게 되면 미래지향적 관계로 가기 어렵다"고 답했으며 이는 친중반일(親中反日)의 행보로 이어진다.

박 전 대통령은 2013년 5월 5일~10일 사이에 대통령 취임 이후 첫 국가로 미국 방문을 택했다. 뒤이어 박 전 대통령은 중국 국가 주석인 시진핑의 초청으로 2013년 6월 27일~30일까지 70명의 사상 최대 규모의 방문단을 이끌고 중국을 국빈 방문했다. 대개 한국 대통령은 미국 방문 후 일본을 방문지로 택하는 것이 보통이었으나 박 전 대통령은 아베의 역사수정주의가 등장하자 일본을 뒤로하고 중국을 방문했다.

이러한 박 전 대통령의 방중은 동아시아 지역 관계가 중요한 변화기에 처했을 때였다. 중국은 GDP에서 이미 일본을 앞서 세계 2위에 올라서며 아시아 지역은 물론 전 세계에서도 그 영향력을 확대할 때였기 때문이다. 경제면에서 양국의 무역 규모는 1992년의 50억 달러에서 2012년 2,055억 달러로 발전했고 중국은 한국의 가장 큰 무역 파트너로, 한국은 중국의 세 번째 큰 무역 파트너 관계로 서로 필요한 시기에 좋은 만남을 가졌다고 볼 수 있다. 즉, 이는 전략적 협력 동반자 내실화였다. 최근의 한일갈등은 고이즈미 전 총리의 야스쿠니 신사 참배와 아베 전 총리의 역사부정으로 시작되었다고 볼 수 있다.

2) 경제정한론과 친중반일

박 전 대통령의 친중반일의 행동이 나타나자 2013년 11월 14일 발매된 일본의 「주간 문춘(週刊文春)」은 '한국의 급소를 찌르다!(韓国の「急所」を突く!)'라는 특집 기사를 게재했고, 아베 측근은 한국의 경제적 제재를 검토하고 있다고 하며, 메이지 시대 초기에 일본 정부 안팎에서 거론된 이른바 '신정한론(新征韓論)'까지 등장하여 '경제정한론'이라는 단어를 탄생시켰다. 그리고 아베 전 총리 측근의 말을 인용해 "중국은 싫은 나라이지만 외교는 있다. 한국은 협상도 할 수 없는 바보 같은 나라다"[17]라고 발언했다고 전한다.

정한론은 앞에서 설명한 바와 같이 에도 시대 막부 말기부터 메이지 시대 초기에 당시 정부의 수뇌인 사이고 다카모리, 이타가키 다이스케 등이 주장한 무력을 이용해 조선을 정벌하자는 정책이다. 이는 도요토미 히데요시가 조선을 침략한 임진왜란 시 에도 고대 일본이 한반도를 지배했다는 삼한정복설의 주장과 일본 내셔널리즘의 대표 학문인 고쿠가쿠(국학)나 미토학의 일부나 요시다 쇼인 등이 주창하는 것을 통해 존왕양이 운동의 정치적 주장으로도 이용되었다.

최근에도 일본 우익들은 항상 조선을 침략한 히데요시를 존경하는 말을 하거나 36년간의 일제 강점기간을 아쉬워하며 조선(한반도), 만주, 타이완 등을 포함한 과거 대일본제국을 그리워하는 신우익내셔널리즘을 표현하는데 여기에 손을 들고 우익 상징으로 나타낸 간접적 표현이 경제적 제재인 신정한론이다.

경제정한론이 나온 지 한 달 정도 뒤에 아베 전 총리가 2013년 12월

---

17) 中国は嫌な国だが外交はできる。韓国は交渉もできない愚かな国だ。

26일 야스쿠니 참배를 하고 고노 담화를 수정하려는 시도를 하자 한국 내 여론은 표현하기 어려울 정도의 반일(反日)로 변해 있었다. 그리고 일본 역사 교과서 왜곡, 독도 소유권 주장, 위안부 문제 등에 직면하며 한·일 정상회담이 성사되지 못했고, 박 전 대통령으로서도 친중반일로 갈 수밖에 없는 여지를 던져 주었다.

그런 가운데 미국의 중재로 2014년 3월 26일 네덜란드 헤이그 미국 대사관에서 한·미·일 정상회담이 열렸다. 47분 만에 끝난 짧은 회담에서 일본 언론이 가장 주목한 것은 아베 전 총리가 한국어를 사용해 박 전 대통령에게 말을 걸었지만 무시당한 것이다. "박근혜 대통령님, 오늘 만나서 반갑스무니다"라고 한국어로 말을 걸었지만, 박 전 대통령은 딱딱하게 굳은 표정으로 이를 무시했다. 한일국교 정상화 이래 최악이라고까지 일컬어지는 한일관계를 개선할 계기가 되리라는 기대가 무색하게 한일 양국 회담을 추진할 실마리를 찾기는커녕 양국 관계가 얼마나 험악한지를 부각하는 꼴이 되고 말았다.

시진핑은 한국과 일본의 이런 상황을 이용하여 2015년 중국 전승절에 박 전 대통령을 초대하였고 박 전 대통령은 중국 인민 항일 전쟁 및 세계 반파시즘 전쟁 승리 70주년 기념 대회 참석을 강행하였다. 한국 대통령의 중국 70주년 전승절 열병식 참석은 미국과 일본, 중국과 러시아 등 국제정세 인식 부족으로 평가한 군사 전문가가 많았다. 미국의 반발을 무릅쓰고 박 전 대통령이 중국의 전승절에 참석하며 중국 외교에 공을 들였지만, 2016년 북한이 잇달아 4차 핵 실험과 로켓 발사를 실행하자 사드 배치 논의는 급물살을 타며 2016년 2월, 한미 간 한반도 고고도 미사일 방어체계(THAAD: 사드)인 사드 배치 공식 협의가 이뤄졌다. 이에 시진핑 주석이 박 전 대통령에게 전화를 걸어 사드 배치의 위험성을 강조하며 배치 반대를 설득했다. 그러나 박 전 대통령은 사드는 북한을 겨냥한 것이지 중국을 겨냥한 것이 아니라며 사드 배치를 정당화했다.

2016년 7월 8일 한미 양국의 사드 배치 결정에 이어 2017년 2월 27일 롯데가 사드부지 제공을 결정하자 중국의 사드 보복이 시작되었다. 롯데마트가 첫 희생양이 되어 결국 롯데는 중국 롯데마트의 매각을 결정하고 동남아로 발길을 돌렸다. 그밖에도 중국은 비관세 장벽, 비자발급 제한 등 다양한 방식으로 한국과 한국 기업에 사드 보복을 실행했다. 또한 사드 이후 모든 TV 채널에서 한국 드라마는 완전히 사라졌고, 반한 감정을 부추기는 선동성 방송이 급격히 증가했다. 이를 계기로 안보를 미국에 기대고 경제는 중국에 의존한다는 안미경중(安美經中) 구도를 재고하게 되었으며, 최근 러시아의 우크라이나 침공과 중국의 대만 침공 분위기는 한미동맹의 강화로 이어졌다.

3) 아름다운 나라에서 새로운 나라로

제2차 아베 내각 이후 아름다운 나라로 가기 위해서는 '전후체제의 부정과 무시'로 가야 한다고 생각한 아베 전 총리의 행동은 문재인 정부에서의 위안부 합의 번복과 위안부재단 해체, 그리고 강제징용공 배상 판결로 더욱 우경화되면서 제3차 아베 정권하에서는 외무성 웹페이지에 한국에 대해서 '기본적인 가치를 공유한다'를 삭제하기에 이른다. 또한 2018년에는 '가장 중요한 이웃나라'라는 표현도 삭제하고 '어려운 문제가 있지만 미래지향으로 앞으로 나아가야 한다'는 표현으로 대신하고 있으며 결국은 2019년 7월 수출규제 조치를 단행한다.

2019년 7월 1일 일본의 경제산업성(経済産業省)이 반도체 및 디스플레이 제조 핵심 소재의 수출을 제한하기로 발표하면서 본격적인 한국 경제제재에 돌입했다. 일본이 전 세계 공급량의 90%를 생산하는 플루오린 폴리이미드(fluorine polyimide), 포토리지스트(photoresist), 70%를 생산하는 에칭가스(etching gas) 등 3가지 품목이 그 대상이었다.

아무리 한일갈등이 있었다지만 일본 정부가 한국이 반도체 산업 의존도가 높은 점을 노리고, 한국 경제에 가장 타격이 있을 만한 보복 조치를 꺼낸 것은 한국 입장에서는 적잖이 놀랄 만한 일이었다. 이를 계기로 많은 한국인들은 평소에는 접하기 힘든 플루오린 폴리이미드, 포토리지스트, 에칭가스와 화이트리스트(백색)국가 등의 개념을 알게 되었으며 경제적으로 약하면(힘이 없으면) 언제든지 당한다는 사실을 깨닫게 되었다. 많은 한국인들은 이 조치를 1910년 한일합방 이후의 가장 큰 치욕적이고 충격적인 사건으로 생각한다.

일본 마이니치신문이 2022년 7월 16~17일 사회조사연구센터와 공동으로 여론조사를 한 결과, 아베 전 총리의 공적에 대해 70%가 긍정적으로 평가했다고 한다. 아베 전 총리의 피격 사망 사건을 보고 다시 느낀다. 과거사도 중요하지만 미래가 없는 과거사는 한국 이외에서는 옛날 이야기가 될 수 있으며 세계에서 호응을 받기 어렵다. 우리는 과거사에만 치중하다가 미래의 일본의 움직임을 보지 못했다.

그리고 우리가 간과했던 것은 일본은 경제적인 면에서 세계 3위권의 경제대국인데 이제는 군사적인 면에서도 세계 3위 군사대국으로 성장하려고 한다는 점이었으며 아베 전 총리는 이를 더 큰 일본, 아름다운 일본으로 생각했다는 점이다. 아베 전 총리는 '전쟁할 수 있는 국가'로 가고 싶어 했고 그의 피격 사망으로 인해 일본은 우경화의 움직임을 보일 것이다. 결국 3년 전 2019년 여름 아베 내각의 반도체 등 수출규제는 세계 3위의 군사대국으로 가기 위한 첫걸음이었다고 본다.

아베 전 총리가 구상한 '탈전후' 일본의 모습은 그가 2006년 고이즈미 내각 관방장관이던 시절 출간한 책 『아름다운 나라로(美しい国へ)』에 잘 나타나 있다. 아베 전 총리는 이 저서에서 현대 일본의 정치체제가 제2차 세계대전 패전(일본에서는 '종전'이라고 표현) 이후 연합국 최고사령부 총사령부(GHQ)가 강제한 평화헌법 체제에 머물러 있다고 주장해 파문을 일으켰다. 그는 "전후 체제에서 벗어나지 않으면 진정한 일본의 모습, 즉 '아름다운 일본'의 모습을 되돌려놓을 수 없다"고 주장했다.

아베 전 총리의 아름다운 나라는 '활력과 기회와 부드러움으로 가득한 자율정신을 소중히 여기는 세계에 열린 아름다운 나라, 일본'으로 정의된다. 궁극적으로 그는 부끄러운 '전후의 일본체제'를 벗어난 새로운 아름다운 일본을 추구했다. 그가 존경하는 정한론의 제창자인 요시다 쇼인이 최고 1위로 봉안되고 A급 전범이 합사된 야스쿠니 신사를 참배하며 한일 위안부 합의를 추진한 것도 '전후체제를 벗어나기 위한 시도'였다. 전후체제를 벗어나려면 주변국과 화해를 한 후 벗어나야 하는데 요시다 쇼인의 사고로 매몰된 아베 전 총리는 그럴 이유와 필요가 없다고 생각했을 것이다. 이러한 일본의 전후체제를 바라보는 시각의 차이는 한일갈등과 중일갈등으로 이어졌다.

또한 아베 전 총리는 저서에서 일본 애국가로 인식되고 있는 기미가요 「君が代」를 언급하며 이는 세계에서 드물게 비전투적인 국가(國歌)라고 하였다.

> 님(천황)의 시대는 천 대에서 팔천 대까지 조약돌이 바위가 되어서 이끼가 낄 때까지[18]

---

18) きみがよは　千代に八千代に　さざれ石の　いわおとなりて こけのむすまで

가사를 언뜻 보면 그럴듯하지만 기미가요가 정치적으로 문제시되는 이유는 군국주의였던 일본 제국의 상징이라는 것과 천황 중심의 황국사관으로 해석될 수도 있기 때문이다. 아베 전 총리가 내세운 '아름다운 일본'의 핵심은 역사수정주의이고 패전 전의 제국주의적 사고에의 복고이다. 이는 일본의 자연과 전통, 문화를 아름다운 것으로 전제하고, 과거사 문제로 비판받고 위축된 일본을 전쟁 이전으로 돌려놓겠다는 뜻을 담고 있다. 전쟁 이전이라면 요시다 쇼인이 생각했던 만주, 조선, 대만, 필리핀, 인도네시아 등의 동남아는 물론 남양군도까지를 포함한 대일본제국을 생각했던 것이다.

패전국인 일본이 이제는 승전국인 미국의 그늘에서 벗어나 군사적으로 대등한 관계가 돼서 과거의 자존심을 회복하는 것이 바로 아베 전 총리의 전후 처리이자 아름다운 나라로의 복귀였지만 이는 1년 뒤에 아베 내각의 실각과 함께 사라진다. 2012년 12월 16일 실시된 제46회 중의원 의원 총선거에서 자민당이 압승하면서 민주당에 정권을 빼앗긴 지 약 3년 3개월 만에 다시 여당 자리를 탈환했다. 이후 12월 26일 국회에서 아베는 제96대 내각총리대신에 선출되면서 제2차 아베 신조 내각이 출범했다. 그동안 자민당 독주였던 일본에서 민주당에게 정권을 빼앗겼다가 되찾아온 아베 전 총리는 어느덧 요시다 쇼인이 주장한 전쟁할 수 있는 나라를 만드는 우익의 영웅이 되었다.

그리고 2013년 3월 15일에 그의 저서 『아름다운 나라』는 『새로운 나라로 -아름다운 나라로-』로 다시 출간되며 더욱 강경한 역사수정주의를 드러낸다. 뒤이어 2013년 4월 24일에는 "침략이라는 정의는 학계에서도, 국제적으로도 정해지지 않았다. 어느 쪽에서 보느냐에 따라 다르다"는 말을 하여 한국, 중국, 러시아를 포함한 아시아 국가들과는 갈등으로 이어지지만 일본 우익의 찬동으로 정치적으로는 안정을 얻는다.

아베 전 총리의 정치 성향은 내셔널리즘을 빙자한 극우 보수로 변해 갔다. 국내적으로는 '아름다운 나라' 건설이라는 미명 아래, 과거 침략의 역사를 부정하거나 미화하는 일에 앞장서며 만주, 한반도, 대만, 남양군도 등을 포함한 대일본제국의 과거 영화를 되살리려고 힘썼다. 일본의 국기인 히노마루 국가법의 제정 주도와 애국심을 고취하는 교육기본법 개정이 대표적인 예다. 외교·안보면에서는 미일동맹 강화를 추구하다 보니 한국을 무시하며 중국과 대립이 이어졌다. 북한에도 납치 문제를 선결과제로 제시하며 고강도 압박을 계속했다.

일본 우익으로서는 과거 정권과는 다른 미국과 동등한 동맹으로 중국과 한국을 무시하며 힘의 논리로 가다 보니 한국과도 불화를 불러일으켰다. 북한과 화해를 추구하는 한국의 대북정책을 앞장서 반대했고, 일본군 위안부 피해자와 강제동원 노동자 등 역사 문제에 관해 강경노선을 주도했다. 2014년 10월 4일 아베 전 총리는 "일본이 국가 차원에서 성 노예로 삼았다는 근거 없는 중상이 세계에서 진행되고 있다. 오보로 인해 많은 사람이 슬픔, 고통, 분노를 느끼고 있으며 일본의 이미지는 크게 손상됐다"고 흥분하며 그가 주장하는 "새로운 나라로 -아름다운 나라로-" 가는 데 크나큰 명예훼손이 될 수 있다고 하였다.

아베 전 총리는 2015년 4월 22일 반둥회의(Bandung Conference) 60주년 기념행사에서 "일본은 앞선 대전(大戰)에 대해 깊은 반성을 한다"고 했다. 일본이 중국, 미국과 전쟁을 한 2차대전(아시아태평양전쟁)에 대해서는 사과할 수 없지만 반성은 한다는 것이다. 그리고 그는 식민지 지배와 침략에 대해서는 어떠한 반성과 사과도 없었다. "새로운 나라로 -아름다운 나라로-"로 가기 위해 과거사를 부정하고 덮은 것이다. 그리고 이어지는 외국의 반대 여론에 아베 전 총리는 "일본의 침략 여부 판단은 역사가에게 맡겨야 한다"는 말을 하여 일본은 침략을 하지 않았으며 대동아공영권을 찬동하는 발언을 이어 갔다.

2013년 5월 박 전 대통령이 미 하원 의사당에서 상하원 합동연설을 했지만 일본은 전범국가로 단 한 번도 총리가 미국 의회 상하원 의원들 앞에서 연설을 할 기회가 없었다. 독일처럼 과거사에 대해 진실로 반성을 해야 하는데, 침략 전쟁을 부인하고 위안부 문제도 외면하는 등 반성의 기미를 보이지 않았기 때문이다. 그리고 2015년 4월 26일부터 1주일간 미국을 방문해 의회 합동 연설, 버락 오바마 미 대통령과의 정상회담 등 전후 70년을 맞아 미일 동맹을 재확인하는 일정으로 미국 상하원 합동연설에서는 고노 담화를 계승하고 수정할 의사가 없다고 하며 얼버무렸다.

4) 역사수정주의와 방 안의 코끼리

미국은 일본의 군사적 역할은 지지하지만 역사수정주의에 대해서는 비판적이다. 2013년 아베 전 총리의 야스쿠니 참배에 대해 미국은 "일본은 중요한 동맹국이며 친구이다. 그러나 일본의 지도자가 이웃 나라와의 긴장을 악화시키는 행동을 취한 것에 미국은 실망하고 있다", "미국은 총리가 과거에 대한 반성과 평화에 대한 책임의 재확인을 표명할지 예의 주시하고 있다"며 비판적 성명을 내기도 하였다.

아베의 역사수정주의는 한일관계를 악화시키고 중국에 도덕적 우위를 허용함으로서 미국의 아시아 정책에 부정적 영향을 미친다는 점을 고려한 것으로 판단된다. 2014년 1월 보수 성향의 산케이신문이 실시한 여론조사에 따르면 응답자의 38.1%만이 아베의 최근(2014년) 방문을 찬성했으며, 53%는 일본의 대외관계에 해를 끼쳤다고 답했다. 동시에 응답자의 67.7%가 중국과 한국의 방문에 대해 개인적으로 확신하지 못했다고 답했다.

필자가 제일 놀랐던 점은 2015년 3월 당시의 아베 전 총리가 국제법상 침략 정의에 대해서는 여러 논의가 이루어지고 있고 정해진 것은 아니라며 과거 일본의 침략을 부정하는 입장을 취했다는 점이다. 한편 당시의 아키히토 천왕(현재 상황)이 '깊은 반성'이라는 표현을 처음 사용하기 바로 전날인 2015년 8월 14일 아베 전 총리는 전후 70주년을 맞아 발표한 '아베 담화'에서 "후손들에게 사죄의 숙명을 짊어지게 할 수 없다"고 밝혔다. 더 이상 과거에 대한 책임을 거론하지 않겠다는 역사수정주의적 입장을 분명히 한 것이다.

일본은 한국과는 독도, 중국·대만과는 다오이타오(일본명 센가쿠열도[尖閣諸島問題]), 러시아와는 북방 영토라고 주장하는 4개 섬 반환 요구 등 각종 영토 문제와 과거사 문제로 주변 국가를 불편하게 하거나 무시하고 있다. 세계적으로 보면 과거사 미화와 위안부 문제 부정 등은 일본의 입장을 점점 좁아지게 만든다는 것을 직시하지 못하는 것이다.

일본인 모두가 알지만 인정하기에는 일본 문화로서는 쉽지 않고 금기시되는 이야기가 위안부 문제이다. 서로 눈치만 보고 있는 일본의 위안부 인식 문제를 지금이라도 해결하지 않는다면 그들의 미래는 밝지 않다. 위안부 문제는 방 안의 코끼리(elephant in the room)이다. 아무도 직접 언급하지는 않지만 모두 인지하고 있는 중요한 문제라는 뜻이다.

커다란 코끼리를 언제나 방에 두고 모른 체하기는 쉽지 않듯이 역사는 감춘다고 해서 감춰지지 않는다. 그리고 이 코끼리는 점점 더 커지면

▲ 방 안의 코끼리

서 방 안의 사람들을 불편하게 하는 것처럼 위안부와 과거사 문제는 일본에게는 아킬레스건이다.

과거사 문제! 이제는 훌훌 털고 코끼리를 방에서 내보내야 하지 않을까? 대다수의 일본인은 과거사를 부정하고 그와 관련된 이야기를 꺼리거나 회피하며 역사적 문제에 대해서는 침묵하고 있다. 그러면서도 매년 8월이 되면 히로시마 원폭과 나가사키 원폭 문제를 논하며 갑자기 피해자 행세를 한다. 지구상에서 유일한 피폭 국가이며 묵시적으로는 주변 국가를 지배했으나 원폭으로 수많은 영토와 자존심을 빼앗겼다는 인식이 뿌리 깊게 남아 있는 것이다. 이렇듯 일본의 인식의 전환이 없으면 이웃국가와의 갈등과 충돌은 피할 수 없다.

방 안의 코끼리는 안데르센이 발표한 『임금님의 새 옷(Kejserens nye Klæder)』과 비슷하다. 우리에게는 『벌거숭이 임금님』으로 더 잘 알려져 있는 이 작품은 1837년에 출판된 안데르센(Hans Christian Andersen)의 동화 단편작이다. 인간 심리의 약점을 신랄하게 파악한 우화로 유명하며, 안데르센의 대표작 중 하나로 여겨지는 이 작품의 간략한 줄거리는 다음과 같다.

어느 왕국에 새 옷을 좋아하는 호화로운 임금님이 살고 있었다. 왕실에서 근무하는 두 명의 재봉사가 임금님을 만난 자리에서 근사한 옷을 지어주겠다고 하였으나 이들이 지어준 옷은 "눈에 보이지 않는 옷"이었다. 그렇지만 임금님의 눈에 보이지 않는다는 옷은 실제로도 형체가 없는 옷이었다. 두 명의 사기꾼 재봉사들은 바보의 눈에는 보이지 않는 신비한 옷을 짓는다고 임금님을 현혹시킨다. 신하들은 보이지도 않는 옷을 두고 온갖 아양을 떨었고, 백성들도 벌거벗고 행차하는 임금님을 환호했다. 임금님이 이 옷을 입고 길거리를 행진하자 사람들은 처음에는 임금님을 칭송하였다. 그렇지만 한 아이가 "임금님이 벌거벗었다"는 진실을 말하면서 진실을 이야기하기 시작하였다. 한 어린아이의 외침으로 모든 진실은 드러난다.

이 우화는 임금님의 주변에 비판자나 반대자가 없기 때문에 진정한 자신의 위치를 모르는 권력자의 비유로도 종종 사용된다. 일본의 양심 있는 학자들이 "임금님이 벌거벗었다"고 소리치고 있지만 일본의 문화로서는 사과와 반성은 어려울 뿐 아니라 절대 하지 않을 것으로 판단된다.

필자는 항상 생각한다. 일본이 자랑스러워해야 할 것은 전전(戰前)의 침략 사상을 기반으로 한 만주나 조선이 과거의 일본 땅이었다는 등의 사고나 항복하지 않기 위해 전원이 죽는 전원옥쇄(玉碎) 사상이 아니라, 전후 세계 제2위의 경제적 사상의 일본이다. 아베 전 총리를 둘러싼 일부 보수 정치인이 전쟁 전의 일본도 부끄러워하지 말아야 한다고 주장하면서 위안부나 징용공 문제를 회피하는 것은 비뚤어진 민족주의이다. 철저한 반성 없이 자기들의 잘못을 감추고 과거의 침략주의를 회상하는 듯한 사고의 발상은 아시아인을 적으로 만들고 세계 인류를 적으로 만든다.

오히려 일본이 자랑스러워해야 하는 것은 침략주의와 국수주의가 아니라 전후의 세계에 뛰어난 일본적 경영, 도요타 시스템, 29명의 노벨상 수상자들이며 우리 한국도 이것을 겸허하게 배워야 한다고 본다. 현재 일본은 정부에서 앞장서 한국과 중국을 강하게 비판하면 일반 국민들이 환호하는 분위기가 조성되고 있다. 위안부 강제 동원이 없었다는 산케이나 요미우리신문의 주장을 받아들이는 환경이 되고 있는 것이다. 그러나 이 문제를 건드릴수록 일본은 국제적으로 불리해진다고 생각하는 바이다.

독일은 나치의 잔학상을 교과서에 상세히 기술하고 같은 역사의 비극이 되풀이되지 않도록 가르치는 데 비해, 일본은 아예 그러한 사실 자체를 자학(自虐) 사상으로 인식하여 삭제한다. 그래서 지금의 젊은 세대들은 그러한 사실을 알지도, 느끼지도 못한 채 대국으로 갈 길을 가지 못하고 있다.

미국이나 유럽에서는 나치 전력이 있거나 부모 세대 혹은 조부모 세대의 나치 협력 사실이 드러나면 공직에 나설 수 없는 것은 물론, 거의 사회적으로 매장을 당한다고 한다. 이런 범죄는 국제적으로 75년이 지난 현재에도 공소 기간 없이 용서하지 않는데, 일본만은 오히려 과거사 반성을 자기학대로, 과거 전쟁을 현재의 영웅으로 포장하려는 행동이 보인다. 이러한 행동은 일본이 글로벌 국가로 발전하는 데 엄청난 장애 요소가 될 것으로 판단한다.

애석하게도 이는 한국 또한 마찬가지이다. 한일관계에서 내셔널리즘이 앞서다 보니 과거사가 먼저 언급되고 현재를 논하며 한일 미래를 생각한다. 이렇게 과거사를 언급하다 보면 감정적으로 판단하게 되고 현재에서 막혀 미래를 풀지 못하는 악순환이 반복될 뿐이다. 따라서 필자는 지금처럼 갈등이 심한 한일관계에서는 우선 한일 양국의 미래를 내다보고, 현재를 이야기하며, 과거를 토론하는 것이 타당하다고 생각한다. 과거사에 가로막힌 미래는 지금 한국 사회에도, 나아가 글로벌 국가로 한층 발돋움하는 데에도 도움이 되지 못하기 때문이다.

5) 과거사를 풀지 못하는 문화(언어)적 갈등

최근의 일본을 보면 태평양전쟁을 일으킨 데 대한 반성보다는 당시에는 힘이 없어서 졌고 전략의 부재 때문에 패배했다고 생각하는 사람들이 대부분이며, 과달카날 전투(Battle of Guadalcanal)와 미드웨이 해전(Battle of Midway)의 패배 등을 근거로 강자인 미국을 일본 정신(무사도 정신)으로도 높이 평가하고 있다.

일본인들의 사고로 보면 지는 것은 나쁜 것이고 이기는 것은 아름다운 것인데 이는 전쟁에서 졌기 때문에 미국은 아름답고 일본은 나쁘다고 하는 무사도 정신에 따른 것이라고 볼 수 있다. 미국의 이야기는 힘이 있는 국가이니 무조건 순종하고 힘이 없다고 판단한 국가가 대응하면 가차 없이 베어버린다는 사고로 대하는 것이 그들의 무사도 정신이다. 일본인들은 태평양전쟁의 패전(敗戰) 대신에 종전(終戰)이라는 단어를 사용한다. 우리가 보기에는 포츠담 선언을 받아들인 무조건 항복인 패전인데 이들은 패전이라는 단어를 사용할 경우 나라의 국체가 흔들릴 것으로 평가하여 종전이라는 단어를 사용한다.

그런데 번번이 한국에서 '과거사 문제'와 '위안부 문제', '강제징용공 문제'를 주장하면, 대부분의 일본인들은 힘이 없으면 지고 항복하는 것이고 "이것은 수치이므로 입에 담기도 어려운데 무슨 자랑이라고 (70년이 지난 지금) 한국에서는 무슨 논리로 이런 주장을 하는가?"(부끄럽지도 않는가?)라는 사고방식을 지니고 있어 문제이다. 일본은 태평양전쟁 시 원자폭탄을 맞고도 사과하라는 말도 안 했는데 식민지를 경험한 국가가 과거사를 운운하며 위안부, 강제징용공 등을 문제 삼는 발상 자체를 이해하기 어렵다는 사고를 갖고 있다.

일본의 무사도 정신에서 힘이 없는 것은 약하고 나쁜 것이며 그 정신이 지금까지 이어지는 것은 우익 사상(내셔널리즘)을 앞세운 국학의 혼합된 사상의 결과로 나타난 흐름이며 유교문화권으로 세계에서 가장 비슷하다고 생각하는 한일 양국의 갈등에서 크게 나타난다. 그리고 그러한 갈등은 선비의 언어와 무사의 언어에서 나타난다. 한일 양국의 갈등은 과거형인가, 현재진행형인가, 아니면 미래진행형인가? 미래진행형까지 가지 않으려면 장기간에 걸쳐 서로의 문화를 이해하고 언어적 습관을 이해하면서 자주 만나면 해결되리라 믿는다.

(1) 고(故) 김영삼 대통령의 버르장머리 사건

1995년 11월 중국 장쩌민(江澤民) 중국 국가주석의 방한 후 한중정상회담을 하고 난 뒤 공동기자 회견에서 김영삼 대통령은 "이번엔 일본의 버르장머리를 기어이 고치겠다"라고 하여 파문을 일으켰다. 당시의 지한파인 일본인 교수들이 버르장머리(ボルジャンモリ)를 일본어로 뭐라고 하는지 알려달라고 전화가 왔는데 필자도 번역하기가 쉽지 않아서 애를 먹었던 기억이 있다. 일본 매스컴에서는 버르장머리를 일본어로 당시 예의 없는 자에게 예의를 고쳐주는 시스케 나오시(しつけ直す)로 해석하거나 예의 없음(無禮)을 고쳐주겠다는 등으로 해석하여 한국어붐(?)을 일으키기도 하였다.

이러한 버르장머리 사건의 배경을 살펴보면 다음과 같다. 1994년 5월 3일 일본의 나가노 시게토(永野茂門) 법무장관이 "태평양전쟁이 침략 전쟁이라는 정의는 잘못된 것이고 난징 대학살은 날조(捏造)이며 위안부는 당시의 공창(公娼)이었다"는 발언을 하여 재임한 지 불과 11일 만에 법무장관을 사임하였다. 그리고 불과 석 달 뒤인 1994년 8월 12일 사쿠라이 신(櫻井新) 당시 환경청장관이 "태평양전쟁은 침략 전쟁이 아니고 그 덕분에 아시아 각국이 독립할 수 있었다"고 말해 한국과 중국 정부의 강력한 항의를 받아 이틀 후 장관직에서 물러났다. 그리고 두 달 뒤인 10월에는 통산장관 하시모토 류타로(橋本龍太郎)가 "태평양전쟁은 침략 전쟁이 아니라 구미 열강으로부터 아시아 제국을 구하기 위한 방어 전쟁이었다"라고 말하며 한국과 중국은 물론 아시아 국가의 자존심을 건드리는 발언도 등장했다.

당시의 노사카 고켄(野坂浩賢) 관방장관은 김영삼 대통령의 발언 후 "(버르장머리란 말은) 거의 공식으로 사용되지 않는 용어로 알고 있다"며 "보다 절도 있는 발언을 해주기 바란다"고 항의했다. 지나고 보면 버르장머리 사건은 웃으면서 이야기하지만 김영삼 대통령은 경상도 사투리가 강하여 한국에서도 많은 유머를 만들어 낸 대통령으로서 일본 각료의 계속된 망언에 괘씸함을 표현한 거제도 특유의 방언이었다고 생각한다.

(2) 고(故) 아베 총리의 모우토(毛頭) 사건

2016년 10월 3일 중의원 예산위원회에서 구 일본군의 위안부 문제를 둘러싼 작년 말 한일의 합의에 더해 일본 측이 "위안부 피해자에게 사과의 편지를 보낼 가능성에 대해 전혀 생각하고 있지 않다(毛頭考えていません)"고 하여 문제가 되었다.

이때 모우토(毛頭)가 '털끝만큼도(毛の先ほども) 생각하지 않는다'로 번역되어 한국에서는 큰 문제가 되었고, 2016년 10월 13일 윤병세 외교부장

관은 국회에서 진행된 국회 외교통일위원회의 외교부 국감에서 군 위안부 피해자들에게 사죄 편지를 쓸 생각이 '털끝만큼도 없다'는 아베 총리의 최근 발언에 대해 질문받자 "한국 국민들의 마음을 아프게 한 구체적 표현에 대해서 언급은 자제하겠다"고 답했다. '전혀 없다'와 '조금도 없다'의 의미인 모우토(毛頭)가 굴욕과 멸시의 의미인 '털끝만큼도 없다'로 변한 것은 한자어에 대한 한일 양국의 표현의 차이라고 생각한다.

세계에서 제일 가까운 민족이지만 뉘앙스와 표현에 대한 사고는 제일 멀게 느껴지기도 한다. 이는 선비 사회와 무사 사회의 차이가 가져다 준 하나의 에피소드에 불과하지만 현실에서 우리는 더 큰 차이를 느끼며 살아가고 있다.

6) 디지털사회에서의 장인정신

근대화 과정에서 많은 한국인들이 일본을 부러워했던 적이 있다. 무사 사회에서 나타난 장인(匠人)정신과 몇백 년 된 시니세(老舖, 노포)의 존속은 한국인들을 기죽게 했기 때문이다.

에도 시대는 엄격한 신분제도가 확립되어 사·농·공·상·천민의 계급이 존재해 직업이 고정되어 있었기 때문에 상하를 통해 가문의 세습제가 일반화되었다. 서열과 복종으로 대변되는 무사 사회의 일본은 무사 사회의 세계에서 한 직업으로 죽을 때까지 일생일업(一生一業), 일인일업(一人一業)의 장인정신으로 뛰어난 제품을 만들어 2000년대 초까지는 세계 제일의 산업 국가를 이루었다.

일본은 지금도 전 세계 기업들 중 장수기업의 숫자가 압도적으로 많으며, 더구나 가장 오랫동안 경영을 유지하고 있는 기업들이 많다. 일본에서는 이러한 장수기업을 '시니세 기업'이라고 하는데, '오래된 점포'

라는 뜻의 시니세(老鋪)란 조상 대대에 걸쳐 전통적인 사업을 행하고 있는 소매점이나 기업을 가리키는 말이다.

한국의 중소기업중앙회(2020년)의 자료에 의하면 한국에서 100년 이상 된 장수기업은 두산(1896년), 동화약품(1897년), 신한은행(1897년), 우리은행(1899년), 몽고식품(1905년), 광장(1911년), 성창기업(1916년), KR모터스(1917년), 경방(1919년) 등 9곳이다. 그러나 200년 이상 된 기업은 하나도 없다. 한국은행 자료에 의하면 창업한 지 200년이 넘는 장수기업은 세계 57개국에 7,212개사, 이 중 일본이 3,113개사로 43%, 독일이 1,563개사로 22% 등을 차지하는데 우리나라는 한 곳도 없었다. 그 외 유럽에서는 프랑스 331개사, 영국 315개사, 네덜란드 292개사, 사회주의 국가인 러시아도 149개사를 기록하고 있다. 일본은 2020년 기준으로 100년 이상 된 노포 기업 수가 3만 5,018개로, 한일 양국 간 비교를 해보면 9개 vs. 35,018개로 상대가 되지 않는 수준이다.

일본이 세계 최강의 경쟁력을 자랑하는 부품과 소재 산업의 근간은 '모노즈쿠리(モノづくり)', 즉 직인혼(職人魂)으로 표현되는 장인정신이다. 그런데 일본의 장점으로 인식되던 장인정신과 시니세(노포)의 존속이 디지털 트랜스포메이션(Digital Transformation, 디지털 변환)을 더디게 한다는 조사 결과가 있다.

국제경영개발연구원(IMD)이 발표한 '2020년 세계 디지털 경쟁력' 평가에서 한국은 조사대상 63개국 중 8위를 기록했다. 2019년에는 10위였으니 이는 전년 대비 2단계 상승한 것으로 역대 최고 순위이다. 일본은 이 조사에서 27위를 기록했는데 지난해(23위)보다 4계단 하락한 수치다. 일본은 16위를 기록한 중국에 비해서도 11계단이나 밀린다. 국내총생산(GDP) 기준 미국과 중국에 이은 세계 3위 경제대국이라는 명성에 걸맞지 않는 순위이다. 지난 2021년 7월 UN이 발표한 '2020 전자정부' 순위에서도 한국은 전 세계에서 2위를 차지한 반면 일본은 14위에 그쳤다.

인공지능과 빅데이터 등 디지털 기술이 급격히 발전하는 뉴노멀 시대가 요구하는 디지털사회의 핵심은 누가 더 빠르고 정확하게 트랜스포메이션(Trasnsformation, 변신)에 성공하느냐에 달려있다. 디지털 트랜스포메이션은 '디지털적인 모든 것으로 인해 발생하는 다양한 변화에 디지털 기반으로 기업의 전략, 조직, 프로세스, 문화, 커뮤니케이션, 시스템, 가치사슬, 비즈니스 모델을 근본적으로 변화시키는 경영전략'이다.

디지털 기술의 확산으로 기존과 다른 새로운 고객, 새로운 프로세스, 새로운 경쟁의 변화(Change)가 일어나고 있다. 이러한 상황에서 기업들이 디지털 변화에 대응하기 위해 기존과 다른 방식으로 조직, 프로세스, 가치사슬, 비즈니스 모델을 탈바꿈(Transformation)하기 위한 노력을 통해 디지털화된 기업으로 재탄생(Creation)하는 것이 디지털 트랜스포메이션이다.

최근 서비스업의 주류는 애자일 소프트웨어 개발(Agile Software Development)을 따른다. 한국에서는 주로 애자일 방법론이라고 부른다. 켄트 벡(Kent Beck)이 주장한 익스트림 프로그래밍(XP, Extreme Programming)과 테스트 주도 개발이 대표적이다. 일단 기본 기능을 출시한 뒤 다수의 작은 기능을 계속해서 추가하고 업데이트하는 방식으로, 카카오톡과 같은 SNS 플랫폼이 조금씩 진화하는 것이 대표적인 예다. 그러나 장인정신의 전통이 뿌리 깊은 일본 제조업체들은 시간만 앞세워 어설픈 제품을 내놓는 것을 수치스러워하여 디지털 시대에 걸림돌이 되고 있다. 일본의 장인정신을 폄하하고 싶지는 않지만, 오로지 세계 최고 품질의 완성품을 만드는 데에만 사활을 거는 직인혼(職人魂)의 정신은 하루에도 몇 번씩 매분, 매초 트렌드가 변하는 디지털 시대의 현대에는 맞지 않는다는 지적에 일본은 귀 기울여 관심을 가져야 할 것이다.

참고문헌

Chalmers Johnson(1982). *MITI and the Japanese Miracle*, Berkeley: University of California Press.

David Aikman(1986). *Pacific Rim: Area of Change, Area of Opportunity,* Boston: Little, Brown and Company.

Edward T. Hall(1976). *Beyond Culture,* Anchor Press.

Ezra F. Vogel(1979). *Japan as Number One; Lessons for America,* New York: Harper. Colophon.

Ezra F. Vogel(1991). *The Four Little Dragons,* Harvard University Press.

Hermann Kahn(1970). *The Emerging Japanese Superstate,* Englewood Cliffs, NJ: Prentice-Hall, Inc.

Lowe, Roy & Yasuhara, Yoshihito(2016). "Higher learning in ancient Korea, Japan and Vietnam: The East Asian cultural sphere and the Imperial Chinese", The *Origins of Higher Learning.* Routledge.

Page, John(1994). "The East Asian Miracle: Four Lessons for Development Policy". In Fischer, Stanley; Rotemberg, Julio J. (eds.), *NBER Macroeconomics Annual* 1994, Volume 9, Cambridge, Massachusetts: MIT Press.

Paul Krugman(1994). "The Myth of Asia's Miracle". *Foreign Affairs,* 73(6), Nov/Dec, 62-78.

Paul Krugman(1999). Why Asia's Economic Recovery Isn't What It Seems, *Time,* may 21.

Reischauer, Edwin O. (1974). "The Sinic World in Perspective". *Foreign Affairs,* 52(2), 341-348.

Roy Hofheinz Jr and Kent E Calder(1982). *The Eastasia Edge,* Basic Book

Roy Hofheinz, Jr & Kent E. Calder(1982). *The Eastasia Edge,* New York: Basic Books.

Sun, Lung-kee(2002). The Chinese National Character: From Nationalhood to Individuality. *M.E. Sharpe,* p. 154.
Talcott Parsons(1937). *The Structure of Social Action,* McGraw-Hill.
岡田幹彦(2001).『乃木希典 - 高貴なる明治』, 展転社.
谷口眞子(2016).「近世中期の日本における忠義の観念について -山崎闇斎学派を中心に-」, 早稲田大学総合人文科学研究センター研究誌.
宮地正人(2012).『幕末維新変革史·上』, 岩波書店.
大久保正(1986).「本居宣長」, 日本古典文学大辞典編集委員会編.
森嶋通夫(2004).『なぜ日本は行き詰まったか』, 岩波書店.
石岡久夫(1981).『兵法者の生活』, 生活史叢書.
岸本芳雄(1968).「儒家神道」,『神道辞典』, 堀書店.
伊藤聡(2012).『神道とは何か』, 中央公論新社.
田中康二(2016).「国学者の歴史認識と対外意識-本居宣長『馭戒慨言』をめぐって-」井上泰至22.『近世日本の歴史叙述と対外意識』勉誠出版.
清水正之(2012). 日本思想全史 (ちくま新書)新書.
賀川隆行(1992).『集英社版日本の歴史14 崩れゆく鎖国』, 集英社.
加藤三明(2015). 慶應義塾幼稚舎教諭, 金玉均, 6月, 三田評論.
久松潜一(1972).「契沖の人と学問 一書簡其他の新資料など-」, 日本学士院紀要, 第三十巻, 第二号.
楠戸義昭(2014). 吉田松陰,「人を動かす天才」の言葉, 知的生きかた文庫.
田中彰(2007).「征韓論」,『改訂新版·世界大百科事典』, 第15巻, 平凡社.
川上 正光(1978). 佐藤 一斎, 言志四録(1), 言志録(講談社学術文庫).
丸山眞男(1999).『日本政治思想史研究』, 新装版, 東京大学出版会.
금장태(1998).「伊藤仁齋의 古學과 茶山의 實學」, 종교와 문화 4호, 서울대학교 종교문제연구소.
김문식(2003).「정약용의 대외 인식과 국방론」, 다산학 4권, 다산학술문화재단.
김선희(2009).「일본 주자학연구에 대한 일 고찰-강항(姜沆)연구를 중심으로-」, 日本文化研究 · 第 30輯, 한국일본문화학회.
김태영(2002).『유교문화의 돌연변이 일본』, 보고사.

미나모토 료엔(2000). 『도쿠가와 시대의 철학사상』, 박규태 · 이용수 역, 예문서원.
와타나베 히로시(2007). 『주자학과 근세일본사회』, 박홍규 역, 예문서원.
이기동(2000). 『이또오 진사이』, 성균관대출판부.
이덕일(2021). 『금기어가 된 조선 유학자, 윤휴』, 다산초당.
이덕훈(2021). 『일본은 우리의 적인가』, 실크로드.
정지옥(2017). 「미와 싯사이(三輪執齋) 사상 초탐-양명학과의 관련을 중심으로」, 양명학 46권, 한국양명학회.
구글 및 위키백과 검색 대표이미지 참조.

저자약력

이덕훈(李悳薰, Lee, Duk-Hoon)

일본 게이오대학 상학(경영회계학) 박사
일본 게이오대학 상학부 객원교수
미국 뱁슨칼리지(Babson college) Arthur M Blank center 기업가센터 객원교수
(전) 한남대학교 일본연구소장, 학술정보처장, 학생처장, 기획조정처장
(전) 한일경상학회 상임이사
(전) 대전충남 소상공인포럼 공동대표
(전) 대한경영학회회장
(전) 한남대 총장
(현) (사)한국전통시장학회 회장
(현) 한남대학교 경영학과 명예교수

〈著書〉

일본의 기업사회, 학문사(1995)
기업과 환경, 학문사(1996)
국제경영학, 한남대출판부(1996)
기업과 인간, 한남대출판부(1997)
신경영학원론(공저), 학문사(1997)
기술혁신과 과학기술정책(공저), 기업기술연구원(1998)
글로벌기업경영, 학문사(1999)
현대경영의 이해(공저), 진영사(1999)
화교경제의 생성과 발전, 한남대출판부(제4판, 2011)
국제기업과 환경, 교우사(개정판, 2002)
현대경영학(공저), 교우사(2004)
이덕훈의 경제이야기, 교우사(2004)
국제기업전략, 한남대출판부(2005)
벤처와 창업경영, 글누리(제3판, 2007)
글로벌기업과 전략, 교우사(2007)
국제경영, 교우사(제2판, 2008)
창업과 벤처, 교우사(2008)
창업과 경영, 도서출판 서연(2008)
21세기 현대경영의 이해(공저), 도서출판 서연(2008)
일본의 경제발전과 무사도, 비앤엠북스(2009)
글로벌 기업전략, 비앤엠북스(2011)
국제경영, 비앤엠북스(2011)
한국의 기업경영, 글누리(제5판, 2012)
기업과 환경, 비앤엠북스(제3판, 2017)

〈譯書〉

유교자본주의 운명과 대안, 시공아카데미(1999)

〈論文〉

"The Role of Entrepreneurs in the Development of Japanese Automotive Industry", KEIO Buniness Review, No 32, KEIO University
일본의 대학 발 벤처와 산학제휴 촉진시책, 국제지역학회, 2009

저자와의
협의하에
인지생략

한일갈등과 일본의 극단적 우익 사상

2022년 10월 11일 초판 인쇄
2022년 10월 17일 초판 1쇄 발행

저 자 : 이덕훈
발행인 : 정광식
발행처 : **비앤엠 북스**
서울시 금천구 가산디지털1로 70, B1-103(호서대벤처타워)
등 록 2004. 12. 29. / 제313-2004-00298호
전 화 02-2627-5710~13, 팩스 02-2627-5720
홈페이지 www.대학교재.net
이 메 일 bnmbook@daum.net

정가 25,000원 ISBN 978-89-6821-168-3